Unterwegs mit

Stefanie und Ansgar Schmitz-Veltin

Stefanie Schmitz-Veltin, geboren 1977 in Ludwigshafen am Rhein, aufgewachsen in Karlsruhe, und Ansgar Schmitz-Veltin, geboren 1976 in der Schweiz, aufgewachsen am Bodensee, studierten Geografie in Mannheim und Heidelberg. Heute leben sie gemeinsam mit ihren Kindern in Stuttgart. Neben dem Pfalz-Führer im Michael Müller Verlag haben sie jeweils an verschiedenen Veröffentlichungen mitgewirkt, insbesondere zur Regionalentwicklung und -geschichte der Pfalz sowie zu den Folgen des demografischen und gesellschaftlichen Wandels in Städten und Regionen.

Schon während des Geografie-Studiums in Mannheim wurde uns klar, dass diese Region eine ganz besondere war: lebensfroh und einladend, innovativ und historisch bedeutsam, landschaftlich reizvoll und touristisch beliebt. An unzähligen Wochenenden entdeckten wir zusammen immer wieder Neues und Altbekanntes neu, einzig einen passenden Reiseführer zur Pfalz suchten wir vergebens. Und so entschieden wir uns nach Abschluss des Studiums, selbst einen solchen zu schreiben.

Schnell erwies sich der Michael Müller Verlag als passender Partner für das Buch, das neben touristischen Klassikern auch unsere persönlichen Vorlieben widerspiegelt und versucht, die Landschaft und ihre Kultur, die Orte mit ihren Sehenswürdigkeiten und das große Angebot an gastronomischen Betrieben ehrlich und anschaulich zu beschreiben.

Nach einem mehrjährigen Zwischenstopp in Bad Dürkheim leben wir inzwischen in Stuttgart. Die Fahrten in die Pfalz sind jedoch nach wie vor Höhepunkte in unserem Kalender. Ein Bummel durch die lebendige und vielseitige Domstadt Speyer, klare Herbsttage an der Weinstraße, die Aussicht von der Madenburg über die Weite der Oberrheinebene, sonnige Südhänge mit mediterran anmutendem Kiefernduft und ein feines Glas Pfälzer Wein: Immer wieder kommen wir gerne in die Pfalz – nicht nur zum Recherchieren.

Was haben Sie entdeckt?

Haben Sie ein besonderes Restaurant, ein neues Museum oder ein nettes Hotel entdeckt? Wenn Sie Ergänzungen, Verbesserungen oder Tipps zum Buch haben, lassen Sie es uns bitte wissen!
Schreiben Sie an: Stefanie und Ansgar Schmitz-Veltin, Stichwort „Pfalz"
c/o Michael Müller Verlag GmbH | Gerberei 19, D – 91054 Erlangen
ansgar.schmitz-veltin@michael-mueller-verlag.de

Pfalz

Stefanie und Ansgar Schmitz-Veltin

5. komplett überarbeitete und aktualisierte Auflage 2020

Inhalt

Die Pfalz am Rhein ■ 22

Neben großen und kleinen besuchenswerten Dörfern und Städten bietet die Pfalz am Rhein urwüchsige Rheinauen und zahlreiche Gemüsefelder. Per Rad lässt sich die meist flache Rheinebene prima erkunden!

An der Deutschen Weinstraße ■ 80

Reben in der Ebene und auf sanften Hügeln – Wein prägt den Landstrich: Winzerhöfe, Weinstuben und Weinfeste sind allgegenwärtig. Aber auch die Wanderwege und die herrlichen Aussichten sind besuchenswert.

Im Pfälzerwald ▪ 188

Das größte zusammenhängende Waldgebiet
Deutschlands ist nicht nur für Luchse und
Wildschweine ein Paradies. Auch Wanderer
und Mountainbiker schätzen die von markanten roten Felsen durchzogenen Bergrücken.

Im Nordpfälzer Bergland ▪ 242

Der markante Donnersberg lud die Kelten zum
Siedeln ein, heute kommen Besucher und
genießen die weite Aussicht. Nach Westen wird
es ruhig – die Straßen ziehen sich durch
gewundene Täler und über offene Höhenzüge.

Radfahren und Wandern in der Pfalz

→ Übersichtskarte ▪ Umschlagklappe hinten

Radtour 1: Den Rhein entlang ▪ 33 | Radtour 2: Durch den Bienwald nach Schweigen ▪ 66 |
Radtour 3: Kaiser-Konrad-Radweg ▪ 112
Wanderung 1: Auf dem Drachenfels GPS ▪ 113 | Wanderung 2: Über die Heidenlöcher
und den Eckkopf GPS ▪ 126 | Wanderung 3: Die große Runde über die Kalmit GPS ▪ 144 |
Wanderung 4: Über die Wolfsburg ins Weingebiet GPS ▪ 145 | Wanderung 5: Zum
Hambacher Schloss GPS ▪ 147 | Wanderung 6: Zur Ruine Neuscharfeneck mit Blick
zum Triflis GPS ▪ 192 | Wanderung 7: Dahner Felsenpfad GPS ▪ 201 | Wanderung 8:
Sieben Burgen an einem Tag GPS ▪ 211 | Wanderung 9: Von Hauenstein zur Dicken Eiche
und zum Winterkirchel GPS ▪ 217 | Wanderung 10: Zum Maiblumenfels und zur Ruine
Ruppertstein GPS ▪ 221 | Wanderung 11: Durch das Karlstal GPS ▪ 231

GPS-kartierte Radtouren und Wanderungen sind mit dem Symbol GPS gekennzeichnet.
Download der GPS-Tracks inkl. Waypoints unter http://mmv.me/47393

Was haben Sie entdeckt?

Haben Sie ein besonderes Restaurant, ein neues Museum oder ein nettes Hotel
entdeckt? Wenn Sie Ergänzungen, Verbesserungen oder Tipps zum Buch haben,
lassen Sie es uns bitte wissen!
Schreiben Sie an: Stefanie und Ansgar Schmitz-Veltin, Stichwort „Pfalz"
c/o Michael Müller Verlag GmbH | Gerberei 19, D – 91054 Erlangen
ansgar.schmitz-veltin@michael-mueller-verlag.de

🌿 nachhaltig, ökologisch, regional

mein Tipp Die besondere Empfehlung unserer Autoren

Blick in die Altstadt von Kirchheimbolanden

Rote Reben an der Weinstraße

Orientiert

in der Pfalz

Die Region im Profil

Die Pfalz ist ...

Zwischen dem Rhein im Osten und dem Saarland im Westen erstreckt sich eine faszinierende Kulturlandschaft. Vor allem die Deutsche Weinstraße, die sich entlang des Pfälzerwaldes von der französischen Grenze im Süden bis nach Rheinhessen im Norden erstreckt, ist inzwischen ein wahrer Tourismusmagnet. Rund 5 Mio. Übernachtungen werden in der Pfalz jährlich gezählt.

Größte Stadt der Pfalz ist Ludwigshafen mit etwas über 170.000 Einwohnern. Mit deutlichem Abstand folgen Kaiserslautern (knapp 100.000 Einw.), Neustadt an der Weinstraße (ca. 53.000 Einw.) und Speyer (ca. 50.000 Einw.).

... eines der wichtigsten Weinbaugebiete Deutschlands. Von den meisten Menschen wird die Pfalz zu allererst mit dem Wein in Verbindung gebracht. Das liegt nicht nur daran, dass auf den sanft gewellten Hügeln schon seit Römerzeiten Wein angebaut wird und die Rebstöcke entlang der Weinstraße rund ein Viertel der gesamten deutschen Weinbaufläche bedecken. Der Wein ist für die Pfalz mehr als eine wirtschaftliche Basis – er prägt Landschaft und Kultur gleichermaßen. Wer einmal einen Abend auf einem der zahlreichen Feste entlang der Weinstraße verbracht und seinen Wein aus einem einen halben Liter fassenden Schoppenglas getrunken hat, der wird verstehen, warum Pfälzer und Pfalz ohne Wein undenkbar sind. Dass es bei Wein jedoch nicht nur auf die Mengen ankommt, sondern auch auf die Qualität, hat man inzwischen vielerorts erkannt. Das Ansehen des einst in Verruf geratenen Pfälzer Weins hat seit den 1990er-Jahren eine unglaubliche Wendung genommen: Durch innovative Ideen, Ertragssenkungen in den Weinbergen und konsequente Kellerarbeit erarbeiteten sich zahlreiche, meist junge Winzer nach und nach einen ausgezeichneten Ruf und etliche Auszeichnungen. Pfälzer Weine und Weinbaubetriebe gehören nicht nur zu den besten Deutschlands, sondern spielen auch international eine immer größere Rolle.

... eine Genusslandschaft. Was wäre ein guter Wein ohne entsprechendes Essen? So oder so ähnlich dürfte die Grundüberlegung der Gastronomen lauten, die darum bemüht sind, aus der für ihren deftigen Saumagen und die groben Bratwürste bekannten Pfalz eine Gourmetlandschaft zu machen. Vielleicht ist es die Nähe zu Frankreich, die in der letzten Zeit zahlreiche gute Restaurants hat entstehen lassen. Auffällig an der Pfälzer Gastronomie ist, dass neben hochdekorierten Sternerestaurants auch viele der „ganz normalen" Dorfgasthöfe sogar Gourmets überzeugen. Überregional bekannt ist das Pfälzer Essen spätestens seit den 1980er-Jahren, als der damalige Bundeskanzler Helmut Kohl Staatsgäste aus aller Welt in das kleine Städtchen Deidesheim an der Weinstraße einlud. Unter seinem Chefkoch Manfred Schwarz wurde der dortige Deidesheimer Hof bekannt für eine Mischung aus Pfälzer Bodenständigkeit und moderner Kreativität.

... eine lebendige Kulturlandschaft. Die Burgen des Pfälzerwaldes, von denen aus vor tausend Jahren nicht nur die Pfalz, sondern weite Teile des deutschen Kaiserreiches regiert wurden, sind bis heute eindrucksvolle Zeugen einer lebendigen Geschichte: Der Trifels bei Annweiler war einst Sitz der Könige und Kaiser des Heiligen Römischen Reiches, der imposante Speyerer Dom ist eines der größten erhaltenen romanischen Bauwerke und steht seit 1981 auf der Liste des UNESCO-Weltkulturerbes, das Hambacher Schloss in Neustadt ist das meistbesuchte Ausflugsziel der Pfalz und gilt bis heute als Wiege der deutschen Demokratie. Deutlich älter indes sind die Relikte der Kelten, die auf dem Donnersberg, der mit 687 m höchsten Erhebung der Pfalz, einst eine riesige Stadtanlage errichteten. Bis heute prägend sind vor allem die Spuren der Römer: Sie bauten Straßen und Häuser und brachten der Region den Wein. Bei Kallstadt kann man die gut erhaltenen Überreste einer römischen Weinkelter sehen, in der einst in Tretkeltern mithilfe der Füße Traubenmost aus Früchten gepresst wurde.

... idealer Ort für Aktivitäten im Freien. Der Pfälzerwald ist mit 1600 km² das größte zusammenhängende Waldgebiet Deutschlands. Tausende Kilometer gut markierter Wanderwege durchziehen ihn. Auf schmalen Pfaden führen diese vorbei an Felsen und Burgruinen. Und weil Geselligkeit in der Pfalz eine große Rolle spielt, ist es meist nicht weit bis zu einer der über hundert Hütten, in denen Weinschorlen und Hausmannskost auf die hungrigen Wanderer warten. In den vergangenen Jahren hat die Beliebtheit des Pfälzerwaldes auch bei Rennradfahrern und Mountainbikern merklich zugenommen. Für beide gibt es rund um Trippstadt und Johanniskreuz ausgeschilderte abwechslungsreiche Routen. Die Kalmit, mit 673 m der höchste Gipfel des Pfälzerwaldes, gilt als eines der beliebtesten Ziele für Rennradfahrer. Aber auch zum Klettern, Trekking, Nordic Walking, Gleitschirmfliegen und Wanderreiten bietet die Landschaft genügend Möglichkeiten. Allein vom gemütlichen Bärenbrunnerhof im südlichen Pfälzerwald aus sind unzählige Kletterfelsen zu erreichen.

Wo Könige und Ritter lebten

Burgen

Die Pfalz war ein Land der Burgen. Heute sind zwar nur noch Ruinen zu bestaunen, diese jedoch vermitteln nach wie vor ein imposantes Bild einer Zeit, in der von hier aus weite Teile des Landes regiert wurden.

Von den einst rund 500 Burgen zwischen Rhein und Pfälzerwald sind heute nur wenige gut erhalten, Überresten von ihnen begegnet man in der Region jedoch auf Schritt und Tritt: Rund 50 ehemalige Burganlagen lassen sich in Form von Ruinen bis heute besichtigen und erkunden.

Ruine Drachenfels – die Burg für Mutige

Hier sind Kletterkünste gefragt. Optisch ist die in einem steilen Felssporn wohl im 13. Jh. erbaute, stark verfallene Burg weniger beeindruckend, ihr wahrer Reiz offenbart sich beim Erklimmen der steilen Felstreppen und Leitern. → S. 204

Altdahn – 3 in 1

Die Dahner Burgengruppe besteht aus den Ruinen dreier Burgen: Altdahn, Grafendahn und Tanstein. Die dort mit ihren Familien lebenden Dahner Ritter verpflichteten sich in einem Burgfrieden, Dahn und die umliegenden Höfe gemeinschaftlich gegen Feinde zu verteidigen. Die Anlagen der Dreierburg, deren älteste Teile um 1100 errichtet wurden, lassen sich ausführlich erkunden. → S. 198

Hardenburg – großflächig und erhaben

Im 16. Jh. wurde die einstige Burg zu einer trutzigen Renaissance-Residenz der Grafen von Leiningen ausgebaut. Bis heute können hier mächtige Mauern, dunkle Verliese und großzügige Gartenanlagen besichtigt werden. Die Hardenburg gilt als eine der größten Burganlagen der Pfalz. Eine kleine Dauerausstellung zur Geschichte der Anlage komplettiert den Besuch. → S. 104

Madenburg – am Balkon der Haardt

Ein kleiner Spaziergang durch den dichten Laubwald führt die Besucher auf die stattliche Madenburg. Von der spätestens im 11. Jh. errichteten Anlage bietet sich ein toller Blick über die Rheinebene. Die sanften Hügel rund

um die südliche Wein-
straße liegen einem
regelrecht zu Füßen.
→ S. 177

Trifels – Richard Löwenherz' Zwangsaufenthalt

Die auf einem steilen
Sandsteinfelsen er-
richtete Burg ist einer
der historischen Höhe-
punkte der Pfalz. Im 12. und
13. Jh. war der Trifels Reichsburg
und Eckpfeiler der kaiserlichen
Macht. Dass nicht alle Könige freiwillig
hier waren, zeigt das Beispiel des
englischen Königs Richard Löwenherz.
Auf dem Rückweg von einem Kreuzzug
geriet er 1192 in Gefangenschaft und
musste einige Monate unfreiwillig in
der Pfalz verbringen. → S. 194

Hambacher Schloss – Wiege der Demokratie

Das bei Neustadt unübersehbar über
der Weinstraße thronende Schloss wurde im 19. Jh. zu einem Zentrum der
deutschen Demokratiebewegung. Das
Bauwerk selbst ruht auf den Grundmauern der Kästenburg, die hier im
10. Jh. errichtet wurde. Im Spätmittelal-
ter war die Burg bevorzugter Aufenthaltsort der Speyerer Bischöfe. → S. 136

Heidenlöcher – mit Fantasie in die Vergangenheit

Passiert man die Ebene oberhalb von
Deidesheim flüchtig, könnte man die
dort herumliegenden Steine für Felsen
halten. Schaut man etwas genauer hin,
sind Wege, Wände und Hauseingänge
zu entdecken – das Kopfkino startet
und man fragt sich, wer wohl die Menschen waren, die hier vor 1000 Jahren
Schutz suchten. → S. 125

Lichtenberg – eine Burg im Heute

In der Ruine der einst ausladenden
Burg Lichtenberg ist nach umfangreichen Baumaßnahmen ein Burgrestaurant, eine Jugendherberge, ein Heimat-
kundemuseum und das Urweltmuseum
Geoskop beheimatet. Hier kann man
auch bei schlechterem Wetter vieles
entdecken. → S. 244

Berwartstein – lebendige Geschichte

Bei der Führung durch die zum Teil
möblierten Räume wird die Vergangenheit der Burg anschaulich und lebendig
vermittelt. Gewissenhafte Historiker
und Denkmalschützer schütteln vielleicht hin und wieder den Kopf, aber
die emotionale Reise in die spannende
Zeit der Raubritter gelingt hier vor-
züglich. → S. 205

Qualität auf dem Vormarsch

Wein

Die Pfalz ist Weinland. Bier spielt in der Vermarktung von Festen und der Gastronomie kaum eine Rolle. Die Rolle des Weins hingegen ist kaum zu überschätzen. Alles dreht sich um den vergorenen Traubensaft in vielen Abstufungen, von günstig bis hochpreisig, von einfach bis intensiv-raffiniert.

Im Verband Deutscher Prädikats- und Qualitätsweingüter e. V. (VDP) sind knapp 200 Weingüter in ganz Deutschland Mitglied, viele davon liegen in der Pfalz. Der Verband setzt sich für verbindliche Qualitätsstandards und für die ökologische Bewirtschaftung der Weinberge ein.

Große Namen

Knipser: Auf ihrem seit 1850 bestehenden VDP-Weingut in Laumersheim baut die Familie Knipser heimische wie internationale Rebsorten an und kreiert hieraus exzellente, meist trockene Weine auf höchstem Niveau. Dies brachte ihnen unter anderem schon mehrfach den Deutschen Rotweinpreis des Fachmagazins „Vinum" ein. → S. 93

Fitz-Ritter: In dem von einem üppig bewachsenen Garten umgebenen klassizistischen Gutshaus in Bad Dürkheim werden bereits seit 1795 Weine und Sekte in der nun neunten Generation produziert. Die Sektkellerei gilt damit als die älteste der Pfalz. Seine rund 25 ha Rebflächen bewirtschaftet das VDP-Weingut ökologisch. → S. 107

Von Bassermann-Jordan: Gegründet wurde das Weingut bereits 1713. Eine der markantesten Figuren der Weingutsgeschichte war der vielseitig aktive Friedrich von Bassermann-Jordan. Er kümmerte sich um seinen Adelstitel ebenso wie um die „Geschichte des Weinbaus". Die herausragenden Weine wachsen auf Lagen in Forst, Ruppertsberg und Deidesheim. Da Friedrich auch einer der Gründungsväter des VDP war, sind natürlich alle Weine entsprechend klassifiziert. → S. 124

Weingut Pfeffingen: Im kleinen Weiler Pfeffingen bei Bad Dürkheim werden auf dem VDP-Weingut hervorragende, klare, elegante Weine mit viel Frucht produziert. Neben Riesling und Scheurebe gibt es ein feines Angebot an Spätburgundern. → S. 107

Weingut Dr. Bürklin-Wolf: Eines der renommiertesten Weingüter der Mittelhaardt. Der Gault Millau spricht gar vom „vermutlich komplettesten Rieslingweingut der Welt!". Das VDP-Weingut wird ökologisch bewirtschaftet,

u. a. mithilfe von zwei gutseigenen Pferden.
→ S. 118

Junge Winzer

Meyer: Seit Andreas Meyer in das elterliche Weingut eingestiegen ist, gelingen ihm immer wieder tolle Weine, sodass er bereits einige Auszeichnungen sammeln konnte. 2019 galt er im Bereich Riesling als „Entdeckung des Jahres". Wunderbar ist ein Besuch auf dem Weingut. Zunächst unscheinbar, ist die moderne Weinbar dann ein Genuss für Mund, Nase und Augen. → S. 178

Gaul: Zwei Schwestern, außergewöhnlich gute Weine und ein markanter Cortenstahl-Kubus – das Weingut in Sausenheim hat viele Besonderheiten. Die Renner des Weinguts sind hingegen Klassiker der Pfalz: Auszeichnungen gab es häufig für Rieslinge, aber auch der Weiße Burgunder der Schwestern wird oft gelobt. → S. 87

Sankt Annagut: Das höchstgelegene Weingut der Pfalz liegt an den Hängen des Pfälzerwalds oberhalb von Burrweiler. Victoria Lergenmüller, Tochter einer bekannten Pfälzer Winzerfamilie und mehrfach prämierte Jungwinzerin, produziert dort hervorragende Rieslinge. → S. 166

Gemeinsam stark

Vier Jahreszeiten: Wenn sich Winzer zusammentun und dabei die Qualität ihrer Produkte stets hoch halten, folgen Preise wie „Winzergenossenschaft des Jahres 2019". Für den Kunden ist der Einkauf hier toll und mühsam zugleich, da die Weinliste eine unglaubliche Bandbreite hat. → S. 107

Winzerverein Deidesheim: Beim ältesten Winzerverein der Pfalz steht zwar der Riesling im Mittelpunkt, aber auch hier gibt es eine große Auswahl – Geschenkkisten und andere Mitbringsel lassen sich hier ebenfalls finden. → S. 120

Weinbars und Vinotheken

Weinstube Brennofen: In der Vinothek der Weinstube Brennofen lässt es sich in angenehmer Atmosphäre durch die Weinvielfalt des Ilbesheimer Weinguts Schmitt probieren. Im Sommer lockt ein mediterraner Garten. → S. 179

Vinothek Par Terre: Wer das breite Angebot verschiedenster Pfälzer Winzer kennenlernen möchte, ist in der modern-eleganten Vinothek auf dem Gelände der ehemaligen Landesgartenschau in Landau genau richtig aufgehoben. → S. 173

Durch Wald und Reben

Wandern

Wandern gehört zur Pfalz wie Wein und Burgen. Ob einsam durch das größte zusammenhängende Waldgebiet Deutschlands oder belebt und gesellig entlang der Weinstraße, ob genüsslich in der Ebene oder über die Gipfel des Pfälzerwalds – bei der riesigen Auswahl an Touren ist für alle etwas dabei.

Smartphone-unterstützt wandern kann man u. a. mit den folgenden zwei Apps:

- „Gastlandschaften Rheinland-Pfalz"
- „Wanderfit in der Pfalz"

Beide sind kostenlos bei Google Play und im App Store erhältlich.

Wanderungen zwischen Wald und Reben

Von der Weinstraße bei Deidesheim aus führt die rund 12 km lange Tour über die Heidenlöcher – die Ruine einer Fliehburg, auf der die Bevölkerung im frühen Mittelalter Schutz vor den Feldzügen der Normannen suchte – auf den 516 m hohen Eckkopf. Auf dem Rückweg passiert man die Mühltalhütte, die zur Rast einlädt. → S. 126

Die Kalmit ist mit 673 m die höchste Erhebung des Pfälzerwalds. Der Gipfel lässt sich bis auf die letzten Höhenmeter zwar auch mit dem Auto erreichen. Stilvoller aber ist es, ihn zu erwandern. Auf der knapp 14 km langen Runde erlebt man nicht nur die tolle Aussicht vom Gipfel auf das unterhalb gelegene Felsenmeer, sondern mit der Totenkopfhütte und der Hellerhütte auch zwei typische Hütten des Pfälzerwald-Vereins. → S. 144

Die 15 km lange Wanderung über die Hohe Loog zum Hambacher Schloss gehört zu den Klassikern. Das bedingt, dass man auf den wunderschönen Pfaden über Felsen und durch lichten Kiefernwald selten alleine ist. An der Hohen Loog kann man bei Wein und Pfälzer Köstlichkeiten auf der Terrasse sitzen, während die Kinder sich im Wald und auf dem Spielplatz vergnügen. Das Hambacher Schloss ist die Wiege der Demokratie und das meist besuchte Touristenziel der Pfalz. → S. 147

Auf dem nördlich von Neustadt an der Weinstraße gelegenen Weinbiet betreibt der Deutsche Wetterdienst eine Messstation. Daneben gibt es einen Sendemast und das Weinbiethaus, in dem sich hungrige Wanderer stärken können. Vom Aussichtsturm ergibt sich ein grandioser Blick auf Rheinebene und Pfälzerwald. Das tolle an der rund 10 km langen Tour: Mit zwei Extrakilometern lässt sie sich auch vom Neustadter Zentrum und damit per ÖPNV machen. → S. 145

Die Wanderung zur Ruine Neuscharfeneck vereint gleich drei Hütten des Pfälzerwald-Vereins und eine sehenswerte Burgruine. Von dieser reicht der Blick über das kleine Städtchen Annweiler hinweg bis zu der wohl bekanntesten Burg der Pfalz: dem Trifels. Die rund 16 km lange Runde lässt sich vom Wanderparkplatz Drei Buchen oder direkt von Burrweiler an der Weinstraße angehen und bei Bedarf auch abkürzen.
→ S. 192

Wanderungen in der Südpfalz

Der Dahner Felsenpfad gehört zu den Wanderhighlights der Region. Etwas Trittsicherheit ist schon gefragt bei dieser rund 12 km langen Runde, während der man die beeindruckenden Sandsteinformationen rund um Dahn mal aus der Ferne sieht und schon wenig später den Blick von dort auf den eben noch begangenen Weg genießt. Mehr Felsen auf solch kurzer Strecke geht kaum. → S. 201

Im Grenzgebiet zwischen der Pfalz und dem Elsass lassen sich tatsächlich sieben Burgen an einem Tag erwandern. Einigermaßen in Übung sollte man hierfür jedoch schon sein: 23 km und 1200 Höhenmeter misst die Tour. Entschädigt wird man durch traumhafte Blicke und interessante Burganlagen, die zum Teil nur wenige hundert Meter Luftlinie voneinander entfernt liegen. → S. 211

Vorbei an Felsen führt diese abwechslungsreiche, 9 km lange Runde von Hauenstein aus durch viel Wald zum Wanderheim Dicke Eiche. Auf dem Rückweg passiert man den Paddelweiher mit Bootsverleih und Spielplatz. Ausgangs- und Endpunkt der Tour ist das Deutsche Schuhmuseum in Hauenstein. → S. 217

Burgen, Täler und Gipfel im Pfälzerwald

Die rund 10 km lange Runde bei Lemberg in der Südpfalz führt vorbei an den Ruinen Lemberg und Ruppertstein sowie dem torartigen Maiblumenfelsen. Immer wieder ergeben sich schöne Ausblicke über die reich bewaldete Landschaft. Das Burgeninformationszentrum bei der Ruine Lemberg bietet interessante Infos zu den Burgen und Ruinen der Region. → S. 221

Von Trippstadt aus führt die einfache Tour durch die einsame Landschaft des Pfälzerwaldes bis zum Karlstal. Dieses gilt mit seinen romantischen Holzbrücken als eines der schönsten Täler des Pfälzerwalds. Die 10 km lange Runde lässt sich bei Bedarf auch abkürzen. → S. 231

Westlich von Bad Dürkheim liegt der Drachenfels, an dem der Sage nach Siegfried mit dem Drachen kämpfte. Von dem abwechslungsreichen, langgestreckten Felsen bieten sich herrliche Blicke über die Weiten des Pfälzerwaldes gen Westen. Auf der 11 km langen Runde vom Gasthaus Saupferch aus über den Drachenfels Richtung Süden kann man sich in der einsam gelegenen, aber dennoch sehr umtriebigen Hütte Lambertskreuz stärken. → S. 112

Familienurlaub

Kinder

Auch für Familien hat die Region jede Menge zu bieten. Abenteuerliche Burgen und zum Klettern einladende Felsen gehören zum Grundrepertoire eines Pfalzurlaubs. Aber auch darüber hinaus gibt es vieles zu entdecken.

Für Kinder ist Wein nicht fein – zum Glück gibt es einige Winzer, die leckeren Traubensaft produzieren. Auch im Restaurant ist die große Traubenschorle im Dubbenglas oberlecker!

Lernen und Experimentieren

Technik-Museum Speyer: Freunde von Autos, Lokomotiven und Flugzeugen kommen hier auf ihre Kosten. Hunderte ausrangierter Fahrzeuge stehen in den Hallen und auf dem Außengelände. Viele Exponate können bestiegen und beklettert werden. Ein Höhepunkt ist eine aufgebockte und in Teilen entkernte Boing 747. → S. 48

Junges Museum Speyer: Im historischen Museum der Pfalz in Speyer finden immer wieder gut gemachte Ausstellungen zur Geschichte der Region statt. Für Kinder gibt es parallel eine eigene Ausstellung, in der sie sich wie Römer oder Ritter verkleiden können und vieles über das Leben unserer Vorfahren lernen. → S. 48

Pirmasens mit Dynamikum: Die Hauptstadt der Südwestpfalz ist mit ihren steilen Straßen architektonisch interessant. Für Kinder gibt es hier vor allem ein Highlight: Im Dynamikum können sie an unzähligen Experimenten physikalische Gesetze erkunden und dabei auch eine Menge über ihren eigenen Körper lernen. → S. 219

Keltendorf am Donnersberg: Das schöne Freilichtmuseum in Steinbach am Fuße des Donnersbergs bietet einen kindgerechten, spannenden Einblick in das Leben der Kelten. → S. 252

Spielen und Nervenkitzel

Holiday-Park: Der große Freizeitpark bei Hassloch hat Angebote für die ganze Familie. Schön gestaltete Fahrgeschäfte für kleine und große Kinder lassen das Herz höherschlagen. Im Eintrittspreis sind (fast) alle Attraktionen inbegriffen. → S. 142

Kurpfalz-Park: Gemütliche Mischung aus Wildpark mit heimischen Tieren und einigen Attraktionen vor allem für kleinere Kinder. Der Park liegt abgeschieden bei Wachenheim im Pfälzerwald. → S. 117

Alla-Hopp-Anlagen: In der Rheinebene und an der Weinstraße sind in den letzten Jahren sechs große und tolle Spielplätze entstanden. Sie sind tagsüber für alle offen und teilweise mit Kiosk ausgestattet: Speyer, Rülzheim, Grünstadt, Deidesheim, Edenkoben, Ilbesheim. → S. 156 und 178

Spielplatz am Teufelstisch: Unterhalb des Teufelstischs, einer bizarren Felsformation bei Hinterweidenthal, liegt ein weitläufiger und abwechslungsreicher Spielplatz. Für Begeisterung sorgt vor allem die lange Rutsche am Hang. → S. 215

Natur und Kultur

Biosphärenhaus Fischbach: Neben einer kleinen Ausstellung zur Natur des Pfälzerwalds gibt es hier einen interessanten Baumwipfelpfad, auf dem man den Wald aus einer anderen Perspektive kennenlernt. Als Alternative zum klassischen Abstieg gibt es am Ende des Pfads eine Rutsche, die von den meisten Kindern gleich mehrfach genutzt wird. → S. 209

Pfalzmuseum für Naturkunde: Nicht spektakulär, aber doch interessant ist das Pfalzmuseum in Bad Dürkheim. Hier gibt es allerlei Wissenswertes über die Natur und Kultur der Pfalz zu erfahren. → S. 106

Wildpark Potzberg: Nicht nur für Kinder ist es ein Erlebnis, wenn die Adler, Geier und Falken im Rahmen der Flugschau ihre Runden über die weitläufige Landschaft drehen. → S. 247

Burgen und Felsen: Die Erkundung der meist gut gesicherten Burgen mit ihren Treppen, Türmen, dunklen Gängen und Räumen macht kleineren wie größeren Kindern Spaß. Die Auswahl an dafür geeigneten Zielen ist riesig. Auf dem Weg zu und von den Burgen bietet sich eine Rast auf einer der vielen Hütten des Pfälzerwald-Vereins an. Oft gibt es hier schön ausgestattete Spielplätze und familienfreundliche Preise.

Auf Schienen

Kuckucksbähnel: Von Neustadt aus zieht eine Dampflokomotive ihre Wagen in das Elmsteiner Tal und zurück. Während des Aufenthalts lassen sich Burgen, der Wald oder ein kleines Museum zur Geschichte der Forstwirtschaft erkunden. → S. 131

Stumpfwaldbahn: Die Stumpfwaldbahn fährt mit offenen Wagen von Ramsen durch den Stumpfwald rund 4 km weit zum Eiswoog in der Nordpfalz. Die alten Gruben- und Sägewerksloks mit 600 mm Spurweite stammen allesamt aus der Region. → S. 261

Kalkbergwerk Wolfstein: Jahrhundertelang wurde hier unter Tage Kalk abgebaut. Heute fahren die Besucher mit einem Bähnchen rund 50 m hinein in den kühlen Berg. Auf einer geführten Tour bekommt man Einblicke in die harte Arbeit der Bergleute. → S. 249

Unterwegs

in der Pfalz

Die Pfalz am Rhein

Der Pfälzer Rhein ist eine Landschaft der Gegensätze: hier die romantischen Rheinauen mit ihren Seen und Wäldern, dort weitläufige Industrieanlagen und die dazugehörigen Verkehrswege, hier die historischen Blüten vergangener Jahrhunderte, dort die nüchterne Architektur der Moderne. Wo weder Industrie noch Rheinauen sind, da erstrecken sich auf den ertragreichen Lössböden des ebenen Vorderpfälzer Tieflands endlose Gemüsefelder.

Dank der Rheinbegradigung von Johann Gottfried Tulla ist die östliche Grenze der Pfalz nun klar bestimmt, der Rhein kann seinen Lauf und somit die Grenze zu Baden-Württemberg nun nicht mehr in Abhängigkeit vom Wasserstand verändern.

Von Frankenthal bis Ludwigshafen sind die ehemaligen Auenlandschaften des Rheins vorwiegend industriell geprägt. Dominierend ist das Werksgelände der BASF, das sich bis zur Innenstadt von Ludwigshafen erstreckt und der heimlichen Hauptstadt der Pfalz ihre Prägung gibt. In der Dämmerung verbreiten die in ihren Ausmaßen unendlich wirkenden Werkshallen, Kraftwerke und Schornsteine eine ganz besondere Stimmung. Auf der gegenüberliegenden Seite des Rheins befindet sich die einstige kurpfälzische Residenzstadt Mannheim, das eigentliche Zentrum der Region – obwohl auf rechtsrheinischer und damit Baden-Württembergischer Seite gelegen. Südlich der Ludwigshafener Häfen wird es gemütlicher: Die guten Besucherzahlen der Naherholungsgebiete zwischen Altrip und der einladenden Domstadt Speyer sind ein Zeichen für die Beliebtheit der von Seen durchzogenen Landschaft.

Zwischen der Festungsstadt Germersheim und der kleinen Gemeinde Berg im Süden an der französischen Grenze stört nur wenig das ruhige, in vielen Grüntönen gehaltene Bild von kleinen und größeren Dörfern, Baggerseen, Auwäldern, Feldern und Wiesen. Lediglich die Stadt Wörth fällt etwas aus dem Rahmen. Hier haben sich in verkehrsgünstiger Lage Industrieunternehmen und Ölraffinerien angesiedelt, die der Region Arbeitsplätze und Wohlstand bringen.

Aus dem badischen Karlsruhe kommen an den Wochenenden viele Menschen in die Pfalz, fahren Rad durch Bien- oder Auwald, kaufen frisches Obst und Gemüse oder genießen das gute Essen in einem der zahlreichen Restaurants.

Was anschauen?

Speyer: In der lebendigen Universitätsstadt am Rhein steht mit dem Dom nicht nur eines der größten erhaltenen romanischen Bauwerke, das seit 1981 auf der Liste des UNESCO-Weltkulturerbes steht. Die Stadt mit ihren vielen Museen ist auch darüber hinaus kulturell interessant und bietet zahlreiche Cafés und Geschäfte zum Bummeln. → S. 44

Mannheim und Karlsruhe: Die beiden Großstädte am Rhein liegen strenggenommen nicht mehr in der Pfalz. Dennoch sind sie Oberzentren für die gesamte Region und bieten viel Sehenswertes. Beide Städte haben ungewöhnliche Grundrisse: Das Schachbrettmuster der ehemaligen Arbeiterstadt Mannheim führt zu ganz besonderen Straßenbezeichnungen. In Karlsruhe ist alles fächerartig auf das barocke Schloss ausgerichtet. → S. 33 und 67

Rheinauen: Entlang des Rheins und seiner ehemaligen Flussarme ist in den vergangenen 200 Jahren eine abwechslungsreiche Agrar- und Erholungslandschaft entstanden. Im Sommer locken Badeseen wie der Baggersee Schlicht bei Ludwigshafen (→ S. 27) oder im Naherholungsgebiet Johanneswiese bei Jockgrim (→ S. 59).

Herxheim: Große Tabakscheunen sind in vielen Orten der Pfälzer Rheinebene zu finden, in der Region um Herxheim besonders häufig. Auch wenn noch Tabak angebaut wird, stehen die Scheunen meist leer. Im Museum Herxheim wird über die Hintergründe berichtet. Auf der rund 35 km langen Tabaktour lässt sich die Umgebung prima mit dem Rad erkunden. → S. 61

Was unternehmen?

Radfahren: Durch die Rheinauen führen viele schöne Fahrradwege. Ob entlang des Rheinhauptdamms, durch den Auwald oder mit einer der Fähren hinüber auf die badische Seite, den Radfahrmöglichkeiten sind kaum Grenzen gesetzt.

Auf dem Wasser: Gemütlich geht es zu bei Schiffsfahrten auf dem Rhein. Von Karlsruhe oder Speyer aus lassen sich der bedeutende Strom und die ihn begleitenden Altrheinarme mit Ausflugsschiffen bereisen. Wer es beschaulicher mag, der kann von Germersheim aus im Elektroboot bei einer geführten Nachenfahrt auf dem Altrhein jede Menge über Natur und Kultur der Rheinauen lernen.

Was sonst noch?

Die Pfalz am Rhein ist eines der größten deutschen Anbaugebiete für Gemüse. Rund 80 % der in Deutschland angebauten Radieschen kommen von den sandig-lehmigen Böden. Vor allem zur Spargel- und Erdbeerzeit gibt es an den Ortsstraßen zahlreiche Verkaufsstände.

Frankenthal

Der Dichter August von Platen schwärmte 1815 über Frankenthal, es sei ein „gar so schön gebautes Städtchen", eines der schönsten in der ganzen Pfalz. Die Industrialisierung im 19. Jh. und ein verheerender Bombenangriff 1943 haben das Gesicht der Stadt allerdings verändert. Heute ist Frankenthal als Wohnort für Pendler zur nahen BASF beliebt.

Mittelpunkt der überschaubaren Stadt ist der kopfsteingepflasterte Marktplatz. Von hier aus führt die Fußgängerzone nach Norden zum Wormser und nach Süden zum Speyerer Tor. An Markttagen kehrt Leben in der Frankenthaler Innenstadt ein. An den Ständen werden viele regionale Produkte verkauft. Außerhalb des Zentrums geben Industrie und triste Neubauten der Stadt ein eher nüchternes Bild.

Nach der Gründung des Augustiner-Chorherrenstifts durch den Wormser Adligen Erkenbert 1119 entwickelte sich der Ort schnell zu einem wirtschaftlichen und kulturellen Zentrum. Zu Beginn des 17. Jh. wurde die Stadt in Form eines zehneckigen Sterns zur stärksten linksrheinischen Festung der Kurpfalz ausgebaut und geriet damit schnell in die Wirren des Dreißigjährigen und des Pfälzischen Erbfolgekrieges. Während des Wiederaufbaus entstanden bedeutende Manufakturen, unter ihnen die bekannte, 1755 errichtete Porzellanmanufaktur. Im Zuge der Industrialisierung setzte der Maschinenbau eine wirtschaftliche Dynamik in Gang und bescherte Frankenthal neues Wachstum. Diesem fiel bald die alte Stadtmauer zum Opfer. Im Zweiten Weltkrieg schließlich wurden die letzten Reste der alten Stadt vernichtet.

Sehenswertes

Stiftskirche St. Maria Magdalena: Die Überreste der Kirche des Augustiner-Chorherrenstifts sind das älteste Baudenkmal Frankenthals. Erhalten ist unter anderem die eindrucksvolle Westfassade der ehemals dreischiffigen, sechsjochigen und ungewölbten Pfeilerbasilika. Bei den Frankenthalern ist der auf dem Rathausplatz gelegene Bau wegen seines Erbauers Erkenbert auch als „Erkenbert-Ruine" bekannt.

Zwölf-Apostel-Kirche: Östlich der Ruine der ehemaligen Stiftskirche St. Maria Magdalena liegt die einladend helle Zwölf-Apostel-Kirche. Sie wurde in den Jahren 1820–1823 nach Plänen von Philipp Mattlener, einem Schüler des Karlsruher Baumeisters Weinbrenner, errichtet. Nach der Zerstörung im Zweiten Weltkrieg wurden beim Wiederaufbau 1950–52 einige Elemente verändert, die sich jedoch harmonisch mit denen des Klassizismus verbinden.

Wormser und Speyerer Tor: Aus dem glanzvollen 18. Jh. stammen die beiden prächtigen, als Teile der barocken Stadtummauerung errichteten Stadttore. Das Speyerer Tor wurde 1773 nach Plänen des Mannheimer Architekten Nicolas de Pigage gebaut. Das ehemals am nördlichen Rand der Stadt gelegene, 1772 errichtete Wormser Tor bildet heute den nördlichen Abschluss der Innenstadt. Es ist ein triumphbogenartiger Bau aus unverputzten Sandsteinquadern mit kreuzgratgewölbter Durchfahrt. Die Schauseiten sind verschieden gestaltet: Die ehemalige Feldseite betont mit Doppelpilastern und breitem Giebel die militärische Funktion, während sich die der Stadt zugewandte Seite mit flächigem Reliefschmuck höfisch-elegant zeigt.

Die Pfalz am Rhein → Karte S. 24

Erkenbert-Museum: Auf drei Ebenen wird die Geschichte der Stadt Frankenthal gezeigt. Besonderheiten sind die Geschichte und Kunst der Glaubensflüchtlinge (um 1600) sowie das Frankenthaler Porzellan aus dem 18. Jh.

■ Di 10–18 Uhr, Mi–So 14–18 Uhr. Eintritt frei, bei größeren Sonderausstellungen unterschiedliche Preise. Am Rathausplatz, ✆ 06233/89535, www.frankenthal.de.

Praktische Infos

Information Stadtinformation, im Rathaus, Rathausplatz 2–7, 67227 Frankenthal, ✆ 06233/890, www.frankenthal.de. Mo–Mi 8–16 Uhr, Do bis 18 Uhr, Fr bis 12.30 Uhr.

Baden/Sauna Ostparkbad. Hier sind sowohl ein sportorientiertes Hallenbad als auch ein sehr vielseitiger, in den letzten Jahren immer weiter ausgebauter Saunabereich zu finden. Das Bad ist mindestens 10–19 Uhr geöffnet, teilweise länger. Die Sauna tägl. 10–23 Uhr, So nur bis 21 Uhr. Mi Damentag. Eintritt Bad 4 €, Bad und Sauna 14 €. Am Kanal 2, ✆ 06233/366144, www.ostbadpark.de.

StrandBad. Verschiedene Becken, ein schöner Badeweiher und eine riesige Wiese mit Spielgeräten und Minigolfplatz machen das zwischen Frankenthal und Ludwigshafen-Edigheim gelegene Freibad zu einem sommerlichen Highlight. Im Sommer 9–20 Uhr, Erwachsene 4 €, Jugendliche 3 €. Meergartenweg, ✆ 06233/64026, www.ostbadpark.de.

Einkaufen Wochenmarkt. Auf dem Rathausplatz lockt ein vielseitiges Angebot: Konventionelles und Ökologisches, Regionales und Mediterranes. Jeden Di und Fr, 7–14 Uhr. www.frankenthal.de.

Sapori Mediterranei da Paola. Ein kleines, freundliches Fleckchen Italien hinter dem Rathausplatz. In der Theke liegen große Schinken, verschiedene Salamisorten, frische Pasta und Antipasti. Aber auch der frisch zubereitete Espresso lässt italienische Gefühle aufkommen. Mo–Fr 8.30–18 Uhr und Sa 8.30–14 Uhr. August-Bebel-Str. 2, ✆ 06233/600991.

Kino Lux-Kinos. Klassisches Kino mit fünf Sälen. Karten ab 8 €. August-Bebel-Str. 7–9, ✆ 06233/27110, www.lux-kinos.de.

Klettern Pfalz Rock. Große, vielseitige Kletterhalle, in der auch schon deutsche Meisterschaften ausgetragen wurden. Mo–Fr 16–23 Uhr, Di–Do ab 14 Uhr, Sa/So 10–21 Uhr. Tageskarte Erwachsene 9 €, Jugendliche 7,80 €, Rabatt für DAV-Mitglieder. Mörscher Str. 89, ✆ 06233/366157, www.pfalz-rock.de.

Übernachten/Essen ** Hotel Central.** Businesshotel in zentraler Lage, das durch die gute Ausstattung und den freundlichen Service überzeugt. DZ ab 85 €. Karolinenstr. 6, ✆ 06233/8780, www.hotel-central.de. **** Seehotel Bader.** Im unscheinbaren Bobenheim-Roxheim 5 km nördlich von Frankenthal liegt das gemütliche Hotel mit seinem Landgasthaus Seestube, das gutbürgerlich-feine Küche serviert. Zwischen der schönen Terrasse und dem Roxheimer Altrhein verläuft nur ein Radweg, zum beliebten Bade- und Surfrevier Silbersee ist es auch nicht weit. Restaurant und Zimmer im modernen Landhausstil. Hauptgerichte 13–30 €. Di–Sa ab 11.30 Uhr. DZ ab 95 €. Bobenheim-Roxheim, Peterstr. 30, ✆ 06239/4031, www.seehotelbader.de.

Café Quito. Modernes, freundliches Café mit Kuchen, Panini, sehr guten Kaffeespezialitäten sowie Weinen aus der Pfalz und Spanien. Mo–Fr 9–19 Uhr, Sa 9–18 Uhr. Speyererstr. 24, ✆ 06233/2390910, www.quito-cafe.de.

Café Ideal. Vom Frühstück bis hin zu den abendlichen Cocktails – dieses lässige Café passt zu allen Tageszeiten und vielen Anlässen. Hauptgerichte 6–17 €. Mo–Do 9–24 Uhr, Fr und Sa 9–2 Uhr, So 9.30–23 Uhr. Eisenbahnstr. 2, ✆ 06233/3593232, www.cafe-ideal.com.

Quattro. In dem kleinen und feinen, von außen unscheinbaren Restaurant wird gehobene deutsche Küche mit mediterranen Anklängen serviert. Hauptgerichte 12–20 €, Mi–Sa ab 18 Uhr. Vielseitiger Mittagstisch (um 7 €), Mo–Fr 11.30–14 Uhr. Welschgasse 38, ✆ 06233/25800, www.quattroammittag.de.

Restaurant Poseidon. Klassisches griechisches Restaurant in zentraler Lage mit guter Küche und vielen Stammgästen. Speyerer Str. 47. Hauptgerichte 13–19 €. ✆ 06233/4599126, www.poseidon-frankenthal.de.

Brauhaus zur Post. Modernes Brauhaus in Bahnhofsnähe mit typischer, guter Brauhausküche. Im Sommer mit schönem Biergarten! Hauptgerichte 7–19 €. Tägl. ab 17 Uhr, So ab 10 Uhr,. Neumayerring 45, ✆ 06233/220286, www.brauhaus-zur-post.de.

Die Hochstraßen prägen das Bild Ludwigshafens

Ludwigshafen

Ludwigshafen und der weltweit tätige Chemiekonzern BASF sind auch in Zeiten der Globalisierung untrennbar miteinander verbunden. Die Chemieindustrie hat das ehemals kleine Örtchen am Rhein zu einer 167.000 Einwohner zählenden Stadt werden lassen. Bis heute ist das Stadtbild durch weitläufige industrielle Anlagen und Werkswohnungen aus verschiedenen Epochen geprägt.

Einst machten die hohen Gewerbesteuereinnahmen Ludwigshafen zu einer der modernsten Städte Deutschlands. Der ausufernde Hauptbahnhof und die die gesamte Stadt überspannenden Hochstraßen galten in den 1970er-Jahren als der Inbegriff von Modernität und Fortschritt. Auch wenn die Hochstraßen derzeit teilweise zurückgebaut werden, so leiten sie bis heute den Verkehrsstrom aus der Pfalz über die Stadt hinweg in das auf der gegenüberliegenden Rheinseite befindliche Mannheimer Zentrum. Das erspart Ludwigshafen und seinen Bewohnern den Durchgangsverkehr, trennt sie aber auch von potenziellen Kunden und Besuchern. Der einst florierende Einzelhandel bekam dies in den letzten Jahrzehnten deutlich zu spüren. Die Ludwigshafener Fußgängerzone zwischen dem al-

les überblickenden Rathaus und dem zentralen Verkehrsknoten am Berliner Platz ist eine wenig einladende Mischung aus, mittelmäßigen Filialisten, Leerständen sowie Ramsch- und Resteläden. Die im Herbst 2010 entstandene Rhein-Galerie mit 120 Läden ist mittlerweile Ludwigshafens Shopping-Adresse Nummer 1. Von der Terrasse im Obergeschoss hat man einen weiten Blick auf den Rhein und das gegenüberliegende Hafenviertel von Mannheim.

In dem nördlich der Innenstadt gelegenen Stadtteil **Hemshof** zeigt sich, dass Schwarz und Weiß nicht auf alle Ewigkeit räumlich manifestiert bleiben müssen. Dort, wo bis in die 1990er-Jahre hinein die baulichen Verhältnisse dazu führten, dass alle, die es sich leisten konnten, dem Stadtteil den Rücken kehrten, ziehen mit zunehmender Sanierung neue Bewohner ein. Studierende aus dem nahen Mannheim, Künstler und junge Städter geben dem Hemshof einen beinahe schon szenigen Touch. Das etablierte kulturelle Leben Ludwigshafens spielt sich am Rande der Innenstadt ab: Der frisch sanierte Pfalzbau und das in den 1970ern entstandene Wilhelm-Hack-Museum stehen für Aufbruch und Anspruch und damit für die Rolle Ludwigshafens als kulturelles Zentrum der Pfalz.

Geschichte

Ludwigshafen ist die jüngste Stadt am Pfälzer Rhein. Und dafür, dass sie erst 1853 gegründet und 1859 durch König Maximilian II. zur Stadt erhoben wurde, hat sie gewaltige Dimensionen angenommen. Einst war Ludwigshafen nicht mehr als ein Brückenkopf Mannheims. Und weil man dort der 1865 durch den Fabrikanten Friedrich Engelhorn gegründeten Badischen Anilin- & Soda-Fabrik (BASF) keine geeigneten Flächen zur Verfügung stellte, wurden die rasch wachsenden Fabrikationsbauten auf der linksrheinischen Seite errichtet. Schon bald wurden weitere chemische Unternehmen gegründet, der Bedarf an Arbeitskräften wuchs rasant. Bei der armen Landbevölkerung warb man mit sicheren Einkommen und werkseigenen Wohnungen. So entstanden bis in die 1920er-Jahre hinein immer neue Siedlungen, aber doch zu wenige, um den Bedarf zu decken. Die beengten Lebensverhältnisse in den Arbeiterstadtteilen wurden zum Sinnbild für die Kehrseite der ungebremsten Industrialisierung. Während des Zweiten Weltkrieges fiel Ludwigshafen seinen Industrieanlagen zum Opfer, die als bedeutendes Ziel von unzähligen Bomben getroffen wurden. Aus Schutt und Asche standen Stadt und BASF nach dem Krieg wieder auf und profitierten vom Wirtschaftswunder und der zunehmenden Bedeutung der chemischen Industrie.

Sehenswertes

BASF: Das Areal mit gut 6 km Länge und 10 km² Fläche ist einer der größten Chemieproduktionskomplexe der Welt. Seit der Gründung wurden die immer zahlreicher werdenden Gebäude durch 2000 km oberirdische Rohrleitungen verbunden. Die Wasserstraße Rhein, 115 Straßen- und 211 Schienenkilometer sorgen für einen reibungslosen Ablauf der Produktion. Derzeit arbeiten auf dem Gelände fast 40.000 Menschen, die BASF ist damit der größte Arbeitgeber der Region. Das 1962 erbaute, 102 m hohe Friedrich-Engelhorn-Hochhaus, einst das höchste Haus Deutschlands und Wahrzeichen der BASF, wurde vor einigen Jahren abgerissen.

■ Besucherzentrum mit imagegerechter und 2014 überarbeiteter Präsentation Mo–Fr 9–17 Uhr, am ersten Sa im Monat 9–16 Uhr geöffnet. Führungen um 11 und 14 Uhr, um 14.30 Uhr auf Englisch. Eintritt frei. Am Tor 2, ℘ 0621/6071640, http://besucherzentrum.basf.de.

Rund um die BASF: Bei einem Spaziergang in der Umgebung des BASF-Geländes lassen sich die verschiedenen Epochen des Werkswohnungsbaus studieren. Das Unternehmen war in dieser Hinsicht seit den Anfangsjahren engagiert, wobei v. a. die Absicht im Mittelpunkt stand, die Mitarbeiter und ihre Familien fest an die BASF zu binden. Die Backsteinhäuschen und die umgebenden Gärten an der Anilinstraße bilden die Reste der ab 1872 erbauten *Hemshofkolonie*, einer der ältesten Arbeitersiedlungen Deutschlands. In jedem Haus gibt es vier Wohnungen mit jeweils 80 m² einer Fläche, die zum Zeitpunkt des Baus großzügig war. Im nahe gelegenen Wislicenus-Block mit seinen Innenhöfen, hohen Bogendurchgängen und strukturierten Fassaden zeigt sich ein ganz anderer, nicht weniger charmanter Wohnungsbautyp. Heute sind die Wohnanlagen im Besitz der firmeneigenen Baugesellschaft LuWoGe.

Wilhelm-Hack-Museum: Um das bekannteste Werk des Museums zu bewundern, muss man es gar nicht betreten. Weithin sichtbar hängt an der Südostfassade das aus 7200 Fliesen zusammengesetzte, 55 m breite „Monumentalgemälde" des katalanischen Künstlers *Joan Miró.* Im Inneren bildet neben der Sammlung Wilhelm Hacks die umfassende Sammlung der konstruktiv-konkreten Kunst des 20. Jh. den Schwerpunkt der Ausstellung. Auf dem nördlich des Museums gelegenen Hans-Klüber-Platz wird während des Sommers der Trend der urbanen Gärten durch den *hackmuseumsgARTen* aufgegriffen.

■ Di–Fr 11–18 Uhr, Do bis 20 Uhr, Sa/So 10–18 Uhr. Eintritt 7 €, ermäßigt 5 €, Sa Eintritt frei. Jeden Sonntag um 15 Uhr findet eine öffentliche Führung statt. Berliner Str. 23, ✆ 0621/504 3045, www.wilhelmhack.museum.

Rudolf-Scharpf-Galerie: Junge, eher gegenständliche Kunst wird im Stadtteil Hemshof im Elternhaus des Ludwigshafener Künstlers *Rudolf Scharpf* (geb. 1919) gezeigt. Auch Werke von Scharpf sind ausgestellt, die von ihm am häufigsten angewandte Technik ist der Holzschnitt.

■ Do/Fr 15–18 Uhr, Sa/So 13–18 Uhr. Eintritt frei. Hemshofstr. 54, ✆ 0621/5043446, www. www.wilhelmhack.museum.

Die Gemüsepfalz

Westlich von Ludwigshafen dominiert der großflächige Anbau von Gemüse. Unter Folie und in Gewächshäusern wächst hier klimatisch begünstigt und durch kilometerlange Bewässerungssysteme unterstützt Gemüse, das in ganz Deutschland gegessen wird. Nach der Ernte durch Arbeiterkolonnen wird die Ware in die Großmärkte geliefert, gehandelt und verpackt, um danach per Lkw auf die weite oder auch kürzere Reise zu gehen. Den **Pfalzmarkt** in Mutterstadt verlassen pro Tag 250 Lkws, ein Fünftel des gesamten deutschen Frischgemüses wird von hier aus auf den Weg gebracht. Die Landwirte, die ihr Gemüse über den Pfalzmarkt vertreiben, arbeiten fast ausschließlich für den Großhandel. Es gibt auch einige kleinere Gemüsebauern, die ihre Ware ab Hof, auf Märkten oder in Form von Abokisten verkaufen. Tafeln an den Hoftoren weisen häufig den Weg zu kleinen, oft nur während der Saisonzeiten betriebenen Verkaufsständen.

Einen anderen Blick auf die landwirtschaftliche Prägung der Region kann man im **Deutschen Kartoffelmuseum** in Fußgönheim gewinnen. In den Räumen des Museums, zu denen auch die ehemalige Synagoge des Ortes gehört, befindet sich eine Ausstellung, die auf botanische Besonderheiten und den historischen Siegeszug der Kartoffel durch Europa eingeht. Dabei wird auch die soziale Komponente verdeutlicht, denn durch die Kartoffel wurden viele Menschen vor dem sicheren Hungertod bewahrt.

Pfalzmarkt für Obst und Gemüse. Mutterstadt, Neustadter Str. 100, ✆ 06231/4080, www.pfalzmarkt.de.

Deutsches Kartoffelmuseum. Erster So im Monat 14–18 Uhr, Juli und Aug. zu. Eintritt frei. Fußgönheim, Hauptstr. 65, ✆ 06237/929266. www.deutscheskartoffelmuseum.de.

Die Pfalz am Rhein → Karte S. 24

Service

Information Tourist-Information Ludwigshafen. Berliner Platz 1, 67059 Ludwigshafen, ☎ 0621/512035, www.lukom.com. Mo–Fr 9–17 Uhr, Sa bis 13 Uhr.

Parken Die **Rheingalerie** bietet 1400 Parkplätze. Die erste Stunde ist kostenlos, die 2. Stunde parkt man für 1 €, danach für 1,20 €/Std. Mo–Sa 6–24 Uhr, So ab 8 Uhr. Rund um die Uhr kann man im Einkaufszentrum **Walzmühle** an der S-Bahn-Station „LU-Mitte" parken. Die erste Stunde kostet 1,30 €, für 4 Std. zahlt man 4,40 €.

Sightseeing Während des Sommerhalbjahres veranstaltet der Verein **Ludwigshafener**

Stadtführungen Rundgänge und Radtouren in und um Ludwigshafen. Rosenwörthstr. 13, ☎ 0621/677621, www.lust-auf-lu.de.

Werksbesichtigung bei der BASF. Start ist jeden zweiten Samstag im Monat ab Tor 2 neben dem **Besucherzentrum.** Von 9 bis 15 Uhr fahren die Busse im 30-Min.-Takt, die Führung um 14 Uhr findet auf Englisch statt. Eine Anmeldung ist nicht erforderlich, jedoch der Personalausweis; Kinder ab 6 J. können teilnehmen. Infos unter ☎ 0621/6071640 oder www.besucherzentrum.basf.de.

Taxi Taxizentrale Ludwigshafen, ☎ 0621/525252.

Einkaufen

Rhein-Galerie. 120 Geschäfte unter dem lang gestreckten Dach direkt am Rhein bieten ein breites, eher standardisiertes Angebot. Mo–Sa 10–20 Uhr. Im Zollhof 4, ☎ 0621/59183410, www.rheingalerie-ludwigshafen.de.

Mohrbacher. Seit 1924 wird im Süden Ludwigshafens Kaffee geröstet. Dank der hohen Qualität wird der Kaffee in vielen Cafés und Restaurants der Region ausgeschenkt. Mo–Fr 8–13 und 14.30–18 Uhr, Sa 8.30–13 Uhr.

Mundenheimer Str. 233, ☎ 0621/563541, www.mohrbacher.de.

Metzgerei Wolfgang Hardt. Die traditionsreiche Metzgerei aus dem Umland von Ludwigshafen hat im Zentrum eine Filiale. Das hochwertige Schwäbisch-Hällische-Fleisch wird hier u. a. in Form von erstklassigen Pfälzer Wurstspezialitäten verkauft. Mo–Fr 9–18 Uhr, Sa 9–13 Uhr. Wredestraße 19, ☎ 0621/622999, www.metzgerei-hardt.com.

Shopping mit Blick auf Rhein und Mannheimer Ufer: Rhein-Galerie

Parks

Der **Stadtpark** auf der südlich der Innenstadt gelegenen Parkinsel im Rhein hat eine Größe von 28 ha und lädt in der Nähe einer der besten Wohnlagen Ludwigshafens zum Flanieren ein. Über das neu gestaltete Rheinufer erreicht man flussaufwärts den Stadtpark von der Innenstadt zu Fuß in ca. 15 Minuten.

Der 28 ha große **Ebertpark** wurde anlässlich der Süddeutschen Gartenbauausstellung 1925 geschaffen und ist heute der beliebteste Park der Stadt. Dazu tragen auch die vielen Springbrunnen, der Spielplatz und der kleine Zoo bei.

Mein Tipp Außerhalb liegt südlich des Stadtteils Rheingönheim der **Wildpark Rheingönheim** mit großzügigen Gehegen. 30 europäische Wildtierarten sind hier zu bestaunen. Ein schöner Spielplatz und ein einfaches Restaurant runden das naturnahe Ausflugsziel ab. April bis Sept. 9–19 Uhr, Febr./März/Okt. 9–18 Uhr, Nov. bis Jan. 9–17 Uhr. Erwachsene 4 €, Kinder ab 4 J. 1,50 € und ab 13 J. 3 €. Kein Zutritt für Hunde! Neuhöfer Str. 48, ℡ 0621/5043380, www.ludwigshafen.de.

Sport/Kultur

Baden Freibad am Willersinnweiher. Die tollen neuen Becken sind mit einem Baggersee kombiniert. Mai bis Sept. Mo–Fr 9–20 Uhr, Sa/So ab 8 Uhr. Eintritt 3,80 €, ermäßigt 2,10 €. Am Strandweg 23, ℡ 0621/5042902, www.ludwigshafen.de.

Badestelle Blies. Alter Baggersee mit 83.770 m² Wasserfläche und riesiger Liegewiese. Der nahe Autobahnzubringer ist nicht zu überhören, aber man kann hier prima abtauchen. Erwachsene 2 €, Kinder 1 €, Mo–Fr 10–20 Uhr, Sa/So ab 9 Uhr. Wollstraße, ℡ 0621/5299155.

Aquabella. Südlich von Ludwigshafen gibt es bei Mutterstadt ein nicht allzu großes, aber schönes Hallenbad mit Außenbecken, Riesenrutsche, Sauna und gemütlichem Kleinkindbereich. Tägl. mind. 10–18 Uhr, im Sommer Mo–Fr bis 21.30 Uhr. Eintritt 5 €, ermäßigt 3,50 €.

Mutterstadt, Waldstr. 63, ℡ 06234/94530, www.rhein-pfalz-kreis.de.

Klassik Die **Deutsche Staatsphilharmonie Rheinland-Pfalz** gibt Konzerte im Pfalzbau und im BASF-Feierabendhaus. Eine Besonderheit sind die Konzerte für Kinder. Infos unter ℡ 0621/599090 oder www.staatsphilharmonie.de.

Theater Theater Hemshofschachtel. Kleines, mit rotem Samt ausgekleidetes Mundarttheater. Vorstellungen Do–Sa ab 20 Uhr, Eintritt 14–19 €. Im Juli meist Gastspiel in Forst (→ S. 114), danach Spielpause. Hemshof, Leuschnerstr. 9, ℡ 0621/510149, www.theater-hemshofschachtel.de.

Prinzregenten Theater. → Pfälzisches Theater für Erwachsene und Kinder. Eintritt 13–26 €. Prinzregentenstr. 45, ℡ 0621/525240, www.prinzregenten-theater.de.

Übernachten/Essen und Trinken/Nachtleben

Übernachten ** René Bohn.** Das zur BASF gehörende Businesshotel bietet Hotelkomfort auf sehr hohem Niveau – auch wenn man das von außen nicht sieht. Schöne, stimmungsvolle Zimmer. DZ meist um 200 €, die Preise schwanken stark. René-Bohn-Str. 4, ℡ 0621/6099100, www.wirtschaftsbetriebe.basf.de.

***** Gartenstadt Hotel.** Freundliches, schön renoviertes Hotel am Stadtrand. DZ ab 99 €. Maudacherstr. 188, ℡ 0621/5500791, www.gartenstadt-hotel.de.

B & B Hotel. Das 2016 eröffnete Haus der pragmatischen Budget-Hotelkette bietet ordentliche Zimmer in zentraler Lage am Rhein. DZ ab 70 €. Bahnhofstr. 1a, ℡ 0621/591320, www.hotelbb.de.

Essen & Trinken Gesellschaftshaus. Das zur BASF gehörende Haus bietet in elegant-gediegenem Ambiente feine nationale und internationale Küche. Hauptgerichte 20–42 €. Mo–Fr ab 18 Uhr, am Wochenende nach Vereinbarung. Wöhlerstr. 15, ℡ 0621/6078888, www.gastronomie.basf.de.

Die Pfalz am Rhein → Karte S. 24

Tialini. In der ersten Filiale der Restaurantkette des ehemaligen Porsche-Chefs Wiedekind isst man Pizza und Pasta und hat dabei einen fantastischen Blick auf den Rhein und das sich auch auf Mannheimer Seite lebhaft entwickelnde Hafenviertel. Hauptgerichte 6–12 €. Di–So 11.30–22 Uhr, Fr und Sa bis 23 Uhr. Im Zollhof 4, ☎ 0621/68563626, www.tialini.com.

Maffenbeier. Traditionelle Pfälzer Gerichte prägen die rustikale Karte des beliebten Maffenbeier. In der engen Gaststube ergeben sich durch viele Fotografien und Einblicke in die Arbeiterkultur Ludwigshafens zu Beginn des 20. Jh. Kleiner, teilweise überdachter Biergarten. Hauptgerichte 6–15 €. Tägl. ab 11 Uhr, Küche bis 23 Uhr. Hemshof, Rohrlachstr. 58, ☎ 0621/524249, www.maffenbeier.de.

Nachtleben MusicHall Oppau. Inmitten eines Wohngebiets liegt der mittlerweile zu den Klassikern gehörende Club. Ab 21 Uhr laufen Mi–Sa die großen Songs der vergangenen Jahrzehnte ebenso wie aktuelle Musik. Eintritt

Bunt und vielfältig: der Hemshof

vor 21.30 Uhr 2 €, danach 6 €. Kirchenstr. 12, ☎ 0621/653474, www.musichall-oppau.de.

Umgebung von Ludwigshafen

Südlich von Ludwigshafen liegt direkt am Rhein das ehemalige **Fischerdorf Altrip.** Bereits die Römer siedelten hier und gaben dem Flecken einen Namen: *alta ripa,* das hohe Ufer. Sicher vor Überschwemmungen war der Ort dennoch nicht, bis die Rheinbegradigung hier 1873 ihren letzten Durchstich bekam. Heute ist Altrip neben seiner ganzjährig verkehrenden Autofähre nach Mannheim v. a. für sein Fischerfest bekannt, das an jedem ersten Juliwochenende im Waldpark stattfindet. Auch das verzweigte Naherholungsgebiet *Blaue Adria* rund um den verlandenden Neuhofener Altrhein gehört mit seinen zahlreichen Badeseen zu Altrip. Der größte davon verfügt über einen weiten, DLRG-überwachten Sandstrand und ist an schönen Sommertagen oft überfüllt.

🚲 Radtour 1: Den Rhein entlang

Eine genüssliche Radtour, die auch an warmen Sommertagen Spaß macht,

beginnt am Parkplatz Wildpark Rheingönheim. Entlang des grünen Rheindamms führt die rund 26 km lange Tour um Altrip herum und durch ausgedehnte Campinglandschaften. Ab dem Otterstadter Altrhein geht es an Feldern und Obstbäumen vorbei nach Waldsee, wo sich in der Eisdiele Dolomiti seit über 40 Jahren Radfahrer und Wanderer stärken. Auf dem nächsten Wegstück passiert man den Baggersee Schlicht mit schöner Bademöglichkeit. Einen passenden Abschluss findet die Tour in der nordöstlich von Neuhofen gelegenen Waldmühle, in deren schlicht-gemütlichen Räumlichkeiten oder im schattigen Biergarten mit Spielplatz klassische Gerichte und leckere Flammkuchen warten.

Eisdiele Dolomiti. Im Sommer tägl. 11–22.30 Uhr. Ludwigstr. 22, ☎ 06236/51116. **Waldmühle.** Hauptgerichte 6–19 €. Tägl. Ab 11 Uhr. Waldmühle 1, 67141 Neuhofen, ☎ 06236/1808, www.waldmuehle-neuhofen.de.

Ausflug nach Mannheim

Weltoffen und kulturell lebendig zeigt sich das Zentrum der historischen Kurpfalz. Vielseitige Museen, die Popakademie, wichtige Kon-
gresse, die exzellente Uni sowie eine facettenreiche Gastronomie
haben der alten Arbeiterstadt am Zusammenfluss von Rhein und
Neckar in den letzten Jahrzehnten ein neues Gesicht gegeben.

In den 400 Jahren seines Bestehens hat
Mannheim viel erlebt. So wurde hier
z. B. im 19. Jh. das Laufrad erfunden,
und das erste von Carl Benz erbaute

Automobil erlebte auf den Mannheimer
Straßen seine Jungfernfahrt. Heute ist
die Stadt mit ihren knapp 300.000 Einwohnern das Zentrum der Region und

genießt einen ausgezeichneten Ruf als Einkaufsstadt. Und bei genauem Hinsehen entdeckt man zwischen dem städtebaulichen Pragmatismus der Nachkriegsjahrzehnte auch spannende historische Wurzeln.

Auf der Suche nach einer Identität in Zeiten des Umbruchs setzt Mannheim auf Bildung, Kultur und Kreativität. Die über hundert Jahre alte Universität und die 2003 gegründete Popakademie geben der einstigen Arbeiterstadt ein weltgewandtes und kreatives Gesicht.

Trotz allem bleibt Mannheim eine polarisierte Stadt. In der östlich des Wasserturms gelegenen, sehenswerten Oststadt stehen die gründerzeitlichen Villen der einst so mächtigen Industriellen. In den westlichen Quadraten und der Neckarstadt liegen dagegen die dicht bebauten Arbeiterviertel, in denen sich die Nachfahren der türkischen Gastarbeiter ein eigenes kleines Universum geschaffen haben und damit zur kulturellen Vielfalt Mannheims beitragen.

Mannheim[2]

„Im Quadrat" lesen mathematisch gebildete Betrachter beim Anblick des Mannheimer Logos und haben sogleich den Grundriss der Innenstadt vor Augen. Umrundet von einem breiten und viel befahrenen Ring, wird die Innenstadt aus 144 sog. Quadraten gebildet – wobei es sich bei den schachbrettartig angelegten Häuserblöcken mitnichten um Quadrate handelt, im besten Fall sind sie rechteckig, nicht selten aber auch abgeschrägt oder abgerundet. Seit 1648 wird auf die ursprünglichen Straßennamen verzichtet. Stattdessen werden, von wenigen Ausnahmen abgesehen (Planken heißt die Fußgängerzone, Fressgasse und Kunststraße werden die sie begleitenden Straßen genannt), die etwas gewöhnungsbedürftigen, aus einem Buchstaben und einer Zahl bestehenden Bezeichnungen der Quadrate verwendet. So wird beispielsweise der zentrale Paradeplatz O 1 genannt. Die vom Schloss zum Neckar führende Breite Straße teilt die Innenstadt in zwei Hälften: Auf der linken Seite liegen die Quadrate mit den Buchstaben A bis K, auf der rechten die von L bis U. Die Nummern werden von der Breiten Straße zum Ring gezählt. Eine weitere Zahl hinter der Quadratebezeichnung gibt die Hausnummer an.

Geschichte

Mit der Grundsteinlegung für die Friedrichsburg durch Kurfürst Friedrich IV. im Jahr 1606 beginnt die Geschichte Mannheims als Stadt und Residenz. Damals schon entstanden die Pläne für das gleichmäßig angelegte, schachbrettähnliche Straßensystem. Doch anfangs war das Glück nicht auf Mannheimer

Seite. Kriege und Seuchen bedeuteten im 17. Jh. immer wieder Rückschläge und Zerstörungen, sodass die Stadt trotz ihrer strategisch wichtigen Lage nur zeitweise Bedeutung erlangen konnte. Dies änderte sich, als Kurfürst Karl Philipp 1720 seine Residenz von Heidelberg nach Mannheim verlegte und damit ein ruhmreiches Jahrhundert einleitete. Prachtvolle Gebäude entstanden während jener Zeit, die Einwohnerzahl stieg, Gäste wie Goethe, Schiller, Lessing und Mozart verweilten in der großzügig anmutenden Stadt. 1778 jedoch war der noch junge Kurfürst Karl Theodor gezwungen, seine Residenz nach München zu verlegen. Damit und mit der Auflösung der Kurpfalz infolge der Revolutionskriege setzte ein politischer, kultureller und wirtschaftlicher Niedergang ein, der bis Mitte des 19. Jh. anhielt. Dann entwickelte sich Mannheim rasch zu einer bürgerlichen Stadt – und zu einem industriellen Zentrum. Hafen und Industrieanlagen gediehen prächtig, Autos, Traktoren und Luftschiffe wurden gebaut und führten zur Herausbildung einer reichen industriellen Oberschicht. Wie in Ludwigshafen brachten die Bombardierungen im Zweiten Weltkrieg herbe Zerstörungen. Dies mag erklären, warum Mannheim heute trotz einiger Prachtbauten nicht als schöne Stadt gilt. Große und breite Straßen, zweckmäßige Architektur und einschneidende Verkehrsachsen sind die Folgen der wirtschaftlich erfolgreichen Entwicklung.

Stadtrundgang

Vom neu gestalteten und stets belebten Bahnhof aus erreicht man schnell eines der Wahrzeichen Mannheims: Im Zentrum des grünen Friedrichsplatzes liegt der 1889 nach den Plänen Gustav Halmhubers erbaute **Wasserturm** inmitten einer im perfekten Jugendstil errichteten Anlage. Die Häuser der hohen Randbebauung wurden zwischen 1899 und 1903 vom Berliner Architekten Bruno Schmitz entworfen. Zusammen mit dem 2017 eröffneten modernen Neubau der Kunsthalle und dem erfolgreichen Kongress- und Veranstaltungszentrum Rosengarten geben sie dem Platz ein beeindruckendes und weltgewandtes Flair. In den Abendstunden ist das Ensemble prachtvoll beleuchtet. Durch die stimmungsvolle Elisabeth-

straße lohnt ein Abstecher zu der am Anfang der Oststadt gelegenen, repräsentativen **Christuskirche.** In 65 m Höhe thront die Kuppel der 1911 im neubarocken Stil mit Jugendstilelementen erbauten Kirche, in deren Inneren sich mit 8600 Pfeifen eines der größten Orgelwerke Deutschlands befindet.

Jenseits des Kaiserrings erstrecken sich die breiten **Planken.** Hier und in der parallel verlaufenden Kunststraße und Fressgasse schlägt das Herz des Mannheimer Einzelhandels. Dicht gedrängte Cafétische, tütenbepackte Shopper und stetig hindurchziehende Straßenbahnen prägen das Bild der stark frequentierten Fußgängerzone. Namhafte Filialisten, kleine Boutiquen und einige verbliebene ehrwürdige Einzelhändler tummeln sich bis hinunter zum **Paradeplatz.** Im Schnittpunkt von Planken und Breiter Straße gelegen, bildet dieser die Mitte der Stadt. Der einst für große Aufmärsche der kurpfälzischen Truppen angelegte Platz ist mit seinen adretten Blumenrabatten heute ein beliebter Treffpunkt. Der im Zweiten Weltkrieg unter dem Paradeplatz errichtete Bunker für 1500 Menschen wurde in den friedlichen Nachkriegsjahren als Hotel genutzt. Allzu ansprechend scheinen die Räumlichkeiten aber nicht gewesen zu sein, denn schon bald wurde die Einrichtung wieder geschlossen. An der östlichen Ecke des Platzes erinnert ein übermannsgroßer Glaskubus an die mehr als 2000 Mannheimer Juden, die durch die Nationalsozialisten ermordet wurden.

Vom Paradeplatz aus reicht der Blick über den Ehrenhof bis zum Hauptportal des in der Sonne gelb strahlenden **Schlosses.** Die vor einigen Jahren erfolgte Renovierung macht es nach eher unscheinbaren Jahrzehnten zu einem wahren Blickfang. 1720 legte Kurfürst Karl Philipp den Grundstein für den an Ausmaßen selten überbotenen Barockbau. Auch wenn es die Größe des Versailler Schlosses nicht erreicht, so soll

Die Pfalz am Rhein ↓ Karte S. 24

es doch genau ein Fenster mehr haben als dieses. Nach der Verlegung der kurfürstlichen Residenz nach München wurde das Schloss nur noch teilweise genutzt. Während des Revolutionskrieges kam es zu Zerstörungen, denen beispielsweise das angegliederte Opernhaus zum Opfer fiel. Zu Beginn des 20. Jh. schließlich zog die Mannheimer Universität in weite Teile des Gebäudes. Heute ist im Mittelbau eine interessante Ausstellung zur Geschichte des Schlosses untergebracht.

Schloss-Museum: Zum Zeitpunkt der Recherche wurden das Schloss und die Räumlichkeiten des Museums erneut renoviert. Bis Frühjahr 2020 sollten die Arbeiten abgeschlossen sein. Öffnungszeiten und Eintrittspreise bitte direkt nachfragen. Bismarckring, ℘ 06221/655718, www.schloss-mannheim.de.

Historisch korrekt:
der gepflasterte Schlosshof

Auf der gegenüberliegenden Seite des Bismarckrings wurde 1760 die nach Plänen von Alessandro Galli da Bibiena erbaute **Jesuitenkirche** eingeweiht. Mit ihrer 75 m hohen Vierungskuppel und den Wandgemälden von Egid Quirin Asam gilt sie als eine der bedeutendsten Barockkirchen Südwestdeutschlands. Der Hochaltar und die sechs Seitenaltäre wurden von Paul Egell und Peter Anton von Verschaffelt spätbarock bis frühklassizistisch gestaltet.

▪ Tägl. 9–19 Uhr. A 4, 2, ℘ 0621/127090, www.jesuitenkirchemannheim.de.

Folgt man vom Paradeplatz aus der Breiten Straße in nördliche Richtung, öffnet sich schon bald der weite **Marktplatz.** Der Mannheimer Markt ist eine bunte, vielfältige Institution und der Platz keineswegs zu groß für das enorme Angebot. Vom Marktplatz, an dessen südlicher Flanke mit dem Anfang des 18. Jh. errichteten Alten Rathaus und der Pfarrkirche St. Sebastian zwei der ältesten noch erhaltenen Gebäude der Stadt stehen, gelangt man über die westliche Unterstadt in den jenseits des Ringes gelegenen Stadtteil Jungbusch. Einst Hafenstadtteil und Rotlichtviertel hat sich der Jungbusch in den letzten Jahren zum Szeneviertel mit trendigen Kneipen und Bars gemausert. Bereits seit 1995 steht hier die **Yavuz-Sultan-Selim-Moschee.** 2500 Gläubige finden in ihr Platz, wodurch sie als eine der größten Moscheen Deutschlands gilt. Mit dem Bau an zentraler Stelle in unmittelbarer Nachbarschaft zur Liebfrauenkirche und mit dem offenen Konzept der Moschee, das auch Führungen und Seminare beinhaltet, wurde hier von Beginn an ein Dialog der Religionen angestrebt. Hinterm Jungbusch beginnt das **Hafengebiet** und direkt an der Grenze finden viele interessante städtebauliche Entwicklungen statt. Alte leerstehende Speicher werden zu luxuriösen Wohnungen, Gastronomie bereichert das Hafenufer, und hier ist auch ein boo-

Die Pfalz am Rhein → Karte S. 24

Ein barockes Juwel: die Jesuitenkirche

mendes Flakschiff moderner Musik angesiedelt: die **Popakademie.** Die „University of Popular Music and Music Business" ist deutschlandweit die einzige staatliche Hochschule im Bereich Pop. Groß ist mittlerweile das Renommee und erfolgreich sind schon einige der Absolventen und Absolventinnen. Die mit Abstand bekannteste ist derzeit Alice Merton.

Museen

Kunsthalle: Der alte Jugendstilbau und der neue Trakt direkt am Wasserturm sind schon wegen der Architektur einen Besuch wert. Ein Spaziergang durch das Gebäude macht viel Spaß und die Kunst aus dem 19. und 20. Jh. ist sehenswert. Besonders interessant ist die Darstellung der museumseigenen Geschichte zur Zeit des Nationalsozialismus mit Werken und Texten im Bereich „(Wieder-)Entdecken". Immer wieder sehenswerte Sonderausstellungen. Schön ist auch der Ausblick von der Terrasse auf Friedrichsplatz und Wasserturm.

▪ Di–So 11–18 Uhr, Mi bis 20 Uhr. Eintritt 10 €, ermäßigt 8 €. Friedrichsplatz 4, ✆ 0621/2936 452, www.kuma.art.

Technoseum: Das 1990 eröffnete Landesmuseum für Technik und Arbeit bietet in seiner Dauerausstellung Informationen zur Industrialisierung des deutschen Südwestens. In der Mitmach-Ausstellung „Elementa" kann man selbst experimentieren und auf diese Weise mehr über die Grundlagen naturwissenschaftlicher Phänomene lernen. Wechselnde Ausstellungen und ein Museumsschiff bei der über den Neckar führenden Kurpfalzbrücke ergänzen das Angebot.

▪ Tägl. 9–17 Uhr. Eintritt 9 €, ermäßigt 6 €. Museumsstr. 1, ✆ 0621/42989, www.techno seum.de.

Reiss-Engelhorn-Museen (REM): In dem Komplex aus verschiedenen Museen werden kunst-, musik- und stadthistorische sowie naturkundliche Ausstellungen gezeigt. Neben dem historischen Zeughaus (C 5) und dem modernen Museum Weltkulturen (D 5) gehört auch das Museum Schillerhaus (B 5) zu den REM.

▪ Di–So 11–18 Uhr. Eintritt jeweils 7 €, ermäßigt 3 €, Sonderausstellungen teurer (bis 13,50 €), im Sommer sehr beschränkter Ausstellungsbereich. Zeughaus C 5, ✆ 0621/2933 150, www.rem-mannheim.de.

Service

Information Tourist Information Mannheim. Willy-Brandt-Platz 5 (Bahnhofsvorplatz), 68161 Mannheim, ✆ 0621/2938700, www. tourist-mannheim.de. Mo–Fr 9–19 Uhr, Sa 10–13 Uhr.

Parken Die gesamte Mannheimer Innenstadt ist Umweltzone und darf nur von Autos mit grüner Feinstaubplakette befahren werden. Zentral parken kann man in vielen Parkhäusern. Relativ großzügig ist das Parkhaus D5; das Parkhaus N6 hingegen ist wegen seiner Enge nicht zu empfehlen. Wer gewillt ist, ein paar Meter zu laufen, findet günstige bis kostenlose Parkmöglichkeiten am Unteren Luisenpark und an der Rheinpromenade.

Sightseeing Von Mai bis Okt. startet jeden Samstag um 10.30 Uhr eine öffentliche zweieinhalbstündige **Stadtrundfahrt** der Touristeninformation am Wasserturm. Ein Kurzbesuch des Schlosses und des Fernsehturms sind Teil des Programms. Das Ticket ist im Vorverkauf oder direkt im Bus für 16 € zu erwerben.

Wer mehr Bewegung möchte, kann sich samstags um 14.30 Uhr (von Mai bis Okt., ab Schloss/Eingang Schlosskirche) der Stadtführung anschließen. Für 8 € führt der Spaziergang 2 Std. lang durch die Innenstadt. **Taxi** Sowohl vorm Bahnhof als auch am Beginn der Planken stehen immer Taxis bereit. Unter ✆ 0621/21818 erreicht man die **Taxizentrale.**

Einkaufen → Karte S. 41

Mannheim genießt einen guten Ruf als Einkaufsstadt. Die Haupteinkaufsstraße Planken ist inzwischen v. a. durch große Filialisten geprägt, in den Seitenstraßen und der Fressgasse haben sich viele kleine, z. T. exklusive oder trendige Läden angesiedelt. Neuster Shopping-

Shopping in der westlichen Unterstadt

Hotspot ist das Stadtquartier Q 6 Q 7. Neben Geschäften (Mo–Sa 10–20 Uhr) finden sich hier auch Restaurants, Cafés, ein Fitnesscenter und ein Hotel. Entlang der Breiten Straße zwischen Paradeplatz und dem Neckar findet man Geschäfte mit günstigen Waren.

Engelhorn `14` Der traditionsreiche Platzhirsch des Mannheimer Mode-Einzelhandels bietet in drei großen Häusern und einigen kleineren Shops ein umfangreiches Angebot im mittleren bis gehobenen Preissegment. Das Haupthaus liegt unübersehbar in der Mitte der Planken, das dahinterliegende Sporthaus erstreckt sich über sechs Etagen. Mo–Sa 10–20 Uhr. O 5 und Umgebung, ✆ 0621/1672222, www.engelhorn.de.

Stoffel `18` Neben ihrem Hauptsitz in Bobenheim am Berg betreibt die privat geführte Chocolaterie einen kleinen Laden. Hochsaison für die gegossenen Figuren sind Ostern und Weihnachten, aber auch die süßen Wassertürme sind als Reiseandenken sehr beliebt. Mo–Sa 10–19 Uhr. O 7, 25 (Heinrich-Vetter-Passage), ✆ 0621/21202.

Sierra `17` Stilvoller und preiswerter Silberschmuck in vielen Formen, dazu gibt es moderne Uhren. Mo–Fr 10–19 Uhr, Sa bis 18 Uhr. O 7, 25 (Heinrich-Vetter-Passage), ✆ 0621/105111.

Bender `13` Die letzte kleine Buchhandlung in der City verströmt viel belesenes und sympathisch verstaubtes Flair. Kein Wunder – der Laden besteht seit 1775. Die freundlichen Buchhändler helfen gerne bei der Orientierung in dem verschachtelten, aber gut sortierten Laden. Mo–Fr 9.30–19 Uhr, Sa bis 18 Uhr, im Dez. bis 20 Uhr. O 4, 2, ☎ 0621/129710, www.buecher-bender.buchhandlung.de.

Topf und Pfanne **6** Ein kleines, klassisches Haushaltswarengeschäft mit schönen Waren. Wenn man beim Betreten noch nicht weiß, ob man etwas braucht, weiß man es nach einem kurzen Gespräch mit den rührigen Verkäuferinnen. Mo–Fr 10–19 Uhr, Sa 10–

18 Uhr. Q2, 12, ☎ 0621/104759, www.topfundpfanne.net.

Wochenmarkt. Der zentral gelegene Mannheimer Marktplatz verwandelt sich dienstags (jeweils 8–14 Uhr) und samstags (8–15 Uhr) in ein buntes Meer von Buden, Obst und Gemüse. Leckere mediterrane Spezialitäten und Trockenobst bietet seit Jahrzehnten Ingo Kimmich, gutes Biogemüse gibt es bei Joachim Schulz-Marquart.

Die westliche Unterstadt – türkisches Flair in Mannheim

Hinter dem Marktplatz beginnt die westliche Unterstadt. Der Stadtteil ist Synonym für ein vorwiegend türkisch geprägtes Gebiet, das sich mal multikulturell, mal traditionell gibt. Besucher und Bewohner schätzen nicht nur das bunte bis alternative Flair des Stadtteils, sondern auch das reichhaltige Angebot an Waren. Unzählige Dönerläden verschiedenster Stilrichtungen, türkische Bäckereien, Reisebüros, Hochzeits- und Schmuckgeschäfte sowie Supermärkte lassen den Gang durch die belebten Straßen zu einem Ausflug in eine spannende, teilweise fremde Welt werden.

Bäckerei und Imbiss Saray Pastanesi **4** Große türkische Bäckerei mit traditionellen Backwaren, vielen herzhaft gefüllten Taschen und Pides sowie einer riesigen Auswahl an süßen Leckereien. Mo–Do 6–23 Uhr, Fr 6–23 Uhr, Sa 6–24 Uhr, So 8–22 Uhr. H 2, 6, ☎ 0621/1569204, www.saraypastanesi.eu.

Sport/Kultur

Baden **Herschelbad.** Das 1920 im Jugendstil fertiggestellte Bad erfreut die Liebhaber der klassischen Bäderarchitektur, auch wenn der Zahn der Zeit an der einen oder anderen Stelle an dem Bau nagt. Mo 13–21 Uhr, Di/Mi 6.15–21 Uhr, Do/Fr/Sa 8–21 Uhr, So 9–20 Uhr. Eintritt 3,70 €, ermäßigt 2,10 €. U 3, 1, ☎ 0621/2937116, www.mannheim.de.

Eishockey Die Mannheimer Adler sind bundesweit bekannt, immerhin konnten sie sich bereits achtmal die deutsche Eishockeymeisterschaft sichern. Die Spiele finden in der SAP-Arena statt. Spieltermine und Tickets auf www.adler-mannheim.de.

Handball Mit einem erfolgreichen Fußballclub ist die Stadt nicht gesegnet, aber dafür sind die in der SAP-Arena spielenden Handballer der Rhein-Neckar-Löwen eines der besten Teams in Deutschland. Zur Saison 19/20 kam auch Uwe Gensheimer wieder in die Hei-

mat zurück und gibt nun alles für einen weiteren Meistertitel der Löwen. Ticketshop u. a. in der SAP-Arena, Mo–Fr 9–18 Uhr und Sa 10–14 Uhr. ☎ 0621/18190-333, www.rhein-neckar-loewen.de.

Spazierengehen Für Spaziergänge nahe der Innenstadt eignen sich das linke **Neckarufer** flussaufwärts (bis Neuostheim, von hier zurück mit Straßenbahnlinie 5 oder 9), das grüne **Rheinufer** in der Nähe des Stadtteils Lindenhof mit dem anschließenden **Waldpark** und der Vorzeigepark der Stadt, der **Luisenpark** (→ Kasten).

Kino Zwei zusammengehörige Programmkinos gibt es in Mannheim: das **Atlantis-Kino,** K 2, 32, ☎ 0621/21200, und das **Odeon-Kino,** G 7, 10, ☎ 0621/1565509, www.atlantis-kino.de.

Gutes Programmkino mit interessanten Filmen bietet auch das kommunale **Cinema Quadrat.** Im November 2019 hat es neue Räumlichkeiten

Die Pfalz am Rhein → Karte S. 24

im Einkaufszentrum Karree bezogen. K1, 2, ✆ 0621/21242, www.cinema-quadrat.de.

Vielseitiges Mainstreamkino wird in den acht Sälen des **Cineplex** gezeigt. P 4, 6 (Planken), ✆ 01805/625466, www.cineplex.de.

Planetarium Di–So führen spannende Filme in die Welt der Astronomie und Raumfahrt ein. Zum Teil spezielle Kindervorstellungen. Eintritt 9 €, ermäßigt 6,50 €. Wilhelm-Varnholt-Allee 1 (Europaplatz), ✆ 0621/415692, Programm unter www.planetarium-mannheim.de.

Theater Nationaltheater. Die traditionsreiche Bühne besteht seit 1779. 1782 wurden hier „Die Räuber" des damals noch unbekannten Friedrich Schiller uraufgeführt. Heute hat das Vierspartenhaus eigene Ensembles für Musiktheater, Schauspiel, Ballett und das Kinder- und Jugendtheater Schnawwl. Am Goetheplatz, ✆ 0621/1680150, www.nationaltheater-mannheim.de.

Klapsmühl'. In der Kleinkunstbühne mit Wohnzimmeratmosphäre wird klassisches Kabarett und auch mal kurpfälzischer Dialekt geboten. D 6, 3, ✆ 0621/22488, www.klapsmuehl.de.

Veranstaltung Maimarkt. Die größte deutsche regionale Verbrauchermesse findet alljährlich am am 1. Mai auf dem Mühlfeld im Westen der Stadt statt. Direkt daneben wurde die **SAP-Arena** errichtet, neben Eishockeyspielen der Adler Mannheim und Handballspielen der Rhein-Neckar-Löwen finden hier viele Konzerte statt.

Luisenpark

Im Luisenpark ist rund ums Jahr Betrieb: Kinder lieben die vielseitigen Spielplätze (auch indoor), die Aquarien, das Schmetterlingshaus und den kleinen Zoo, die Erwachsenen schätzen die bunten Blumenbeete, den Chinesischen Garten mit dem größten original chinesischen Teehaus Europas, die Gewächshäuser mit dem angeschlossenen Café-Restaurant oder einfach nur die Ruhe mitten in der Stadt. Beliebt bei Groß und Klein ist die Fahrt mit einer der leuchtend gelben Gondolettas, die von einem Unterwasserseil gezogen still über den Weiher des Parks gleiten, das Freizeithaus lockt mit Spielangeboten und die Grüne Schule bietet spannende Führungen zu botanischen und zoologischen Themen an. Angelegt wurde der Luisenpark ab 1892, anlässlich der Bundesgartenschau 1975 wurde er erheblich erweitert und aufgewertet. Seither hat er an Attraktivität nicht verloren, was wohl auch daran liegt, dass er die einzige nennenswerte Grünfläche in der Innenstadt Mannheims ist. Der Haupteingang ist mit der Straßenbahnlinie 6 (Richtung Neuostheim) zu erreichen.

Tägl. von 9 Uhr bis zur Dämmerung, Mai bis Sept. bis max. 21 Uhr. Erwachsene 8 €, Kinder 4 €, im Winter günstiger. Theodor-Heuss-Anlage 2, ✆ 0621/410050, www.luisenpark.de.

⌒ Übernachten/Essen und Trinken

Übernachten ★★★★ Best Western Premier Hotel LanzCarré 25 In 5 Min. Laufentfernung zum Hauptbahnhof bietet das neue Haus in angenehmer Umgebung 76 moderne Zimmer. Ab 94 € (ohne Frühstück). Heinz-Haber-Str. 2, ✆ 0621/860840, hotel-lanzcarre.bestwestern.de.

★★★ Mercure Hotel Mannheim am Rathaus 3 Das 2017 renovierte Hotel mit komfortablen Zimmern liegt in einem ruhigen Teil der Innenstadt. Gutes Preis-Leistungs-Verhältnis: DZ (ohne Frühstück) ab 59 €. F 7, 5–13, ✆ 0621/336990, www.mercure.com.

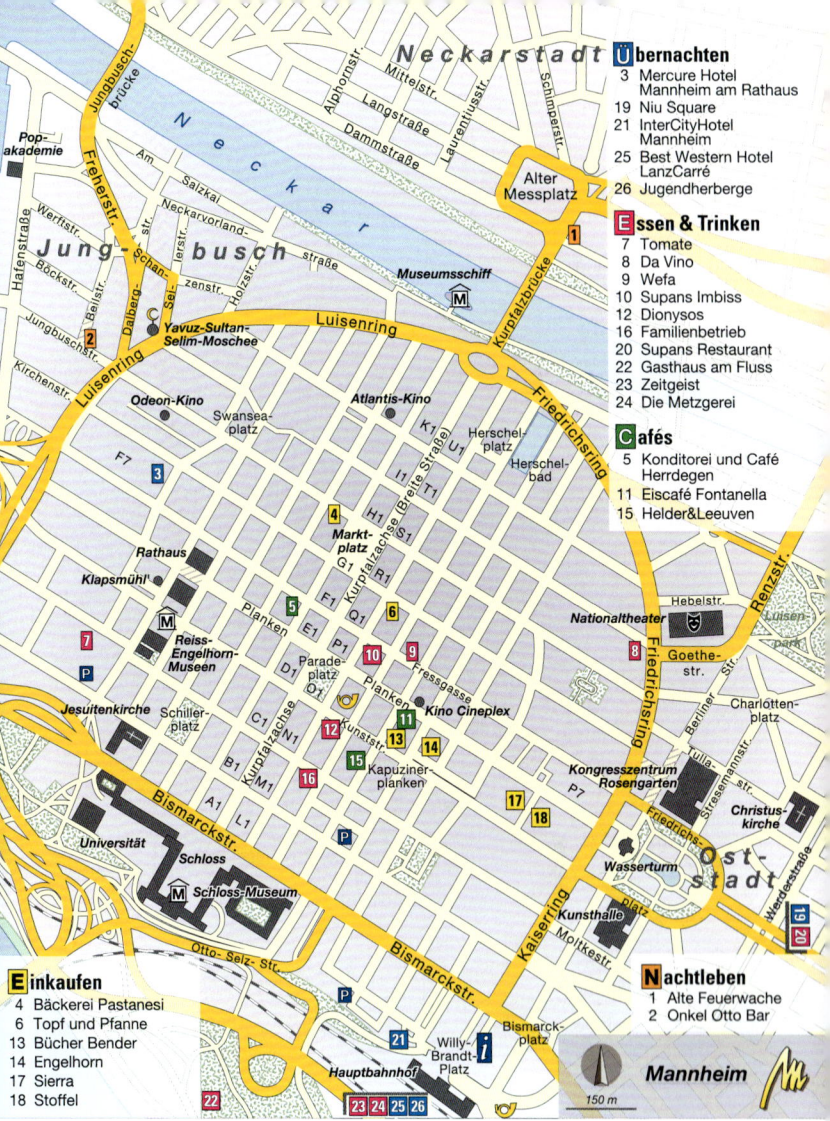

Übernachten
3 Mercure Hotel Mannheim am Rathaus
19 Niu Square
21 InterCityHotel Mannheim
25 Best Western Hotel LanzCarré
26 Jugendherberge

Essen & Trinken
7 Tomate
8 Da Vino
9 Wefa
10 Supans Imbiss
12 Dionysos
16 Familienbetrieb
20 Supans Restaurant
22 Gasthaus am Fluss
23 Zeitgeist
24 Die Metzgerei

Cafés
5 Konditorei und Café Herrdegen
11 Eiscafé Fontanella
15 Helder&Leeuven

Einkaufen
4 Bäckerei Pastanesi
6 Topf und Pfanne
13 Bücher Bender
14 Engelhorn
17 Sierra
18 Stoffel

Nachtleben
1 Alte Feuerwache
2 Onkel Otto Bar

Niu Square 19 frischen Wind bringt das Hotel der neuen Niu-Kette nach Mannheim. Die Zimmer sind klein, aber modern im Design und gut gelegen an der Straßenbahn zwischen Innenstadt und SAP-Arena. Mit großem, kostenpflichtigem Parkplatz. DZ ab 90 €. Seckenheimer Str. 148, ℘ 0621/12285799, www.niu.de.

InterCityHotel Mannheim 21 Das direkt am Hauptbahnhof gelegene Hotel bietet 155 schlichte, aber schöne Zimmer. Ab 55 € (ohne Frühstück). Schlossgartenstr. 1, ℘ 0621/401811 337, www.intercityhotel.com/mannheim.

Jugendherberge Mannheim 26 Neu renoviert, direkt am grünen Rheinufer gelegen und das Preis-Leistungs-Verhältnis stimmt. Alle Zimmer mit Dusche/WC, DZ ab 28,90 €. Rheinpromenade 21, ℘ 0621/822718, www.mannheim.jugendherberge-bw.de.

Essen & Trinken Supans **10** und **20** Zur Mittagszeit ist der Imbiss immer voll, die gute thailändische Küche ist ein seit Jahren sehr beliebt. So Ruhetag, sonst 11–20 Uhr, P 2, 6 (Fressgasse), ☎ 0621/26172. Seit Kurzem gibt es das Supans auch wieder als stilvolles Restaurant, Di–So 17.30–22 Uhr, Di–Fr auch 11.30–14 Uhr. Seckenheimer Str. 126, ☎ 0621/43290758 www.supans.de.

Kaffeepause!

Tomate **7** Schöne Studentenkneipe, in der manchmal Fußball übertragen wird und die sich im Sommer um den herrlichen Hinterhof an der alten Stadtmauer erweitert. Vielseitige Küche, Sa/So auch eine große Frühstücksauswahl. Hauptgerichte 7–17 €. Mo–Do 11–24 Uhr, Fr/Sa 11–2 Uhr, So 10–24 Uhr. B 6, 12, ☎ 0621/27245, www.tomate-mannheim.de.

Familienbetrieb **16** Kultige Kneipe mit freundlicher Bedienung in der Mannheimer Innenstadt. Auf der Karte stehen Burger, aber auch Vegetarisches und Veganes. So geschlossen, sonst 17–23 Uhr, Fr auch 11.30–15.30 Uhr, Sa durchgehend ab 11.30 Uhr. M2, 12, ☎ 0621/48490268.

Dionysos **12** Sehr beliebter klassischer Grieche mit riesiger Speisekarte und großem Platzangebot drinnen und draußen. Hauptgerichte 7–19 €. Tägl. 11–24 Uhr. N 2, 4, ☎ 0621/1568899.

Mein Tipp **Helder&Leeuven Café** **15** Wie lecker! Wie schön! Im kreativ-modernen Ambiente des Cafés mit eigener Kaffeerösterei kann man lange sitzen, schauen und dabei die leckeren Backwaren zum Kaffee genießen. Wem die Bohnenauswahl im Café nicht ausreicht, der findet in Q5, 6–8 ein Ladengeschäft mit allen Röstungen und Zubehör. Café Mo–Sa 9–18.30 Uhr. N3, 7, ☎ 0621/43703390, www.helder-leeuven.de.

Gasthaus am Fluss **22** Entweder sitzt man im großzügig verglasten Restaurant oder im platanenbestandenen Biergarten und sieht den Rhein und die Schiffe vorbeiziehen. Die herrliche Lage ist bei den Preisen einkalkuliert, was aber die Beliebtheit kaum mindert. Tägl. 9.30–1 Uhr, sonntags gutes Frühstücksbuffet. Rheinpromenade 15, ☎ 0621/824161, www.rheinterrassen-das-gasthaus-am-fluss.de.

Da Vino **8** Direkt am Friedrichsring in der Nähe des Nationaltheaters gibt es hier riesengroße, hauchdünne Pizza im modern-klarem Ambiente. Moderate Preise. Tägl. 18–24, Di–Fr auch 12–14.30 Uhr. S 6, 20, ☎ 0621/22522, www.davino-mannheim.de.

Wefa **9** Türkisches Schnellrestaurant in zentraler Lage. Lecker ist der Lammspießteller. Tägl. 10–22 Uhr, So ab 12 Uhr. Q 3, 19 (Fressgasse), ☎ 0621/1226702, www.wefa-restaurant.de.

Zeitgeist **23** Die trendige Eismanufaktur im Stadtteil Lindenhof bietet ein ausgefallenes Ambiente, leckeres Eis und die Möglichkeit, mit dem Eis im Rheinpark spazieren zu gehen. Auch vegane Sorten. Im Sommer Di–So 12–20 Uhr. Meerfeldstr. 45, ☎ 0621/44590157, www.eis.jetzt.

Die Metzgerei **24** Ebenfalls im Lindenhof gelegen, das kultige Ambiente ist hier gehobener und sehr stilvoll. Die Weine stammen alle aus der Pfalz. Fürs Picknick am Rhein kann man das passende Equipment leihen, z. B. ein gefüllter Korb für 2 Pers. ab 29 €. Mo–So 9–22 Uhr. Rheinparkstr. 4, ☎ 0621/83252615, www.diemetzgerei-mannheim.de.

Die Pfalz am Rhein ↓ Karte S. 24

Süßes aus Mannheim

Gefühlt gibt es **Spaghetti-Eis** schon immer. Das stimmt so natürlich nicht – es wurde aber bereits vor über 50 Jahren in Mannheim erfunden und ist in vielen deutsch-italienischen Eisdielen ein gut gehender Klassiker. In Deutschland werden pro Jahr schätzungsweise 25 Mio. Portionen Spaghetti-Eis gegessen. In seiner Heimat, dem quirligen Eiscafé Fontanella, wird bis heute besonders häufig Spaghetti-Eis bestellt. Dieses hat seinen Preis, ist aber auch besonders lecker: gute Sahne, überzogen von feinem Vanilleeis, Erdbeersoße und darüber etwas weiße Schokolade als „Parmesan". Der Chef der Eisdiele, Dario Fontanella, ist stolz auf sein berühmtes Flaggschiff. Daneben werden hier auch immer wieder innovative Eissorten getestet. Manche sind vielleicht zu gewagt und verschwinden bald wieder, andere haben das Potenzial, zum Klassiker zu werden. Uns hat 2019 die Sorte Birne-Schokolade überzeugt!

Viel früher schon erfunden wurde eine andere Mannheimer Spezialität mit dem wenig schmeichelhaft klingenden Namen **Mannheimer Dreck:** Zu Zeiten, als Mannheim von Karlsruhe aus verwaltet wurde, waren dem Vertreter des badischen Staates die Straßen der Stadt zu dreckig. Er stellte es unter Strafe, „den in den Häusern gesammelten Kot mit dem Kehricht auf die Straße" zu bringen. Die Mannheimer waren nicht gerade begeistert von dieser Verordnung. Und so fand jener Konditor, der seine Auslagen mit gebackenen Dreckhaufen dekorierte, reichlich Beifall beim erheiterten Publikum. Bis heute erfreut sich die Spezialität aus Nüssen, Zucker, Orangeat, Zitronat und Gewürzen großer Beliebtheit. Verschiedene Konditoren backen sie nach unterschiedlichen Rezepten. Die Originalversion gibt es bei der Traditionskonditorei Herrdegen.

Eis Fontanella **11** in der Saison meist 10–22 Uhr, O 4,5 (Planken), ✆ 0621/18191616, www.eisfontanella.de.

Konditorei und Café Herrdegen **5** Mo–Fr 9–18 Uhr, Sa 8.30–17.30 Uhr, in den Sommermonaten nur bis 17 Uhr, So Ruhetag, E 2, 8, ✆ 0621/20185, www.cafeherrdegen.de).

Nachtleben   → Karte S. 41

In der großen Industrie- und Hafenstadt hat sich in den vergangenen Jahren ein buntes und vielfältiges Clubleben entwickelt. Rund um Deutschlands erste Popakademie entstanden im einst schmuddeligen Stadtteil Jungbusch angesagte Szenekneipen, nördlich des Neckars reihen sich auf dem ehemaligen Hafengelände die Clubs in der Industriestraße. Daneben gibt es neue sowie bisweilen etwas betagte Discos in der Innenstadt.

Onkel Otto Bar **2** Die Bar war einst der Inbegriff des Rotlichtmilieus im Hafenstadtteil Jungbusch. Heute ist sie eine der angesagtesten Locations der Stadt. Geöffnet hat die Bar nur Fr und Sa (21–3 Uhr), nicht jeder findet an der Tür Gnade. Jungbuschstr. 8, ✆ 06201/2595910, www.onkelottobar.de.

MS Connexion. Die ehemals reine Schwulendisco ist heute für alle offen und steht seit über

25 Jahren für Toleranz. Vor allem an den Wochenenden kommt ein buntes Publikum von weit her, um auf den fünf Floors des alten Fabrikgebäudes zu (Dark) Techno, 90er, House, Dance und Hardcore abzutanzen. Allein auf dem Mainfloor finden 1000 Gäste Platz. Eintritt meist zwischen 8 und 18 €. Angelstr. 33, ☏ 0180/ 51140301, www.msconnexion.com.

Alte Feuerwache ▉ Nördlich des Neckars liegt direkt am Alten Messplatz eines der kulturellen Highlights Mannheims: Die Alte Feuerwache bietet ein abwechslungsreiches Programm mit Konzerten, Theater, Lesungen und Partys. Jeden Herbst gibt es das Festival „Enjoy Jazz". Dazu gibt es ein nettes Café mit Biergarten (So–Do 12–1 Uhr, Fr/Sa 12–3 Uhr, Küche zum Mittagstisch und ab 17 Uhr). Brückenstr. 2, ☏ 0621/2939281, www.altefeuerwache.com.

Speyer

Die krummen Gassen und die gerade Maximilianstraße im Zentrum sind quirlige Lebensadern, historische Verschlafenheit sucht man hier vergebens. Die Altstadt mit ihren Plätzen und vielgestaltigen Fassaden gibt der Stadt einen besonderen Charme und für die kaiserliche Krönung des Ganzen sorgt der stimmungsvolle romanische Kaiserdom der Salier, UNESCO-Welterbe seit 1981.

Vom Altpörtel, das im Mittelalter das westliche Tor der Stadt bildete, führt die breite, als Via Triumphalis angelegte Maximilianstraße direkt auf den Dom zu. Die glatten, eindrucksvoll gegliederten Sandsteinfronten, die beiden Türme und die charakteristische Vierungskuppel bilden den optischen Höhepunkt der Stadt. Schöne Blicke auf den Dom und die nördlich und südlich von Speyer gelegenen Auwälder ergeben sich bei einer Schiffsfahrt auf dem Rhein. Dreifaltigkeits- und Gedächtniskirche unterstreichen die Bedeutung des christlichen Glaubens in der traditionsreichen Bischofsstadt. Dass jedoch nicht nur das Christentum die Stadt geprägt hat, wird im ehemaligen jüdischen Viertel deutlich. 1084 wurde auf Veranlassung des Speyerer Bischofs Rüdiger die erste jüdische Gemeinde Speyers gegründet. Von den als fleißig bekannten jüdischen Händlern versprach er sich einen wirtschaftlichen Aufschwung der Stadt und dringend benötigtes Geld für den Umbau des Doms. Die einige Hundert Menschen umfassende Gemeinde brachte Speyer zu jener Zeit nicht nur wirtschaftliche, sondern auch geistige und kulturelle Blüte.

Speyer ist aber nicht nur für geschichtlich Interessierte eine Reise wert. Die vielfältigen Einkaufs- und Einkehrmöglichkeiten und ein erstaunlich breites Spektrum an Museen und Ausstellungen machen die 50.000 Einwohner zählende Stadt zu einem beliebten Reiseziel und auch Wohnort.

Geschichte

In Speyer ist Geschichte lebendig geblieben. Kelten und Römer siedelten hier, seit dem 5. Jh. ist die Stadt Bischofssitz, einer der ältesten in Deutschland. Schon im 9. Jh. wurde ein erster Dom errichtet. Und als 1024 der Salier Konrad II. zum römisch-deutschen König gewählt und wenig später auch zum Kaiser des Heiligen Römischen Reiches gekrönt wurde, rückte die Stadt in den Mittelpunkt des Reiches. Der machtbewusste und mit harter Hand regierende Konrad II. fasste bald den Entschluss, seine Macht durch den Bau des Speyerer Doms zu untermauern. Er und sieben weitere Kaiser und Könige fanden hier ihre letzte Ruhe. 1294 endete durch die Ernennung zur Freien Stadt die bischöfliche Herrschaft, Speyer büßte stark an Bedeu-

Die Pfalz am Rhein → Karte S. 24

Blick vom Altpörtel: Türme der Gedächtniskirche und von St. Joseph

tung ein. Im 16. Jh. wurde die Stadt allerdings noch einmal Bühne für wichtige Entscheidungen: Gleich viermal fand hier der Reichstag statt, Reichsregiment und Reichskammergericht wurden nach Speyer verlegt. 1689 erlebte die Stadt während des Pfälzischen Erbfolgekrieges die wohl größten Zerstörungen in ihrer Geschichte. Stadtmauer und -tore, Kirchen, Klöster und nicht zuletzt über 700 Bürgerhäuser fielen den Flammen zum Opfer. Der Wiederaufbau dauerte lange und brachte wichtige barocke Bauten wie die Dreifaltigkeitskirche und das spätbarocke Rathaus mit seinem verspielten Ratssaal hervor.

Stadtrundgang

Unübersehbar und doch harmonisch markiert der **Dom** die Mitte Speyers. Nach seiner Ernennung zum römisch-deutschen Kaiser machte sich Konrad II. um 1030 auf die Suche nach einem geeigneten Platz zum Bau des herrschaftlichen Doms. Kein Ort in seiner Heimat, dem Speyergau, schien besser geeignet als die Bischofsstadt am Rhein, in der schon zu karolingischer Zeit ein

erster Dom entstanden war. Mit gigantischem Aufwand wurde dieser abgerissen, der Domhügel aufgeschüttet und die für den Bau benötigten Sandsteine aus dem Odenwald und von der Haardt aus hierhergebracht. Als Konrad II. 1039 starb, war von seinem stolzen Bauwerk noch nicht viel vollbracht, sein Sarg wurde inmitten der Baustelle beigesetzt. Geweiht wurde die gesamte Anlage erst 1061 in Anwesenheit seines elfjährigen Enkels König Heinrich IV. Seit jener Zeit bilden Kirche und Stadt eine untrennbare Einheit. Keine 20 Jahre nach der Weihe ließen der mittlerweile dem Kindesalter entwachsene Heinrich IV. und dessen Sohn Heinrich V. den Dom tiefgreifend umbauen. Damals entstanden die charakteristische umlaufende Zwerggalerie sowie die aus statischen Gründen verstärkten Mauern mit ihren reichen Gliederungen. Mit den um 1125 vollendeten Umbaumaßnahmen erlangte der Speyerer Dom grob sein heutiges Erscheinungsbild. Trotz zahlreicher Umbauten sind Teile des ursprünglichen Doms noch immer erhalten. Nach verheerenden Zerstörungen in den

Wirrungen der Französischen Revolution konnte der Dom nur knapp vor dem Abriss bewahrt werden. Erst infolge der Angliederung der Pfalz an Bayern wurde er zunächst notdürftig wiederhergestellt und durch König Lud-

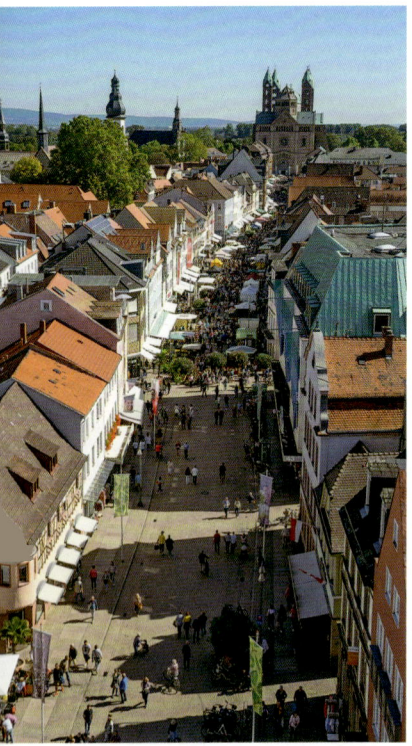

Die Maximilianstraße verbindet den Dom mit dem Altpörtel

wig I. als Nationaldenkmal gefördert. Der charakteristische Westbau des Doms entstand nach Plänen von Heinrich Hübsch in der Mitte des 19. Jh. Heute präsentiert sich der Dom als Basilika mit dreischiffigem Langhaus, Westbau, Querhaus und Chorgeviert mit Apsis. Die fünfschiffige Krypta erstreckt sich unter dem Chor und dem Querhaus.

Die gewaltigen Ausmaße und die trotz größter Sachlichkeit deutlich werdende Untermauerung des weltlichen Machtanspruchs kennzeichnen die Idee des mittelalterlichen Kaiserdoms. Von Anfang an war der Dom als Grablege gedacht, als Ort der Erinnerung und Bewunderung für das Geschlecht der Salier, das zwischen 1024 und 1125 nicht nur die römisch-deutschen Könige, sondern als Vertreter Christi auf Erden auch die Kaiser stellte. Bis heute sind ihre Gräber in der stimmungsvollen Krypta, dem ältesten Teil des Doms, zu bestaunen.

■ Tägl. 9–17 Uhr, April bis Okt. bis 19 Uhr. So und feiertags um 7.30, 10 und 18 Uhr Messe. Lohnenswerte Krypta-Besichtigung: 3,60 €. Informationen zu Führungen unter ☏ 06232/102118. Weitere Infos über die Europäische Stiftung Kaiserdom zu Speyer, Stifterbüro, Kleine Pfaffengasse 21, ☏ 06232/102397, www.dom-zu-speyer.de.

Vom Dom, dem Dreh- und Angelpunkt der Stadt, führt die Maximilianstraße gerade auf das 55 m hohe **Altpörtel** zu. Die Besteigung des westlichen Haupttors der ehemaligen Stadtbefestigung lohnt aufgrund des grandiosen Ausblicks über die gesamte Stadt. Auf dem Weg dorthin passiert man die 1748 als Kaufhaus errichtete **Alte Münze**, vor der sich auf dem alten Marktplatz die Tische verschiedener Cafés und Restaurants einladend um einen Brunnen gruppieren, und, etwas versetzt in der Großen Himmelsgasse, die als spätbarockes Gesamtkunstwerk geltende **Dreifaltigkeitskirche.** Zwischen 1701 und 1717 wurde sie nach Plänen des kurpfälzischen Hofbaumeisters Johann Peter Graber als evangelisch-lutherische Kirche errichtet.

Altpörtel: April bis Okt. Mo–Fr 10–12 und 14–16 Uhr, Sa/So 10–17 Uhr. Eintritt 3 €, Kinder 2 €.

Dreifaltigkeitskirche: Offene Kirche Mi und Sa 10.30–16 Uhr, Do und So 14–17 Uhr. Auf www.dreifaltigkeit-speyer.de ist die Kirche auch virtuell zu besichtigen.

Unweit des Aussichtsbalkons des Altpörtels erhebt sich mit 105 m der höchste Kirchturm der Pfalz. Die dazugehörende neugotische **Gedächtniskirche** wurde in den Jahren 1893 bis 1904 zur Erinnerung an die 1529 auf dem Reichstag in Speyer vollzogene Protestation errichtet. Eine Bronzestatue und Martin Luthers berühmtes Diktum „Hier stehe ich, ich kann nicht anders, Gott helfe mir. Amen!" erinnern neben den farbigen Motivfenstern der Gedächtnishalle an die Reformation und ihren Wegbereiter. Über die Ludwigstraße erreicht man in wenigen Minuten das **jüdische Viertel.** Hinter einer unscheinbaren Tür in der Kleinen Pfaffengasse liegen die Reste der im 11. Jh. entstandenen Synagoge. Beeindruckend ist v. a. das 10 m unter der Oberfläche gelegene, über ein gewölbtes Treppenhaus zu erreichende Judenbad. Während sich im 11. Jh. in weiten Teilen Europas die Stimmung gegen die Juden wandte, hielt man in Speyer zunächst die schützende Hand über sie. Dies führte dazu, dass hier eine mehrere Hundert Personen umfassende jüdische Gemeinde entstand, die wesentlich zur Entwicklung der Stadt beitrug. Allerdings verschlechterte sich in den folgenden Jahrhundertenauch in Speyer die wirtschaftliche Situation der jüdischen Gemeinde. Seit dem 12. Jh. fielen immer mehr Juden brutalen Pogromen zum Opfer. Schon bevor Mitte des 14. Jh. die Judenverfolgung mit dem Pestpogromen ihren traurigen Höhepunkt erreichte, war die jüdische Gemeinde in Speyer kaum mehr existent. Die heutige jüdische Gemeinde wurde 1996 von Einwanderern aus Osteuropa gegründet.

Gedächtniskirche: Mi, Fr, Sa und So 14–17 Uhr. **Jüdisches Viertel:** April bis Okt. tägl. 10–17 Uhr, Nov. bis März Di–So 10–16 Uhr. Eintritt 3 €, ermäßigt 1,50 €. Kleine Pfaffengasse, ☎ 06232/291971.

Im Norden des Domplatzes geht es hinab in den romantisch verwinkelten **Hasenpfuhl,** die Speyerer Altstadt. Einst wurde auf dem Fisch- und Holzmarkt eifriger Handel getrieben. Heute laden einige Gast- und Weinstuben zum Verweilen ein, ansonsten ist es deutlich ruhiger als auf der oberhalb gelegenen

Der Speyerer Dom ist die größte romanische Kirche der Welt

Maximilianstraße. Weiter über den Speyerbach gelangt man schließlich zu dem um 1230 gegründeten und 1304 zum Dominikanerorden übergetretenen **Kloster St. Magdalena** in der Hasenpfuhlstraße. Für Speyer war die Einrichtung v. a. für die Bildungs- und Erziehungsarbeit von großer Bedeutung. Ab 1829 gründeten die Dominikanerinnen öffentliche Mädchenvolksschulen, die erste Höhere Töchterschule der Pfalz, eine Lehrerinnenbildungsanstalt und eine Handelsschule. Zwischen 1923 und 1931 wirkte und lehrte die Philosophin und Karmeliterin Dr. Edith Stein in den Schulen des Klosters.

Museen

Historisches Museum der Pfalz: Auf 6000 m² werden in dem renommierten Museum nahezu alle wesentlichen Exponate gezeigt, die für die Pfalz von der Vorgeschichte bis in die Neuzeit von herausragender Bedeutung sind. Neben einer Sammlung zum Thema Wein ist hier auch der Domschatz zu sehen. Meist sind es aber die gut inszenierten Sonderausstellungen, die ein großes Publikum anziehen. Beliebt bei Groß und Klein ist das Junge Museum, in dessen Erlebnisausstellungen Themen wie Detektive, die „Sendung mit der Maus„ oder das alte Ägypten anschaulich präsentiert werden.
▪ Di–So 10–18 Uhr, in Ferienzeiten manchmal auch Mo. Eintritt 7 €, Kinder 3 €, Sonderausstellungen um 14 €. Domplatz, ✆ 06232/13250, www.museum.speyer.de.

Feuerbachhaus: Das idyllische Haus mit schönem Garten an der Stadtmauer ist das Elternhaus des Malers Anselm Feuerbach (1829–1880). Neben der Dokumentation seines Gesamtschaffens werden auch einige seiner klassizistisch-realistischen Bilder gezeigt. Das Haus beherbergt auch eine stimmungsvolle, liebevoll geführte Weinstube mit einfacher regionaler Küche.
▪ Di–Fr 16–18 Uhr, Sa/So 11–13 Uhr. Eintritt frei, Spenden erbeten. Weinstube: Di–Fr ab 16 Uhr, Sa 11–14 Uhr und ab 17 Uhr, So 11–14 Uhr. Allerheiligenstr. 9, ✆ 06232/70448, www.speyer.de.

Purrmannhaus: Im stimmungsvollen Elternhaus Hans Purrmanns (1880–1966) wird in einer ständigen Ausstellung mit gut 70 Exponaten sein aus Gemälden, Druckgrafiken, Aquarellen und Plastiken bestehendes Werk gezeigt.

Auch die Werke seiner Frau Mathilde Vollmoeller sind in einem Raum zu sehen.
▪ Di–Fr 15–17 Uhr, Sa/So und feiertags 11–13 Uhr. Eintritt 3 €. Kleine Greifengasse 14, ✆ 06232/77911, www.speyer.de.

Sophie-von-La-Roche-Stube: Die Großmutter von Bettina von Arnim und Clemens Brentano mit dem facettenreichen Lebensweg gilt als die erste deutsche Schriftstellerin, die in der Spätphase der Aufklärung einen moralkritischen Roman verfasste. Im prächtigen, spätbarocken Hohenfeld'schen Haus wurde eine gelungene Gedenkstätte geschaffen, um an ihre Speyerer Jahre (1780–1786) zu erinnern.
▪ Mo–Fr 10–18 Uhr, Sa bis 16 Uhr, So 13–18 Uhr. Eintritt frei, Spenden erbeten. Maximilianstr. 99, ✆ 06232/142392, www.speyer.de .

Sea Life Center: Am Hafenbecken unterhalb des Doms sind über hundert verschiedene, im Wasser lebende Tierarten zu Hause. Mit 24 Süß- und Salzwasserbecken ist der Lauf des Rheins vom Ursprung in den Alpen bis zur Mündung in die Nordsee im Kleinformat nachgestellt. Kurzweilig mit faszinierenden Einblicken untermalt werden so die Ökosysteme Rhein, Nordsee und Atlantik präsentiert. Für Kinder ist der Besuch spannend, mit Kinderwagen sind die engen Wege an Ferientagen jedoch eine Geduldsprobe und der unumgängliche Shop bietet die finale Nervenprobe.
▪ Meist 10–18 Uhr, teilweise nur bis 17 Uhr. Erwachsene und Kinder ab 3 J. 16,50 €. Online-Tickets z. T. günstiger, in Hotels liegen oft auch Rabatt-Voucher aus. Hunde haben keinen Zutritt. Im Hafenbecken 5, ✆ 06232/69780, www.sealifeeurope.com.

Technik-Museum und IMAX Dome: Aufgrund der großen Vielfalt können hier sowohl Technikfreaks als auch von technischen Dingen eher gelangweilte Besucher einige Zeit verbringen. Der klassische Teil der Ausstellung erstreckt sich über 100.000 m² Freigelände und 15.000 m2 Hallenfläche. Neben Feuerwehrfahrzeugen, Lokomotiven und Oldtimern sind eine Antonov AN-22, das U-Boot U 9 und eine hoch über dem Museumsgelände „schwebende", begehbare Boeing 747 zu bestaunen. Letztere hat eine spektakuläre Reise hinter sich. Bis Karlsruhe wurde sie geflogen und danach in mehrere Teile zerlegt. Am schwierigsten war der Transport des gut 70 m langen Rumpfs. Auf einem Lastenponton wurde er auf dem Rhein bis zu einem Naturhafen bei Speyer gefahren. Von dort ging es, beobachtet von vielen Zuschauern, auf gesperrten Straßen bis ins Technik-Museum.

Im IMAX Dome Filmtheater werden die speziell für dieses Kino produzierten Filme auf eine Kuppel mit 27 m Durchmesser projiziert, wodurch sich beeindruckende optische Effekte ergeben.

■ Mo–Fr 9–18 Uhr, Sa/So bis 19 Uhr. Die Preise sind üppig bemessen: Erwachsene 16 €, Kinder (5–14 J.) 13 €, Kombiticket mit IMAX 21 bzw. 17 €. Am Technik-Museum, ☎ 06232/67080, www.museumspeyer.de.

Abgehobenes und Bodenständiges bietet das Technikmuseum

Die Pfalz am Rhein → Karte S. 24

Service

Information Tourist-Information Speyer. Maximilianstr. 13, 67346 Speyer, ☎ 06232/ 142392, www.speyer.de. April bis Okt. Mo–Fr 9–17 Uhr, Sa 10–15 Uhr, So 10–14 Uhr, an Wochenenden ist je nach Wetter auch ein kleiner Info-Stand auf dem Parkplatz Festplatz geöffnet; Nov. bis März Mo–Fr 9–17 Uhr, Sa 10–12 Uhr.

Ausflugsschiffe Das familienfreundliche **Ausflugsschiff Pfälzerland** legt von Mai bis Oktober Di–So mindestens zweimal tägl. an der Rheinuferpromenade in Speyer ab. Ziele sind neben dem Reffenthaler Altrhein (nördlich von Speyer) der Altrhein bei Otterstadt und im Rahmen von Sonderfahrten die Insel Rott und Rüdesheim. Erwachsene 12–14 €, Kinder (4–14 J.) 6 €. Tickets auf dem Schiff oder bei Werner Streib, Martinskirchweg 2, ☎ 06232/71366, www.personenschifffahrt-streib.de.

Die **MS Sea Life** ist ein modernes, zweistöckiges Schiff, das seit 1999 von der Anlegestelle neben dem Sea Life Speyer in Richtung Altrheinarme ablegt. Ganzjährige Sonderfahrten; März bis Nov. tägl. Rundfahrten ab 10 €, Kinder (4–14 J.) 5,50 €. Rollstuhlfreundlich. Hafenstr. 21, ☎ 06232/291150, www.ms sealife.de.

Parken Direkt in der Altstadt gibt es nur wenige und dann meist teure Parkplätze. Empfehlenswert ist das Parken auf dem gut ausgeschilderten, zentral gelegenen **Festplatz**. Für 3 € kann man hier das Auto den ganzen Tag stehen lassen, das Ticket für den in der City verkehrenden Shuttlebus ist inklusive.

Sightseeing Die Touristeninformation bietet eine ganze Reihe von Führungen an. Einen guten Überblick erhält man ganzjährig mit dem 2-stündigen **Speyermer Stadtspaziergang** (Sa, So und feiertags jeweils ab 11 und 14 Uhr,

Start an der Tourist-Info, 8 €/Erwachsene, Kinder 6 €).

Auch für Kinder spannend sind die **Anno-Domini-Führungen.** In historische Gewänder gehüllt, berichten die Führer über das frühere Leben und Arbeiten in Speyer. Ganzjährig jeden ersten Fr im Monat ab 19 Uhr, Start an der Tourist-Info, Erwachsene 8 €, Kinder 6 €.

SpeyerCard Mit dieser Ein- oder Dreitageskarte erhält man freien oder **ermäßigten Eintritt** in vielen Museen, **Rabatte** bei Stadtführungen, Schifffahrten, Schwimmbädern etc. sowie bei den teilnehmenden Geschäften. Tageskarte Erwachsene 4 €, Familien (nur für 2 Erwachsene und 2 Kinder bis 14 J.) 10 €. Die Dreitageskarte gibt es von den Partnerhotels ab zwei Übernachtungen gratis, sie kann nicht käuflich erworben werden.

Taxi Taxi Merl, ☎ 06232/70707.

Einkaufen

Beisel-Hüte 🔟 Seit über 65 Jahren werden in diesem Handwerksbetrieb Hüte gefertigt und verkauft. Von schlichten Strickmützen bis zur federverzierten Hutkreation gibt es hier alles. Mo–Di und Do–Fr 10–12.30 und Mo–Fr 14–18 Uhr, Sa 10–16 Uhr. Rossmarktstr. 37, ☎ 06232/75317, www.beisel-huete.de.

ARS LUDI 🔟 Schönes Spielwarengeschäft mit freundlichem und fachkundigem Personal. Mo–Fr 10–18 Uhr, Sa bis 14 Uhr. Gilgenstr. 23, ☎ 06232/72895, www.ars-ludi.de.

meinTipp **Bohne** 🔟 In einem gemütlichen Eckladen am Altpörtel röstet Kai Schramm grüne Kaffeebohnen zu duftendem Kaffee. Rund 20 Sorten, auch bio und fair gehandelt, kann man kaufen und viele Kaffeespezialitäten auch direkt probieren. Mo–Fr 9.30–18.30 Uhr, Sa bis 16 Uhr. Gilgenstr. 31, ☎ 06232/601960, www.schramms-kaffee.de.

Übernachten
1 Altstadt Ferienhaus Speyer
14 Hotel Alt Speyer
16 Hotel Löwengarten
17 Hotel Speyer am Technik-Museum
18 Kurzpfalz-Jugendherberge Speyer
19 Ibis Styles

Essen & Trinken
2 Zum Anker
3 Restaurant-Hotel Amadeus
5 Zum Goldenen Hirsch
8 Weinstube Rabennest
10 Alte Münz
13 La Cantina

Cafés
4 Amalie Genusskult
6 Café Hindenburg
7 Eismanufaktur Englert

Einkaufen
9 Bohne
11 Beisel-Hüte
12 Stiller Radsport aktiv
15 ARS LUDI

Stiller Radsport aktiv 🔟 Guter Fahrradladen mit Werkstatt und Verleih von Rädern (Tag 15 €), E-Bikes und Tandems. Mo–Fr 9.30–12.30 und 14–18.30 Uhr, Sa 10–14 Uhr. Gilgenstr. 24, ☎ 06232/75966, www.stiller-radsport.de.

Sport/Kultur

Baden Bademaxx. Das Schwimm- und Planschparadies ist Frei- und Hallenbad zugleich. Mit insgesamt acht Becken und einem großzügigen Saunabereich wird es den Ansprüchen aller großen und kleinen Besucher gerecht. Hallenbad Mo–Sa 10–22 Uhr, So bis 20 Uhr, Di/Do zusätzlich 6.30–8 Uhr. Freibad Mitte Mai bis Anfang Sept. 10–19 Uhr, Juli/Aug. 8–20 Uhr. Mo Damensauna. Tageskarte Hallenbad 8 €, ermäßigt 6 €, nur Freibad je 2 € weniger. Kinder bis 6 J. frei. Geibstr. 3, ☎ 06232/6251500, www.bademaxx.de.

Rund um Speyer sind zahlreiche Seen als Badegewässer gemeldet. Die **Binsfeldseen** im

Speyer

150 m

Norden weisen meist eine sehr gute Wasserqualität auf.

Hochseilgarten Kletterwald Speyer.
Neun Parcours mit verschiedenen Schwierigkeitsgraden von „Spaß" bis „Extrem" warten hier auf kletterfreudige Abenteurer.. Mitte Mai bis Mitte Sept. tägl. 10–19 Uhr, Mitte März bis Mitte Mai und Mitte Sept. bis Anfang Nov. nur Di und Fr–So. Erwachsene 25,90 €, Jugendliche 19,90 €, Kinder (bis 11 J.) 15,90 €. Erster Richtweg 5, ☎ 0176-61011199, www.kletterwaldspeyer.de.

Jetski Wasserskischule Becht.
Wer mit dem Jetski auf dem Rhein herumdüsen möchte, kann das hier ohne Führerschein tun, weil eine qualifizierte Begleitperson mit an Bord ist. Inkl. Sprit und Einführung kosten 15 Min. 59 €, 1 Std. 179 €. Auch Möglichkeit zum Wasserskifahren und Wakeboarden. Jetskistation: Im Hafenbecken 5 (gegenüber vom Sea Life). ☎ 06232/71979, www.wasserskischule.de.

Kino Theaterhaus.
Brunckstr. 13, Reservierung unter ☎ 06232/315848, automatische Programmansage ☎ 06232/315831, www.theaterhaus-speyer.de.

Radfahren
Radwege erschließen die Rheinauenlandschaft rund um Speyer, besonders beliebt ist der Rheinradwanderweg. Der historisch begründete Kaiser-Konrad-Radweg ist im Buch ab Bad Dürkheim beschrieben (→ Radtour 3, S. 112).

Veranstaltungen Immer am zweiten Wochenende im Juli verwandelt sich der Festplatz an der Kipfelsau während des **Brezelfests** in ein Meer von Menschen und Fahrgeschäften. Am Brezelfest-Sonntag gibt es ab 13.30 Uhr einen kunterbunten Umzug durch die Innenstadt. Grund des Festes ist die Freude über die Erfindung der (Laugen-)Brezel. Das ganze Jahr hindurch präsentiert sich Speyer als Brezelstadt, in der Fußgängerzone gibt es immer Stände mit frischen Brezeln.

Zwischen Fischmarkt und Sonnenbrücke (im Hasenpfuhl) wird alljährlich am zweiten Septemberwochenende das **Altstadtfest** gefeiert.

Am Montag vor dem ersten Advent startet in Speyer der **Weihnachtsmarkt**. Die schöne Kulisse der Maximilianstraße und die gute Auswahl der Beschicker sorgen für eine stimmungsvolle Atmosphäre. Wer bis Heiligabend noch nicht genug gefeiert hat, der kann sich auf den Tag nach Weihnachten freuen, da geht das Fest bis um Dreikönig als **Silvestermarkt** weiter.

Mein Tipp Am dritten Wochenende im Sept. findet der stimmungsvolle **Bauernmarkt** statt. Über hundert Anbieter aus der Vorder- und Südpfalz präsentieren an schön dekorierten Ständen auf der Maximilianstraße ihre landwirtschaftlichen Produkte, zeigen bäuerliches Kunsthandwerk und laden ein, regionale Spezialitäten zu probieren. An diesem Wochenende ist Speyer noch deutlich voller als sonst. www.bauernmarkt-speyer.de.

Bauernmarkt

Übernachten   → Karte S. 50/51

Hotel Alt Speyer `14` Zentral und doch ruhig gelegenes Hotel in der Speyerer Innenstadt. Die Zimmer sind einfach, aber sauber und angenehm, das Bio-Frühstück ist ein morgendliches Highlight. Für Radfahrer gibt es eine abschließbare Fahrradgarage. DZ ab 99 €, mit Frühstück 9 € pro Pers. mehr. Große Gailergasse 1a, ☎ 06232/60280, www.hotelalt speyer.de.

**** Hotel Löwengarten `16` Nahe der Gedächtniskirche gelegenes, inhabergeführtes Hotel. Alle 63 Zimmer, darunter auch Familienzimmer, Zimmer mit Verbindungstüren und Komfortzimmer mit extralangen Betten, sind neu renoviert und modern gestaltet. DZ ab 100 €, Frühstücksbuffet 12 € pro Pers. Schwerdstr. 14, ☎ 06232/6270, www.hotel-loewengarten.de.

Hotel Speyer am Technik-Museum `17` 105 solide Zimmer in zwei Gebäudeteilen und 90 Caravanstellplätze direkt neben dem Technik-Museum. DZ ab 80 €, Stellplatz mit WC/Dusche 22 €. Am Technik-Museum 1, ☎ 06232/67100, www.hotel-speyer.de.

*** Ibis Styles `19` schlichter, in den letzten Jahren modernisierter Bau mit guter Anbindung nahe der Bundesstraße. Positiv sind der schnelle Fußweg zum Dom und ins Zentrum sowie das vielseitige Frühstücksbuffet in angenehmem Ambiente. Kinder- und Rollifreundlich. DZ ab 96 €. Karl Leiling Allee 6, ☎ 06232/2080, www.accorhotels.com.

*** Salischer Hof. Im 15 km nördlich von Speyer gelegenen Schifferstadt befindet sich mit dem Salischen Hof ein architektonisches

Kleinod. Alte Mauern und moderne Architektur wurden hier preisgekrönt in Einklang gebracht. DZ ab 104 €. Schifferstadt, Burgstr. 12–14, ☎ 06235/9310, ww.salischer-hof.de.

Altstadt Ferienhaus Speyer 1 In der Altstadt gelegenes Haus mit sechs Ferienwohnungen unterschiedlicher Größe (41–66 m2). Nichtraucherwohnungen, keine Haustiere. Ab 62 €. Pfaugasse 11, ☎ 06232/683144, www.altstadt-ferienhaus.de.

Kurzpfalz-Jugendherberge Speyer 18 Sehr schön und direkt am Rheinufer gelegen, ab Sommer 2020 mit ganz neuen Räumlichkeiten – wenn Speyer dem Vorbild der anderen neugestalteten Pfälzer Jugendherbergen folgt, wird das Haus für Familien mit Kindern, aber auch für viele andere Besucher sehr zu empfehlen sein. Das Schwimmbad Bademaxx befindet sich direkt neben der Jugendherberge. Toll wie in allen Häusern der DJH: die attraktive PfalzCard ist inklusive! DZ 65 €. Geibstr. 5, ☎ 06232/61597, www.diejugendherbergen.de.

Essen und Trinken/Nachtleben   → Karte S. 50/51

Essen & Trinken *meinTipp* **Eismanufaktur Englert 7** Ob ganz normale Eiskugeln oder die aufwändigen Ice-Rolls: Das Eis in dem kleinen Laden ist außergewöhnlich gut. Im Sommer fanden wir Apfel-Holunder sehr erfrischend und lecker. Die Öffnungszeiten variieren saisonal, meist 12 bis mind. 20 Uhr, von Nov. bis Anf. März geschlossen. Korngasse 8, ☎06232/8770194, www.eismanufaktur-englert.de.

Alte Münz 10 In dem spätbarocken Wohnhaus befindet sich eine Weinstube mit deutschen und ungarischen Gerichten. Unten gibt es einen neu gestalteten, modernen Raum, oben ist es urgemütlich. Hauptgerichte 12–22 €. Tägl. 11–24 Uhr. Korngasse 1a, ☎ 06232/79703, www.alte-muenz-speyer.de.

Zum Anker 2 Das gemütliche, urige Gasthaus mit kleinem Biergarten ist bekannt für seine guten Rumpsteaks, die leckeren Kartoffelnudeln und die insgesamt deftige gutbürgerliche Küche. Freundliches Personal, keine Kartenzahlung. Tägl. ab 17 Uhr, So auch 11.30–14.30 Uhr. Rheintorstr. 10, ☎ 06232/77403.

Zum Goldenen Hirsch 5 gepflegtes Restaurant im schlichten Stil. Die im Grunde einfachen Gerichte werden raffiniert und häufig fruchtig variiert – köstlich und preiswert! Freundlicher Service und schöne, aber recht belebte Sitzgelegenheit im Außenbereich. So–Do 11–22 Uhr, Fr und Sa 11–23 Uhr. Maximilianstr. 90a, ☎ 06232/8774855, www.goldener-hirsch-speyer.de.

Café Hindenburg 6 gute, sehr zentrale Adresse für ein Eis auf die Hand: große Auswahl, üppige Kugeln und hervorragender Geschmack. Tägl. 8–23 Uhr. Maximilianstr. 91, ☎ 06232/75681, www.cafehindenburg-speyer.de.

Amalie Genusskult 4 Mit neuem Namen und dem bewährt edel-rustikalen Stil ist das großzügige Café ein Besuchermagnet. In den schönen Räumlichkeiten am Altpörtel schmecken der Kaffee, die Kuchen und die belegten Brote sehr lecker (auch wenn es nicht ganz günstig ist). Mo–Sa 9–19, So 10–19 Uhr. Korngasse 13, ☎ 06232/6021930, www.cafe-amalie.de.

La Cantina 13 Zentral, aber versteckt gelegen; hier gibt es leckere Pizza und Pasta in ordentlichen, preiswerten Portionen. Die Räumlichkeiten sind etwas dunkel, aber die Atmosphäre ist gemütlich, und auch mit Kindern ist man hier willkommen. 11.30–14.15 und 17.30–23 Uhr, Di und So nur bis 22 Uhr, Mo Ruhetag, Grasgasse 6, ☎ 06232/675544. www.lacantina-speyer.de.

Weinstube Rabennest 8 In legerem Ambiente kann man neben Wein einfache, leckere Gerichte genießen. Im Sommer sitzt man schön am Rand der Korngasse, im Winter lockt der warme Kachelofen. Hauptgerichte 8–19 €. Mo–Fr 16–23 Uhr, Sa 11–23 Uhr, So 11–22 Uhr. Korngasse 5, ☎ 06232/623857, www.weinstube-rabennest.de.

Restaurant-Hotel Amadeus 3 In einer ruhigen Seitenstraße der Fußgängerzone gelegen. Die (kinder-)freundliche Familie Thanos bietet vielfältige griechische und italienische Speisen an. Preiswert, z. B. Pizza ab 6,50 €, auch einfache DZ ab 80 €. Di–So 11–22 Uhr, von Di–Fr von 15–17 Uhr Pause. Gutenbergstr. 20, ☎ 06232/74611, www.amadeus-speyer.de.

Strandbar. Während der Sommermonate kann man von der Strandbar am Rhein aus die großen Schiffe bewundern und die Sonne genießen. Auf 2000 m² Sand fühlt man sich wie am Meer. Flexible Öffnungszeiten, Homepage beachten. Am neuen Rheinhafen, www.rheinstrand-speyer.de.

Die Pfalz am Rhein → Karte S. 24

Germersheim

Vor allem die militärische Bedeutung während der letzten 200 Jahre hat die Stadt am Rhein geprägt. Im Gegensatz zu den in großen Teilen erhaltenen prägnanten Festungsanlagen ist die Innenstadt wenig spektakulär.

Schon die Gründung Germersheims war militärisch motiviert: An der Stelle der heutigen Stadt wurde vor 1090 eine Burg errichtet, die in den folgenden Jahren beliebter Aufenthaltsort von Kaisern und Königen war. Auch Rudolf von Habsburg (1218–1291) soll der Ort gefallen haben, 1276 verlieh er ihm die Reichsstadtprivilegien. Nach der Übernahme der Stadt durch das Königreich Bayern wurden 1814 eilig Pläne zum Bau einer Festung geschmiedet. Die

St. Jakobus

hauptsächlich von 1834 bis 1855 durch König Ludwig I. erbaute Anlage sollte das linke Ufer des Rheins schützen. Germersheim entwickelte sich zu einer gewaltigen Militärbasis; zu den 3000

Einwohnern Mitte des 19. Jh. kamen noch einmal so viele Soldaten. Doch war die Anlage schon bei Bauende veraltet. Die militärische Technik und die Durchschlagskraft der Geschütze hatten sich in den wenigen Jahren so stark verändert, dass alle zuvor angenommenen Rahmenbedingungen nicht mehr stimmten. Dennoch blieb die Festung weiterhin bestehen und wurde erst 1922 infolge des Versailler Vertrags geschleift. Ein Teil von ihr ist inzwischen als Niederlassung der Universität Mainz wiederbelebt worden: Seit der Fachbereich Angewandte Kultur- und Sprachwissenschaften Einzug in die Seyssel-Kaserne gehalten hat, ist frischer Wind in das Gemäuer und die nähere Umgebung gekommen. Passend zur ehemaligen gotischen Klosterkirche St. Jakobus (gebaut um 1325) steht auf dem Marktplatz eine Bronzeplastik des hl. Jakob nach einem Entwurf von Max Pöpperl. Germersheim liegt auf einer der vielen Pfälzer Jakobsrouten, sodass bei allem militärischen Getöse auch Raum für etwas Kontemplation bleibt.

Sehenswertes

Deutsches Straßenmuseum: Im gut erhaltenen Zeughaus der Festung Germersheim wurden einst Waffen und sonstige militärische Ausrüstung aufbewahrt und gepflegt. Heute befindet sich in dem mächtigen Bauwerk das bundesweit einzige Straßenmuseum. Dort wird auf die Kulturgeschichte der Straßen ebenso eingegangen wie auf die zum Bau nötigen Großmaschinen, von denen einige im Hof betrachtet werden können.

Das Ludwigstor am nördlichen Rand der Innenstadt

■ Di–Fr 10–18 Uhr, Sa/So ab 11 Uhr. Eintritt 5 €, ermäßigt 3 €, Familienkarte 8 €. Im Zeughaus, ✆ 07274/500500, www.deutsches-strassenmuseum.de.

Im **Weißenburger Tor** haben die Touristeninformation und die Dauerausstellung „Festungsgeschichten" einen Platz gefunden. Das Weißenburger Tor und das **Ludwigstor** bildeten einst die beiden Zugänge zur Stadt. Im Ludwigstor ist heute das **Stadt- und Festungsmuseum** zu besichtigen, dessen umfangreiche Sammlungen die militärische Geschichte Germersheims aufzeigen. Hinter dem Museum befindet sich ein großzügiger Spielplatz.

■ April bis Dez. 1. So im Monat 10–17 Uhr und jeden Mi 14–18 Uhr. Erwachsene 2 €, Kinder ab 10 J. 0,50 €. Am Ludwigsring 1, ✆ 07274/960260.

Praktische Infos

Information **Tourist-Info.** Besucherzentrum im Weißenburger Tor, Paradeplatz 10, 76726 Germersheim, ✆ 07274/9738170, www.germersheim.de. April bis Okt. Mo–Fr 10–17 Uhr, Sa 19–14 Uhr und So 10–15 Uhr. Nov. bis März Mo–Fr 10–17 Uhr.

Südpfalz-Tourismus Landkreis Germersheim e. V. Luitpoldplatz 1, 76726 Germersheim,

✆ 07274/53232, www.suedpfalz-tourismus.de. Mo–Fr 8.30–12 Uhr sowie Di 13.30–16 Uhr und Do 13.30–18 Uhr.

Radfahren **Haasies Radschlag.** Praktische bis kuriose Spezialräder sind hier ebenso erhältlich wie Leihräder (ab 8 €/Tag), Kinderräder und ganz normale Räder. Di–Fr 14.30–18 Uhr, Sa 10–13 Uhr, Marktstr. 13, ✆ 07274/4863, www.haasies-radschlag.de.

Durch Germersheim führt der **Rhein-Radweg,** dem man nach Norden oder Süden folgen kann. Eine schöne, kleinere Runde am Rhein (ca. 25 km) führt rheinaufwärts bis Leimersheim, dort setzt man mit der Fähre auf die badische Seite über und radelt dann bis zur Germersheimer Rheinbrücke durch den Auwald zurück. Über den Bellheimer Wald nach Landau und weiter in Richtung Hauenstein führt der **Queichtalradweg.**

Eine besondere Form des Radfahrens ist auf der 13 km langen Strecke der **Südpfalzdraisine** möglich: Man tritt wie auf dem Fahrrad, bewegt sich jedoch mit dem Fahrzeug, auf dem für 4 bis 7 Personen Platz ist, auf Eisenbahnschienen voran. Weitere Infos, Termine und Reservierungen unter ✆ 06344/944267 www.suedpfalz-draisine.de.

Sightseeing   Öffentliche **Festungs- und Stadtführungen** von März bis Nov. an jedem 1. und 3. So im Monat. Treffpunkt jeweils um 14 Uhr am Weißenburger Tor. Der zweistündige

Rundgang kostet für alle ab 14 J. 4 €. Infos bei der Tourist-Info.

Nachenfahrten auf dem Altrhein. Erfahrene Bootsführer schippern Gäste in einem Nachen durch die Altrheinarme bei Germersheim. Neben naturkundlichen Informationen erfährt man auch viel über das jahrhundertelange Miteinander von Mensch und Fluss. Die flachen, hölzernen Fischerboote sind komplett (12 Plätze) zu mieten und kosten 90 €/Fahrt. Manchmal auch öffentliche Fahrten für Einzelpersonen. Da die Fahrten in einem Naturschutzgebiet stattfinden, sind ihre Anzahl und der Zeitraum (Ende März bis Mitte Okt.) begrenzt. Infos über die Tourist-Info.

Übernachten Hotel Kleine Festung. Angenehmes Hotel mit (familien-) freundlicher Atmosphäre. Zum Hotel gehört das griechische Restaurant Akropolis (Mo–Fr ab 17.30 Uhr). DZ ab 89 €. Hauptstr. 18 (Eingang über die Mittelstraße), ☎ 07274/7001508, www.hotel-kleine-festung.de.

Gästehaus Jochem. Einfache Nichtraucher-Zimmer in einem im Gründerzeitstil erbauten Haus mit hohen Decken und zentralen Sanitäranlagen auf dem Flur. Im Innenhof mit Raucherecke können auch Fahrräder sicher abgestellt werden. Kochgelegenheit vorhanden. DZ 47 € plus 4 € Frühstück. Fischerstr. 21, ☎ 07274/-500970, www.gaestehaus-jodechem.

Wohnmobil-Stellplätze. Acht mit Schotter befestigte Stellplätze, Entsorgungsstation, ganzjährig geöffnet. 24 Std. 3 €. Rudolf-von-Habsburg-Straße, Infos bei der Tourist-Info.

Essen & Trinken Las Tapas. Schönes spanisches Restaurant mit vielen leckeren Tapas und einer umfangreichen spanischen Weinkarte. Tägl. 17–22 Uhr und Mo–Fr 12–14 Uhr. Mittelstr. 2, ☎ 07274/770112,

Café zum Elefanten. Raffinierte Torten, gute Kuchen und im Sommer eine schöner Platz im Hof laden zur süßen Pause ein. Auch Pralinen und Frühstück. Einfache Zimmer, DZ ab 68 €. Di–So 9–18 Uhr. Hauptstr. 17, ☎ 07274/9491517, www.cafe-zum-elefanten.de.

Mein Tipp **Il Colosseo.** Klassischer Italiener mit guter Pizza (ab 5,50 €), frischer Pasta und (kinder)freundlichem Service. Marktstr. 11, ☎ 07274/9491662, www.il-colosseo-germersheim.de.

Uni-Club. Nette Kneipe mit freundlichem Service und buntem, häufig studentischem Publikum. Sehr günstige Getränke und leckere Waffeln. Im Sommer einige Tische an der verkehrsberuhigten Straße. Tägl. 9–1 Uhr. Ludwigstr. 3, ☎ 07274/703636.

Umgebung von Germersheim

Westlich von Germersheim liegt im Mündungsdelta der Queich der weitläufige und abwechslungsreiche **Bellheimer Wald**. Er ist durchsetzt von Wiesen, die schon seit über 500 Jahren mit Hilfe von Kanälen und Wehren systematisch bewässert werden, um so den Ertrag bei der Heuernte zu steigern. Die durchfeuchteten Wiesen sind ein idealer Lebensraum für viele kleine Tiere, die wiederum zahlreiche Vögel – allen voran Störche – auf der Suche nach Nahrung anlocken. Im kleinen Storchenzentrum in Bornheim mit angeschlossener Aufzuchtstation (Mo/Mi 13–16 Uhr, So 14–17 Uhr, Erwachsene 3,50 €, Kinder 2 €, Kirchstr. 1, www.pfalzstorch.de) wird die Geschichte der Wiederansiedlung der Störche in der Pfalz dargestellt. Inzwischen brüten hier Jahr für Jahr über 300 Paare. In den Sommermonaten kann man sie überall im Queichdelta zwischen Landau und Germersheim sehen.

Nördlich und südlich dieser Landschaft liegen für den Gemüseanbau intensiv bewirtschaftete Äcker. Die Grenze zwischen den unterschiedlichen Naturräumen bilden Lustadt und Zeiskam im Norden sowie Offenbach, Knittelsheim und Bellheim im Süden. Zu Bellheim gehören die spärlichen Reste des im Wald gelegenen **Jagdschlosses Friedrichsbühl.** 1552 wurde es vom pfälzischen Kurfürsten Friedrich II. als Renaissancebau errichtet, doch im Zuge des Dreißigjäh-

In den Orten rund um den Bellheimer Wald entdeckt man viele Störche

rigen Krieges schon bald wieder aufgegeben. Heute weisen nur noch Reste des Wassergrabens, ein Gedenkstein und eine Infotafel auf das Schloss hin. Bis 1897 diente das Schlossportal als Portal der Nikolauskirche in Bellheim, heute ist es im Historischen Museum der Pfalz in Speyer zu besichtigen.

Lustadt wäre mit seinen gut 3000 Einwohnern eigentlich nur ein kleines Dorf wie so viele in der Umgebung – gäbe es nicht einmal im Jahr das *Loschter Handkeesfescht* (Lustadter Handkäsefest, www.loschter-handkeesfescht.de). Es ist der Höhepunkt im Lustadter Jahresgang, am 1. Mai und dem nächstgelegenen Wochenende kommen alljährlich 40.000 Besucher auf den eigens dafür gebauten Handkees-Platz am Waldrand. Organisiert wird das Treiben von einem eigenen Verein, dessen Ziel es ist, ein Fest mit volkstümlichen Preisen zu feiern. Und so kostet das Bund Radieschen so viel wie im Supermarkt, und von der dicken Scheibe Bauernbrot mit „Handkäse komplett" (Handkäse mit Schnittlauch und Zwiebeln auf Weißem Käse) wird man für wenig Geld ordentlich satt.

Praktische Infos

Essen/Einkaufen *** Waldhaus Knittelsheimer Mühle. Das großzügige Anwesen am Rand des Bellheimer Waldes bietet solides Essen in den rustikalen Gaststuben oder im Biergarten. Kanuverleih und Unterstellmöglichkeiten für Pferde, schöner Kinderspielplatz, Bett-&-Bike-Betrieb. Mo und Di ab 17 Uhr, sonst ab 11 Uhr, Okt. bis März Mo und Di Ruhetag. Einfache DZ ab 84 €. Knittelsheim, ✆ 06348/8366, www.knittelsheimer-muehle.de.

mein Tipp **Zeiskamer Mühle.** Am Rande des Bellheimer Waldes liegt das seit 1976 in Familienbesitz befindliche, stil- und stimmungsvolle Anwesen. Die junge Generation veränderte die Räumlichkeiten grundlegend. Nun beherbergt das Hofensemble ein freundliches Restaurant mit feiner Küche und ein komfortables Hotel. Von März bis Spätsommer sind auf den Wiesen der Umgebung zahlreiche Störche zu beobachten! Hauptgerichte 19–31 €, 5-Gang-Menü um 50 €. Tägl. 17.30–21 Uhr, Sa/So auch 11.30–14 Uhr. Neue, moderne DZ ab 130 €. Zeiskam, Hauptstr. 87, ✆ 06347/97400, www.zeiskamermuehle.de.

Hofladen Gensheimer. Der große Biolandhof am südlichen Ortsrand von Offenbach an der Queich verkauft frisches Obst und Gemüse sowie Backwaren und weitere Bio-Produkte aus der Region. Di/Do 9.30–12.30 und 14.30–18 Uhr, Fr 8–18 Uhr, Sa 8–13 Uhr. Offenbach, Hauptstr. 97, ✆ 06348/919233, www.gemuese-gensheimer.de.

Der alte Ortskern von Jockgrim liegt auf dem Hochgestade der Rheinebene

Vom Fluss geprägt – die Dörfer am Rhein

Südlich von Germersheim erstreckt sich ein bunter Flickenteppich aus gemütlichen Dörfern, Äckern und wasserreichen Auwäldern. Früher wurde die Landschaft regelmäßig vom Rhein überflutet, Fischer fanden in dem wild fließenden Strom reiche Beute. Seit der Rheindamm Schutz bietet, sieht man statt Fischerkähnen nun Sportboote in den romantischen Altrheinarmen ankern.

Das am Klingbach gelegene Dorf **Hördt** wird häufig als Klosterdorf bezeichnet. Der Edelmann Herimannus errichtete 1103 auf seinem Gut in Herthi ein Augustinerkloster, das für knapp 550 Jahre der religiöse und geistige Mittelpunkt der Gegend war. Auch die hl. Hildegard von Bingen besuchte es mehrmals. Doch die Frondienste der Bauern und Handwerker waren immens, und so gab es immer wieder Aufstände und Revolten. Im 1525 ausgebrochenen Bauernkrieg (→ S. 168) wurde das Kloster zuerst durch Nußdorfer und später durch rechtsrheinische Bauern schwer in Mitleidenschaft gezogen. Durch die Reformation und

den Dreißigjährigen Krieg war es dem Kloster nicht mehr möglich, seine einstige Blüte wiederzuerlangen. Heute zeugen neben einem kleinen Stück Klostermauer nur noch Straßennamen von der interessanten Geschichte.

Schön in die Auen- und Felderlandschaft eingebettet liegen auch die beiden Dörfer **Leimersheim** und **Neupotz.** In Leimersheim setzt die bei Radfahrern beliebte Rheinfähre ans badische Ufer über. Fluch und Segen des Rheins liegen hier dicht beieinander. In Neupotz wurde 2013 nach jahrelanger kontroverser Diskussion ein rund 450 ha großer Polder für den Fall starker Rheinhochwässer errichtet. Durch das Öffnen der Schleuse können fast 14 Mio. Kubikmeter Wasser zurückgehalten werden. Seit 2011 gibt es in Neupotz das *Haus Leben am Strom*. Hier erhält der Besucher einen guten Einblick in den Rheinauen- und Hochwasserschutz. In dem alten Fachwerkhaus werden die Informationen schön und anschaulich präsentiert. Für Kinder gibt es thematische Spielstationen, sodass sich das Haus als Ziel einer Familienradtour durch die Rheinauen anbietet. Eintritt frei, Mi 14–16 Uhr, Fr 16–20 Uhr und jeden 1. So im Monat 11–16 Uhr,

▪ www.leben-am-strom.de.

Vom Rhein kommend, fällt **Jockgrim** gleich ins Auge: Burgartig markiert die historische Stadtmauer mit der Kirche St. Dionysius den auf einer schmalen Landzunge gelegenen alten Teil des Dorfes. Das im Schatten der Stadtmauer gelegene Hinterstädtel präsentiert sich mit seinen Fachwerkhäusern so romantisch, dass es immer wieder Künstler in den Ort gezogen hat, beispielsweise die bekannte pfälzische Mundartdichterin *Lina Sommer* (1862–1932). Lina Sommer lebte in der Villa Sommer (Maximilianstr. 36) für kurze Zeit zusammen mit ihrem Sohn Walter, dem Direktor der *Ludowici-Werke*. Die von Carl Ludowici gegründeten Falzziegelwerke produzierten die ersten industriell hergestellten Ziegel der Welt. Das 1996 eingeweihte *Ziegeleimuseum* dokumentiert die rund hundertjährige Geschichte der Fabrik (Mi und Sa 14–17 Uhr, So 10–17 Uhr, Erwachsene 3 €, Kinder frei, Untere Buchstr. 22a, ☎ 07271/52895, www.ziegeleimuseum-jockgrim.de). Unter dem angrenzenden Gebäude der Verbandsgemeindeverwaltung ist ein Teil des ehemals größten europäischen Ringofens zu besichtigen. Ursprünglich war er über 90 m lang und rund sechs Stockwerke hoch.

Im nahen **Rheinzabern** ist außer den schönen Fachwerkhäusern das 1978 eröffnete *Terra-Sigillata-Museum* einen Besuch wert (Mi–Sa 11–15 Uhr, So bis 17 Uhr, Erwachsene 3 €, Jugendliche 1 €, Hauptstr. 35, ☎ 07272/955893, www.terra-sigillata-museum.de). Die an vielen Stellen gefundenen und noch immer auffindbaren Scherben aus dem 2. und 3. Jh. ermöglichen einen Einblick in das alltägliche Leben im ehemaligen römischen *Tabernae*. In der Ansiedlung mit 4000 Einwohnern befand sich jene Manufaktur, in der das rote, glänzende Terra-Sigillata-Geschirr für das gesamte östliche Gallien produziert wurde. Auch die weitreichenden Handelsbeziehungen werden im Museum dokumentiert.

Fachwerkidylle in Jockgrim

Praktische Infos

Information **Südpfalz-Tourismus Landkreis Germersheim e. V.** Luitpoldplatz 1, 76726 Germersheim, ☎ 07274/53232, www.suedpfalz-tourismus.de. Mo–Fr 8.30–12 Uhr sowie Di 13.30–16 Uhr und Do 13.30–18 Uhr. Weitere Infos unter www.hoerdt-pfalz.de, www.neupotz.de, www.jockgrim.de und www.rheinzabern.de.

Die Pfalz am Rhein → Karte S. 24

Baden Zahlreiche Baggerseen prägen die Ebene, baden kann man beispielsweise bei Jockgrim im **Naherholungsgebiet Johanniswiese:** Beliebter Baggersee im Tiefgestade mit flach abfallendem, gepflegtem Sandstrand, einer bewirtschafteten Strandhütte und Toiletten. Mai bis Sept. tägl. 9–21 Uhr. Tageskarte 3 €.

Einkaufen Spargelhof Fischer. Zwischen April und Juni gibt es hier Spargel und Erdbeeren aus eigenem Anbau. Während der Saison tägl. 9–12 und 15–18 Uhr. Hördt, Gartenstr. 1a, ✆ 07272/71476.

Maislabyrinth Jedes Jahr lässt Familie Schardt auf ihrem Hof in Leimersheim ein Labyrinth mit 3 km Weglänge wachsen. Sechs Stempelstellen erhöhen die Motivation bei der Erkundung. Kleiner Imbiss vorhanden. Ab Mitte Juli Mi/So 10–20 Uhr, Sa ab 14 Uhr. Erwachsene 3 €, Kinder 2 €. Leimersheim, Seehof, ✆ 07272/5237, www.maislabyrinth-leimersheim.de.

Wandern Ins Naturschutzgebiet „Hördter Rheinaue" gelangt man auf dem 8 km langen Tulpenbaumweg. Start ist am Schützenhaus in Hördt. Der nahezu ebene, am idyllischen Ufer des Michelbachs entlanglaufende Weg führt zum ehemaligen Herrengrund der Augustiner-Klosteranlage. Hier sind Wasserschwertlilien, Schilfrohr, Teichrosen, Orchideen, Tulpenbäume und Naturdenkmäler wie Wildbirne und Hopfen zu entdecken. Am Wegesrand finden sich Grenzsteine des ehemals Königlich Bayerischen Waldes. Der Wanderweg ist mit einer gelben Raute markiert. Bei Hochwasser kann der Weg gesperrt sein.

Radfahren Die Rheinauen sind ein Paradies für Radfahrer. Auf dem gut ausgeschilderten **Rhein-Radweg** kann man in Richtung Elsass oder Germersheim und Speyer fahren. Durch die Fähre in Leimersheim eröffnen sich auch Möglichkeiten für **Radtouren ins rechtsrheinische Baden.** So gelangt man über Leopoldshafen und den anschließenden Haardtwald schnell und ohne Autoverkehr nach Karlsruhe (ab Fähre ca. 15 km).

Rheinfähre Peter Pan Pendelt meist im 15-Min.-Takt zwischen Leimersheim und dem badischen Leopoldshafen. April bis Okt. Mo–Fr 6 bis mind. 18 Uhr, Sa ab 9 Uhr, So ab 10 Uhr, Nov./Febr. Mo–Fr 6–10 und 15–18 Uhr, Sa/So bei schönem Wetter 10–17 Uhr, März 6–18 Uhr, Sa/So bei schönem Wetter 10–18 Uhr, Dez./Jan. kein Fährdienst. Pkw inkl. Fahrer 4,50 €, Radfahrer 2,50 €, Fußgänger 1,50 €. ✆ 07273/3592, www.rheinfaehre-leimersheim.de.

Übernachten/Essen Gasthof Lamm. Einst ein einfacher Landgasthof, heute ein gutes Restaurant, das auch Ausflüge in die Gourmetküche nicht scheut. Spezialität des Hauses ist Fisch in vielen Variationen. Auch einige neu renovierte Zimmer. Hauptgerichte 13–28 €. Di Ruhetag, sonst 11.30–14 und 17.30–21.30 Uhr, So nur 11.30–14 Uhr, Mo nur 17.30–21.30 Uhr.

In den Rheinauen sind Wasser und Wald eng verwoben

DZ ab 83 €. Neupotz, Hauptstr. 7, ☎ 07272/ 2809, www.gasthof-lamm-neupotz.de.

🐟**Gasthaus zum Karpfen.** In diesem freundlich geführten Dorfgasthof gibt es deftige Hausmannskost. Die Zutaten stammen aus der eigenen Metzgerei mit Hausschlachtung und soweit saisonal verfügbar von den Äckern der umliegenden Gemeinden. Hauptgerichte 6–18 €. Mo und Di 11.30–14 und ab 17 Uhr, Mi–Sa nur ab 17 Uhr. Neupotz, Hauptstr. 1, ☎ 07272/2198, www.gasthaus-zum-karpfen.de.

Gehrlein's Hardtwald. Nicht nur eine gute Küche und ein gepflegtes Restaurant warten hier auf die Gäste, auch der schöne Garten und die ansprechenden Zimmer machen das Haus zu einer beliebten Adresse. In der Ortsmitte von Neupotz gibt es im Ableger „Gehrlein's Landhauscafé" Kaffee, Frühstück und Kuchen in dörflichem Ambiente (Kirchstr. 1, Mo–Sa 8.30– 13.30 Uhr, So 9–17 Uhr). Hauptgerichte 9–23 €. Mo, Di und Fr–So 11–14 und ab 17.30 Uhr. DZ 78 €. Neupotz-Hardtwald, Sandhohl 14, ☎ 07272/2440, www.gehrlein-hardtwald.de.

Herxheim-Hayna und der Tabak

Die in der Ebene gelegene Doppelgemeinde Herxheim-Hayna war über viele Jahrzehnte der deutsche Hauptanbauort des rosa blühenden Tabaks. Herxheim ist eine gemütliche, aber doch geschäftige Kleinstadt, Hayna ein gepflegtes Straßendorf, das trotz des Rummels um das Hotel Zur Krone viel Ruhe ausstrahlt.

Zwischen den nach Westen hin flächenmäßig zunehmenden Weinbergen lagen lange Zeit zahlreiche Tabakfelder. Günstige Anbaubedingungen wie ein warmes, eher trockenes Klima und sandige, lockere Böden haben die Kultivierung seit 1850 erfolgreich gemacht. 1879 wurde die erste Herxheimer Zigarrenfabrik gegründet, im Laufe der Zeit entstanden immer mehr Fabriken, sodass Ende der 1920er-Jahre rund 1400 Menschen darin Arbeit fanden. Etwa 500 Tabakbauern bewirtschafteten zu dieser Zeit 270 ha Fläche. Auch Kinder arbeiteten während der Erntezeit mit, ihre Arbeit bestand darin, die geernteten Tabakblätter mit Nadel und Faden aufzufädeln und so fürs Trocknen in den Trockenschuppen vorzubereiten. Um 1930 wurde auf 2320 ha Tabak angebaut. Durch die zunehmende Industrialisierung der Landwirtschaft ab den 1950er-Jahren mussten viele Betriebe schließen, auch die 2010 in Kraft getretene Reduzierung der EU-Subventionen war für den starken Rückgang verantwortlich. Doch seit die Tabakbauern auf hochwertige Sorten umgestiegen sind, die sich besser verkaufen lassen, haben die Anbauflächen wieder zugenommen. Aktuell wird in der Pfalz auf rund 500 ha Tabak angepflanzt, seit 2015 fast nur noch die Sorte Virgin, die nicht an der Luft, sondern in Heißluftöfen getrocknet wird, sodass die markanten Trockenschuppen nicht mehr genutzt werden. Sie sind für das Ortsbild jedoch teilweise prägend, stehen inzwischen unter Denkmalschutz und sollen einer neuen Nutzung zugeführt werden, was teilweise bereits gelungen ist. So wurden einige beispielsweise zu Wohnhäusern umfunktioniert, für viele fehlt jedoch noch ein zeitgemäßes Nutzungskonzept.

Dass **Herxheim** im 6. Jh. von fränkischen Siedlern gegründet wurde, ist noch heute an der traditionell fränkischen Bauweise mit viel Fachwerk zu erkennen. Über diesen Teil der Ortsgeschichte, aber auch über die während der Jungsteinzeit hier lebenden Menschen sowie die sich ab dem frühen 19. Jh. als Weber und Tabakbauern verdingenden Bewohner des Ortes wird in dem sehenswerten Museum Herxheim berichtet.

Schon oft war das Ende des Pfälzer Tabaks nahe …

Im weiter westlich gelegenen **Rohrbach** liegt der Fokus schon eindeutig auf dem Weinbau. Neben einigen Weingütern und Fachwerkhäusern gibt es hier die spätgotische Simultankirche St. Michael aus dem 16. Jh. zu sehen.

Praktische Infos

Information Büro für Tourismus. Obere Hauptstr. 2 (im Rathaus), 76863 Herxheim, ☎ 07276/501107, www.herxheim.de. Mo/Di 8.30–12.30, Do zusätzlich 14.30–17 Uhr, Fr 8.30–12 Uhr. Hier können auch aus Herxheimer Tabak gerollte Zigarren gekauft werden.

Kultur Museum Herxheim. In der Abteilung zur Steinzeit werden die spannenden Einzelheiten des Herxheimer Totenrituals erzählt, in der kulturgeschichtlichen Abteilung stehen die Themen Weberei und Tabakanbau im Mittelpunkt. Do/Fr 14–19 Uhr, Sa/So 11–18 Uhr. Erwachsene 2,50 €, Kinder/Jugendliche (7–18 J.) 1,50 €. Untere Hauptstr. 153, ☎ 07276/502477, www.museum-herxheim.de.

Chawwerusch Theater. Seit 1984 macht Theaterarbeit und ist stets offen für neue Ideen, Themen, Stücke und Projekte. Die Stücke sind vielseitig, meist modern und haben oft einen Bezug zur Region. Tickets ab 9 €. Herxheim, Obere Hauptstraße 14, 07276/5991, www.chawwerusch.de.

Einkaufen ⚘ Weingut Ökonomierat Lind. Das ökologisch wirtschaftende Weingut baut seine Weine vorwiegend trocken aus, Spezialität sind die Burgundersorten. Mo–Fr 9–12 und 14–18 Uhr, Sa 10–11 und 14–16 Uhr. Rohrbach, Hauptstr. 56, ☎ 06349/929173, www.weingut-oekonomierat-lind.de.

⚘ Weingut Neuspergerhof. Auch dieses Weingut ist ein gutes Beispiel dafür, wie ein Generationenwechsel einen Qualitätssprung mit sich bringen kann. Der junge Chef, Jochen Gradolph, übernahm den Betrieb 2009 als Fachfremder, 2017 wurde er zum Jungwinzer des Jahres gekürt. Mittlerweile ist das Bioland-Weingut für seinen hohen Standard bekannt und wird im Gault Millau und Eichelmann empfohlen. Die Vinothek „Genussraum" ist jeden Sa 10–15 Uhr geöffnet, Mo–Fr nur auf Nachfrage. Rohrbach, Neuspergerhof, ☎ 06349/1645, www.neuspergerhof.de.

Trauth. Ganz frische Schokoküsse und ähnliche Köstlichkeiten gibt es beim Fabrikverkauf der seit über hundert Jahren bestehenden Süßwarenfabrik. Aufgrund ihrer hohen Qualität sind die Schokoküsse in der Region sehr beliebt. Mo–Fr 9–12.30 und 13.30–18 Uhr, Sa 9–12 Uhr, im Sommer einige Wochen Pause. Herxheim, Oberhohlstr. 21, ☎ 07276/8543, www.trauth-herxheim.de.

Radfahren Die 35 km lange, fast steigungsfreie **Tabaktour** ist auch für Kinder interessant. Sie führt zuerst von Hayna nach Herxheim und an der Wagner-Ranch vorbei nach Mörlheim. Weiter geht es in östlicher Richtung über Offenbach, Ottersheim und Knittelsheim nach Bellheim und von dort wieder nach Süden über Rülzheim und Herxheimweyher nach Herxheim. Schließlich fährt man in südöstlicher Richtung nach Hatzenbühl und wieder zurück zum Ausgangspunkt Hayna. Die Runde ist durchgängig mit dem Symbol der Tabakpflanze ausgeschildert. Infos beim Büro für Tourismus.

Übernachten/Essen ** Hotel Zur Krone.** Karl-Emil Kuntz hat das traditionsreiche Haus mit seiner sternegekrönten Küche zu einer der bekanntesten Adressen der Pfalz gemacht. Seinem Nachfolger Fabio Daneluzzi obliegt die Aufgabe, das Niveau zu halten – bisher scheint das gut zu gelingen. Die Preise im Gourmetrestaurant „Kronen-Restaurant" (Mi–Sa ab 18.30 Uhr) sind entsprechend gehoben, in der einfacheren, aber feinen „Pfälzer Stube" (tägl. 12–13.30 und ab 18 Uhr) ist es etwas günstiger. Auch großzügige Zimmer, vorwiegend im gehobenen Landhausstil. DZ ab 170 €. Hayna, Hauptstr. 62–64, ✆ 07276/5080, www.hotelkrone.de.

Café Theobald. Wer auf der Suche nach leckeren Kuchen und Torten ist, sollte hier unbedingt vorbeischauen. In dem kleinen Café von Franziska und Florian Theobald gibt es aber auch Frühstück, Schokolade und Eis. Mi–Fr 7.30–18.30 Uhr, Sa 8.30–18 Uhr, So 9–18 Uhr. Bonifatiusstr. 9, ✆ 07276/918151, www.cafe theobald.de.

Ferienwohnung an der Schlossmühle. Drei schöne, kinderfreundliche Ferienwohnungen ab 52 €. Rohrbach, Mühlgasse 8, ✆ 06349/7088, www.heumueller-schlossuehle.de.

Wohnmobilstellplätze. Auf dem östlichen Teil des Herxheimer Festplatzes stehen acht kostenfreie Plätze mit zentralem Frisch- und Abwasseranschluss zur Verfügung.

Die Pfalz am Rhein → Karte S. 24

Im und um den Bienwald

Das Delta der Lauter ist ein dichtes Netz von Bächen und kleinen Rinnsalen, dazwischen liegen immer wieder bis zu 3 m hohe Sanddünen. Je nach Bodenbeschaffenheit gibt es Eichen-, Buchen-, Kiefern- und seltene Erlenbruchwälder sowie wilde Orchideen. Das Landstädtchen Kandel lockt mit diversen Einkaufsmöglichkeiten und heimeligen Fachwerkhäusern.

Die Vielfalt der Vegetation zieht auch eine artenreiche Tierwelt an. Seltene Amphibien, ungewöhnliche Brutvogelarten und vom Aussterben bedrohte Fledermausarten leben in dem 18.000 ha großen Schutzgebiet. Über 600 Totholzkäferarten bevölkern die abgestorbenen Stämme und Äste; nirgendwo sonst in Europa wurde je eine solch große Zahl dokumentiert. Die Königinnen des Bienwalds jedoch sind die scheuen Wildkatzen. Auf ihren nächtlichen Wanderungen durchstreifen sie den Wald mit seinen verborgenen Lichtungen. Inmitten dieses größten zusammenhängenden Waldgebiets der Oberrheinischen Tiefebene liegt die Rodungsinsel **Büchelberg.** Der Ort entstand ab 1686 als Siedlung von Kalkbrennern, Holzhauern und Arbeitern, die am Bau der Vauban-Festung Fort Louis beteiligt waren. Heute ist das 900-Seelen-Dorf im Wald mit seinen vielen Streuobstwiesen ein idyllischer Flecken.

Die geschäftige Kleinstadt **Kandel** ist der zentrale Ort der Bienwaldregion. Wie so viele Orte in der pfälzischen Rheinebene als Straßendorf entstanden, reihen sich die Häuser entlang der Hauptstraße und ihrer Verlängerung. So kommt Kandel bei 8500 Einwohnern auf eine Länge von 3,5 km. Im belebtesten Bereich der Hauptstraße befinden sich gut sortierte Geschäfte in sorgsam restaurierten Fachwerkhäusern. Der spätgotische Turm der *Kirche St. Georg* überragt diese Idylle und gilt als Wahrzeichen der Gemeinde. Den engen Bezug zum Bienwald sollen die überall anzutreffenden *Kandeler Bienen* verdeutlichen. Die 1,80 m großen, bunt bemalten Insekten hat der ortsansässige Künstler Armin Hott geschaffen.

Rund um Kandel liegen ländlich-verschlafen anmutende Dörfer. **Winden** gibt mit seinem schönen Fachwerkrathaus und dem kleinen, direkt gegenübergelegenen Nachtwächterhäuschen ein pittoreskes Bild ab. In **Minfeld** siedelten die Menschen schon vor mehr als 1000 Jahren. Die mittelalterlichen Fresken in der evangelischen Kirche wurden unter mehreren Schichten Putz und Farbe wiederentdeckt und von 2005 bis 2007 restauriert. Die Kirche bleibt sonntags nach dem Gottesdienst geöffnet, um die wertvollen Fresken Besuchern zugänglich zu machen. Im Sommer und Herbst verwandeln sich die kleinen Dörfer dieser Gegend zu einem einzigen Hofladen, in dem eine wachsende Zahl von selbst vermarktenden Landwirten ihre Waren feilbietet.

Hinter den Fachwerkhäusern ragt St. Georg auf

Praktische Infos

Information Tourismusbüro Südpfalz Tourismus Kandel e. V. Georg-Todt-Str. 2a, 76870 Kandel, ✆07275/619945, www.suedpfalz-tourismus-kandel.de. Mo–Fr 9–13.

Einkaufen Schuhhaus Grahn. Das bekannteste Schuhhaus der Südpfalz bietet auf über 900 m² eine riesige Auswahl an Schuhen aller Art, Damenschuhe gibt es bis Größe 44, bei den Herren geht es bis Größe 50. Die Präsentation ist aber aufgrund der extremen Dichte nichts für Schuhästheten. Mo–Fr 9.30–18.30 Uhr, Sa bis 15 Uhr. Kandel, Hauptstr. 88, ✆07275/95860, www.schuh-grahn.de.

Armin Hott. Grafiken und Drucke. Der Vater der Kandeler Bienen und anderer eigenwilliger Geschöpfe präsentiert die Werke in seinem Atelier zum Betrachten und Kaufen. Mi/Fr 15–19 Uhr, Sa 11–13.30 Uhr. Kandel, Rheinstr. 105, ✆07275/8568, www.armin-hott.de.

MeinTipp **Hofmarkt Zapf.** Selbst gebackener Erdbeerkuchen, frisches Steinofenbrot, Spargel vom eigenen Acker, ein kleiner Mittagstisch – im modern erweiterten Hofmarkt gibt es Leckeres zum direkten Verzehr und zum Einkaufen. Die großzügigen Sitzgelegenheiten drinnen und draußen bieten sich als unkomplizierte Pause auf einer Radtour an. Für Kinder gibt es einen kleinen Spielplatz. Di–So 9–18.30 Uhr, während der Spargelsaison kein Ruhetag. Kandel, Am Holderbühl 1, ✆07275/913215, www.hofmarkt-zapf.de.

Kandeler Wochenmarkt. Mittwochvormittags (8–13 Uhr) auf dem Marktplatz.

Baden Waldschwimmbad Kandel. Das schön am Waldrand gelegene Freibad bietet neben einer 40 m langen Rutsche einen Spielplatz, ein großes Schwimmbecken sowie ein

Beachvolleyballfeld. Tägl. 9–20 Uhr. Erwachsene 2,50 €, Jugendliche 1,50 €. Kandel, Badallee, ℰ 07275/618691.

Hochseilgarten Fun Forest Kandel. Mit bequemer Kleidung können sich alle ab 3 bzw. 7 J. ins luftige Vergnügen dieses Hochseilgartens stürzen. 24 verschiedene Parcours ermöglichen den sicheren Nervenkitzel für Kinder, Unerfahrene oder Könner. Highlight ist die 250 m lange Seilrutsche. Wer nicht mitklettern mag, findet einen schönen Beobachtungsposten im günstigen Bistro. Mai bis Okt. 10–19 Uhr, im Frühling und Herbst kürzer. Eintritt ab 20,90 €, ermäßigt 17,90 €, Kinder 14,90 € (7–13 J.) bzw. 5,90 € (ab 3 J. spezieller Kinderparcours), Kinder bis ca. 10 J. sollten begleitet werden, Zuschauer frei. Kandel, Badallee (Nähe Waldschwimmbad), ℰ 07275/618032, www.fun forest.de.

Radfahren Start einer schönen **Tour durch die Rheinauen nach Karlsruhe** ist der Haltepunkt Maximiliansau-Eisenbahnstraße der Karlsruher S-Bahn-Linie S 5. Von hier geht es auf dem Rhein-Radweg bis Neuburg, wo man mit der Fähre Baden-Pfalz (ganzjährig, im Sommer tägl., an Wochenenden im Frühling und Herbst nur bei schönem Wetter, Infos unter ℰ 0177/662849, www.rheinfaehre-neuburg.de) übersetzt. Auf badischer Seite folgt man dem rheinnahen Radweg in Richtung Karlsruhe. Ab dem Rheinstrandbad Rappenwörth fährt man entweder direkt weiter über den Rheinhafen zur Rheinbrücke (insgesamt gut 20 km) oder über Karlsruhe-Daxlanden in die Karlsruher Innenstadt; ab dem Schlossgarten ist der Rückweg in die Pfalz gut ausgeschildert (insgesamt ca. 35 km). Der **Pamina Radweg Lautertal** verbindet Neuburg am Rhein, über die Bienwaldmühle (→ S. 66) und dem elsässischen Weißenburg bis nach Dahn und Hinderweidenthal (Gesamtlänge 57 km).

Reiten Islandpferde-Gestüt Bienwald. Das gut ausgestattete, persönlich geführte Gestüt bietet u. a. Reitunterricht und Reiterferien (für Kinder und Jugendliche von 8 bis 15 J.). Freckenfeld, Am Sportplatzweg, ℰ 06340/918460, www.bienwald.com.

Übernachten/Essen Hotel Zum Rössel. Einfaches Hotel garni in zentraler Lage mit wunderschöner Fachwerkfassade und modernen Zimmer, sehr gutes Frühstück. DZ 75 €. Kandel, Bahnhofstr. 9, ℰ 07275/5001, www. hotel-roessel.de.

Hofmarkt Zapf → Einkaufen, S. 64

Kandeler Biene

La Minzbrueck. Die leckeren Backspezialitäten aus dem nahen Elsass gibt es über die Bäckereitheke oder im gemütlichen Café. Mo–Fr 5–18 Uhr, Sa 5–15 Uhr, So 7.30–16 Uhr. Hauptstr. 73, ℰ 07275/918237.

Eisdiele Rosa Rossa. Gutes Eis, teilweise auch in ausgefallenen Sorten bietet die beliebte Eisdiele am östlichen Rand des Zentrums. In den Sommermonaten tägl. ab 10 Uhr. Hauptstr. 112, ℰ 07275/9898665, www.larosa rossa.de.

Naturfreundehaus Bienwald. Zwischen zwei schönen Wiesentälern, ca. 3 km vom Bahnhof Kandel entfernt, kann man preiswert essen und übernachten (einfaches Niveau, Erwachsene ab 16 €, Kinder bis 3 J. gratis, Frühstück 5 €). 10–22 Uhr, Di Ruhetag. Kandel, Am Oberkandeler Deich (mit dem Auto am westlichen Ortsausgang in Richtung Minfeld der Beschilderung folgen), ℰ 07275/2632, www.naturfreunde-kandel.de.

Zur Hofschänke. Das alte Bauernanwesen lässt keinen Urlaubswunsch offen. Das preiswerte, stilvoll-urige Restaurant bietet drinnen wie draußen gute Pfälzer Küche, die 90 m² großen Ferienwohnungen mit zwei Schlafzimmern sind gemütlich eingerichtet. Di–Fr 11.30–14.30 Uhr und ab 17 Uhr, Sa/So ab 11 Uhr, Hauptgerichte 9–22 €. Ferienwohnung ab 65 €. Winden, Hauptstr. 52, ℰ 06349/8474, www.hof schaenke.de.

Eisheisel. nette kleine Eisdiele mit schönen Sitzmöglichkeiten im Freien. Mitte März bis Mitte Okt., meist Mi–Do 14–19 Uhr und Fr–So 14–20 Uhr. Minfeld, Eichstr. 13, ℰ 0171/3210926.

🌿 **Waldgasthof Bienwaldmühle.** Abgeschieden, kurz vor der französischen Grenze liegt das Ausflugsziel mit regionaler, qualitativ hochwertiger Küche und sehr gepflegtem Ambiente. Eine der Spezialitäten ist Wild aus der direkten Umgebung. Hauptgerichte 15–27 €. Auch freundliche Ferienwohnungen ab 50 €. Mi–So ab 11.30–15 Uhr und ab 17 Uhr. Im Jan. Winterpause und im Sommer drei Wochen geschlossen. Scheibenhardt, Bienwaldmühle, ✆ 06340/276, www.bienwald muehle.de.

Gästehaus Jakobshof. Von Kandel in Richtung Weisenburg liegt am Rande des Bienwalds Freckenfeld. In einem alten Gebäudeensemble wurden in den letzten Jahren schöne Zimmer geschaffen. DZ ab 62 €, Freckenfeld, Hauptstr. 114, ✆ 06340/2261216, www.jakobs hof-freckenfeld.de.

🚲 Radtour 2:
Durch den Bienwald nach Schweigen

Die steigungsarme, 56 km lange Radtour startet am **Bahnhof Kandel.** Auf dem Südpfalz-Radweg geht es vorbei am **Naturfreundehaus Bienwald** durch den bald dichten Wald bis **Büchelberg** und dann weiter in das an der Grenze zu Frankreich gelegene **Scheibenhardt.** Ab hier folgt man dem Pamina-Radweg Lautertal über die einladende **Bienwaldmühle** bis ins elsässische **Weißenburg** (Wissembourg), dessen romantische Straßenzüge sich für eine Rast anbieten. Auf der Straße geht es anschließend zum Deutschen Weintor in **Schweigen,** um ab hier dem Kraut-und-Rüben-Radweg durch kleine, schmucke Dörfer hindurch zurück nach Kandel zu folgen. Die Fahrt durch den schattigen Bienwald ist auch im Sommer angenehm, der Rückweg über Weinberge und Felder kann dagegen sehr sonnig sein. Wem es zu warm wird, der hat in einigen Orten die Möglichkeit, in den Zug nach Winden (dort Anschluss nach Kandel) einzusteigen.

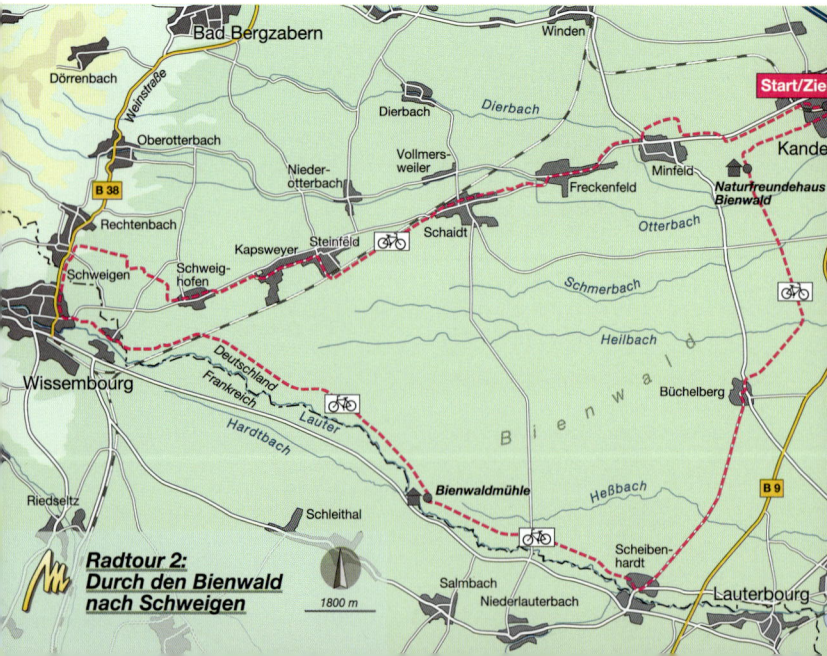

**Radtour 2:
Durch den Bienwald nach Schweigen**

1800 m

Ausflug nach Karlsruhe

Recht und Gerechtigkeit spielen in der grünen, weitläufigen und lebendigen Stadt eine große Rolle. Bundesgerichtshof und Bundesverfassungsgericht haben hier ihren Sitz. Daneben gilt die Technische Universität als Aushängeschild der um das barocke Schloss erbauten Stadt.

Vom markanten Turm des Karlsruher Schlosses ziehen sich 32 Straßen wie Strahlen durch die einst von dichtem Wald bestandene Rheinebene. Heute verbindet der weitläufige Schlossgarten naturnahe Erholungslandschaften mit städtischem Leben. Rund um das Schloss hat der Architekt und Stadtplaner Friedrich Weinbrenner ein bemerkenswertes klassizistisches Ensemble geschaffen, das Karlsruhe sein gediegenes Erscheinungsbild gibt. Einkaufsmöglichkeiten, Restaurants, Kneipen und eine erstaunlich große Anzahl von Museen, Kunst- und Kultureinrichtungen machen Karlsruhe zu einer lebens- und besuchenswerten Stadt.

Den heutigen Ruf als Residenz des Rechts hat Karlsruhe der Ansiedlung des Bundesgerichtshofs (BGH) im Jahr 1950 und des Bundesverfassungsgerichts (BVG) ein Jahr später zu verdanken. Der BGH residierte bis 1999 im Erbgroßherzoglichen Palais an der Kriegsstraße. Trotz des weitgehenden Umzugs in das neue Gebäude an der Brauerallee sind das Palais und sein schöner Garten der Öffentlichkeit nicht zugänglich. Das BVG sitzt in einem nüchternen Gebäude zwischen Kunsthalle und Schloss. Dass die beiden höchsten deutschen Gerichte in Karlsruhe angesiedelt sind, tröstet die Karlsruher etwas darüber hinweg, dass die Funktion der Landeshauptstadt im Zuge der Bildung des Landes Baden-Württemberg an Stuttgart ging. Besonders ältere Karlsruher beobachten die württembergische Großstadt dennoch mit einigem Argwohn.

Geschichte

Karlsruhe ist eine junge Stadt. Die Stadtgründung erfolgte 1715 durch den Markgrafen Karl Wilhelm von Baden-Durlach. Dessen Residenz, die ab 1563 von Markgraf Karl II. im heutigen Stadtteil Durlach zum Schloss ausgebaute Karlsburg, war durch den Pfälzischen Erbfolgekrieg 1689 weitgehend zerstört worden, und der Wiederaufbau ging nur schleppend voran. Der Legende nach döste der Markgraf während eines Jagdausflugs im sonnigen Haardtwald vor sich hin und sah eine Stadt mit viel Platz und einer Straßenanordnung, die den Sonnenstrahlen nachempfunden war, vor sich. Da er das Leben in der Durlacher Karlsburg schon länger als zu eng empfand, ließ er seinen Traum mit der absolutistischen Stadtgründung durch die Grundsteinlegung für das neue Schloss am 17. Juni 1715 zur Realität werden.

Als er 1738 aus dem Leben schied, waren seine Kinder bereits verstorben, der Titel ging direkt an seinen noch zehnjährigen Enkel Karl Friedrich über, der ab 1746 offiziell die Macht über die Markgrafschaft übernahm. Bis 1811 lenkte der aufgeklärte Absolutist die Geschicke Karlsruhes, ließ Straßen und Kanäle bauen, schaffte Folter und Leibeigenschaft ab und bescherte Karlsruhe einen anhaltenden Aufschwung. Gelehrte wie Voltaire und Goethe kamen an den Hof, kluge politische Entscheidungen sorgten für Gebietszuwächse, und die Einwohnerzahl stieg bis zum Jahr 1815 auf 15.000 an. Zudem erkor

Die Pfalz am Rhein → Karte S. 24

Meist geht es hier friedlich zu: das Karlsruher Schloss

Karl Friedrich den Zimmermannssohn Friedrich Weinbrenner zu seinem Baumeister. Dieser nutzte seine Chance und gab der Stadt mit seinen klassizistischen Bauten im fächerartigen Grundriss die entscheidende städtebauliche Prägung.

Sehenswertes

Schloss: „Ich bin ein einfacher Fürst. Ich habe ein Haus nach meinem Stand gebaut. Mir ist lieber, man sagt von mir, ich sei schlecht untergebracht, als wenn man sagen müsste, ich hätte einen großartigen Palast und dafür hohe Schulden." Auch wenn die Ansicht des Stadtgründers Karl Wilhelm sympathisch klingt, so hatte sie doch einen Haken: Sein relativ kleines Schloss mit einem frei stehenden Turm war 1715 in Eile und eben mit großer Sparsamkeit erbaut worden, sodass es bald baufällig wurde. Sein Enkel und Nachfolger Karl Friedrich sah sich zur Neugestaltung und grundlegenden Sanierung gezwungen. Alle Pläne berücksichtigten die zentrale Position des Turms und des ihn umgebenden radialen Strahlensystems. Baubeginn für das weitgehend neue, größere und solidere Schloss war 1752, aufgrund des Siebenjährigen Krieges erfolgte die Fertigstellung aber erst 1774. Nach der Abdankung der Markgrafen von Baden wurde das Schloss 1919 zum Sitz des Landesmuseums, in dem heute ein Einblick in die Geschichte und das höfische Leben auf dem Schloss gegeben wird. Sehenswert ist neben dem als Aussichtsturm genutzten Schlossturm, von dem sich ein grandioser Blick über die Stadt, den Fächer und den Wald bietet (Zugang über das Museum), auch der großzügige Schlosspark mit den Nebengebäuden. Von den einst barocken Formen des ab 1731 von Christian Thran angelegten *Schlossgartens* zeugt nur noch der großzügige Vorplatz. Der größte Teil des Parks ist ein bei den Karlsruhern sehr beliebter englischer Garten, der Ende des 18. Jh. angelegt wurde und direkt an den weitläufigen Haardtwald angrenzt. Ein Strahl aus blauen Majolikaplatten erstreckt sich zwischen Schloss und Keramikmanufaktur. Die anlässlich der Bundesgartenschau 1967 in Betrieb genommene *Schlossgartenbahn*, das „Bähnle", erfreut mit ihrer gemächlichen, 2,7 km langen Fahrt nicht nur Kinder. Östlich des Schlosses wurde 1714 noch vor der Stadtgründung die *Fasanerie* eingerichtet. Später lebten auf dem 1765 durch ein Schlösschen aufgewerteten Gelände bis zu 3000 Fasane.

Den *Botanischen Garten* zwischen Schlosspark, Kunsthalle und Bundesverfassungsgericht legte 1808 Friedrich Weinbrenner im Auftrag Karl Friedrichs an. Im Zuge einer Umgestaltung in den 1850er-Jahren wurden dann die Orangerie und andere Gewächshäuser nach Plänen von Heinrich Hübsch neu errichtet. Zwar ist von der Ursprungsbebauung heute nur noch die Hälfte zu sehen, diese ist aber dennoch imposant. In den Pflanzenhäusern sind Kakteen, Orchideen und andere tropische Pflanzen zu betrachten.

Badisches Landesmuseum Karlsruhe: Di–Do 10–17 Uhr, Fr–So und feiertags bis 18 Uhr (während großer Sonderausstellungen auch länger), Besteigung des **Schlossturms** bis 1 Std. vor Schließung. Erwachsene 4 €, ermäßigt 3 €, Schüler 0,50 €, Fr 14–18 Uhr gratis. ✆ 0721/9266514, www.landesmuseum.de.

Schlossgartenbahn: Jeden Sa (13–19 Uhr), So und feiertags (11–19 Uhr) zwischen Ostern und Ende Sept. bei gutem Wetter, Abfahrt ca. alle 20 Min., Mitte Mai bis Ende Sept. auch Mo–Fr 13–18 Uhr. Erwachsene 2,70 €, Kinder ab 2 J. 1,70 €, Familienkarte (2 Erwachsene, 2 Kinder) 5 €. ✆ 0721/661457, www.kvv.de → Freizeit.

Botanischer Garten: Di–Fr 10–16.45 Uhr, Sa/So und feiertags 10–17.45 Uhr. Eintritt 2,20 €, ermäßigt 1,10 €, Außenanlagen frei. ✆ 0721/9263008, www.botanischer-garten-karlsruhe.de.

Event: Jedes Jahr ab Mitte August finden die **Schlosslichtfestspiele** statt. Bei freiem Eintritt sitzen und stehen Groß und Klein am Abend vor dem Schloss und bestaunen die von 24 Hochleistungsbeamern an die Wände des Schlosses geworfenen Lichtprojektionen. 2019 kamen an 39 Spieltagen 316.000 Zuschauer, um die Installationen zu sehen und dabei zu sein. Die Versorgung mit Essen, Trinken und WCs ist gegeben.

Karlsburg in Durlach: 1565 verlegte Markgraf Karl II. seine Residenz von Pforzheim nach Durlach. Vom Schloss, das er ab 1563 erbauen ließ, steht heute nur noch ein relativ kleiner Teil, der „Prinzessinnenbau". Während des 17. Jh. wurde es durch kriegerische Auseinandersetzungen teilweise zerstört. Mit der Übersiedlung seines Enkels Karl Wilhelm ins neu entstandene Karlsruher Schloss endete die Zeit Durlachs als Residenz. Heute ist in der Karlsburg das *Pfinzgaumuseum* untergebracht, in dem die stadtgeschichtliche Entwicklung Durlachs anhand vieler Exponate, Bilder und Installationen chronologisch aufbereitet wird.

▪ Mi 10–18 Uhr, Sa 14–18 Uhr, So 11–18 Uhr. Eintritt frei. Pfinztalstr. 9, ✆ 0721/1334217, www.karlsruhe.de.

Zoo: Die gelungene Mischung aus Zoo und Stadtgarten zieht aufgrund der sehr zentralen Lage nicht nur Familien mit Kindern, sondern auch viele andere Stadtbewohner zur Naherholung an. Man kann mit den gelben Bötchen eine Runde auf dem großen See fahren, über die Steine im Japanischen Garten hüpfen oder eben die Tiere bewundern. In den letzten Jahren gab es einige neue Impulse: ein Hallenbad wurde zum Exotenhaus, die Elefanten leben als Senioren-WG und bei den Papageien ist Douglas, bekannt als Rosalinda aus dem Film „Pippi-Langstrumpf im Taka-Tuka-Land", eingezogen. Kinder freuen sich über den am Eingang Festplatz befindlichen neuen Streichelzoo sowie den nahen Spielplatz.

Hauptkasse am Hauptbahnhof: Nov. bis Jan. 9–16 Uhr, Febr./April 9–17 Uhr, Mai bis Sept. 8–18 Uhr, Okt. 9–17.30 Uhr. Erwachsene 11 €, erm. 9 €, Kinder 5 €. Ettlinger Str. 6, ✆ 0721/1336815, www.karlsruhe.de/zoo.

Weinbrenner-Bauwerke

Als dem Schloss im 18. Jh. ein bürgerlicher Mittelpunkt gegenübergestellt werden sollte, reichte Friedrich Weinbrenner 1792 unaufgefordert seine Pläne für die Gestaltung des Marktplatzes ein. Er bekam den Zuschlag, und so ist noch heute der zentrale Platz stark von den klassizistischen Bauten Weinbrenners geprägt. Auch das Rathaus und die gegenüberliegende evangelische Stadtkirche am Platz zeigen Weinbrenners Stil sehr klar. Der Marktplatz wird in West-Ost-Richtung von der als Fußgängerzone genutzten Kaiserstraße tangiert, und nach Norden gibt die Karl-Friedrich-Straße als Hauptsichtachse den Blick auf das Schloss frei. Mittelpunkt des Platzes ist die Pyramide, ein aus roten Sandsteinquadern errichteter Grabbau für Markgraf Karl Wilhelm von Baden-Durlach. Der 1738 verstorbene Stadtgründer war seinem Wunsch gemäß in der Konkordienkirche bestattet worden, die ursprünglich an der Stelle des Marktplatzes stand. Nach deren Abriss 1807 einigte man sich nach jahrelanger Diskussion auf den Bau der Pyramide. Der Marktplatz wird im Zuge der Baumaßnahmen für die Karlsruher U-Bahn umfassend überarbeitet.

Die **evangelische Stadtkirche** nimmt eine zentrale Position im Werk Weinbrenners ein, für die Kathedralkirche des Landes Baden brachte er sein ganzes Können ein. Die Grundsteinlegung für die einem griechischen Tempel nachempfundene Kirche erfolgte 1807, nach der teilweisen Zerstörung im Zweiten Weltkrieg wurde sie wiederaufgebaut, wobei der Innenraum moderner gestaltet wurde. Bei der **katholischen Kirche St. Stephan** sind zwar auch die typisch klassizistischen Elemente Weinbrenners zu finden, durch den roten Sandstein und die große Kuppel hat diese Kirche jedoch eine ganz andere, dem Pantheon in Rom nachempfundene Raumwirkung. In der von Weinbrenner mitgeplanten, 1827 eingeweihten **Staatlichen Münze** in der Stephanienstraße werden noch heute pro Jahr bis zu 250 Mio. Münzen geprägt (Merkmal des Standortes Karlsruhe ist das „G").

Der Marktplatz vor dem großen Umbau – die Stadtkirche von Weinbrenner hat das große Buddeln gut überstanden

Museen

Staatliches Museum für Naturkunde: Das Museum war ursprünglich ein markgräfliches Kuriositäten- und Naturalienkabinett, das von Markgräfin Karoline Luise 1752–1783 zu einer bedeutenden wissenschaftlichen Sammlung ausgeweitet wurde. Zu sehen gibt es heute u. a. präparierte Tiere, Tierskelette, eine große Insektensammlung, jede Menge geologische Exponate und zahlreiche Modelle, die natürliche Vorgänge wie Gletscherbewegungen illustrieren. Im neu erbauten Westflügel ist die vielseitige Dauerausstellung „Form und Funktion – Vorbild Natur" zu sehen.

▪ Di–Fr 9.30–17 Uhr, Sa/So 10–18 Uhr. Erwachsene 5 €, Kinder 2 €, Familienkarte 10 €. Erbprinzenstr. 13, ☎ 0721/1752111, www.smnk.de.

Staatliche Kunsthalle: In dem von Heinrich Hübsch ab 1837 errichteten Hauptgebäude ist eine Sammlung deutscher Malerei vom 14. bis zum frühen 20. Jh. zu sehen, auch Gemälde der französischen und niederländischen Malerei sind vertreten. In der Orangerie am Botanischen Garten wird Kunst des 20. und 21. Jh. gezeigt.

▪ Di–So 10–17 Uhr. Erwachsene 8 €, ermäßigt 6 €, Schüler (außer bei Sonderausstellungen) frei, Familienkarte 16 €. Zahlreiche Führungen. Hans-Thoma-Str. 2–6, ☎ 0721/9263359, www.kunsthalle-karlsruhe.de.

Prinz-Max-Palais: In dem stattlichen, 1881 erbauten Haus sind heute das Museum für Literatur am Oberrhein, das Karlsruher Stadtmuseum und das moderne Café Max untergebracht. Das sehenswerte Stadtmuseum beleuchtet die Geschichte der Stadt anhand von Modellen, Karten, Rauminszenierungen und multimedialen Elementen.

▪ Di/Fr 10–18 Uhr, Do 10–19 Uhr, Sa 14–18 Uhr, So 11–18 Uhr . Eintritt frei (außer bei Sonderausstellungen). Karlstr. 10, ☎ 0721/1334231, www.karlsruhe..

ZKM: In den denkmalgeschützten neoklassizistischen Hallen einer ehemali-

Naturkundemuseum

gen Waffen- und Munitionsfabrik ist das Zentrum für Kunst und Medientechnologie untergebracht. Das 1999 eröffnete Museum für Neue Kunst zeigt neben der eigenen auch internationale Sammlungen, u. a. mit Werken von Georg Baselitz und Joseph Beuys. Das Medienmuseum war das weltweit erste Museum für Interaktive Kunst.

▪ Mi–Fr 10–18 Uhr, Sa/So ab 11 Uhr. Erwachsene 7 €, Kinder 2,50 €, Familienkarte 14,50 €. Lorenzstr. 19, ☎ 0721/81000, www.zkm.de.

Städtische Galerie: Die gleich beim ZKM gelegene Städtische Galerie bildet das eher klassische Pendant zu diesem. Neben den regelmäßig stattfindenden Sonderausstellungen wird die Sammlung Garnatz gezeigt, die Werke von Lüpertz, Immendorff, Baselitz und Polke beinhaltet.

▪ Mi–Fr 10–18 Uhr, Sa/So 11–18 Uhr, Führungen jeden So um 15 Uhr. Eintritt 5 €, ermäßigt 3,50 €, Kinder bis 18 J. frei. Lorenzstr. 27, ☎ 0721/1334401, www.staedtische-galerie.de.

Sehenswertes in der Umgebung

Turmberg: Der Karlsruher Hausberg, an dem sogar Wein wächst, ist mit der Turmbergbahn bequem vom Durlacher Zentrum aus zu erreichen. Wer laufen möchte, nimmt das Hexenstäffele (529 Stufen ab der Posseltstraße, 100 m rechts von der Talstation). Oben angekommen, bietet sich eine herrliche Sicht über die ganze Stadt und bei gutem Wetter hat man die gesamte Silhouette des Pfälzerwalds im Blick.

Turmbergbahn: April bis Nov. tägl. 10–20 Uhr, Dez. bis März Sa/und feiertags bis 18 Uhr. Berg- oder Talfahrt 2 €, Kinder 1,20 €, beides 3 €, ermäßigt 1,90 €. ☏ 0721/61075885, www.kvv.de.

Rappenwört: Unweit des industriell geprägten Rheinhafens bietet sich eine ganz andere Szenerie. Teilweise unberührt wirkender Auwald, ein gemütliches, weitläufiges Freibad direkt am Rheinufer und ein dichtes Netz an Rad- und Fußwegen machen die Rheininsel Rappenwört zu einem beliebten Naherholungsziel. Dazu trägt auch das kleine Naturkundezentrum bei, in dem vor allem Kinder viel über das Ökosystem Auwald lernen können.

Naturschutzzentrum Rappenwört: April bis Sept. Di–Fr 12–18 Uhr, So und feiertags 11–18 Uhr, Okt. bis März jeweils nur bis 17 Uhr.

Blick vom Turmberg über die Rheinebene

Eintritt frei. Hermann-Schneider-Allee 47, ☏ 0721/950470, www.nazka.de.

Rheinstrandbad Rappenwört: Im Sommer tägl. 9–20 Uhr. Eintritt 4,20 €, ermäßigt 2,80 €, Familien-Tageskarte 11,20 €. Wenn der Badebetrieb Ende Sept. eingestellt ist, können die durch das Bad führenden Spazierwege unentgeltlich genutzt werden. Hermann-Schneider-Allee 50–54, ☏ 0721/1335228, www.ka-baeder.de/rappenwoertbad.

Service   → Karte S. 74/75

Information Tourist-Information Karlsruhe. Bahnhofplatz 6, ☏ 0721/37205383, www.karlsruhe.de, Mo–Fr 8.30–18 Uhr, Sa 9–13 Uhr, April bis Okt. auch So 10–13 Uhr. Im Weinbrennerhaus am Marktplatz und auf dem Vorplatz des Hauptbahnhofes gibt es ein **Kundenbüro des Karlsruher Verkehrsverbundes** (KVV). Hier sind Infos und Tickets für den ÖPNV erhältlich. Mo–Fr 9–19 Uhr und Sa 9–17 Uhr, am Hbf. unter der Woche ab 6.30 Uhr und Sa/So 9–17 bzw. 15 Uhr. ☏ 0721/61075885, www.kvv.de.

In dem monatlich erscheinenden und an vielen Auslagestellen kostenlos erhältlichen Heft

Klappe auf finden sich Termine für sehr viele kulturelle, kulinarische und musikalische Ereignisse in und um Karlsruhe. Die Onlineausgabe ist unter www.klappeauf.de zu finden.

Ausflugsschiff Die Anlegestelle des **Fahrgastschiffs MS Karlsruhe** befindet sich im Rheinhafen am Kopf des Beckens II, von hier aus können z. B. Ausflugsfahrten nach Speyer, Iffezheim und Straßburg unternommen werden. Die Fahrkarten gibt es bei der Touristeninformation. Preisbeispiel für Speyer: hin/zurück 22 € für Erwachsene, 11 € für Kinder von 4 bis 15 J., 2 € für Kinder unter 4 J. und die Familienkarte 44 €. Infos unter ☎ 0721/5997424 oder www.fahrgastschiff-karlsruhe.de.

Parken Die gesamte Karlsruher Innenstadt ist Umweltzone und darf nur von Autos mit grüner Feinstaubplakette befahren werden. Zentral und relativ günstig ist das Parken im **Einkaufs-center Ettlinger Tor** (**21**, ausgeschildert, erste Stunde 0,80 €, die zweite 1 €, danach jede Stunde 1,50 €; Mo–Sa 8–20.30 Uhr, Do bis 22.30 Uhr geöffnet). Das Parkhaus am **Schloss-platz** hat tägl. durchgehend geöffnet. Jede angefangene Stunde 1,50 €, Tagespauschale 6 €, sehr günstige Nachtpauschale für 1 € sowie Sonn- und Feiertagspauschale 2 €. Auf dem Parkplatz der neu erbauten **Friedrich-List-Schule** am südöstlichen Rand der Innenstadt kann man tägl. ab 18 Uhr kostenlos parken, Sa/So sowie in den Schulferien ganztägig.

Ab dem **Bahnhof Wörth (P+R)** fährt auch die Stadtbahn S 5 in 30 Min. über einige Vororte mitten in die Karlsruher Fußgängerzone. Von Wörth nach Karlsruhe und zurück reicht das Lösen einer Karte (Citysolo, 24 Std. gültig, für Einzelpersonen 6,60 €, die Cityplus für bis zu 5 Pers. kostet 10,90 €), www.kvv.de.

Sightseeing Von der Touristeninformation werden öffentliche **Stadtrundfahrten** per rotem Doppeldecker angeboten. Ende März bis Weihnachten jeden Mi, Fr, Sa und So. Die zweistündige Tour kostet für Erwachsene 15 €, zwei Kinder bis 14 J. in Begleitung eines Erwachsenen frei.

Stadtrundgänge finden nur von Mai bis Okt. jeden Sa und So um 11 Uhr statt. Erwachsene 10,50 €. Treffpunkt vor der Touristeninformation.

Interessante Führungen mit sehr unterschiedlichen Themen oder räumlichen Schwerpunkten bietet das Team von *stattreisen e. V.* an. Führungen werden an jedem Sa/So und feiertags (meist 11 und 14 Uhr) angeboten. Genaue Termine unter www.stattreisen-karlsruhe.de oder ☎ 0721/1613685 (Mo–Do 9.30–12 Uhr). 9 € pro Pers., ermäßigt 8 €.

Die Modalitäten für die kostenfreien Führungen durch den **Bundesgerichtshof** sind unter ☎ 0721/1590 oder www.bundesgerichtshof.de zu erfahren.

Taxi Taxi-Zentrale. ☎ 0721/944144.

Die Pfalz am Rhein → Karte S. 24

(Einkaufen

→ Karte S. 74/75

Die Kaiserstraße ist zwischen Europaplatz und Marktplatz die Haupteinkaufsstraße Karlsruhes. Ihre Bedeutung und Attraktivität wird derzeit durch die umfangreichen Baumaßnahmen zur Tieferlegung der Straßenbahnlinien unter die Kaiserstraße geschmälert. Besonders lohnenswert sind daher die von ihr abzweigenden Straßen Herren- und Waldstraße (nach Süden, bis hin zur Sophienstraße). Am Ettlinger Tor wurde 2005 das **Shoppingcenter Ettlinger Tor 21** eröffnet, das eine große und auch relativ breite Angebotspalette bietet. Donnerstags haben manche Läden in der City bis 22 Uhr geöffnet.

Stephanus Buchhandlung 11 Eine der letzten kleineren Buchhandlungen in Karlsruhe, hat auch über das theologische und philosophische Ursprungssortiment hinaus eine gute Auswahl. Partner von Zweitausendeins und der Wissenschaftlichen Buchgesellschaft. Mo–Fr 9.30–19 Uhr, Sa bis 18 Uhr. Herrenstr. 34, ☎ 0721/919520, www.stephanusbuch.de.

meinTipp **Reisebuchladen 15** Breite Auswahl an Reiseführern, Landkarten und Bildbänden über Karlsruhe, die Pfalz, Europa sowie viele andere Regionen und Länder auf der ganzen Welt. Kompetenter Service. Mo–Fr 9–19 Uhr, Sa 10–16 Uhr. Herrenstr. 33, ☎ 0721/47008895, www.reisebuchladen.net.

Henrys 4 Ein Spielzeugladen für Könner: Neben Einrädern und Handsprechpuppen umfasst das Sortiment Bälle, Kegel u. v. m. zum Jonglieren und Balancieren. Die z. T. selbst produzierten Artikel können auch über den Onlineshop bezogen werden. Mo–Fr 11–18 Uhr, Sa 10–16 Uhr. Am Zirkel 30d, ☎ 0721/359403, www.henrys-online.de.

Basislager 6 Das Karlsruher Urgestein in Sachen Outdoor-Ausrüstung bietet in großzügigen Räumlichkeiten Hochwertiges zum Wandern, Klettern, Bergsteigen und Campen. Tolle Beratung inklusive! Mo–Sa 10–19 Uhr. Kaiserstr. 231, ☎ 0721/9209060, www.basislager.de.

Rad+Tat 19 Der Laden bietet neben Rädern jede Menge Zubehör: Radbekleidung, Anhänger für Kind und Hund, Radtaschen, Schlösser und Helme. Werkstatt vorhanden. Mo–Fr 10–13 Uhr und 14.30–19 Uhr, Sa 10–18 Uhr. Waldstr. 58, ☎ 0721/22238, www.radundtat.net.

Karlsruhe

Übernachten
1 Jugendherberge
12 Hotel Der Blaue Reiter
24 Novotel Karlsruhe City
26 Hotel Garni Elite
27 Ibis Karlsruhe
Hauptbahnhof
28 Pension Anita Subeit

Essen & Trinken
3 Cafe Rih
5 Otto
8 Eiscafé Cortina
9 Litfass
10 Bratar
16 Stövchen
17 Saftladen
18 Der Vogelbräu
22 Ali Baba
23 MAPA cafe+bar

Cafés
2 Espressione
7 Claus

Nachtleben
13 Krokokeller
14 Substage
20 Kap

Einkaufen
4 Henrys
6 Basislager
11 Stephanus
Buchhandlung
15 Reisebuchladen
19 Rad+Tat
21 Ettlinger Tor Center
25 Family Tree Shop

120 m

Kaiserstraße – bald fahren die Bahnen durch den neuen Tunnel

Majolika. Ob Vasen, Schalen, Figuren oder Wandteller, in der traditionsreichen Manufaktur hinterm Schlosspark werden mehr oder weniger edle Keramikarbeiten wechselnder Künstler in einer großen Verkaufsausstellung präsentiert. Di–Fr 10–18 Uhr, Sa/So 11.30–17 Uhr. Ahaweg 6–8, ✆ 0721/9123770, www.majolika-karlsruhe.com.

Familiy Tree Shop 25 Frisches Design für die ganze Wohnung bieten zwei junge Designerinnen in ihrem schönen Laden. Die eigenen Produkte werden in oder um Karlsruhe produziert. Mo–Fr 11–18.30 Uhr, Sa 11–15 Uhr.

Rüppurrer Str. 25, ✆ 0721/916 50 33, www.familytreeshop.de.

Wochenmarkt. Auch wenn der Markt auf dem *Stephansplatz* (Mo/Mi/Fr 7.30–14 Uhr) aufgeholt hat, sind Angebot und Atmosphäre auf dem *Gutenbergplatz* (Di/Do/Sa 7.30–14 Uhr) in der Weststadt doch unerreicht. Samstags über den ältesten Markt Karlsruhes bummeln, nebenbei einkaufen und im Anschluss gut frühstücken, so kann das Wochenende beginnen! Der Platz steht zusammen mit seiner Randbebauung als Ensemble unter Denkmalschutz.

Sport

Baden   Europabad. Modernes, vielseitiges Sport- und Spaßbad mit Riesenrutsche und 1600 m² Wasserfläche. Eintritt ab 12 € (2 Std.), ermäßigt ab 9 €. Mit 6 € Aufschlag kann man auch die Sauna besuchen. Geburtstagskinder dürfen gratis rein. Mo–Sa 10–23 Uhr, So bis 21 Uhr. Di und Do auch von 6.30–9.30 Uhr. Direkt neben der Europahalle und an der Günther-Klotz-Anlage gelegen, Hermann-Veit-Str. 7, ✆ 0721/16022400, www.ka-europabad.de.

Vierordtbad. Ein altes (Wellness-)Bad von 1900 mit viel Stil und Charme, das auch modernen Ansprüchen gerecht wird. Großer Saunabereich. Mi Frauenbadetag. Textilfreies Baden tägl. ab 14 Uhr, an den Wochenenden ganztägig. Di–So und feiertags von 10 bis mind. 20 Uhr, Mo ab 14 Uhr. Eintritt ab 7,50 €, am Nachmittag ab 12 €. Ettlinger Str. 4, ✆ 0721/1335225, www.ka-vierordtbad.de.

Sonnenbad. Hier kann man im 50-m-Becken noch schwimmen, wenn in anderen Freibädern die Saison längst beendet ist. Geheizt wird das Bad durch die Abwärme des direkt daneben liegenden Dampfkraftwerks. In der Hauptsaison Mo/Mi/Fr 9–20 Uhr, Di/Do bis 22 Uhr, Sa/So bis 20 Uhr; März/April/Okt./Nov. Mo/Mi/Fr 10–20 Uhr, Di/Do bis 22 Uhr, Sa/So bis 17 Uhr. Eintritt 4,20 €, ermäßigt 2,80 €, in der Vor- und Nachsaison mit 1,80 € Zuschlag. Honsellstr. 39, ✆ 0721/1335234, www.ka-baeder.de/sonnenbad.

Fußball Derzeit in der 2. Liga und eine Karlsruher Institution: der **KSC**. Infos unter www.ksc.de. Karten gibt es bei vielen Vorverkaufsstellen in der Stadt, z. B. beim Ticket Forum in der Post Galerie, Mo–Sa 9.30–20 Uhr, Kaiserstr. 217, ✆ 0721/161122, und an der Tageskasse.

Golf   Golfclub Gut Scheibenhardt. Durch die Lage zwischen Stadt und Autobahn ist der ganzjährig bespielte Platz zwar nicht ruhig gelegen, aber das zentrale, im Barockstil erbaute Gut Scheibenhardt gibt dem Platz viel Flair. An Wochenenden können Gäste bis 14.30 Uhr nur mit Mitgliedern spielen. Greenfee für Gastspieler ab 80 €. ☎ 0721/867463, www.hofgut-scheibenhardt.de.

Klettern Kletterzentrum The Rock. In der 16 m hohen Halle kann man selbstständig klettern oder einen Kurs belegen. Tägl. 10–23 Uhr. Tageskarte um 13 €, Kinder bis 5 J. frei. Ziegelstr. 1, ☎ 0721/5695482, www.kletterhalle-karlsruhe.de.

Radfahren In Karlsruhe wird viel Rad gefahren, die Ausschilderung der Radwege ist meist gut. Schöne Touren kann man z. B. im Haardtwald machen oder auch entlang der Alb nach

Ettlingen. Von Ettlingen aus kann man auch das Albtal in Richtung Bad Herrenalb hinauffahren und den Rückweg mit der Stadtbahn antreten.

Spielplätze Großer Spielplatz in der **Günther-Klotz-Anlage** auf beiden Seiten des Rodelhügels, der auch für größere Kinder interessant ist. Bequem mit der Straßenbahnlinie 1 ab der Stadtmitte (Haltestelle Europahalle) zu erreichen. Ein Spielplatz mit Balancegeräten und Wasserspielen liegt auf dem neu gestalteten Platz neben **St. Stephan**. Der Spielplatz für alle Altersgruppen im **Schlossgarten** zwischen Schloss und Fasanerie ist etwas versteckt im Wald gelegen. Auch im **Zoo** gibt es einen schönen Spielplatz nahe dem Eingang an der Ettlinger Allee.

Kultur

Kino Schauburg. Das kultige Kino ist über 90 Jahre alt. Die roten Sessel und Vorhänge im Hauptsaal tragen ebenso wie die gelungene Mischung aus nahezu unbekannten und Mainstream-Filmen zur großen Beliebtheit bei. Nachts werden Trilogien auch mal „am Stück" gezeigt und in den Wintermonaten gibt es sonntags um 10 Uhr das beliebte Kinofrühstück (14 € inkl. Film). Marienstr. 16, ☎ 0721/3500018, www.schauburg.de.

Filmpalast am ZKM. Modernes Großkino mit knapp 3000 Sitzplätzen, in dem vorwiegend

Blockbuster gezeigt werden. Brauerstr. 40, ☎ 0721/2059200, www.filmpalast.net.

Theater Badisches Staatstheater. Dreispartenhaus mit klassischem bis zeitgenössischem Spielplan und meist modernen Inszenierungen. Das schachtelartige Gebäude ist 1975 anstelle des alten Karlsruher Bahnhofs entstanden. Vor dem Eingang lenkt das eigenwillige Maskottchen „Musegaul" die Blicke auf sich. Baumeisterstr. 11, ☎ 0721/35570, www.staatstheater.karlsruhe.de.

Die Pfalz am Rhein → Karte S. 24

Das Fest

Am letzten Wochenende vor den baden-württembergischen Sommerferien wird Karlsruhe zum Mekka der Open-Air-Fans. Die Jugend der Stadt macht sich ungeachtet sonst abweichender Vorlieben auf in die Günther-Klotz-Anlage und feiert. Mehrere Bühnen bieten verschiedene Musikstile, auch auf der Hauptbühne ist das Programm meist so vielfältig, dass für jeden etwas dabei ist. Freitagabends ist mal Metal, mal Hip-Hop dran, sonntagmorgens kommen dann auch die Älteren und die Familien und breiten zum beliebten Klassikfrühstück die Picknickdecken aus. Seit ein paar Jahren ist das Gelände umzäunt, da sich das Fest neben der Förderung durch Stadt und Sponsoren über den Verkauf der Speisen und Getränke finanzieren muss. Auch ein geringer Eintrittspreis wird mittlerweile erhoben, aber für Namen wie Peter Fox, Rea Garvey und den bei Karlsruhe aufgewachsenen Max Giesinger sind die 10 € beinahe geschenkt. Weitere Infos unter www.dasfest.net.

Das Sandkorn. Modernes und klassisches Theater sowie Kabarett bietet das sympathische Theater in einem ehemaligen Fabrikgebäude. Kaiserallee 11, ☏ 0721/848984, www.das-sandkorn.de.

Figurentheater Marotte. Traditionelle Märchen, Kinderbücher und experimentelle Stücke gehören zum vielfältigen Repertoire des seit 1987 bestehenden Theaters. Kaiserallee 11, ☏ 0721/841555, www.marotte-figurentheater.de.

Veranstaltungen   Altstadtfest Durlach. Jedes Jahr strömen am ersten Wochenende (Fr/Sa) im Juli 200.000 Menschen in den 30.000 Einwohner zählenden Stadtteil Durlach. Durlacher Vereine sorgen für Speis und Trank, viele neue, aber auch altgediente Bands für Livemusik. Weitere Infos unter www.altstadtfest-durlach.de.

Christkindlesmarkt. Auf dem Friedrichsplatz und bei der katholischen Stadtkirche St. Stephan tummeln sich die Holzbuden mit einem überraschend abwechslungsreichen Angebot. Auch viele Kunsthandwerker und Töpfer bieten ihre Waren an. Im Advent tägl. 11–21 Uhr.

Schlosslichtfestspiele. Im Sommer wird das imposante Karlsruher Schloss allabendlich kunstvoll angestrahlt. Die rund zweistündige animierte Lichterschau zieht tausende Besucher an. Eintritt frei, Termine und Infos unter www.schlosslichtspiele.info.

Übernachten   → Karte S. 74/75

****S Novotel Karlsruhe City 24 Modernes Kongresshotel, das für seine gehobenen Preise ein sehr schönes Ambiente, guten Service, ein leckeres Frühstücksbuffet und eine zentrale Lage zwischen Zoo und Innenstadt bietet. Tarife sehr unterschiedlich, DZ ab 97 €, meist aber um 160 €, Frühstück 21 € extra. Festplatz 2, ☏ 0721/35260, www.accorhotels.com.

mein Tipp ****** Hotel Der Blaue Reiter** 12 Der Eingangsbereich ist modern-kühl gehalten, die Zimmer sind trotz der Klarheit gemütlich. Tolles Frühstücksbuffet und freundlicher Service. Das im Hotel befindliche Restaurant ist die Durlacher Ausgabe der Karlsruher Hausbrauerei Vogelbräu. DZ ab 120 . Durlach, Amalienbadstr. 16, ☏ 0721/942660, www.hotelderblaue reiter.de.

Ibis Karlsruhe Hauptbahnhof Hotel 27 Das einfache Hotel ist ganz in der Nähe des Hauptbahnhofes und damit nicht ruhig, aber sehr zentral gelegen. Die eher kleinen Zimmer in einem stilvollen Altbau sind sauber und schön gestaltet. DZ ab 86 €. Poststr. 1, ☏ 0721/352320, www.accorhotels.com.

Star Inn Hotel Karlsruhe Siemensallee. 5 km von der Innenstadt in Richtung Pfalz gelegen, bietet das neu erbaute Hotel schnörkellosen, soliden Komfort. Die Zimmer sind mit viel Holz und kräftigen Rottönen gestaltet. DZ ab 97 €. Siemensallee 86, ☏ 0721/120830, www.starinnhotels.com.

Hotel Garni Elite 26 Mitten in der beliebten Wohngegend Südweststadt gelegenes, freundliches Hotel. Die Zimmer sind eher klein, aber sauber und ruhig. DZ ab 94 €. Sachsenstr. 17–19, ☏ 0721/828090, www.hoteleliteka.de.

Jugendherberge 1 Ruhig am Rand des Haardtwaldes im Nordwesten der Innenstadt gelegen. Die 167 Betten sind überwiegend auf sehr einfache Vier- und Sechsbettzimmer verteilt. Duschen und Toiletten meist auf dem Flur. Übernachtung mit Frühstück ab 30 €. Moltkestr. 24, ☏ 0721/28248, www.jugendherberge-karlsruhe.de.

Pension Anita Subeit 28 Schöne, gemütliche Pensionszimmer in einer romantischen Jugendstilvilla im grünen Stadtteil Rüppurr. Durch die gute Straßenbahnanbindung zentral gelegen, 15 Min. bis in die Innenstadt. DZ ohne Frühstück ab 80 €. Schenkendorfstr. 2, ☏ 0721/887606, www.pension-anita.com.

Essen und Trinken/Nachtleben   → Karte S. 74/75

Essen & Trinken   Cafe Rih 3 Im Erdgeschoss des Badischen Kunstvereins. Hinter hohen Jugendstilfenstern kann man in der nüchternen, modernen Atmosphäre stundenlang Milchkaffee trinken und Zeitung lesen. Wer Hunger hat, dem seien die leckeren und günstigen Baguettes und Pastagerichte empfohlen. Mo–Fr 9–19 Uhr, Sa ab 10 Uhr. Waldstr. 3, ☏ 0721/22074, www.caferih.de.

*mein*Tipp **Litfass** 🟦9🟦 Im zentral hinter der Kleinen Kirche gelegenen Litfass ist alles etwas größer und deftiger. Die Kneipe bietet einfache, preiswerte Gerichte in ordentlichen Portionen an, die Tische sind massiv und haben schon einige lange Abende ausgehalten. Der dazugehörige Biergarten ist einer der schönsten der Innenstadt. Tägl. 10–24 Uhr, Fr und Sa bis 1 Uhr. Kreuzstr. 10, ☏ 0721/693487.

Saftladen 🟦17🟦 Müslis, Säfte und Suppen gibt es hier. Auch gebrauchte Bücher können erworben werden, bezahlt wird nach Gewicht. Sitzplätze sind rar, sodass das Mitnehmen der Vitaminbomben eine gute Alternative ist. Mo–Fr 8–18 Uhr (Mai bis Okt. bis 19 Uhr), Sa 9–17 Uhr. Waldstr. 56, ☏ 0721/1519377, www.der saftladen.de.

Stövchen 🟦16🟦 In der engen, mit unzähligen Blechtafeln geschmückten Kneipe lässt es sich gemütlich sitzen. Das Essen ist sensationell günstig, die Bedienung freundlich, studentisches Publikum. Im Sommer lockt die kleine Innenhof. So–Do 9–1 Uhr, Fr/Sa bis 3 Uhr. Waldstr. 54, ☏ 0721/29241, www.stoevchen.com.

Claus – Eismanufaktur & Deli 🟦7🟦 In bester Innenstadtlage bietet das hippe Café sehr leckeres Eis und modernes, gesundes Essen – z. B. vegetarische Avocado-Stullen oder Buddha Bowls. Mo–Fr 10–20 Uhr, Sa 9–20 Uhr, So 10–18 Uhr, in den Sommermonaten abends meist länger. Lammstr. 7, ☏ 072196313994, www.claus-karlsruhe.de.

Eiscafé Cortina 🟦8🟦 Die kinderfreundliche und günstige Eisdiele bietet neben leckerem Eis auch kleine Snacks und natürlich Cappuccino & Co. Tägl. 10–18 Uhr, So geschlossen oder erst ab Mittag, im Sommer auch länger geöffnet. Kaiserstr. 101, ☏ 0721/389579.

Espressione 🟦2🟦 Das kleine, italienische Spezialitätengeschäft mit einigen Cafétischen eignet sich perfekt für eine kurze Shoppingpause. Neben dem Espresso und vielfältigen Panini hat uns vor allem die *cioccolata calda* überzeugt. Di–Fr 9–18.30, Sa 10–18 Uhr. Waldstr. 10, ☏ 0721/6268325, www.espressione.de.

Ali Baba 🟦22🟦 Seit über zehn Jahren betreibt Hanna Isak das sympathische Restaurant und verwöhnt die Gäste mit allerlei Leckereien aus seiner syrischen Heimat. Mo–Fr 11–15 und 17–23 Uhr, Sa und feiertags 17–23 Uhr. Kreuzstr. 25, ☏ 0721/386493, www.alibaba-ka.de.

🍃 **Bratar** 🟦10🟦 Wer beim Burgeressen auf Nachhaltigkeit und Regionalität achten möchte, ist hier genau richtig. Im „burgertypischen" Ambiente werden viele verschiedene Burger und Steaks angeboten – mit fair erzeugtem Fleisch. Das Konzept scheint aufzugehen, inzwischen gibt es schon drei Filialen. Tägl. 11–23, Fr/Sa bis 24 Uhr. Erbprinzenstr. 27, ☏ 0721/98230230, www.bratar.de.

Der Vogelbräu 🟦18🟦 Hier steht das unfiltrierte Bier im Mittelpunkt, dazu gibt es deftige Kost, die klassische Brauhausküche. Gemütlicher Biergarten im Hinterhof. Tägl. 10–24 Uhr, Fr und Sa bis 1 Uhr. Kapellenstr. 50, ☏ 0721/377571, www.vogelbraeu.de.

Otto 🟦5🟦 In der kleinen Weinkneipe in der Nähe des Gutenbergplatzes gibt es in urig-gemütlicher Atmosphäre jede Menge Weine aus der Region – auch aus der Pfalz. Mi–Sa 20–1 Uhr. Yorckstraße 8, ☏ 0721/83162205, www.otto-karlsruhe.de.

MAPA cafe+bar 🟦23🟦 Freundliches, urbanes Café mit gutem Mittagstisch und Reiseführern zum Schmökern. Am Abend reger Barbetrieb. Mo–Sa 10–24 Uhr. Gartenstr. 56b, ☏ 0721/89333061, www.mapa-cafe.de.

Nachtleben Wer die Abende lang werden lassen möchte, findet zahlreiche Gelegenheiten, z. B. im Bereich des Ludwigsplatzes. Studenten bevölkern die Kneipen im „Dörfle" gegenüber der Uni.

Substage 🟦14🟦 Der Name geht auf die ehemalige Straßenunterführung zurück, in der das Substage früher untergebracht war. Nach dem Umzug in die Räume des alten Schlachthofs ist die Theke länger und die Kopffreiheit größer geworden. Hier werden wirklich gute Rock- und Popkonzerte von bekannteren (z. B. Revolverheld, The Hooters, Clawfinger) und fast unbekannten Bands vor bunt gemischtem Publikum gespielt. Durlacher Allee 62, Alte Schlachthalle/S13, ☏ 0721/7831150, www.sub stage.de.

Krokokeller 🟦13🟦 Karlsruher Dauerbrenner unweit des Ludwigsplatzes. Im schweißtreibenden, stets vollen Gewölbekeller wird eine bunte, eher rockige Mischung gespielt. Do 22–4 Uhr, Fr/Sa 23–5 Uhr. Bürgerstr. 14, ☏ 0721/23729, www.krokokeller.com.

Kap 🟦20🟦 Studenten, Künstler und andere Nachteulen bevölkern das Kap jede Nacht. Mit (Pfälzer!) Wein, Cocktails und Whisky wird hier ordentlich gefeiert. Kleiner Biergarten. Tägl. ab 18 Uhr. Kapellenstr. 68, ☏ 0721/32166, www.kap-ka.de.

Die Pfalz am Rhein → Karte S. 24

Deutsche Weinstraße

Von Nord nach Süd zieht sich die Deutsche Weinstraße durch das zweitgrößte Weinanbaugebiet Deutschlands. Längst hat sich der Name der Straße auf die Region übertragen und geht mit einem klaren Image einher: Wer an die Weinstraße fährt, ist auf dem Weg zu gutem Essen, Wein und sonnigen Spaziergängen.

Parallel zur Straßenverkehrsroute der Deutschen Weinstraße verläuft der Radweg Deutsche Weinstraße. Er beginnt wie die Autostraße in Schweigen-Rechtenbach an der französischen Grenze und endet nach etwa 95 km in Bockenheim. Von der Hauptroute zweigen mehrere Panoramarouten ab.

Die Mitte der 1930er-Jahre zur Förderung des Weinkonsums eröffnete Straße windet sich mehr als 85 km durch malerische Winzerorte und ausgedehnte Weinberge. Auf ihrer Route hält sie sich größtenteils dicht am Rand des Pfälzerwalds. Auf den sanften Hängen seiner Haardt genannten Vorhügelzone wächst ein Großteil der Pfälzer Reben. 1800 Sonnenstunden im Jahr und ein besonders mildes Klima lassen jedoch nicht nur gute Weine gedeihen. Auch Mandeln, Pfirsiche, Zitrusfrüchte oder Feigen gehören zu den wärmeliebenden Pflanzen, die sich hier wohlfühlen.

Wenn die Mandelbäume im Frühjahr zu blühen beginnen, erlebt die Deutsche Weinstraße ihren ersten Höhepunkt. Die üppigen Blüten lassen die Straßen und Wege entlang der Haardt in einladendem Rosa und Weiß leuchten. Nur im Herbst erstrahlt das Laub der Reben in noch schöneren Farben. Dann verwandeln die unzähligen Gelb- und Rotschattierungen die Weinberge in ein stimmungsvolles Farbenmosaik. Zusammen mit frisch gekeltertem Neuem Wein und herzhaftem Zwiebelkuchen entsteht so eine Traumkombination, die viele Besucher an die Weinstraße lockt.

Was anschauen?

Bad Dürkheim: In der hübschen Kurstadt an der nördlichen Weinstraße wird alljährlich im September der Wurstmarkt gefeiert, das angeblich größte Weinfest der Welt. Ansonsten punktet die Stadt mit einem gemütlichen Kurpark und einem kleinen, feinen Zentrum. → S. 102

Deidesheim: Die Mittelhaardt zwischen Neustadt und Bad Dürkheim beheimatet viele bekannte Weinlagen mit

Namen wie Eselshaut, Ungeheuer oder Meerspinne. Im Zentrum liegt Deidesheim, wohin der ehemalige Bundeskanzler Helmut Kohl Staatsgäste aus aller Welt zum Essen einlud. Bis heute finden sich hier neben traditionellen Weingütern erstklassige Restaurants.
→ S. 120

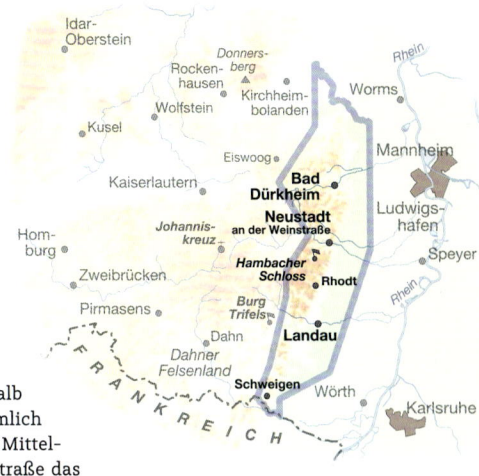

Hambacher Schloss: Oberhalb von Neustadt überragt ziemlich genau am geografischen Mittelpunkt der Deutschen Weinstraße das Hambacher Schloss die weite Rheinebene. Das kantige Gebäude wurde 1832 zum Treffpunkt tausender freiheitsliebender Menschen, die hier erstmals die schwarz-rot-goldene Flagge hissten. Heute ist diese Wiege der Demokratie das meistbesuchte Ausflugsziel der Pfalz. → S. 136

Südliche Weinstraße: Südlich von Neustadt wird die Landschaft abwechslungsreicher und hügeliger. Reben wechseln sich mit kleineren Baumgruppen und verträumten Winzerdörfern ab. Im Zentrum der Südlichen Weinstraße liegt die Stadt Landau, die größte Weinbaugemeinde Deutschlands.
→ S. 148

Rhodt unter Rietburg: Das pittoreske, romantische Örtchen entspricht für viele dem Idealbild eines Pfälzer Weindorfes. Oberhalb liegt die Villa Ludwigshöhe, die der pfalzbegeisterte bayerische König Ludwig I. hier erbauen ließ. Auf einem Spaziergang von Rhodt hierher kann man auf seinen Spuren wandeln. → S. 158

Burgen: Viele Burgen reihen sich oberhalb der Rheinebene auf den ersten Gipfeln des Pfälzerwaldes auf. Die Hardenburg bei Bad Dürkheim, die Wachtenburg bei Wachenheim, die Madenburg bei Eschweiler oder die Ruine

Guttenberg bei Schweigen-Rechtenbach sind einige besonders schöne Beispiele – der Anstieg lohnt sich!

Was unternehmen?

Radfahren: Die Weinstraße lässt sich perfekt mit dem Fahrrad erkunden. Die Abstände zwischen den Orten sind nicht groß und die Steigungen machbar. Im Hochsommer wegen des raren Schattens nicht jedermanns Sache, sind die Wege im Frühling und Herbst jedoch zum Sonnetanken wunderbar.

Wandern: Entlang der Haardt und am Rande des Pfälzerwaldes gibt es unzählige Wanderwege und einfache Hütten des Pfälzerwald-Vereins. Oft bietet sich von hier ein herrlicher Blick über die gesamte Rheinebene bis zum Odenwald und Schwarzwald. Der Pfälzer Weinsteig führt entlang der Weinstraße und des Waldrands von Bockenheim bis Schweigen.

Was sonst noch?

Kein Weinstraßenbesuch ohne Weinstube, Weingut oder Weinfest. Von alldem gibt es reichlich entlang der Weinstraße. Es müssen nicht immer die großen und bekannten Namen sein. Auch in kleinen Orten gibt es urige Weinstuben oder erstklassige Winzerhöfe.

Leiningerland

An der Grenze zwischen Rheinhessen und der Pfalz beginnt die Weinstraße mit einem etwas verloren wirkenden Torgebäude in Bockenheim. Die Landschaft ist weit und offen, der Übergang von der Ebene zu den Bergen längst nicht so markant wie weiter südlich.

Oft lassen die Orte hier etwas von dem urigen und einladenden Charakter vermissen, der die Gemeinden weiter südlich prägt. Der sanfte Wechsel von Weinbergen und Mischwald, geschichtsträchtige Dörfer und der Qualitätssprung der Leininger Weine – die Region hat ihre eigenen Stärken. Neuleiningen, das sich unterhalb der gleichnamigen Burg über die Rheinebene erhebt und mit seinen engen und steilen Gassen eine herrliche

Kulisse für die gut besuchten Feste und den einmaligen Weihnachtsmarkt bietet, betört die Besucher durch seinen historischen Charme. Das „adelige" Dirmstein, in dem noch heute zahlreiche Höfe und Schlösser von der einstigen Beliebtheit als Wohnort lokaler Adelsfamilien zeugen, steht beispielhaft für die lange, wechselvolle Geschichte der Region.

■ Informationen zur Region unter www.leininger land.com.

Bockenheim

Seit 1995 Jahren markiert das Haus der Deutschen Weinstraße deren nördlichen Endpunkt in der Weinbaugemeinde Bockenheim. Das auffällige Gebäude soll ein römisches Kastell nachbilden und beherbergt unter anderem die Tourismusinformation der Region.

Bevor das Haus der Deutschen Weinstraße als Pendant zum Weintor in Schweigen am südlichen Ende der Straße gebaut wurde, beherrschte der weiße, burgähnliche Turm der Kleinbockenheimer Martinskirche das Ortsbild der aus zwei Teilen bestehenden Gemeinde. Das südlichere Großbockenheim erstreckt sich mit seinen vielen kleinen Winzerhöfen in einer Mulde der dem Donnersberg vorgelagerten Kalkhügellandschaft. Dicht beieinanderstehende Häuser mit großen Höfen und eine für heutige Ansprüche zu enge Dorfstraße kennzeichnen die Gemeinde.

Die im 11. Jh. entstandene Lambertskirche wurde wie viele Kirchen in der

Pfalz zwischen 1700 und 1921 als Simultankirche von katholischen und protestantischen Gläubigen genutzt. Heute ist sie die evangelische Pfarrkirche. In der 1936 oberhalb davon gebauten katholischen Kirche St. Lambert lohnt ein Besuch v. a. wegen der im 15. Jh. entstandenen Weinrebenmadonna aus Lindenholz.

Mediale Beachtung erfährt Bockenheim alljährlich im Oktober, wenn während des **Pfälzischen Mundartdichterwettstreits** vorwiegend regionale Autoren um die Gunst der Jury und des Publikums werben. Und während im Herbst alle nicht Pfälzisch sprechenden Dichter von vornherein ausgeschlossen sind, haben bei den **Bockenheimer**

An der Deutschen Weinstraße → Karten S. 82 und 149

Mundarttagen im Frühjahr auch Poeten, die in einer anderen Mundart dichten, eine Chance. Zum Programm gehört auch ein Mundartgottesdienst in der Martinskirche.

Das Haus der Deutschen Weinstraße in Bockenheim

Information Touristinformation der Verbandsgemeinde Grünstadt-Land, Haus der Deutschen Weinstraße, Weinstr. 91b, 67278 Bockenheim, ✆ 06359/80013000, www.leiningerland.com. Mo–Fr 8.30–12 Uhr, Mo–Mi auch 13.30–16 Uhr, Do bis 18 Uhr, Mai bis Okt. zusätzlich Fr bis 16 Uhr und Sa 10–16 Uhr. Weitere Informationen unter www.bockenheim.de.

Veranstaltungen Weinfest und Mundartdichterwettstreit. Alljährlich am dritten Wochenende im Okt. stattfindender Wettstreit pfälzischer Mundartdichter.

Bockenheimer Mundarttage. Im Mai, mit Lesungen, Theater und Musikveranstaltungen in verschiedenen Dialekten. Infos bei der Gemeindeverwaltung Bockenheim, ✆ 06359/946 410, www.bockenheim.de.

Übernachten/Essen Weingut Jürgen Brand. Am südlichen Ortsausgang gelegenes Gästehaus, in dem Tradition und Moderne im mediterranen Stil miteinander verbunden werden. DZ ab 80 €. Weinstr. 7, ✆ 06359/4944, www.wein-gaestehaus-brand.de.

Gästehaus Brehm. Kleines Gästehaus am südlichen Ortsende mit einfachen, aber geschmackvoll mit viel Holz ausgestatteten Zimmern. Straußwirtschaft Juni bis Sept. geöffnet (Sa ab 18 Uhr, So ab 17 Uhr). DZ ab 54 €, auch eine Ferienwohnung für 50 €. Ballheimer Weg 3, ✆ 06359/4566, www.weinbaubrehm.de.

Landgasthaus Neuhäusel. Gepflegter, uriger Gasthof mit kreativer Regionalküche in einer im 16. Jh. erbauten Herberge. Mo, Do, Fr 11.30–14 Uhr und ab 17 Uhr, Sa/So ab 11.30 Uhr. Weinstr. 93, ✆ 06359/4217.

🍃 **Bockenheimer Weinstube.** In der urigen Weinstube zaubert Daniel Hinz erstklassige regionale Gerichte, die verwendeten Lebensmittel kommen von Zulieferern aus der Umgebung. Hauptgerichte 10–25 €. Weinstraße 91, ✆ 06359/4090050, www.bockenheimerweinstube.de.

Wohnmobilstellplätze (ohne Versorgungsstation) stehen auf dem Festplatz von Nov. bis Sept. kostenfrei zur Verfügung.

Das Zellertal

Das nördlich von Bockenheim gelegene Zellertal gehört halb zur Pfalz, halb zu Rheinhessen. Die Landschaft ist offen, stellenweise reizvoll, teilweise auch etwas monoton. Die weiten Aussichten, engagierte Gastgeber und einige starke Weingüter machen das Tal zwischen Weinstraße und Donnersberg für Genießer interessant. Aufgrund der Muschelkalkböden, der in der Pfalz seltenen Südexposition und des relativ frischen Klimas hat sich bei den Weinen in den letzten Jahren hier besonders viel getan. Viele Weingüter und Restaurants sind dem ökologischen Landbau bzw. der Slow-Food-Idee verbunden.

Das Wahrzeichen des Tales ist das Kruzifix zum Schwarzen Herrgott, dem zu Ehren ein markantes Ehrenmal erbaut wurde.

Übernachten/Essen/Wein * Hotel Kollektur.** In warmen Farben und mit viel Liebe gestaltetes Hotel im Zentrum von Zell. Aus vielen Zimmern bietet sich ein schöner Blick über das Tal. Sehr sauber und freundlich. Slow-Food-Restaurant, Hauptgerichte 10–20 €, DZ 99 €. Zell, Zeller Hauptstr. 19, ✆ 06355/954545, www.hotel-kollektur.de.

🍃**Weingut Wick.** Im „Eichelmann" werden die Weine seit Jahren gelobt, auch die bereits seit 1986 bestehende Mitgliedschaft bei Ecovin

spricht für konstante Qualität. Zell, Zeller Hauptstr. 2, ✆ 06355/2201, www.weingut-wick.com.

Weingut Bremer. Drei Schwestern holten sich einen erfahrenen Weinmacher aufs Gut, aus Toplagen des Tals bringen sie anspruchsvolle Weine hervor. Schicke Weinbar und Restaurant, Do/Fr ab 17.30 Uhr. Zellertal, Brückenstr. 2, ✆ 06355/8639166, www.weingutbremer.de.

🍃**Weingut Janson Bernhard.** Bereits seit den frühen 1990ern werden hier biologische Weine erzeugt, seit 2007 arbeitet das Weingut biodynamisch. Auch als Location für Feste ist das Gut aufgrund der wunderschönen Hofanlage sehr beliebt. Harxheim, Hauptstr. 5, ✆ 06355/1781, www.jansonbernhard.de.

Grünstadt

Es sind die günstige Lage im Zentrum des Leiningerlands und die direkte Anbindung an die Autobahn, die Grünstadt zum zentralen Einkaufsort der Umgebung machen. Schon im Mittelalter florierte hier am Kreuzungspunkt alter Römerstraßen der Handel. Touristische Höhepunkte dagegen findet man eher in den umliegenden Gemeinden als in Grünstadt selbst.

Nicht eben städtisch wirken die Randbereiche der Innenstadt, beinahe schon dörflich die ein wenig tristen Straßen. Und so kommt man ins Staunen, wenn man die schmale Fußgängerzone betritt, die sich mit ihren unerwarteten Geschäften einen halben Kilometer lang durch die Stadt zieht. Am südlichen Rand der Innenstadt konzentrieren sich die Bauten der Leininger Grafen, die der Stadt ihr Gesicht geben. Nach der Zerstörung ihrer Stammburgen im Pfälzischen Erbfolgekrieg errichteten die beiden Brüder Christoph Christian und Georg II. hier ihre Schlösser Leininger Unterhof und Oberhof, in denen sie und ihre Nachfahren ab 1705 bzw. 1716 bis zum Ende ihrer Herrschaft 1801 residierten.

Heimeliger als Grünstadt selbst wirken die Stadtteile Sausenheim und Asseheim. Die beiden Weinbauorte sind mittelalterliche Gründungen mit engen, verwinkelten Ortskernen. Zumin-

dest für das Gebiet des von Fachwerkhäusern geprägten **Asselheim** lassen sich auf die Mittelsteinzeit zurückgehende Siedlungsspuren feststellen, zur Zeit der römischen Expansion profitierte der Ort von seiner Lage an römischen Handelsstraßen. Der runde Wehrturm der seit 1560 protestantischen Kirche St. Elisabeth und der noch gut erhaltene Rote Turm am Ortsausgang in Richtung Mertesheim zeugen von der vermutlich im 14. oder 15. Jh. entstandenen Befestigung.

Sausenheim liegt südlich des Grünstadter Zentrums und auch bereits südlich der Autobahn am Fuße der Burg Neuleiningen. Ausgedehnte Neubaugebiete unterstreichen die Bedeutung als Wohnstandort. Wer den Weg in das versteckte Zentrum des traditionsreichen Weinbauorts findet, wird mit rebenüberspannten Straßen und gemütlichen Ecken belohnt. Eine moderne Landmarke bildet der Neubau des Wein-

An der Deutschen Weinstraße → Karten S. 82 und 149

guts Gaul – der markante Kubus aus Cortenstahl zeigt klar, dass der Pfälzer Weinbau und seine Vermarktung in der Moderne angekommen sind.

Sehenswertes

Martinskirche und Dekanatsmuseum: Am südlichen Ende der Fußgängerzone beherrscht der Turm der in ihrer heutigen Form im frühen 18. Jh. entstandenen Martinskirche das Stadtbild. An gleicher Stelle wurde bereits 1121 eine Kirche errichtet. Teile des heutigen Gotteshauses lassen sich auf das frühe 16. Jh. zurückdatieren, eine Inschrift an der Ostwand gibt Hinweise auf eine in dieser Zeit entstandene gotische Kirche. Der untere Teil des Turms mit seiner weithin sichtbaren roten Uhr stammt aus dem Jahr 1736. So wirkt das Gotteshaus insgesamt ein wenig zusammengewürfelt und will nicht so recht in eine ehemalige Residenzstadt passen, wenngleich sich in ihm die Grablege der Leininger Grafen befindet. In der südlichen der beiden Grüfte, in der die Angehörigen der Altleininger Linie untergebracht sind, steht auch der Sarg des Leininger Grafen Georg Hermann, der nach der Beschädigung der Martinskirche im Pfälzischen Erbfolgekrieg am 1. April 1727 den Grundstein für ihren Wiederaufbau legte.

In dem der Kirche angegliederten Dekanatsmuseum wurden Schätze und Erinnerungen aus der Kirchengeschichte der Leininger Grafschaft zusammengetragen. Gut gesichert in einem Tresor lagert u. a. die älteste volle und ungeöffnete Weinflasche der Pfalz, sie wurde 1760 abgefüllt und bei Renovierungsarbeiten der Kirche im nahe gelegenen Tiefenthal gefunden. Aus der Martinskirche selbst stammt eine in ihrer Art in der Region einzigartige Sanduhr aus dem Jahr 1730: Nach der Reformation rückten die Predigten in den Mittelpunkt der Gottesdienste, weshalb sich die protestantischen Pfarrer scheinbar zunehmend Zeit ließen, um die Lehre Luthers ausschweifend darzustellen, bis es diesem schließlich selbst zu viel wurde. „Lange predigen ist kein kunst, aber recht und wol predigen, lehren, hoc opus, hic labor est", verkündete er 1530 in seiner Predigt zum dritten Adventssonntag in Wittenberg. Fortan wurden in immer mehr Kirchenordnungen Angaben über die maximale Länge der sonntäglichen Predigt gemacht und zu deren Überprüfung Sanduhren an den Kanzeln angebracht.

■ Die Kirche ist im Sommer auch außerhalb der Gottesdienste zu folgenden Zeiten geöffnet: Do/Fr 14–17 Uhr, Sa 10–13 Uhr. Dekanatsmuseum nach Vereinbarung geöffnet, Eintritt frei. Kirchheimer Str. 2, ☐ 06359/2201.

Turm der Martinskirche

Praktische Infos

Information Tourist-Information Grünstadt, Altes Rathaus, Hauptstr. 84, ✆ 06359/9297234, www.gruenstadt.de. Di–Do 9.30–13, Mi auch 14–16, Fr 9.30–12.30 Uhr.

Einkaufen Zait. Seit über zehn Jahren importiert das Unternehmen hochwertige Olivenöle direkt von den Erzeugern. Nicht billig, aber seinen Preis wert. Mi/Fr 15–18 Uhr, Sa 10–13 Uhr. Bleichgraben 7, ✆ 06359/924670, www.zait.de.

MeinTipp **Weingut Gaul.** Mit ihren Weinen haben die beiden Schwestern Karoline und Dorothee Gaul schon zahlreiche Preise abgeräumt. Bekannt ist das schön am westlichen Sausenheimer Ortsrand gelegene Weingut aber auch in der Architekturszene: Der orange leuchtende Kubus aus Cortenstahl hebt sich kontrastreich von der Rebenlandschaft ab. Auch zwei Ferienwohnungen, ab 50 €. Weinverkauf Mo–Fr 8–12 und 13–18 Uhr, Sa 9–16 Uhr. Sausenheim, Bärenbrunnenstr. 15, ✆ 06359/84569, www.weingut-gaul.de.

Weingut Metzger. Seit das traditionelle Weingut beim Marketing – in Anlehnung an den Familiennamen der Inhaber – ganz auf Rinder setzt und seine Weine in Filet, Pastorenstück und Flanke klassifiziert, ist es weit über die Grenzen der Pfalz hinaus bekannt. In den Flaschen mit Rinderetiketten befinden sich hervorragende Weine von den kalkreichen Böden rund um Asselheim. Damit haben Uli Metzger und sein Team in den vergangenen Jahren zahlreiche Weinpreise gewonnen. Auch einige Zimmer ab 82 €. Weinverkauf Mo–Fr 9–12 und 13–18 Uhr, Sa 10–16 Uhr. Asselheim, Langgasse 34, ✆ 06359/5335, www.weingutmetzger.de.

Weingut Matthias Gaul. Zunehmend fällt der Name des jungen Asselheimer Winzers, wenn es um Aufsteiger in der Winzerszene geht. Auch hier bekommt man Kreativität auf und in der Flasche. Weinverkauf Mo–Fr 8–12 und 13–18 Uhr, Sa 9–12 und 13–17 Uhr. Asselheim, Weinstr. 10, ✆ 06359/86575, www.gaulweine.de.

Möbelhaus Huthmacher. Seit über 90 Jahren beweist Huthmacher, dass man mit Designermöbeln auch in einer Kleinstadt Erfolg haben kann. Die gestalterische Vielfalt wird auf 2000 m² direkt in der Fußgängerzone präsentiert. Mo–Fr 9.30–19 Uhr, Sa bis 16 Uhr. Hauptstr. 41–43, ✆ 06359/93740, www.moebel-huthmacher.de.

Buchhandlung Frank. Breites, interessantes Sortiment, auch viele Regionalia. Mo–Fr 9–19 Uhr, Sa 9–16 Uhr. Bahnhofstr. 3, ✆ 06359/807971, buecher-frank.shop-asp.de.

Drahtesel – Der Radladen. Gut sortierter Fahrradladen mit Werkstatt, auch Verleih. Mo/Di/Do/Fr 9.30–18.30 Uhr, Mi/Sa bis 14 Uhr. Kirchheimer Str. 50, ✆ 6359/81250, www.drahtesel.com.

Wandern Vor allem der Stadtteil Asselheim bietet sich als Ausgangsort für Wandertouren an. Beliebtes Ziel ist die **Weinwanderhütte auf dem Goldberg** (April bis Anfang Okt. Sa ab 12 Uhr, So ab 10 Uhr), die vom Parkplatz am Sportplatz in rund 15 Gehminuten zu erreichen ist. Südlich von Grünstadt verläuft entlang des Eckbachs der **Mühlenwanderweg**, auf dessen Route man rund 35 einstige Mühlen passiert.

Übernachten/Essen & Trinken Das Übernachtungsangebot im Zentrum von Grünstadt beschränkt sich auf wenige Häuser. In den Stadtteilen Asselheim und Sausenheim vermieten viele Winzer Zimmer und Wohnungen.

Weingut Gaul in Grünstadt-Sausenheim

An der Deutschen Weinstraße → Karten S. 82 und 149

★★★★ Pfalzhotel. Das große Hotel mit Sauna und Schwimmbad bietet 125 Betten in neuen, stilistisch unterschiedlichen Zimmern. Außerhalb Asselheims betreibt der Hotelbesitzer eine Weinbergschneckenzucht. DZ ab 105 €. Asselheim, Holzweg 6–8, ☎ 06359/80030, www.pfalzhotel.de.

Parkschenke. Einfache, preiswerte Gerichte. Bei schönem Wetter gemütlicher Biergarten direkt im Stadtpark. Tägl. ab 11 Uhr. Stadtpark 6, ☎ 06359/960303, www.parkschenke-gruenstadt.de.

*mein*Tipp **Thai Corner.** Gemütlicher Thailänder am nördlichen Ende der Fußgängerzone mit frisch zubereiteten und preiswerten Gerichten. Mo–Do 11–22 Uhr, Fr/Sa bis 23 Uhr. Hauptstr. 109, ☎ 06359/923994, www.thai corner-gruenstadt.de

Jacko's Cafe. Beliebter Treffpunkt für Alt und Jung zu allen Tageszeiten. Sehr zu empfehlen sind der preiswerte Mittagstisch und die tolle Kuchenauswahl. Mo–Fr 9–20 Uhr, Sa bis 18 Uhr. Hauptstr. 75, ☎ 06359/8726310.

Die Leininger Burgendörfer

Bevor sich die Leininger Grafen Grünstadt als Sitz auserkoren, hatten sie von den oberhalb der Ebene weithin sichtbaren Burgen Neu- und Altleiningen sowie Battenberg geherrscht. Um alle drei Burgen entstanden kleine Dörfer, in denen einst das Gesinde, höfische Beamte und Handwerker wohnten.

Auf einem Vorberg des Pfälzerwalds liegt abseits des Durchgangsverkehrs das verschlafene **Battenberg.** Im Mittelalter entstanden hier und auf der gegenüberliegenden Talseite die Burgen der Leininger Grafen. Die Battenberger Burg erlebte ihre Blütezeit wohl während des 14. Jh., schon im 16. Jh. wurde sie aber als „Alte Burg" bezeichnet und im Pfälzischen Erbfolgekrieg schließlich zerstört. Kurz zuvor, am 22. Mai 1693, soll Graf Friedrich Emich von Leiningen von hier aus den Brand des Heidelberger Schlosses beobachtet haben, das in gut 50 km Entfernung auf der anderen Seite der Rheinebene von den Truppen des Sonnenkönigs in Brand gesetzt worden war. Der herrliche Blick über die Rheinebene und die schöne Burgschänke machen auch heute noch einen Besuch der nur teilweise zugänglichen Burgruine lohnenswert.

In **Neuleiningen,** das unterhalb der gleichnamigen Burg auf der nördlichen Seite des Eckbachtals gedrungen an den Hängen kauert, fühlt man sich wahrlich ins Mittelalter zurückversetzt.

Enge Gassen und steile Treppenwege, Fachwerkfassaden und heimelige Erker prägen das Bild. Und über allem thront die mittelalterliche Burg mit der Pfarrkirche St. Nikolaus. Nach dem Bau der kastellartigen Wehranlage im 14. Jh. sicherte diese das Reich gen Norden. Im Gegensatz zu den meisten anderen Leininger Burgen blieb Neuleiningen im Bauernkrieg von 1525 unversehrt. Der Sage nach versuchte die clevere Burggräfin Eva gar nicht erst, sich den aufständischen Bauern zu widersetzen. Statt ihre Burg mit Waffengewalt zu verteidigen, öffnete sie großzügig die Tore und lud die Angreifer zu Speis und Trank. Nach vielen Schoppen Wein und mit gefüllten Bäuchen kehrten diese anschließend hochzufrieden in ihre Dörfer zurück. In den oberen Stockwerken des Südwestturms der Burg informiert ein kleines Heimatmuseum über die Leininger und die Geschichte von Burg und Ort im Mittelalter und der frühen Neuzeit.

■ Zweiter und vierter So im Monat sowie an einigen Feiertagen 13–17 Uhr, weitere Öffnungstage unter www.neuleiningen.de oder ☎ 06359/8001820, Eintritt frei.

Das Burgdorf Neuleiningen

An der Deutschen Weinstraße → Karten S. 82 und 149

Ein paar Kilometer weiter westlich erhebt sich die stattliche Burg **Altleiningen** über dem steilen Eckbachtal. Der dazugehörige Ort liegt eng am nördlichen Hang des Tals. Verlassene und zum Teil verwahrlost wirkende Gebäude zeugen davon, dass das Eckbachtal an dieser Stelle schon bessere Zeiten gesehen hat. Vermutlich entstand die auf einem felsigen Ausläufer des Tauberbergs gelegene Stammburg der Leininger Anfang des 12. Jh. durch die Grafen Emich I. und Emich II. Nach der Zerstörung der Burg während des Bauernkrieges erfolgte der Wiederaufbau als Renaissanceschloss, das jedoch nie fertiggestellt wurde. In den 1960er-Jahren wurde die teilweise als Steinbruch genutzte Anlage wiederbelebt. Was den Denkmalschützern ein Dorn im Auge ist, erfreut die Besucher der Burg: In den nüchtern errichteten Wohnflügeln ist eine Jugendherberge untergebracht, und der ursprünglich zur Befestigung der Anlage nach Westen hin errichtete Halsgraben beheimatet das Altleininger Freibad.

Rund 2 km südlich der Burg Altleiningen liegt auf einer idyllischen Lichtung inmitten von weitläufigen Wäldern der kleine Weiler **Höningen.** Hier ließ Graf Emich II. um 1120 ein Kloster in Form eines Augustiner-Chorherrenstifts errichten. In den folgenden Jahrzehnten galt Höningen als religiöses und kulturelles Zentrum der Grafschaft; in der romanischen Abteikirche St. Jacob wurden lange Zeit die Gebeine der Grafen beigesetzt. Heute sind von der einstigen Klosteranlage und einer 1573 an der gleichen Stelle errichteten Lateinschule nur noch wenige Reste erhalten.

Praktische Infos

Die kleinen Gemeinden verfügen über keine eigenen Touristinformationen. Informationen erteilt die Tourismusinfo Leiningerland in Bockenheim (→ S. 84).

Museen Im **Museum an der Münze** wird das Leben in Neuleiningen von der frühen Neuzeit bis zum 20. Jahrhundert dargestellt (Kirchengasse 6, Neuleiningen. Geöffnet 1. und 3. So im Monat sowie feiertags 13–17 Uhr).

Weitere Öffnungstage und Infos zu beiden Museen unter www.neuleiningen.de oder ☎ 06359/8001820. Eintritt frei.

Wandern Von Altleiningen aus führt ein rund 4 km langer Weg entlang dem Eckbach durch Felder, Wiesen und lichten Wald zum Naturfreundehaus **Rahnenhof** (einfache Gerichte, tägl. 9–19.30 Uhr, DZ ab 72 €, Hintergasse 13, 67316 Hertlingshausen, ☎ 06356/962500, www.naturfreundehaus-rahnenhof.de). Wer alle drei Burgen des Leiningerlands erwanden möchte, sollte sich auf den gut 22 km langen **Leininger Burgenweg** begeben, der auf meist schmalen Pfaden Battenberg, Alt- und Neuleiningen verbindet.

Enge Gassen und steile Treppenwege: Neuleiningen

Veranstaltungen   Stabaus. Am Sonntag Laetare, dem dritten Sonntag vor Ostern, wird in vielen Orten der Region der Winter verbrannt. Besonders altertümlich geschieht dies in Neuleiningen. Mit bunten Bändern und Brezeln geschmückten Stecken ziehen Kinder durch die Gassen der Gemeinde und begleiten eine den Winter symbolisierende Figur zu de-ren Verbrennung. Das dabei gesungene Stabauslied wurde schon von der 1652 in Heidelberg geborenen Elisabeth Charlotte von der Pfalz in einem Brief beschrieben.

Weihnachtsmarkt. Am ersten und zweiten Adventswochenende (Sa/So 14–20 Uhr) verwandelt sich Neuleiningen in ein wunderbar geschmücktes Dorf. Wenn sich eine leichte Schneedecke auf die Hausdächer gelegt hat, kommt man sich wahrlich wie im Märchenland vor. Allerdings lockt der Weihnachtsmarkt mit seiner herrlichen Kulisse bisweilen so viele Besucher an, dass man manche der kleinen Stände vor lauter Menschen kaum entdeckt.

Übernachten/Essen & Trinken   Hofgut Battenberg. Ruhig in herrlicher Umgebung gelegenes Hotel in historischen Gemäuern. Die sieben Zimmer sind individuell und großzügig eingerichtet. Dazu gehört die Battenberger Burgschänke (Mi–Fr ab 16 Uhr, Sa/So ab 12 Uhr, ☎ 06359/2934). DZ ab 80 €. Battenberg, ☎ 06359/2196, www.hofgutbattenberg.de.

Jugendherberge Altleiningen. Die Jugendherberge in alten Gemäuern ist sehr gut für Familien und Einzelreisende geeignet. Die Burgschänke im Haus bietet nicht nur für Übernachtungsgäste ein vielfältiges Angebot, sondern auch für vorbeikommende Wanderer und Besucher des direkt im Burggraben gelegenen öffentlichen Freibads. Alle Zimmer mit Dusche/WC. DZ 46 €. Burg Altleiningen, ☎ 06356/1580, www.diejugendherbergen.de.

Landgasthaus Zum Engel. Direkt unterhalb der Neuleininger Burg liegt das schön renovierte Restaurant mit einem rustikalen Gewölbekeller und einigen stimmungsvoll-romantischen Zimmern. Di ab 17.30 Uhr, Mi–So ab 11.30 Uhr. DZ ab 75 €. Neuleiningen, Kirchgasse 10, ☎ 06359/209359, www.landgasthaus-zum-engel.de.

Alte Pfarrey. Schon 2009 erkochte sich Silvio Lange in dem ehemaligen Ausflugslokal seinen ersten Michelin-Stern. Zwischenzeitlich war er außerhalb der Pfalz aktiv, seit 2015 haben er und seine Frau das romantische Anwesen in Neuleiningen wieder übernommen. Das Ambiente ist besonders: Die Mischung aus alten Gemäuern und moderner Glaskonstruktion im Restaurant ist spannend, die meisten Zimmer sind reich an Schnörkeln. 3-Gänge-Menü ab 78 €. Di, Mi, Do ab 18.30 Uhr, Fr/Sa 12–13.30 Uhr und 18.30–21.30 Uhr, So 12–13.30 Uhr. DZ ab 160 €. Neuleiningen, Untergasse 54, ☎ 06359/86066, www.altepfarrey.de.

Klosterschänke. Vielseitig und lecker ist das Angebot der gemütlichen Klosterschänke. Mittwochs gibt es Dampfnudeln, samstags Flammkuchen. Hauptgerichte 7–18 €. Gemütliche DZ ab 70 €. Mo und Do geschlossen, sonst 11.30–21 Uhr. Höningen, Höninger Hauptstr. 27, ☎ 06356/989938, www.klosterschaenke-hoeningen.de.

Weisenheim am Berg

Hoch über der Rheinebene liegt das überschaubare Örtchen zwischen Waldrand und sanft gewellten Weinbergen. Das verkehrsberuhigte Zentrum und engagierte Winzer und Gastronomen locken an schönen Wochenendtagen die Besucher scharenweise hierher.

Den Gästen des am südlichen Ortseingang gelegenen Weinguts HolzWeisbrodt geht es neben dem Wein in erster Linie ums Gesehenwerden. Selbst im Winter sind die Stehtische vor dem modernen WeinARTrium belagert. Etwas geruhsamer geht es im Zentrum zu. Ein ausgeschilderter Rundgang beginnt am Jagdschlösschen der Leininger Grafen am Anfang der Leistadter Straße. Heute befindet sich das Restaurant Admiral in dem stimmungsvollen Gebäude, das einst dem deutschen Polarforscher Georg von Neumayer (1826–1909) als Altersruhesitz diente.

Die heute protestantische Kirche wurde 1283 erstmals urkundlich erwähnt. Besonders bemerkenswert sind die im gotischen Chor erhaltenen mittelalterlichen Fresken und der 1726 erbaute, dreigeschossige Turm. Bekannt ist die Kirche v. a. dafür, dass Pfarrer Otmar Fischer hier anlässlich der beiden großen Dorffeste im Mai und August 38 Jahre lang als „Parrer mit de Peiff in die Kerch" ging und eine Dialektpredigt hielt.

Versteckt gelegen und von außen unscheinbar ist die ehemalige Synagoge. Lange Jahre führte das spätbarocke Gebäude nach der Entwidmung 1909 ein heruntergekommenes Dasein. 1983 wurde es unter Denkmalschutz gestellt, worauf sich 1988 ein Förderverein zur Erhaltung und Restaurierung gründete. Mittlerweile wurde die Synagoge renoviert und bildet den klei-nen, aber feinen Rahmen für Ausstellungen oder Konzerte. Zeugnisse jüdischen Lebens und seiner Auslöschung sind auch die beiden Stolpersteine des Kölner Künstlers Gunter Demnig. In der Kirchgasse wird so an die Schwestern Ida und Juliana Hecht erinnert, die bis zu ihrer Deportation nach Gurs im Jahr 1940 hier lebten.

Praktische Infos

Information Weisenheim verfügt über keine eigene Touristeninformation. Auskünfte erteilt der **i-Punkt Freinsheim,** Hauptstr. 2, 67251 Freinsheim, ☎ 06353/989294, www.freinsheim. de. Mo–Fr 10–16 Uhr, Ostern bis Okt. auch Sa 10–14 Uhr, Sept./Okt. Fr bis 18 Uhr.

Einkaufen   Destillerie Sauer-Dockner. Neben Schnäpsen und Likören, passend zur Jahreszeit, gibt es leckere Marmeladen, ausgefallene Senfsorten und Geschenkartikel. In der modern eingerichteten Probierstube werden für bis zu 12 Pers. auch Schnapsproben veranstaltet. Tägl. 10–18.30 Uhr. Kleine Weingasse 2, ☎ 06353/4600.

HolzWeisbrodt. Sehr gute Weine und ein ausgefeiltes Marketing sorgen für großen Erfolg. Die Erträge der 50 ha und Traubenzukäufe werden zu Wein in verschiedenen Qualitätslinien und seit 1997 auch zu Sekt/Secco verarbeitet. Zu probieren sind die Weine in der großen, auch für Reisebusse ausgelegten Weinstube (Mi–Fr 11.30–14 und ab 17 Uhr, Sa/So ab 11.30 Uhr) oder in dem mondänen WeinARTrium (Mo, Mi–Fr ab 14 Uhr, Sa/So ab 11–22 Uhr). Weinverkauf werktags 9–12 und 13–18 Uhr, Sa/So 10–18 Uhr. Leistadter Str. 25, ☎ 06353/93610, www.holz-weisbrodt.de.

An der Deutschen Weinstraße → Karten S. 82 und 149

Weisenheim am Berg

Wandern Ein beliebtes Wanderziel ist der 3 km westlich von Weisenheim gelegene und von Mischwald umgebene **Ungeheuersee**. Im Gegensatz zu älteren Abbildungen ist er heute eher ein Tümpel denn ein See, seiner Beliebtheit tut das kaum Abbruch. PWV-Hütte Mitte März bis Nov. So und feiertags bewirtschaftet. Infos unter ☎ 06353/6252.

Übernachten/Essen Admiral. Gemütliches, kleines Haus, romantische Terrasse im schön begrünten Garten und raffinierte Speisen – gehobenes Wohlfühlambiente in historischen Mauern. 3-Gang-Menü ab 54 €. Mo/Di geschlossen, sonst 18–22 Uhr, Sa/So und feiertags auch 12–14 Uhr. Leistadter Str. 6, ☎ 06353/4175, www.admiral-weisenheim.de.

Alter Winzerhof. Das über hundert Jahre alte Anwesen wurde unter Einbeziehung moderner Elemente gekonnt renoviert und bietet komfortable Übernachtungsmöglichkeiten um einen ruhigen, einladenden Innenhof. DZ ab 94 €, Ferienwohnung ab 75 €. Hauptstr. 61, ☎ 06353/507276, www.alter-winzerhof.de.

Café Solo. Wer sich von der hier verkehrenden Schickeria nicht stören lässt, findet im orientalisch angehauchten Garten einen schönen Platz zum Genießen des selbst gebackenen Kuchens. Auch ein kleiner Laden für „Fashion and Living". Di–So 10–18.30 Uhr. Hauptstr. 49, ☎ 06353/959349, www.cafésolo.de.

Dirmstein

Dirmstein hebt sich mit seinem zentralen weitläufigen Platz anstelle der sonst üblichen engen Dorfstraße schon von Weitem von den anderen Orten an der Weinstraße ab. Großzügige Fachwerkhäuser, ein abwechslungsreicher Schlosspark und herrschaftliche Güter prägen die Gemeinde, die einst als bevorzugter Wohnort von Adeligen galt.

Auch wenn von der einstigen Pracht – über 20 Schlösser und prunkvolle Anwesen haben einst das Stadtbild bestimmt – nur noch Reste zu bestaunen sind, ist die feudale Geschichte des Ortes doch sehr präsent. Überragt von der

Laurentiuskirche, die bis heute sowohl von Katholiken als auch von Protestanten als Pfarrkirche genutzt wird, stellt sich der in Teilen gut erhaltene und renovierte Ortskern als einladende Mischung aus Weitläufigkeit und Behaglichkeit dar. Westlich des Ortes zeugen imposant in den Lösslehm der Umgebung eingegrabene Hohlwege von der Geschichte. Durch die jahrhundertelange Nutzung als Fahrweg entstand das Wörschberger Hohl mit seinen bis zu 4 m hohen, senkrechten Lösswänden. Unweit von hier befindet sich das Chorbrünnel, eine 1733 von Jesuitenmönchen in Stein gefasste, schwefelhaltige Quelle, die vermutlich schon vor dem Mittelalter genutzt wurde und aus der nach alter Überlieferung die Dirmsteiner Kinder kamen.

Obwohl Dirmstein sich touristisch als Teil des Leiningerlands vermarktet, hat der Ort in seiner langen Geschichte nie den Grafen von Leiningen gehört. Viel enger als mit der Haardt und dem Pfälzerwald waren die Verbindungen mit der Bischofsstadt Worms. Nachdem Heinrich VI. dem Wormser Bischof Konrad II. von Sternberg im Jahr 1190 Güter als Erblehen überlassen hatte, kamen die Wormser Kirchenführer während des Sommers häufig hierher. Bereits im 12. Jh. wohnten auch einige lokale Adelsfamilien in Dirmstein, von denen v. a. die Familie Lerch für den Ort und seine Umgebung Bedeutung erlangen konnte. Heute zeugt der in den Torbogen zum Spitalhof und in die Mauer der Fechtschule am Kellergarten eingemeißelte Name der Familie, die bis zum Ende des 17. Jh. zahlreiche Besitztümer bewirtschaftete, von ihrer Verbundenheit mit dem Ort.

Information Touristinformation der Verbandsgemeinde Grünstadt-Land in Bockenheim (→ S. 84). Weitere Informationen unter www.dirmstein.de, www.leiningerland. com, www.laumersheim.de und www.grosskarl bach.de.

Übernachten/Essen Hotel-Café Kempf. Bodenständiges Hotel-Restaurant mit pfälzischer Küche und freundlichem Service. Hauptgerichte 10–20 €. Mo–So 17–22 Uhr, Sa/So auch 11.30–14 Uhr. 26 großzügige, 2018 neu gestaltete Zimmer, DZ ab 100 €. Marktstr. 3–7, ☎ 06238/98340, www.hotel-kempf.de.

Der Schlosspark in Dirmstein

Umgebung von Dirmstein

Das südwestlich von Dirmstein gelegene **Laumersheim** war vor 20 Jahren noch ein kleiner, unbedeutender Ort. Es liegt zum Großteil an den Brüdern Volker und Werner Knipser, dass sich dies geändert hat. Noch immer wirkt Laumersheim verschlafen, aber die Innovationen auf dem seit 1850 bestehenden Weingut der Knipsers zeugen von einer hellwachen Beobachtung der internationalen Weinszene. Für das Engagement im An- und Ausbau von Rotweinen erhielten die Winzer u. a. schon mehrfach den Deutschen Rotweinpreis des Fachmagazins „Vinum". Aber die Besonderheit des Weinguts ist die Breite des durchgehend sehr guten Sortiments. Während sich viele Winzer auf ihre Rebsorten spezialisieren, baut das Weingut Knipser viele, auch internationale Sorten an und holt aus allen Trauben das Optimum heraus. Philipp Kuhn, einst Lehrling der Knipsers, übernahm

Im stilvollen Garten der Gebrüder Meurer

bereits in jungen Jahren das elterliche Weingut. Seine Weine wachsen wie die der Knipsers auf den Gemarkungen Laumersheim, Großkarlbach und Dirmstein. Die Weine sind in der Regel trocken, aber immer mit einem gewissen Schmelz versehen. So wurde aus dem VDP-Spitzentalent recht schnell das vollwertige VDP-Mitglied Philipp Kuhn. Wie Gastronomie zu einem Zugpferd für das ganze Dorf werden kann, das haben in **Großkarlbach** v. a. die Gebrüder Meurer vorgemacht. Das Gastro-Imperium der Meurers gruppiert sich um einen gekonnt angelegten, großzügigen toskanischen Garten. Er beherbergt eine Orangerie und ein Garten-

haus, in dem man im Sommer in romantisch-edlem Ambiente kleine Feinheiten genießen kann.

Als Verdauungsspaziergang bietet sich ein Rundgang durch den Ort an, z. B. durch die vom Eckbach begleitete Kändelgasse. Hier verläuft auch der Mühlenwanderweg, der auf seiner Route durch Großkarlbach sieben Mühlen passiert. Diese ließen den Ort im Mittelalter zu einem bedeutenden Marktflecken und sogar zur Stadt werden. 2007 wurde die im Ortszentrum gelegene Dorfmühle aus dem Jahr 1602 liebevoll restauriert. Seit ihrer Aufwertung hat sie u. a. als **Mühlenmuseum** mit einem kompletten Mahlgang eine neue Verwendung gefunden

■ März bis Oktober jeden zweiten und vierten So 14–17 Uhr sowie nach Vereinbarung, Führungen möglich. Kändelgasse 15, ✆ 06238/3301.

Übernachten/Essen Meurer. Hauptgerichte 15–30 €. Restaurant Mi–So ab 18 Uhr, So Lunch 11.30–14 Uhr 33 €,. Auch elegantbarocke Zimmer, DZ ab 130 €. Großkarlbach, Hauptstr. 67, ✆ 06238/678, www.restaurant-meurer.de.

Zum Weißen Lamm. Das wunderschöne Landhaus-Ambiente und die sehr aromatische Küche bieten sich für genussvolle Stunden an. Gehobenes Preisniveau. Di/Mi geschlossen, sonst 18–21 Uhr, Sa/So zusätzlich 12–14 Uhr. Laumersheim, Hauptstr. 38, ✆ 06238/929143, www.lamm-laumersheim.de.

Halbstück. Für seine Weinstube hat das Weingut Knipser ein barockes Haus in Bisserheim von Grund auf saniert und ihm sehr charmant modernes Leben eingehaucht. Neben regional inspirierten Schlemmereien (mittleres Preisniveau) gibt es auch die Gelegenheit zum Weinkauf. Auch zwei helle Ferienwohnungen ab 75 €. Mo/Do 17–22 Uhr, Fr/Sa/So ab 12 Uhr. Bissersheim, Hollergasse 2, ✆ 06359/9459211, www.halbstueck.de.

🌿 **Goldberg Restaurant.** Im Sommer sitzt man hier entspannt im romantischen Innenhof und genießt die ambitionierte Küche, die ihre Zutaten vorwiegend aus nachhaltigen Quellen bezieht. Kleine Speisekarte, Hauptgerichte 20–30 €. Fr/Sa ab 18, So ab 12 Uhr. Bissersheim, Hauptstr. 43, www.goldberg-restaurant-bissersheim.de.

Einkaufen Weingut Knipser. Mo–Fr 10–12 und 14–18 Uhr, Sa 10–16 Uhr. Laumersheim, Hauptstr. 47, ☎ 06238/742, www.weingut-knipser.de.

mein Tipp **Weingut Philipp Kuhn.** Mo–Fr 10–12 und 13–17 Uhr, Sa 10–12 und 13–16 Uhr. Laumersheim, Großkarlbacher Str. 20, ☎ 06238/656, www.weingut-philipp-kuhn.de.

Freinsheim

Inmitten von weitläufigen Weinbergen und Obstgärten liegt das kleine Weinstädtchen mit seiner Altstadt, die von der gut erhaltenen mittelalterlichen Stadtmauer umgebenen ist. Feierfreude und zugleich Beschaulichkeit prägen den Ort. Winzige und verwinkelte Weinstuben, heimelige Galerien, enge Gassen und das wahrscheinlich kleinste Theater Deutschlands prägen die 5000 Einwohner zählende Stadt.

„Freinsheim fließt über von Geschichte, Wein und Obst", schrieb der 1883 hier geborene Journalist und Schriftsteller Hermann Sinsheimer aus dem Londoner Exil über seine Heimat. Heute erinnert nicht nur eine Gedenktafel an seinem Geburtshaus (Heintorstr. 6) an den bekannten Sohn der Stadt, sondern auch der seit 1983 vergebene Hermann-Sinsheimer-Preis für Literatur und Publizistik. Zu den Preisträgern gehören u. a. Siegfried Lenz, Hilde Domin, Marion Gräfin Dönhoff und Herta Müller. 2015 erhielt der im nahen Marnheim lebende Rafik Schami den Preis.

In der Hauptsaison beginnt der Besuch der Freinsheimer Altstadt meist mit der Suche nach einem geeigneten Parkplatz. Dass der Ort für Fremde ein wenig unübersichtlich erscheint, liegt sicherlich auch an dem weitgehend gelungenen Versuch, die kopfsteingepflasterte, barocke Altstadt vom Autoverkehr frei zu halten. So ist man bisweilen gezwungen, den einen oder anderen Umweg in Kauf zu nehmen. Den Beginn der Altstadt markiert die fast vollständig erhaltene Stadtmauer aus dem 15. Jh., entlang der man den kleinen Stadtkern auf rund 1,3 km umwandern kann. Mal trutzig und wehrhaft wie im Bereich des Eisentores, mal eng und urig lässt sich die Geschichte

der Stadt dabei erspüren. Von den 24 Wehrtürmen, die Freinsheim einst umgaben, sind fünf renoviert und nutzbar.

Während des Altstadtfestes in Freinsheim

Im Casinoturm ist seit 2007 das wohl **kleinste Theater Deutschlands** untergebracht, gerade mal 21 Zuschauer

An der Deutschen Weinstraße → Karten S. 82 und 149

können eine Vorstellung besuchen. Anja Kleinhans, die Leiterin, Regisseurin und Schauspielerin des Ein-Frau-Betriebs hat dabei in den letzten Jahren schon Erfahrungen in Sachen klein & fein gesammelt: Im Sommer 2006 eröffnete sie an gleicher Stelle bereits ein Café mit zwei Sitzplätzen.

Im Gegensatz zur Stadtmauer wurde die mittelalterliche Altstadt während des Pfälzischen Erbfolgekrieges vollständig zerstört. Übrig blieben einzelne Grundrisse und die durch die Stadt-

mauer und ihre Tore vorgegebenen Straßenmuster. Im Zuge des Wiederaufbaus entstanden neben dem von der markanten evangelischen Kirche und dem freundlichen Rathaus mit überdachter Freitreppe geprägten Marktplatz viele einladende und großzügige Hof- und Bürgerhäuser. Diese zu bestaunen, sich durch manch enge Gasse zu zwängen und in einer der Weinstuben einen guten Tropfen zu genießen, macht den Besuch des Städtchens so lohnenswert.

Service/Einkaufen

Information i-Punkt Freinsheim. Hauptstr. 2, 67251 Freinsheim, ☎ 06353/989294, www.freinsheim.de. Mo–Fr 10–16 Uhr, Sept./Okt. Fr bis 18 Uhr, Ostern bis Okt. auch Sa 10–14 Uhr.

Parken/Anreise Während Festen und bei schönem Wetter sind freie Parkplätze Mangelware. Als Alternative bietet sich die Anreise mit dem Zug an. Die Anbindung an Bad Dürkheim, Neustadt, Grünstadt und Ludwigshafen ist gut.

Sightseeing Von Mai bis Okt. jeden Fr 19 Uhr und von April bis Okt. jeden Sa um 11.15 Uhr einstündige **Stadtführungen**. Treffpunkt ist das historische Rathaus im Zentrum der Altstadt. 4 €/Pers., Informationen beim i-Punkt Freinsheim.

Einkaufen Meyer Chocolaterie. Etwas außerhalb der Altstadt gibt es in der kleinen Manufaktur feine Pralinen- und Schokoladenkreationen. Während eines „Pralinenkurses"

kann man praktischen Einblick in die Handwerkskunst von Timo Meyer gewinnen. Do/Fr 9–12 und 14.30–18 Uhr, Sa 9–12 Uhr. Reiboldstr. 4, ☎ 06353/915345, www.chocolatier-meyer.com.

Schmukkes. Schnörkellose Schmuckstücke direkt aus der Goldschmiede. Mi–Sa 10–12 und 14–18 Uhr, teilweise auch So geöffnet. Hauptstr. 21, ☎ 06353/929139, www.schmukkes.de.

Weingut Kaßner-Simon. Das zum „Alten Wasserwerk" gehörende Weingut produziert sehr gute Weine und seit über 15 Jahren auch Sekt in klassischer Flaschengärung. Schön ist die saisonal geöffnete **Musikantenbuckel KostBar** (Fr–So, genaue Zeiten siehe Homepage). Zum Übernachten bieten sich die drei modernen, schlichten Ferienwohnung an (ab 79 €). Mo–Sa 13–18 Uhr, So 10–13 Uhr. Wallstr. 15, ☎ 06353/989320, www.kassner-simon.de.

Sport/Kultur

Golf Nördlich der kleinen, zu Freinsheim gehörenden Ortsgemeinde Dackenheim liegt umgeben von Obstbäumen der **Golfgarten** mit insgesamt 27 Bahnen. Greenfee 9-Loch-Platz ab 35 €, 18-Loch-Platz ab 60 €. April bis Sept. tägl. 8–19 Uhr, März/Okt. 8–18 Uhr, Nov. bis Febr. 8.30–17 Uhr. ☎ 06353/989212, www.golf-absolute.de/dackenheim.

Museum Spielzeughaus. Mit viel Sammeleifer zusammengetragenes, vielfältiges Blechspielzeug ist hier zu sehen. Nahezu alles stammt von der Firma Bing, die v. a. vor dem

Zweiten Weltkrieg in großen Stückzahlen fertigte und neben Märklin die bedeutendste deutsche Spielwarenfabrik war. Ergänzt wird die Ausstellung vom Eiscafé **Laterna Magica** – hier gibt es leckeres Eis! Mitte März bis Okt. tägl. 14–18 Uhr, Nov. bis Febr. Sa/So und feiertags 14–18 Uhr. An der Bach 9, ☎ 06353/916557, www.spielzeugmuseum-freinsheim.de.

Theater Theader. Im mit 21 Sitzplätzen kleinsten Theater Deutschlands werden an sommerlichen Wochenenden durchaus anspruchsvolle Aufführungen in historischem Ambiente angeboten. Eintritt 7–17 €. Im Casino-turm, ✆ 06353/932845, www.theader.de.

Kunst Galerie Zulauf. Moderne Kunst inter-national bekannter sowie junger Künstler der vergangenen 50 Jahre präsentiert die Galerie in ihrem historischen Anwesen aus dem 18. Jh. Mi–Fr 14–18.30 Uhr, So 11–18 Uhr. Gottfried-Weber-Haus, ✆ 06353/3587, www.moderne-kunst.de.

Galerie im Kitzig. Kleine Galerie im Stadtvier-tel Kitzig, in der Walter Geiselhart neben wech-selnden Ausstellungen auch seine farbenfroh leuchtenden Pastellgemälde präsentiert. So 14–18 Uhr. Im Kitzig 9, ✆ 06353/4665, www. galerie-kitzig.de.

Veranstaltungen Die Auswahl an Festen in Freinsheim ist groß, schließlich eignet sich die malerische Kulisse der Altstadt wunderbar zum Feiern.

Altstadtfest. Am ersten Juniwochenende lo-cken zwischen Freitag- und Sonntagabend zahl-reiche Konzerte und gut duftende Stände. Das Fest gibt Gelegenheit, sonst verschlossene Höfe und Parkanlagen der Freinsheimer Weingüter zu besuchen.

Stadtmauerfest. Am dritten Wochenende im Juli lädt Freinsheim zu seinem wohl bekann-testen Fest: Rund um die Stadtmauer und in der Altstadt präsentieren Stände ihre Interpre-tation von Pfälzer Gastlichkeit. Wein darf dabei natürlich auch nicht fehlen.

Kulinarische Weinwanderung. Zur Zeit der Weinlese zieht es alljährlich 10.000 Besucher auf ein Fest, das den klassischen Kriterien ei-nes Weinfestes nicht so recht entsprechen mag: Statt behaglichen Beisammensitzens heißt es Wandern. Damit die Gemütlichkeit dennoch nicht auf der Strecke bleibt, versorgen kulinari-sche Stationen entlang der Route die Gäste u. a. mit süßem Neuem Wein.

Weihnachtsmarkt. Für eine heimelige weih-nachtliche Stimmung scheint die Altstadt wie gemacht. Die Krippe vor dem historischen Rat-haus wirkt mit ihren Tieren so, als würde sie selbstverständlich hierher gehören. Deshalb ist es leider recht voll. Aber wer Weihnachten und die Pfalz in Kombination erleben möchte, der sollte sich das auf Pfälzisch aufgeführte Weih-nachtsspiel nicht entgehen lassen (Advents-samstage 14 Uhr, Adventssonntage 12 Uhr auf dem Marktplatz).

Wandern Zahlreiche Wege führen im Früh-ling durch prachtvoll blühenden Obstland-

Wegweiser in Freinsheim

schaften. Gut markierte Rundwanderwege star-ten am historischen Rathaus. Von dort aus führt beispielsweise der mit Blüten auf rotem Grund markierte Blütenwanderweg durch aus-gedehnte Obsthaine in den Nachbarort **Wei-senheim am Sand** (6 km). In die andere Richtung startet der mit einem Trompeter auf rotem Grund gekennzeichnete Wanderweg **Rund um den Musikantenbuckel** (7 km).

Wie manch merkwürdig klingende Namen ist auch der **Musikanten-buckel** eine Weinlage. Schon in den letzten Jahrhunderten waren Freinsheim und seine Umgebung für Weinfeste bekannt. Den wandernden Musikanten zu Ehren, die von einem Fest zum nächs-ten zogen und als Dank mit Speis und Trank versorgt wurden, ist die größte Freinsheimer Weinlage benannt.

An der Deutschen Weinstraße → Karten S. 82 und 149

Übernachten/Essen und Trinken

**** Landhotel Altes Wasserwerk. Am Rand der Altstadt, großzügig und klassisch renoviert. Im Sommer lockt der weitläufige, baumbestandene Park, im Winter der Wellnessbereich. Zum Angebot des Hotels gehören auch zwei Zimmer im Herzogturm an der südlichen Stadtmauer. DZ ab 100 €. Burgstr. 9, ☎ 06353/932520, www.landhotel-altes-wasserwerk.de.

Zum Weingockel. Mit feiner Bodenständigkeit wurde die Weinstube zu einer der beliebtesten Lokalitäten des Ortes. Spezialität sind neben Fisch auch Wildgerichte, gutes Preis-Leistungs-Verhältnis. Di–So ab 18 Uhr, So und feiertags auch 12–14 Uhr. Herrenstr. 11, ☎ 06353/508040, www.restaurant-weingockel-freinsheim.de.

Altes Landhaus. Romantisches Winzeranwesen mit gemütlichen, individuell eingerichteten Ferienwohnungen, in denen sich viele liebevolle Details finden. Ab 70 €. Hauptstr. 37, ☎ 06353/93630, www.altes-landhaus.de.

Weinreich. Freundlich, modern bis verspielt und charmant – sowohl die Weinstube als auch die vier Gästezimmer sind sehr stimmungsvoll und laden zum Verweilen ein. Hochwertige Weine und Speisen aus der Region. Originelle Idee: Wer mal wieder Lust auf einen klassischen Sonntagsbraten hat, kann sich diesen auf Vorbestellung ab vier Personen nach seinen Wünschen zubereiten lassen. Hauptgerichte 15–26 €, DZ 95 €. Di–Sa ab 18 Uhr, Mi–Sa auch 12–14 Uhr. Hauptstr. 25, ☎ 06353/9598640, www.weinstube-weinreich.de.

Weinstube Sankt Martin. Rustikale Weinstube mit treuem Stammpublikum. Seit Jahren werden abwechslungsreiche Pfälzer Gerichte geboten. Die Preise sind fair, der Service freundlich. Mo/Di geschlossen, sonst ab 17 Uhr, So auch 11.30–14 Uhr (Küche bis 20.30 Uhr). Martinsstr. 23, ☎ 06353/6466, www.weinstube-st-martin.de.

Zucker & Salz. Der übliche Café-Kuchen wird hier lecker ergänzt durch Waffeln, Flammkuchen, Salate und einen ansprechenden Mittagstisch. Schönes Ambiente! Mi–Mo 9–18 Uhr. Hauptstr. 4, ☎ 06353/2005, www.zucker-und-salz.com.

Weinstube an der Bach. Kleine Weinstube mit einfachen Gerichten am Rand der Altstadt. Am schönsten im Sommer, wenn man auf dem ruhigen Platz am historischen Freinsheimer Eichhaus sitzen kann. Mo–Fr 17.30–23 Uhr, Sa 11.30–15 und 17–23 Uhr, So durchgehend ab 11.30 Uhr, Nov. bis März Mi Ruhetag. An der Bach 4, ☎ 06353/93093, www.weinstube-an-der-bach.com.

In der Umgebung Weingut Kohl. In der kleinen, südlich von Freinsheim gelegenen Wein- und Obstanbaugemeinde Erpolzheim werden drei schöne, gut ausgestattete Ferienwohnungen auf dem freundlichen Weingut der Familie Kohl vermietet. Ab 70 €. Auch Wohnmobilstellplätze (ohne Duschmöglichkeiten), ab 10 €. Verkauf der Weine Mo–Fr 9–12 und 16–18 Uhr, Sa 10–14 Uhr. Erpolzheim, Georg-Amend-Str. 4, ☎ 06353/3939, www.weingutkohl.de.

Kallstadt

Prächtige Fachwerkhäuser gruppieren sich um den achteckigen, spätgotischen Turm der Kirche St. Salvator und geben der viel besuchten Weinbaugemeinde ein charmantes Ortsbild. Hier gilt: Saumagen über alles. In Kallstadt gibt es ihn nicht nur auf dem Teller, sondern auch im Weinglas. Die berühmte Weinlage „Saumagen" macht es möglich. Die passende Saumagenkerwe darf da natürlich auch nicht fehlen.

Von Norden kommend, passiert man die große, 200 Mitglieder zählende Winzergenossenschaft und erreicht schnell die zentrale Kreuzung zwischen der Kirche und dem gepflegten Kallstadter Hof. Die heute evangelische Kirche wurde 1772

Gut erhaltene Fachwerkhäuser prägen das kleine Zentrum Kallstadts

als katholische Kirche **St. Salvator** geweiht. Besondere Bedeutung erlangte sie v. a. wegen der 1775 von Johann Georg Geib erbauten Orgel, die nach einer umfangreichen Renovierung zu beeindruckenden Orgelkonzerten einlädt. Geht man einen abschüssigen Knick hinter St. Salvator weiter, steht man vor dem stets gut besuchten Weinhaus Henninger. Daneben locken viele kleine Weinstuben, die zu „Probe und Verkauf" einladen, Straußwirtschaften und gute Restaurants. Für alle Besucher, die nicht Saumagen und Saumagen probieren wollen, gibt es auch andere typische Gerichte und weitere gute Weinlagen.

Service

Information   i-Punkt Kallstadt. Weinstr. 111, 67169 Kallstadt, ☎ 06353/667838, www. kallstadt.de und www.freinsheim.de. Mo–Fr 10–16 Uhr, April bis Okt. auch Sa 10–14 Uhr, Sept./Okt. Fr bis 18 Uhr.

Fahrradverleih Im i-Punkt Kallstadt stehen Räder und Pedecs für 12 bzw. 22 €/Tag bereit. Voranmeldung unter ☎ 06322/667838 empfohlen.

Einkaufen

Außer bei Wein und saisonalem Obst und Gemüse sind die Einkaufsmöglichkeiten in Kallstadt begrenzt. Wer sich intensiv, aber dennoch unverbindlich in den vielen traditionellen Weingütern des Ortes umschauen will, dem sei der Tag der offenen Weinkeller (Ende März / Anfang April) empfohlen. Auch das „Fest der 100 Weine" (s. u.) eignet sich dafür.

Weingut Koehler-Ruprecht. Das Gut im Zentrum von Kallstadt gehört zu den traditionsreichen Häusern der Weinstraße. Auch in Zeiten, als andere auf Edelstahl setzten, ist es dem klassischen Holzfass-Ausbau treu geblieben. Heute zeigt sich, dass dies genau die richtige Entscheidung war. Nach wie vor gibt es hier vorwiegend volle, lagerfähige Weißweine. Mi–Fr 8–11.30 und 13–17 Uhr, Sa 13–17 Uhr. Weinstr. 84, ☎ 06322/1829.

An der Deutschen Weinstraße → Karten S. 82 und 149

Sport/Kultur

Wandern Drei ausgeschilderte Wanderwege führen durch die Weinberge, der Burgunderweg (4,8 km), der Rieslingweg (6 km) und der **Saumagenweg** (3,5 km). Start ist jeweils am Platz der hundert Weine. Durch das abwechslungsreiche, unter Naturschutz stehende **Berntal**, das sich nördlich von Kallstadt in Richtung Leistadt in die Rebflächen gräbt, kann man auf verschiedenen Wirtschaftswegen über den Weidenhof mit rustikaler Gastronomie (Mo Ruhetag, ✆ 06322/8639) gut bis Leistadt wandern. Von hier aus kehrt man über einen kurzen steilen Abstieg nach Kallstadt zurück.

Veranstaltungen Beim **Fest der 100 Weine** am Wochenende um den 1. Mai dreht sich in Kallstadt alles um den Wein. Das erste große Weinfest des Jahres bietet eine sehr schöne Atmosphäre, wenngleich der Alkoholkonsum nach Mitternacht bisweilen leider zu weniger schönen Szenen führt.

Am ersten Wochenende im September findet die **Saumagenkerwe** mit der Saumagenprobe (Weinprobe) auf dem Festplatz und einem Kerwegottesdienst mit Mundartpredigt am Sonntag statt.

Übernachten/Essen und Trinken

An der Weinstraße im Zentrum von Kallstadt

Mein Tipp ***** Kallstadter Hof.** Stilvolles, klassisches Haus im Zentrum mit sehr guter pfälzischer Küche und gut ausgestatteten Zimmern. Stimmungsvoller, rebenüberwachsener Innenhof. Gastfreundlich kalkulierte Preise. Küche tägl. 12–14.15 und 18–21 Uhr. DZ ab 103 €. Weinstr. 102, ✆ 06322/6001090, www.kallstadter-hof.de.

Mein Tipp **Winzerstuben Weick.** Das zur Winzergenossenschaft gehörende Restaurant ist vielseitig: Die Winzerstube ist urig, der große Saal hell und modern. Neben Pfälzer Klassikern bietet die Karte eine leckere gutbürgerliche, preiswerte Vielfalt. Di–So täglich ab 11 Uhr. Weinstr. 126, ✆ 06322/5300, www.weick-kallstadt.de.

Gästehaus im Kirschgarten. Schöne Gästezimmer, alle mit Bad und teilweise Balkon. Durch die Lage am Ortsrand kann man weit in die Weinberge blicken. DZ ab 63 €. Hebengasse 9a, ✆ 06322/959346, www.kirschgarten.net.

Landhaus Kronenberg. Etwas außerhalb des Ortes gelegenes Weingut mit freundlichen Gästezimmern im klassischen, hellen Landhausstil. DZ ab 100 €. Riedweg 8, ✆ 06322/67219, www.landhaus-kronenberg.de.

Weingut am Nil. Seit 2010 hat das Traditionsweingut Schuster eine komplett neue Identität: Opulent, modern und freundlich ist die Vinothek mit den fantastischen Zimmern geraten. Die Küche ist vorwiegend mediterran-experimentell. Übrigens: Nil ist der Name einer alten Parzelle, die heute Teil des Kallstadter

Saumagens ist. Hauptgerichte 10–32 €, DZ ab 135 €. Mi–Fr 16–22 Uhr, Sa 15–22 Uhr, So 12–21 Uhr. Wegen Gesellschaften öfter mal geschlossen. Neugasse 21, ☎ 06322/9563160, www.weingutamnil.de.

Gutsschänke Klein. In der rustikalen, freundlich geführten Weinstube am südlichen Ortsende werden vorwiegend deftige Gerichte aus der Pfälzer Küche serviert. Im Sommer Terrasse mit weitem Blick in die Rheinebene. Geöffnet ab 17 Uhr, So ab 11 Uhr, Di Ruhetag. Weinstr. 28, ☎ 06322/4560, www.weingut-klein-kallstadt.de.

Weinstube Bühler. Auf der großen, mediterran bepflanzten Terrasse oder in den beiden Weinstuben sitzt man gemütlich. Die einfachen, aber dennoch einfallsreichen kleinen Gerichte sind preiswert und lecker. Schöne, ruhige Lage am Ortsrand unterhalb des Kallstadter Saumagens. Tischreservierungen werden nicht angenommen. März bis Mitte Aug. und Okt. bis Mitte Dez. Fr/Sa 16–22 Uhr,

So ab 12 Uhr. Backhausgasse 2, ☎ 06322/61261, www.buehler-pfalz.de.

Weinhaus Henninger. Ob im schön möblierten Hof mit viel Grün oder in den charmanten alten Gasträumen – hier kann man deftige und modern verfeinerte Pfälzer Spezialitäten genießen. Bei der grundlegenden Sanierung 2013 blieb viel vom alten Charme erhalten, er wurde aber modern und frisch interpretiert. Die Zimmer/Suiten wirken sehr urban und elegant. Der Bezug zum Saumagen ist hier ein ganz besonderer: Die frühere Wirtin Luise Henninger war es, die nach dem Ersten Weltkrieg den vergessenen Saumagen wiederentdeckte und zu einem Pfälzer Renner werden ließ. DZ ab 110 €, Hauptgerichte 15–30 €. Mo ab 18 Uhr, Di–Fr 12–14 und 18–22 Uhr, Sa/So und feiertags ab 12 Uhr durchgehend. Weinstr. 93, ☎ 06322/2277, www.weinhaus-henninger.de.

Beim **Winzerhof Walter Henninger** gibt's sechs Stellplätze mit Strom, Wasser etc. 8 €. Weinstr. 2, ☎ 06322/1355.

Mittelhaardt

Zwischen Bad Dürkheim und Neustadt verläuft die Weinstraße nah am Rande des Pfälzerwalds. Die vorgelagerten Hügel der Haardt sind hier klimatisch besonders begünstigt. Schon im März blühen die Mandelbäume entlang der kleinen Straßen und läuten mit ihren hellrosa Blüten das Frühjahr ein.

Neustadt am südlichen Ende der Mittelhaardt ist neben Landau die bedeutendste Stadt an der Weinstraße und für jene, die mit dem Zug kommen, Endpunkt oder letzte Umsteigestation der Reise. Am nördlichen Ende dieses Weinstraßenabschnitts zieht die gemütliche Kurstadt Bad Dürkheim vor allem an schönen Herbstwochenenden die Besucher scharenweise an. Dazwischen liegen die bekannten Weinorte Wachenheim, Forst und Deidesheim, in denen viele der großen und namhaften Weingüter der Pfalz zu finden sind. Mit Efeu, Oleander und Feigen begrünte Höfe und gemütliche Weinstuben

laden ein, sich in dem einen oder anderen Ort länger aufzuhalten. Die höher gelegenen nördlichen Vororte von Neustadt sind bekannt für ihre Mandelblüte, die die kleinen Straßen zwischen Gimmeldingen und Königsbach im Frühjahr in ein rosa Blütenband verwandelt. Der Termin für das dazugehörige Mandelblütenfest wird jedes Jahr neu festgesetzt: Gefeiert wird, wenn die Blüte auf ihrem Höhepunkt ist.

■ Informationen zur Region erteilt Deutsche Weinstraße e. V., Martin-Luther-Str. 69, 67433 Neustadt, ☎ 06321/912333, www.deutsche-weinstrasse.de.

An der Deutschen Weinstraße → Karten S. 82 und 149

Das Herz Bad Dürkheims: der Römerplatz

Bad Dürkheim

Die 19.000 Einwohner zählende Kurstadt ist aufgrund der schönen Lage am Rande des Pfälzerwalds und der guten Verkehrsanbindung ein beliebter Wohn- und Ausflugsort. Im Frühjahr und Sommer zieht es viele Gäste in den Kurpark, im Herbst kommen Hunderttausende, um den Dürkheimer Wurstmarkt zu besuchen.

Von Ludwigshafen über die Autobahn kommend, sieht man vom Feuerberg auf die Häuser von Bad Dürkheim, dem Hauptort der nördlichen Mittelhaardt, herunter. Sie schmiegen sich dort, wo die Isenach den Pfälzerwald verlässt, an die bewaldeten Hänge. Nördlich vom Zentrum liegt der riesige **Wurstmarktplatz**, der je nach Wetter und Jahreszeit leer und verlassen wirkt oder von Autos und Bussen belagert wird. An seinem Ende steht das Dürkheimer Riesenfass, eines der Wahrzeichen der Stadt.

Erst im Zentrum mit seinen teilweise kopfsteingepflasterten Straßen und der gemütlichen Fußgängerzone spürt man etwas von dem besonderen Flair der Stadt, die beschaulicher Kurort, geschäftige Kleinstadt, traditionelles Winzerdorf und beliebtes Ausflugsziel in einem ist. An der Weinstraße in der Stadtmitte reihen sich der Obermarkt, auf dem zweimal in der Woche ein winziger Markt mit regionalen Spezialitäten stattfindet, der baumbestandene, rechteckige Stadtplatz mit einigen Parkplätzen und Geschäften sowie der **Römerplatz**, das historische Zentrum Bad Dürkheims. Hier stehen die Tische und Stühle der Eisdielen und Restaurants bis weit in den Oktober hinein um einen zentralen Brunnen, der viele Kinder zum Spielen einlädt.

Vom Römerplatz führt die überschaubare Fußgängerzone in einem kleinen

Bogen zu der nach Plänen des Karlsruher Architekten und Stadtplaners Friedrich Weinbrenner im klassizistischen Stil erbauten **Stadtkirche St. Ludwig.** Zusammen mit dem Kurhaus rahmt die Kirche den oberen Teil des Kurparks ein. Ihr Turm überschaut den großzügig wirkenden unteren **Kurpark** mit Café und Bistro, Kneippbecken, Spielplatz und Blumenbeeten. Vor allem die baumbestandenen Wiesen verleihen dem insgesamt eher kleinen Park seinen einladenden Charakter. Seit 2013 fließt die Isenach, nachdem sie jahrzehntelang kanalisiert unter der Stadt hindurchführte, nun mitten durch den Kurpark. Mit Brücken, Sitzgelegenheiten und einem großzügigen Wasserspielbereich für Kinder hat sie dem Kurpark neues Leben eingehaucht. Im Osten fließt sie entlang des 333 m langen **Gradierbaus,** in dem salzhaltiges Wasser über Reisig rieselt. Die dabei erzeugte hohe Luftfeuchtigkeit sorgt an heißen Sommertagen für angenehme Kühlung, das Salz soll Atemwegsbeschwerden lindern. Bei einem Großbrand wurde der Gradierbau 2007 weitgehend zerstört, anschließend jedoch in leicht veränderter Form wiederaufgebaut.

Am zweiten und dritten Septemberwochenende verändert Bad Dürkheim jedes Jahr sein Gesicht: Dann ist **Wurstmarkt.** Während des angeblich größten Weinfests der Welt, das bei genauer Betrachtung eher eine Mischung aus Kerwe und Volksfest ist, pilgerten zuletzt über 650.000 Besucher in die ansonsten eher gemütliche Kleinstadt. Das Fest kann auf eine lange Tradition zurückblicken: Um die Pilger, die seit dem 12. Jh. Ende September zur Wallfahrtskapelle auf den Michelsberg kamen, mit Speis und Trank zu versorgen, veranstalteten Dürkheimer Händler und Winzer 1417 erstmals den Michaelismarkt. Der Name Wurstmarkt, der den Akzent auf die seinerzeit bevorzugte Speis zum Trank legt, kam dagegen erst im 19. Jh. auf. Heute kann man zwischen allerlei verschiedenen Angeboten wählen: Ausschließlich Dürkheimer Winzer schenken ihren Wein in den traditionellen Schubkarchständen aus, in denen man auf engen Holzbänken mit den Tischnachbarn rasch ins Gespräch kommt. Komfortabler und kulinarisch extravaganter geht es im Weindorf zu, in dem bisweilen auch bekannte Köche ihre Kreationen feilbieten. Zum Tanzen eignen sich die großen Festzelte mit Livebands. Und dann sind da natürlich noch die großen Fahrgeschäfte, die Kinder und Junggebliebene gleichermaßen begeistern. Wenn von Weitem das Riesenrad zu sehen ist, weiß man, es ist wieder Wurstmarkt.

■ Weitere Infos unter www.duerkheimer-wurstmarkt.de

Geschichte

Schon die Kelten siedelten in den Wäldern um Bad Dürkheim. Noch heute zeugen der keltische Ringwall nördlich der Innenstadt und Fundstücke aus Gräbern von der Besiedlung ab etwa 1200 v. Chr. Mit den Römern kamen dann der Weinbau und eine erste intensive landwirtschaftliche Nutzung. 1981 fand man nahe dem Bad Dürkheimer Ortsteils Ungstein eine römische Tretkelter, in der bereits um das Jahr 200 Wein hergestellt worden war. Imposant ist der ebenfalls in dieser Zeit entstandene Steinbruch Kriemhildenstuhl oberhalb des Stadtzentrums.

Seinen Aufstieg zum Kurort verdankt Dürkheim dem salzhaltigen Wasser seiner zahlreichen Quellen. Vermutlich wurde hier bereits seit dem 14. Jh. Salz gewonnen. Da der Salzgehalt in den Quellen jedoch gering war, errichtete man Gradierwerke, mit denen die Konzentration erhöht und die Ausbeute an Salz vergrößert werden sollte. Von den einst sechs Dürkheimer Gradierwerken existiert heute nur noch eines. Nachdem Dürkheim 1847 „Solbad" wurde, begann man mit dem Bau des

An der Deutschen Weinstraße → Karten S. 82 und 149

oberen Kurparks und des ersten Bade-
hauses. Seit 1904 darf sich die Stadt
„Bad" nennen. Der Erfolg des Dürkheimer Heil- und Kurbetriebes basierte
auch auf der belebenden Wirkung des
Dürkheimer Heilwassers. Dessen positive Eigenschaften wurden auch dann
nicht in Frage gestellt, als 1906 ein
hoher Anteil an Arsen im Wasser der
Maxquelle gefunden wurde. Im Gegen-
teil: Nach dem damaligen Verständnis
half Arsen gegen Rachitis, Magersucht
und Appetitlosigkeit. Erst ab 1960 wurde auf die Gabe des giftigen Arsen-
wassers verzichtet.

Im Laufe des 20. Jh. entwickelte sich
Bad Dürkheim zu einem gefragten
Fremdenverkehrsort. Zuletzt war es vor
Ludwigshafen und Speyer die Gemeinde mit den meisten Gästeüber-
nachtungen in der Pfalz. Das warme
Klima und die mediterranen Pflanzen
führen dazu, dass es bisweilen als
„pfälzisches Meran" bezeichnet wird.
Auch wenn dies etwas übertrieben
scheint, so haben beide Orte doch eines
gemein: Der Wein ist zusammen mit
dem Kurtourismus ein bedeutender
Wirtschaftsfaktor und Grundlage der
kulturellen Identifikation.

Sehenswertes

Klosterruine Limburg: Oberhalb des
Bad Dürkheimer Stadtteils Grethen
liegt die Klosterruine Limburg an einer
Enge des Isenachtals. Die geschützte
Lage auf dem Lintberg machten sich
bereits die Kelten zunutze, die hier lange vor dem Bau der ersten Burg einen
Fürstensitz unterhielten. Nachdem der
Salier Konrad II. 1024 zum römisch-
deutschen König gewählt worden war,
wurde der Umbau der als Hofburg
genutzten Limburg in ein Kloster voran-
getrieben, um das Seelenheil der Familie zu retten. Die kreuzförmige Säulen-
basilika entstand der Legende nach
gleichzeitig mit dem Speyerer Dom.
1042 war das Bauwerk vollendet und

wurde zu Ehren des Heiligen Kreuzes
und der Jungfrau Maria geweiht.

Die hier lebenden Benediktinermön-
che wurden unter den Schutz der Grafen von Leiningen gestellt, was jedoch
nicht lange gut ging. 1220 erbauten die
Grafen in unmittelbarer Nähe des Klosters die militärisch genutzte Hardenburg, obwohl sich der Abt ausdrücklich
dagegen ausgesprochen hatte. Und als
die Limburg zu Beginn des 16. Jh. an
die Kurfürsten zu Heidelberg fiel und
trotz ihrer monastischen Funktion zunehmend auch militärisch genutzt wurde, standen sich die nur einen Katzen-
sprung voneinander entfernten Burgen
oberhalb des Isenachtals feindlich gegenüber. 1504 stürmten die Harden-
burger zusammen mit den Bewohnern
Dürkheims das stattliche Kloster und
brannten es aus. Ein Teil der Kostbar-
keiten konnte zwar schon zuvor nach
Speyer in Sicherheit gebracht werden,
die meisten Schätze jedoch gingen in
Flammen auf. Der einzige übrig gebliebene Turm prägt noch heute die Silhouette der in den Abendstunden imposant angestrahlten Limburg-Ruine.

Verschiedene Versuche, die Limburg
wiederaufzubauen und als geistlichen
Ort zu bewahren, scheiterten. Der
Standort war strategisch zu bedeutsam,
um ausschließlich friedlich genutzt zu
werden, und so wurde die Limburg seit
dem Westfälischen Frieden nicht mehr
von Mönchen bewohnt. 1843 kaufte die
Stadt Dürkheim die historischen Gemäuer, um sie vor dem Zerfall zu bewahren. Die unter dem Chor gelegene
Krypta wurde inzwischen nach historischen Vorbildern wiederaufgebaut; im
Schiff ist das Grab Gunhilds, der Ge-
mahlin Heinrichs III., zu bestaunen.

▪ 9–17.30 Uhr, Eintritt frei.

Burgruine Hardenburg: Oberhalb des
heutigen Ortsteils Hardenburg an der
Straße von Bad Dürkheim nach Kaiserslautern befinden sich die Reste der
gleichnamigen Burg, der zweitgrößten

in der ganzen Pfalz. Noch heute zeugen die imposanten 7 m dicken Mauern und die ausgedehnten Kelleranlagen davon, wie gewaltig das zwischen 1500 und 1590 von den streitbaren Grafen von Leiningen auf den Mauern einer älteren Anlage erbaute Residenzschloss einst über die Talenge geherrscht haben muss. Da die Leininger zum Bau ihrer Burg teilweise das Land der Abtei Limburg enteignet hatten, waren sich die Nachbarn nie besonders wohlgesonnen gewesen. Auch nach Erfindung der Feuerwaffen wurde die Hardenburg genutzt, selbst den Dreißigjährigen Krieg überstanden die Mauern ohne größere Schäden, bis sie im Zuge der Französischen Revolution 1794 schließlich niederbrannten. Heute können weite Teile der Anlage besichtigt werden. Ein kleines, ansprechend gestaltetes Besucherzentrum vermittelt die Geschichte der Burg.

Nicht weit von der Hardenburg liegen auf der gegenüberliegenden Talseite die spärlichen Überreste zweier weiterer Burgen. Von der *Burg Schlosseck* sind noch Teile der ursprünglichen Ringmauer und der Stumpf des fünfseitigen Bergfrieds zu sehen. Das spätromanische Eingangsportal wurde Mitte des 19. Jh. aus Fundstücken wiederaufgebaut. Vermutlich wurde die zwischen dem 9. und 10. Jh. entstandene Burg seit Fertigstellung der Hardenburg nicht mehr bewohnt. Von der weiter westlich gelegenen *Burg Nonnenfels* aus dem 13. Jh. sind nur wenige Überreste und eine Felsenkammer zu erkennen.

■ Parkplatz im Ortsteil Hardenburg, von dort 10 Min. zu Fuß. Tägl. außer Mo 9–17 Uhr, März bis Okt. bis 18 Uhr, im Dez. und Jan. geschlossen. Eintritt 4,50 €, ermäßigt 3,50 €, Kinder und Jugendliche 2,50 €. Informationen bei der Burgverwaltung Hardenburg, ☎ 06322/7530. Mai bis Okt. Führungen jeden Sa um 14.30 Uhr, 4,50 € plus Eintritt. Auskünfte bei der Tourist-Info. Die Ruinen Nonnenfels und Schlosseck sind frei zugänglich.

Michaeliskapelle: Oberhalb der Saline am nordöstlichen Ortseingang liegt die Michaeliskapelle, von der man einen schönen Blick auf die Stadt und die Hügel der Haardt hat. Bereits Mitte des 12. Jh. stand hier eine Kapelle, zu der am Namenstag des heiligen Michael am 29. September alljährlich viele

Die Klosterruine Limburg oberhalb von Bad Dürkheim

Pilger kamen. Die Dürkheimer Bauern und Winzer machten sich den Besucherandrang zunutze und verkauften Wein und Speisen an die hungrigen Gläubigen. Der daraus entstandene Michaelismarkt, Vorläufer des heutigen Wurstmarkts, wurde zu einem festen Bestandteil des Dürkheimer Lebens und überstand auch den Abriss der Pilgerstätte im Jahr 1601. Die heutige Kapelle auf dem Michelsberg entstand erst 1990 durch Spenden von Dürkheimer Bürgern, die so an die Entstehungsgeschichte des Wurstmarkts erinnern wollten.

Römische Kelter: Nördlich des Stadtteils Ungstein zweigt ein Feldweg von der B 271 links zu einer 1981 zufällig entdeckten römischen Kelter und dem dazugehörigen Herrenhaus ab. Die frei zugängliche Anlage entstand rund 200 n. Chr. und wurde in den vergangenen Jahren teilweise rekonstruiert. So kann man beim Anblick der großen Kelterbecken erahnen, wie die Römer hier ihren Wein produzierten: Mit bloßen Füßen standen sie knietief in den Trauben, deren Saft in einem tiefer liegenden Becken aufgefangen und von dort in Holzfässer abgefüllt wurde. Rund 200 Jahre lang muss hier auf diese Art Wein produziert worden sein, bevor es nach dem Einfall der Alamannen zur Zerstörung des Kelterhauses kam. Jedes Jahr findet hier Ende Juli ein Weinfest statt, bei dem nach römischem Brauch gekeltert und gegessen werden kann.

Kurhaus: Das klassizistische Gebäude wurde in den 1820er-Jahren nach Plänen des Karlsruher Baumeisters Friedrich Weinbrenner auf den Grundsteinen des 1794 niedergebrannten Residenzschlosses der Grafen von Leiningen errichtet. Zunächst wurde es als Rathaus, ab 1836 dann als Kurhaus genutzt. Neben dem Kurparkhotel beherbergt das Haus heute v. a. das 1949 eröffnete Casino.

▪ Die Spielbank (☎ 06322/94240) ist tägl. geöffnet. Das Automatenspiel beginnt ab 11 Uhr,

Im neu gestalteten Kurpark

das Große Spiel ab 14 Uhr und Black Jack ab 18 Uhr. Den Besuchern (ab 18 J.) wird angemessene Kleidung empfohlen. Schlossplatz 6, www.casino-bad-duerkheim.de.

Pfalzmuseum für Naturkunde: Auf Betreiben des Deidesheimer Arztes Carl Heinrich Schultz wurde 1840 die naturwissenschaftliche Gesellschaft *Pollichia* gegründet. Der Botaniker Johann Adam Pollich, der 1777 die erste umfassende Beschreibung der pfälzischen Pflanzenwelt veröffentlicht und damit weltweit Bedeutung erlangt hatte, gab der Vereinigung ihren Namen. Heute hat der Naturkunde- und Naturschutzverein Pollichia rund 3000 Mitglieder und betreibt das seit 1981 bestehende und 2008 erweiterte Pfalzmuseum für Naturkunde. Der Besucher kann sich auf 1400 m² Ausstellungsfläche nicht nur einen Überblick über die Tier- und Pflanzenwelt der Region verschaffen, sondern lernt auch einiges über die Geologie und die Entstehungsgeschichte des Naturraumes.

■ Di–So 10–17 Uhr, Mi bis 20 Uhr. Eintritt 2 €, ermäßigt 1,30 €, Familienkarten 4,10 €. Grethen, Kaiserslauterer Str. 111, ✆ 06322/94130, www.pfalzmuseum.de.

Stadtmuseum im Kulturzentrum Haus Catoir: In dem 2016 neu gestalteten Museum wird die bewegte Geschichte der kleinen Kurstadt mit interessanten Exponaten dokumentiert. Zu Bestaunen gibt es u. a. einen Schubkarren aus dem 19. Jh., mit dem einst die Weine zu den Schubkarchständen des Wurstmarktes transportiert wurden, und eine Arsenwasserflasche aus dem Jahr 1910, in der das Dürkheimer Heilwasser verkauft wurde. Der Gewölbekeller des Hauses widmet sich der Geschichte des Weinbaus in der Region.

■ Tägl. außer Mo 14–17 Uhr. Eintritt frei. Römerstr. 20, ✆ 06322/8485.

Riesenfass: Das mit rund 1,7 Mio. Litern Fassungsvermögen größte Weinfass der Welt wurde 1934 von dem Küfermeister Fritz Keller erbaut und gilt als Wahrzeichen der Stadt. Für den Bau wurden im Schwarzwald fast 200 Tannen gefällt und nach Bad Dürkheim transportiert, wo aus einer Tanne jeweils eine der 178 Fassdauben gesägt wurde. In dem gewaltigen Fass mit 13,5 m Durchmesser wurde allerdings nie Wein gelagert. Es war von Anfang an als Gaststätte konzipiert und erfüllt auch heute noch diesen Zweck (→ Essen und Trinken, S. 110).

Service/Einkaufen   → Karte S. 108/109

Information   Tourist Information Bad Dürkheim, Kurbrunnenstr. 14, 67098 Bad Dürkheim, ✆ 06322/935140, www.bad-duerkheim.com. Mo–Fr 9–18 Uhr, Sa/So und feiertags außer im Januar 9.30–15 Uhr.

Einkaufen   Weindom 7 Am Wurstmarktplatz neben dem Riesenfass gelegen. Bietet eine große Auswahl an Weinen Dürkheimer Winzer und dazu passenden Accessoires. Tägl. 10–18 Uhr. St.-Michaels-Allee 10, ✆ 06322/94920, www.weindom.de.

Mein Tipp **Haus der guten Weine 13** Dass die Welt des Weins nicht an den Pfälzer Grenzen endet, zeigt Steffen Michler in seinem erstklassig sortierten Weingeschäft am Römerplatz. Im Angebot sind auch Käse, ausgewählte Wurstwaren und Schokolade. Freundliche und kompetente Beratung, die angebotenen Weinseminare haben Tiefgang. Seminare zu Wein und Whiskey ab 25 €. Di–Do 10–18 Uhr, Fr 10–19 Uhr, Sa 10–14 Uhr. Römerplatz 13, ✆ 06322/955331, www.weinsensorik.de.

Weingut Fitz-Ritter 6 Eines der prächtigsten und ältesten (seit 1785) Weingüter Bad Dürkheims, in dem guter Wein und Sekt entstehen (VDP-Mitglied). Das Weingut bewirtschaftet auch den einst zum Kloster Limburg gehörenden Abtsfronhof, der umgeben von Kurpark und Straßen mitten in der Stadt liegt.

Auch Zimmer ohne Frühstück ab 50 €. Weinverkauf in der eleganten Vinothek Mo–Fr 9–18 Uhr, Sa/So 11–17 Uhr. Weinstraße Nord 51, ✆ 06322/5389, www.fitz-ritter.de.

Vier Jahreszeiten 19 In der Winzergenossenschaft mit ausgezeichnetem Ruf stehen rund 150 Weine zur Auswahl, die Jahresproduktion liegt bei 4,5 Mio. Flaschen. Verkosten kann man die Weine in einem angenehmen Ambiente. Mo–Fr 9–17 Uhr, Sa bis 14 Uhr. Limburgstr. 8, ✆ 06322/94900, www.vj-wein.de.

Weingut Hensel. Modernes Weingut mit viel Elan und guten bis sehr guten Weinen. Der englische Weinjournalist Stuart Pigott meint: „Hensel ist ein Phänomen, jung, cool und kreativ!" Mo–Sa 9–12 und 13–17.30 Uhr, Sa 9–16 Uhr. In den Almen 13, ✆ 06322/2460, www.henselwein.de.

Weingut Pfeffingen 3 Eines der führenden Weingüter Bad Dürkheims (VDP-Mitglied) produziert im kleinen Weiler Pfeffingen klare, elegante Weine mit viel Frucht. Neben Riesling und Scheurebe gibt es ein kleines, feines Angebot an Spätburgundern. Mo–Fr 8–12 und 13–18 Uhr, Sa 9–12 und 13–16 Uhr. Pfeffingen, ✆ 06322/8607, www.pfeffingen.de.

Buchhandlung Frank 15 Buchhandlung am Stadtplatz mit vielseitigem Sortiment. Gute Auswahl an Landkarten und Regionalia. Mo–Fr

9–18.30 Uhr, Sa 9–16 Uhr. Römerstr. 14, ℡ 06322/9559139, www.buecher-frank.de.

Fahrrad Zweirad Tempel **16** Kleines Fahrradgeschäft mit Werkstatt. Räder können ohne Voranmeldung zur Reparatur abgegeben werden. Mo–Fr 9–18.30 Uhr, Sa 9–14 Uhr. Leininger Str. 5, ℡ 06322/2267, www.der-fahrrad-tempel.de.

Sport/Kultur

Baden Salinarium. Freizeitbad mit Innen- und Außenbereich, außen mit Rutsche, 50-m-Becken und großer Liegewiese, verschiedene Saunen. Di–Fr 9–22 Uhr, Mo bis 17.45 Uhr, Sa/So und feiertags bis 21 Uhr. Sauna meist 10–22 Uhr, Mo ab 12 Uhr. Erwachsene 6,95 €, Kinder ab 6 J. 3,90 €, Sauna 14,60 € bzw. 11 €. Kurbrunnenstr. 28, ℡ 06322/935865, www.salinarium.de.

Spielplätze Am südlichen Rand des Kurparks liegt ein großzügiger und grüner Spielplatz, zwischen Saline und Wurstmarktplatz der neue und sehr gelungene Wasserspielplatz. Im Zentrum lädt der Platz vor der Pestalozzischule zum Spielen ein (Schulplatz bei der Schlosskirche).

Tennis Tennisclub Schwarz-Weiß. Dreizehn Plätze und eine Halle mit drei Feldern, Kanalstr. 44, ℡ 06322/5360, www.tennisclub-bad duerkheim.de.

Wandern Die Wandermöglichkeiten rund um Bad Dürkheim sind nahezu unbegrenzt. Ausgangspunkte für zahlreiche Touren sind der Bahnhof und das Riesenfass. Besonders reizvoll sind Wanderungen (blau oder rot-weiß markiert) über den römischen Steinbruch **Kriemhildenstuhl** und die **Heidenmauer**, Reste einer um 500 v. Chr. angelegten Siedlung auf dem Kästenberg, bis hinauf zum auf dem Peterskopf erbauten **Bismarckturm**. Von dort erreicht man in wenigen Minuten das **Forsthaus Weilach** (unbewirtschaftet) mit Busanbindung (3-mal tägl. Linie 488 vom/zum Bad Dürkheimer Bahnhof). Von der Stadtmitte aus führt ein schöner Weg am Friedhof entlang und über die Limburgstraße zu den Ruinen **Limburg** und **Hardenburg**. Westlich des Bad Dürkheimer Ortsteils Seebach liegt der Parkplatz an den Drei Eichen (Zufahrt über Seebacher Straße/Hammelstalstraße), ein idealer Ausgangspunkt für Wanderungen ins Hammels- und Poppental und nach Wachenheim.

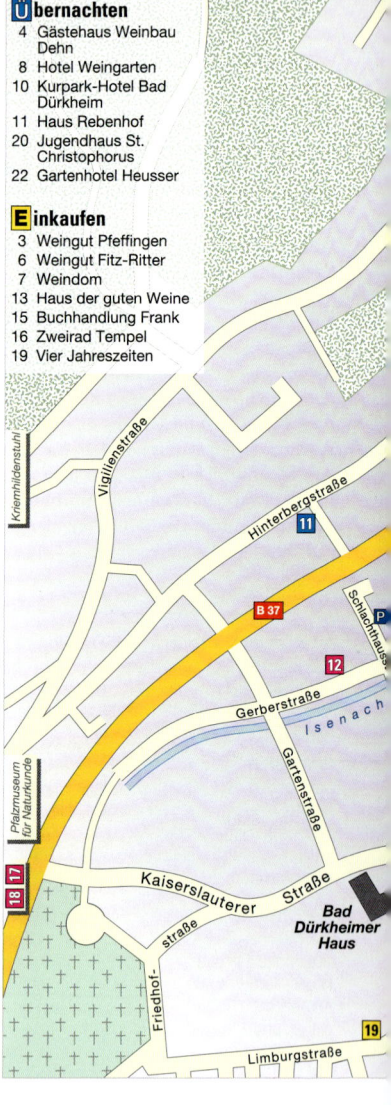

An der Straße durch das **Jägertal** in Richtung Kaiserslautern befinden sich zahlreiche Gaststätten mit Wanderparkplätzen. Am Wurstmarktplatz beginnt der **Geo-Erlebnispfad** mit zahlreichen Info-Tafeln zu Klima, Geologie und Kulturlandschaft.

Wellness Hamam. Traditionelles türkisches Reinigungsbad mit Massage. Mo Frauentag, Di Ruhetag, sonst gemischt. Mo–Fr 13–21 Uhr,

Essen & Trinken

1 Zum Herrenberg
2 Wolf's Brunnen
5 Dürkheimer Fass
12 Weinstube Bach-Mayer
17 Sommerresidenz Sieben Raben
18 Alte Schmelz
21 Die Zwiwwel
23 Käsbüro

Cafés

9 Pompöös Café
14 Eiscafe Cortina

Bad Dürkheim

50 m

Sa/So 9–17 Uhr, nur nach Terminvereinbarung. Kurbrunnenstr. 14, ☎ 06322/945081, www. hamam-badduerkheim.de.

Waldbaden. Achtsamkeitsübungen, Entspannung und Entdeckungen im Pfälzer Wald bietet Waldbademeister Martin Hengge an. Diverse Angebote für Erwachsene, Paare, Kinder und Jugendliche, 2 Stunden „Waldbaden für Erwachsene" kosten 19 €/Person. ☎ 06322/409

5793 (bitte auf den AB sprechen), www.wald baden-pfaelzerwald.de.

Veranstaltungen Neben dem **Wurstmarkt** im September lockt v. a. das an Christi Himmelfahrt und dem darauffolgenden Sonntag stattfindende **Stadtfest** mit Entenrennen und beliebten Live-Bands.

Im **Mai** wird in Bad Dürkheim besonders viel gelacht. Dann kommt der Radiosender SWR 3 mit seinem **Comedy Festival** für ein paar Tage in die Stadt und präsentiert auf verschiedenen Bühnen Stars der Comedy-Szene. Mit dabei war des Öfteren schon der an der Weinstraße geborene Comedian Bernhard Hoëcker.

Übernachten → Karte S. 108/109

**** Gartenhotel Heusser 22 Großes und gepflegtes Hotel mit japanischem Teepavillon und herrlichem Garten im Stadtteil Seebach oberhalb des Stadtkerns. Verschiedene Restaurants, vielseitige Wellnessangebote. DZ ab 159 €. Seebacher Str. 50–52, ☎ 06322/9300, www.hotel-heusser.de.

Im oberen Kurpark

**** Kurpark-Hotel Bad Dürkheim 10 Zentral gelegenes Hotel mit großzügigem Restaurant und modernem, gepflegtem Wellnessbereich. Die modernisierten Zimmer sind hell und freundlich. DZ ab 189 €. Schlossplatz 1–4, ☎ 06322/7970, www.kurpark-hotel.de.

**** Hotel Weingarten 8 In dem etwas abseits gelegenen Hotel garni sind die Zimmer schön groß, die Atmosphäre ist familiär. DZ ab 124 €. Triftweg 11a–13, ☎ 06322/94010, www.hotelweingarten.de.

Gästehaus Ernst Karst & Sohn. Von Reben umgebenes Weingut mit einladenden, hellen Zimmern am kleinen Flugplatz. DZ ab 80 €. In den Almen 15, ☎ 06322/2862, www.weingutkarst.de.

Gästehaus Weinbau Dehn 4 Im mitten in den Weinbergen gelegenen Dürkheimer Ortsteil Ungstein vermietet Familie Dehn stilvoll eingerichtete Zimmer und Ferienwohnungen. Auf dem Hof besteht auch die Möglichkeit zum Obst- und Weinkauf. DZ ab 84 €, Ferienwohnungen für 2–6 Pers. ab 65 €. Ungstein, Weinstr. 22, ☎ 06322/5402, www.weinbau-dehn.de.

Haus Rebenhof 11 Gut ausgestattete, moderne und familienfreundliche Ferienwohnungen für 2–6 Pers. Räder können geliehen werden. Ab 58 €. Hinterbergstr. 37, ☎ 06322/8096, www.hausrebenhof.de.

Jugendhaus St. Christophorus 20 Etwas abseits, aber schön gelegenes und gut eingerichtetes Bildungshaus des BDKJ, das allen Interessenten offensteht und über Einzel-, Doppel- und Mehrbettzimmer verfügt. DZ 40 €. Schillerstr. 151, ☎ 06322/63151, www.christophorushaus.de.

Knaus Campingpark. Großer und gut ausgestatteter Platz mit Badesee nordöstlich des Zentrums. Stellplatz ab 10 € (Zelt), Erwachsene ab 8,90 €, Kinder 4,70 €. In den Almen 3, ☎ 06322/61356, www.knauscamp.de.

Stellplatz für Wohnmobile am Stadtrand an der Straße in Richtung Leistadt (In der Silz). 24 Std. ab 6 €, Strom und Frischwasser kosten extra. Infos unter ☎ 06322/935140.

Essen und Trinken → Karte S. 108/109

Dürkheimer Fass 5 Von Souvenirbuden und Eisständen umgebenes, großes Restaurant direkt am Wurstmarktplatz, dennoch keine Massenabfertigung, sondern eine gepflegte regionale und internationale Küche. Hauptgerichte 13–27 €. Kein Ruhetag, tägl. 11.30–

Mediterrane Stimmung auf dem Dürkheimer Römerplatz

21.30 Uhr. St.-Michaels-Allee 1, ☎ 06322/2143, www.duerkheimer-fass.de.

Zum Herrenberg **1** Regionaltypische Speisen wie Bratwürste mit Sauerkraut, aber auch Kreatives wie Lammrücken mit Kartoffelpralinen oder Möhrensuppe mit Popcorn. Tolle Mischung bei engagiertem Service! Hauptgerichte 15–32 €. Mo und Di Ruhetag, sonst 11.30–14 und 17.30–21.30 Uhr, So 11.30–20 Uhr. Ungstein, Weinstr. 10, ☎ 06322/791492, www.zum-herrenberg.de.

Käsbüro **23** Direkt am heimeligen Seebacher Dorfplatz liegt das stilvolle Restaurant mit freundlicher Bedienung und einladenden Gasträumen. Trotz des Namens gibt es auf der kleinen, aber feinen Speisekarte nicht nur Käse. Die Preise sind gehoben, aber angemessen. Di Ruhetag, sonst ab 17 Uhr, So zusätzlich 12–15 Uhr. Seebach, Dorfplatz 1, ☎ 06322/680963, www.kaesbuero.de.

Mein Tipp **Die Zwiwwel** **21** Gemütliche Weinstube mit persönlicher Atmosphäre und stilvollem Ambiente. Neben einem vielfältigen Weinangebot gibt es auch einige klassische, fein zubereitete Gerichte (8–16 €). Im Sommer Plätze im Garten. Mo Ruhetag, sonst ab 17 Uhr. Seebacher Str. 13, ☎ 06322/9559310, www.weinstube-zwiwwel.de.

Eiscafé Cortina **14** Am zentralen und idyllischen Römerplatz gelegen, bietet dieses klassische Eiscafé schöne Sitzplätze im Freien, gutes Eis und bei schlechtem Wetter gibt es drinnen ausreichend Platz für einen wärmenden Cappuccino. Römerplatz 2, ☎ 06322/2688.

Pompöös Café **9** Gestaltet wurde das schön im Dürkheimer Kurpark gelegene Café vom Modeschöpfer Harald Glööckler, der selbst an der Weinstraße lebt – eine Mischung aus Opulenz und Moderne. Schon vor der Eröffnung brachte das Café der Stadt einigen Medienrummel ein. Tägl. 9–20 Uhr. Salinenstr. 7, ☎ 06322/9873003.

Weinstube Bach-Mayer **12** Gemütliche Weinstube in einem alten Winzerhof am Rand der Altstadt. Idyllischer Garten mit großen Bäumen und Laternen, deftige Leckereien mit österreichischem Einschlag. Hauptgerichte 15–25 €. Di/Mi geschlossen, Mo/Do/Fr ab 17 Uhr, Sa/So ab 12 Uhr. Gerberstr. 13, ☎ 06322/92120, www.bach-mayer.de.

Wolf's Brunnen **2** Gute Weine, Kaffee und Kuchen sowie Pfälzer Kost werden in traumhafter Lage am Rande des Ortsteils Ungstein geboten. Besonders schön ist es auf der „mediterranen" Wiese, wo man jedoch an schönen Wochenenden nur mit viel Glück einen freien Platz bekommt. Kleiner Spielplatz für Kinder.

An der Deutschen Weinstraße → Karten S. 82 und 149

Ab Mitte Juni Fr, Sa, So ab 12 Uhr, ab Mitte Juli bis 1. Nov. auch Mi und Do. Ungstein, Alter Dürkheimer Weg 7, ☎ 06322/63237, www.wolfsbrunnen.de.

Alte Schmelz 18 Tief im Tal der Isenach versteckt liegt 8 km westlich von Bad Dürkheim das einfache und freundliche Waldgasthaus. Vorbeifahrende Biker machen hier ebenso gerne Halt wie hungrige Wanderer. Nicht nur die Wildgerichte sind gut und preiswert. Di 11.30–14.30, Mi–So ab 11.30 Uhr bis etwa 20.30 Uhr. Alte Schmelz 1, ☎ 06322/8583, www.die-alte-schmelz.de.

Sommerresidenz Sieben Raben 17 Ausflugslokal im Isenachtal mit stilvoller Einrichtung, romantischem Garten. Klassische Küche, auch verschiedene Flammkuchen und vegetarische Speisen. Hauptgerichte 13–23 €. Auch drei DZ (ohne Frühstück) für 76 €. Mo und Di Ruhetag, Mi–Fr ab 17 Uhr, Sa/So ab 11.30 Uhr. Jägertal 8, ☎ 06329/1724, www.sieben-raben.de.

Radfahren & Wandern rund um Bad Dürkheim

🚴 Radtour 3: Auf den Spuren Kaiser Konrads durch die Pfalz

Am Morgen des 12. Juli 1030 soll Konrad II. den Grundstein für das Kloster Limburg bei Bad Dürkheim und am Nachmittag jenen für den Speyerer Dom gelegt haben. Der ausgeschilderte Kaiser-Konrad-Radweg verbindet die beiden Stationen und führt vom Rand des Pfälzerwalds durch die ebene Vorderpfalz an den Rhein (detaillierte Routenbeschreibung bei den Touristeninformationen in Bad Dürkheim und Speyer).

Der 35 km lange Weg nach Speyer beginnt am **Bad Dürkheimer Rathaus**

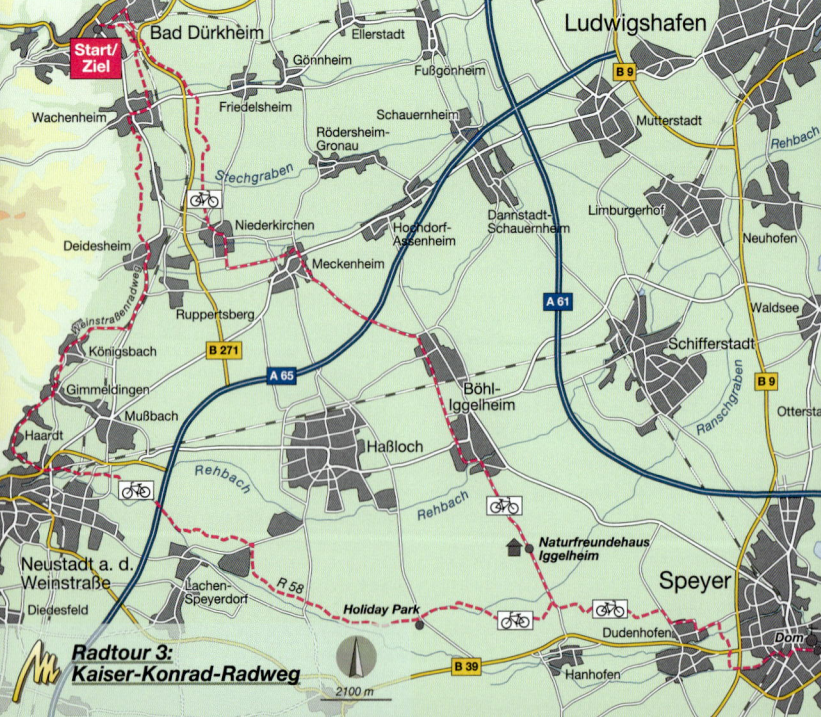

Radtour 3:
Kaiser-Konrad-Radweg

und verläuft durch die Weinberge über Niederkirchen nach Meckenheim. Schon bald macht der Wein Platz für weite Gemüsefelder und einige Pferdekoppeln, bis nach der Durchfahrt der Doppelgemeinde Böhl-Iggelheim der lichte **Dudenhofener Wald** beginnt. Kurz darauf lädt das beliebte **Waldhaus Da Claudio** zu einer Pause ein. Das Essen ist vielseitig und günstig, Kinder freuen sich über die Spielgeräte. An einigen Lichtungen vorbei geht es dann weiter bis nach **Dudenhofen** und über Felder und Wiesen nach **Speyer.** Hier kann man die Runde beenden und den Heimweg per Zug antreten (Rückfahrt ab dem Bahnhof Speyer stündlich mit zweimaligem Umsteigen in Schifferstadt und Neustadt) oder aber über Neustadt entlang der Weinstraße zurück nach Bad Dürkheim radeln (ca. 42 km). Dazu kehrt man zunächst auf gleicher Route über Dudenhofen zu einer **Waldlichtung** zurück und biegt hier in Richtung Neustadt ab (Wegweiser R 58). Der ausgeschilderte Radweg 58 führt am **Holiday Park** vorbei und meist am Waldrand entlang bis in den Randbereich von Neustadt. Dort kreuzt er den abwechslungsreichen **Weinstraßenradweg,** der durch die mal sanften, mal steileren Weinberge und die dazwischenliegenden Orte zurück nach Bad Dürkheim führt.

Waldhaus Da Claudio. Italienische Küche. Di–Sa 11.30–14.30 und 17.30–23 Uhr, So bis 21 Uhr. Hanhofer Str. 140, ℡ 06324/9714646, www.waldhaus-da-claudio.de.

GPS-Wanderung 1:
Auf dem Drachenfels → Karte S. 114

Der Pfälzerwald hat viele einprägsame Gipfel. Viele davon blicken auf die Rheinebene, in Richtung Odenwald oder Schwarzwald und bieten dem Wanderer an klaren Tagen ein herrliches Panorama. Der 571 m hohe Drachenfels dagegen vermittelt die Weite des Pfälzerwalds nach Westen, hinüber zum Donnersberg und bis zum Hunsrück.

Der Sage nach soll hier der Kampf Siegfrieds mit dem scheußlichen Drachen stattgefunden haben. In den heute zugänglichen Höhlungen Drachenhöhle und Drachenkammer soll der Lindwurm mit seinen glühenden Augen gehaust und in der ganzen Umgebung sein Unwesen getrieben haben, bis Siegfried ihn schließlich besiegte und in seinem Blut badete.

Vom Parkplatz am **Gasthaus Saupferch** 1 erfolgt auf dem blau markierten Weg der schöne, z. T. recht steile Aufstieg zum westlichen Gipfel, dem 551 m hohen **Westfels** 2. Oben angekommen, breiten sich die Berge und Täler des nördlichen Pfälzerwalds vor einem aus. Anschließend führt der Weg mit der blauen Markierung über das Gipfelplateau und biegt dann nach Osten steil ab. Zuvor sollte man jedoch einen kurzen Abstecher zum **Südfels** 3 mit den Resten einer römischen Befestigungsanlage unternehmen. Auf der Ostseite des Felsens laden **Drachenhöhle und Drachenkammer** zu weiteren Besichtigungen ein. Dann geht es zur **Wegkreuzung Sieben Wege** 4, wo man dem gelb und blau-weiß markierten Weg linker Hand folgt. Nach rund 1,5 km Anstieg ist auf 462 m Höhe die PWV-Hütte **Lambertskreuz** 5 erreicht, bei der ein altes römisches Wegkreuz an die lange Besiedlungsgeschichte der Region erinnert. Der Abstieg erfolgt entweder über den blau-rot markierten Weg zurück zum Saupferch (Runde insgesamt ca. 11 km) oder auf dem grün-weiß markierten Weg durch das wiesenreiche **Hammelstal** mit seinen vielen noch heute der Wasserversorgung dienenden Quellen bis Bad Dürkheim (15 km).

Saupferch. Einfaches, gepflegtes Waldgasthaus mit Terrasse. Gute Wildgerichte! Hauptgerichte 9–22 €. Meist Mi–So 11–19 Uhr. Im Jägertal, ℡ 06329/989021, www.saupferch.de.

Lambertskreuz-Hütte. Traditionsreiche Hütte des Pfälzerwald-Vereins, in der bereits seit 1909 Wanderer verpflegt werden. Neben

An der Deutschen Weinstraße → Karten S. 82 und 149

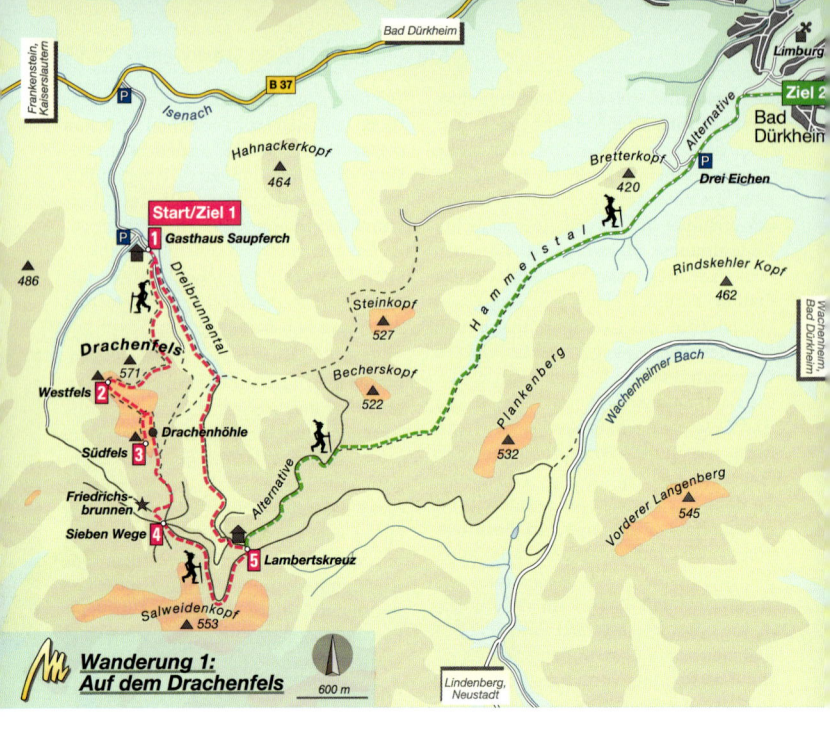

Start/Ziel 1

Gasthaus Saupferch

Drachenfels
571

Westfels 2

Drachenhöhle

Südfels 3

Friedrichsbrunnen

Sieben Wege 4

5 Lambertskreuz

Salweidenkopf
553

Dreibrunnental

Steinkopf
527

Becherskopf
522

Alternative

Hammelstal

Plankenberg
532

Alternative

Bretterkopf
420

Drei Eichen

Rindskehler Kopf
462

Wachenheimer Bach

Vorderer Langenberg
545

Hahnackerkopf
464

486

B 37

Isenach

Bad Dürkheim

Limburg

Ziel 2

Bad Dürkheim

Wachenheim, Bad Dürkheim

Frankenstein, Kaiserslautern

Wanderung 1:
Auf dem Drachenfels

600 m

Lindenberg, Neustadt

verschiedenen Gaststuben gibt es ein schönes Außengelände mit einem tollen Spielplatz. Die Gaststätte ist nur zu Fuß oder per Mountainbike zu erreichen. Di–So 10–18 Uhr, im Juli rund drei Wochen Sommerferien. ℘ 06321/188847, www.lambertskreuz.eu.

Wachenheim und Forst

Im Zentrum der Mittelhaardt liegen die Orte Wachenheim und Forst, an ihren Hauptstraßen reihen sich namhafte Wein- und Sektgüter aneinander. Über allem thront die Ruine Wachtenburg, von der aus man einen schönen Ausblick über die Rheinebene hat.

Das Wahrzeichen der kleinen Weinstadt **Wachenheim** sind die Reste der im 11. und 12. Jh. erbauten und bereits zum Ende des 15. Jh. wieder zerstörten Wachtenburg. Deren 22 m hoher Bergfried ist weithin sichtbar und erlaubt herrliche Ausblicke über den Ort und die Haardt. Auch die seit über 110 Jahren bestehende Winzergenossenschaft des Ortes hat sich den Namen der Burg zu eigen gemacht: Heute besteht die Wachtenburg Winzer eG aus 24 Fami-

lien und baut auf über 335 ha Fläche Wein an. Mit anhaltendem Erfolg: Schon mehrfach wurden die Wachtenburger zur besten Winzergenossenschaft Deutschlands gekürt.

Über die Grenzen der Pfalz hinaus kennt man Wachenheim auch wegen des hier produzierten Sekts und des dazugehörigen Schlosses. Dieses und viele andere prächtige Höfe aus dem 17. und 18. Jh. liegen entlang der engen Hauptstraße. Selbst wenn die Tore geschlossen sind oder die äußere Fassade eher unscheinbar wirkt, sollte man doch versuchen, den einen oder anderen Hof auch von innen zu Gesicht zu bekommen. Um die großen Höfe gruppieren sich z. T. herrschaftliche Wohnhäuser und weitläufige Wirtschaftsgebäude. In Wachenheim wird schon seit der Römerzeit Wein kultiviert. Die Reste der **Villa Rustica** im Osten der Gemeinde nahe der neuen B 271 zeugen von der römischen Besiedlung.

Südlich von Wachenheim liegt der kleine Ort **Forst,** der durch seine Weinlagen „Ungeheuer" oder „Pechstein" vielen Weinkennern ein Begriff ist. Hinter seiner verkehrsberuhigten, kopfsteingepflasterten Hauptstraße führen schmale Gässchen entlang meterhoher Mauern direkt in die Weinberge. Am nördlichen und südlichen Ortseingang warten steinerne Ungeheuer auf die Besucher – die beiden Skulpturen machen die Gäste gleich bei der Ankunft mit der wohl bekanntesten Weinlage des Ortes vertraut. Nach dem Genuss eines Ungeheuer-Rieslings des Weinguts Reichsrat von Buhl soll Fürst Otto von Bismarck angetan verkündet haben: „Dieses Ungeheuer schmeckt mir ungeheuer." Seit diesem Zeitpunkt ist der Name, der ursprünglich auf den Deidesheimer Stadtschreiber Johann Adam Ungeheuer zurückgeht und seit dem späten 17. Jh. verwendet wird, weit über die Grenzen der Pfalz hinaus berühmt. In Forst fällt v. a. die ab 1723 errichtete **Dorfkirche** ins Auge. Oberhalb des gewaltig wirkenden Kriegerdenkmals ragt der aus rotem Sandstein gebaute Kirchturm über den Ort und eine weitere bekannte Weinlage: das von Sandsteinmauern umgebene und deshalb klimatisch besonders begünstigte **Kirchenstück.** Durch die kleinräumigen Temperaturunterschiede entstehen nachts leichte Winde, welche die Feuchtigkeit aus dem Weinberg transportieren und so für ein gutes, trockenes Klima sorgen.

Westlich des Ortes erhebt sich der ca. 350 m hohe **Pechsteinkopf.** Der Berg, der vor rund 30 Mio. Jahren aus erkaltetem vulkanischem Magma entstand, gibt auch der Weinlage Pechstein ihren Namen. Noch bis in die 1980er-Jahre wurden im Steinbruch am Pechsteinkopf Basaltgesteine abgebaut und über eine Seilbahn ins Tal geschafft.

Sehenswertes

Wachtenburg: Heute dominiert der weithin sichtbare Bergfried der Wachtenburg nur noch optisch die Gemeinde. Die Zeiten, als der dort ansässige Burggraf die Gemeinde regierte, sind lange vorbei. Vermutlich wurden die Ursprünge der Anlage, v. a. der hohe Bergfried und die Schuldmauer, unter den von Hohenstaufen erbaut und später durch eine Ringmauer mit fünf Türmen, eine Burgkapelle und Nebengebäude erweitert. Aber schon 1470 wurde das Anwesen durch Kurfürst Friedrich I. zerstört und dann nie wieder aufgebaut.

Ruine Wachtenburg

An der Deutschen Weinstraße → Karten S. 82 und 149

Heute kommen die meisten Besucher wegen der Burgschänke mit ihrer über dem Ort thronenden Terrasse.

■ Mai bis Okt. Mi–Fr ab 12 Uhr, Sa ab 11 Uhr, So ab 10 Uhr, Nov. bis April nur Mi und Fr–So, ℘ 06322/64656.

Schloss Wachenheim: Ohne Übertreibung kann der Wachenheimer Sekt als der bekannteste der Pfalz bezeichnet werden. Seine Bedeutung für die kleine Stadt kommt in der zentralen Lage der Wachenheimer Sektkellerei zum Ausdruck: Das große Areal umfasst neben einigen Betriebserweiterungen des 20. Jh. v. a. das barocke Schloss, welches die

Das wohl bekannteste Sektschloss der Pfalz: Schloss Wachenheim

Etiketten der Wachenheimer Sekte zeigen. Teile der noch heute genutzten Anlage wurden 1725 von dem kurpfälzischen Hofgerichtsrat und Vizekanzler Freiherr Johann Georg von Sussmann auf den zerstörten Mauern eines alten Adelssitzes errichtet. Nachdem der Sussmann'sche Hof im Laufe des 19. Jh. gleich mehrmals seine Besitzer gewechselt hatte, kam die Anlage 1880 in Besitz der Weinhändlerfamilie Böhm. 1888 gründeten Friedrich und Ludwig Böhm zusammen mit dem Erfinder der Schaumweinherstellung im Fassgärverfahren, dem Stuttgarter Weinchemiker Friedrich Adolf Rheilen, die Deutsche Schaumweinfabrik in Wachenheim.

Seinen heutigen Charakter erhielt das Sektschloss schließlich zwischen 1924 und 1939. Der Betriebsleiter und Eigentümer Carl Josef Wagner gestaltete die Anlage nach seinen Vorstellungen um und ließ Eingangsportal und Verwaltungsbau neu errichten. Der 1927 entstandene Festsaal steht auch heute noch für Veranstaltungen zur Verfügung, und am Eingang erinnert ein Zierbrunnen an den Erfinder des Champagners, den Benediktinermönch Dom Perignon. Außer durch die Umgestaltung des Wachenheimer Schlosses machte sich Wagner v. a. durch die Einführung der Flaschengärung einen Namen und begründete damit den guten Ruf der Wachenheimer Sektkellerei. Gegen Ende seiner umfassenden Modernisierungen gab er dem Unternehmen schließlich auch seinen Namen: Sektkellerei Schloss Wachenheim AG. Seit 1996 ist das Wachenheimer Unternehmen Teil eines großen Sektkonzerns mit Sitz in Trier.

■ Kommerzienrat-Wagner-Str. 1, ℘ 06322/94 270, www.schloss-wachenheim.de.

Villa Rustica: Die 1980 bei einer Flurbereinigung im Osten von Wachenheim entdeckten Reste eines stattlichen römischen Landgutes dokumentieren die lange Tradition von Ackerbau und Weidewirtschaft in dieser Gegend. Großzügige Außenanlagen und eine komfortable Innenausstattung mit Bädern und Hypokaustheizung deuten auf einen Besitzer aus der Oberschicht hin. Vermutlich entstand das Anwesen rund um das u-förmige Herrenhaus etwa 20 n. Chr. und wurde in den anschließenden Jahrhunderten erweitert. Bis

Anfang des 5. Jh. waren die Gebäude bewohnt, dann wurde der Hof vermutlich infolge eines Germaneneinfalls fast vollständig zerstört. Die frei zugänglichen Ausgrabungen sind gut erläutert und ausgeschildert. Für Eilige befindet sich an der B 271 ein Rastplatz mit direktem Zugang zum Areal.

Kurpfalz-Park: In einem kleinen, bewaldeten Tal gelegener Wild- und Erlebnispark oberhalb von Wachenheim. Neben heimischen Wildtieren in großzügigen Gehegen gibt es eine Vielzahl verschiedener Attraktionen, die v. a. Kinder begeistern. Die Fahrten auf der 590 m langen Sommerrodelbahn oder auf einer der Riesenrutschen sind unvergessliche Erlebnisse. Schön sind auch die verwinkelte und weitläufige Spielburg und der riesige Abenteuerspielplatz mit verschiedenen Bereichen für unterschiedliche Altersgruppen. An heißen Sommertagen ist der Aufenthalt in dem hoch gelegenen Park trotz hoher Eintrittspreise eine erfrischende Alternative zur Weinstraße.

■ Apr. bis Okt. tägl. 9–17 Uhr, während der Hauptsaison bis 18 Uhr. Manchmal ist unter der Woche nur der Wildpark geöffnet. Erwachsene 16 €, Kinder 14 €. ☎ 06325/95900, www.kurpfalzpark.de.

Paul Tremmel

Zugegeben, für alle Nichtpfälzer sind die Werke von Paul Tremmel bisweilen schwer zu lesen. Für alle anderen ist er der Held der pfälzischen Mundartdichtung. Und vermutlich findet man keine Buchhandlung in der Region, in der nicht zumindest einige seiner Werke vorrätig sind. Dabei ist der 1929 in der Westpfalz geborene und lange in Forst lebende Autor ein Spätberufener, der erst mit Anfang vierzig zum Mundartdichter wurde. Zuvor kam nur der Familienkreis in den Genuss der schlagfertigen und witzigen, teils aber auch nachdenklichen Reime. Schon kurz nachdem er sich 1972 in die Öffentlichkeit gewagt hatte, erntete er erste Siege beim Bockenheimer Mundartdichterwettstreit. Und damit auch Zugezogene und Gäste die oft tiefsinnigen Pointen verstehen, hat er neben vielen Geschichten und Gedichten – über 30 Bücher sind mittlerweile veröffentlicht worden – auch Lehrbücher übers Pfälzische verfasst. „Uff pälzisch Pälzisch lerne. Kleines Lehrbuch für alle, die Pfälzer sind oder es werden wollen" heißt ein Werk, das den ehrgeizigen Versuch unternimmt, Nichtpfälzer in die Sprache der Region einzuführen.

Service

Information **Tourist-Information** Wachenheim, Weinstr. 15, 67157 Wachenheim, ☎ 06322/9580801, www.wachenheim.de. Nov. bis Febr. Mo–Fr 9.30–12.30 und 14–16 Uhr (außer Di), März bis Aug. Mo–Fr 10–12.30 und 14–17 Uhr, Sa 10.30–13 Uhr, Sept. und Okt. Mo–Fr 10–13 Uhr, Sa/So 10.30–14 Uhr.

Forst hat keine eigene Tourist-Info, Auskünfte erteilt die **Tourist-Information Deidesheim** (→ S. 124).

Fahrradverleih Leihräder und anderes Fahrradequipment bietet **Bella Bici.** Mo–Fr 9–18 Uhr, Sa 9–13 Uhr. Weinstr. 90, Wachenheim, ☎ 06322/9109373, www.shop-bellabici.de.

An der Deutschen Weinstraße → Karten S. 82 und 149

Einkaufen

Metzgerei Hambel. Manchmal scheint es, als könnte Klaus Hambel die Nachfrage nach seinem berühmten Saumagen kaum befriedigen. Seit Helmut Kohl hierherkam, um das Pfälzer „Nationalgericht" zu kaufen, ist die kleine, adrette Metzgerei in aller Munde. Das zugehörige Restaurant **Hambel's** bietet die Spezialitäten der Metzgerei in zubereiteter Form an (Di–Sa 11.30–14.30 Uhr, Do–Sa auch 17.30–23 Uhr, Bahnhofstr. 17, ℡ 06322/9563340). Mo/Di/Do/Fr 8–18.30 Uhr, Mi/Sa bis 13 Uhr. Wachenheim, Hintergasse 1, ℡ 06322/4613, www.metzgerei-hambel.de.

Sektkellerei Schloss Wachenheim. Hier entsteht der bekannte Wachenheimer Sekt (→ S. 116). Mo/Fr/Sa 10–18 Uhr, Do bis 20, Di/Mi 12–18, So 11–17 Uhr. Besichtigung/Sektprobe März bis Okt. So 11 Uhr, Do und Sa 14 Uhr, Nov. bis Febr. nur Sa 14 Uhr. 5 €/Pers. Wachenheim, Kommerzienrat-Wagner-Str. 1, ℡ 06322/9427380, www.schloss-wachenheim-pfalz.de.

Weingut Dr. Bürklin-Wolf. Eines der renommiertesten Weingüter der Mittelhaardt. Der Gault Millau spricht gar vom „vermutlich komplettesten Rieslingweingut der Welt". Das VDP-Weingut wird ökologisch bewirtschaftet, u. a. mithilfe von zwei gutseigenen Pferden. Zum Betrieb gehört auch das Hofgut Ruppertsberg. Verkauf in der eleganten Vinothek Di–Fr 14–18, Sa/So und feiertags 11–18 Uhr. Wachenheim, Weinstr. 65, ℡ 06322/953355, www.buerklin-wolf.de.

Weingut Jürgen Zimmermann. Kleines, aber feines Weingut, das mit viel Erfolg auf Riesling und Burgunder setzt. Mo–Fr 9–12 und 14–18 Uhr, Sa 9–15 Uhr. Wachenheim, Gra-

benstr. 5, ℡ 06322/2384, www.wein-zimmermann.de.

Weingut Eymann. In dem bereits in der Ebene gelegenen Gönnheim baut Rainer Eymann seit 1982 seinen Wein ökologisch an. Die hervorragenden Weine und Sekte können in der Weinstube gekostet werden, in der auch feine Pfälzer Gerichte aus hochwertigen Zutaten serviert werden (Do/Fr ab 18 Uhr, Sa ab 17 Uhr, vier Wochen im Sommer und im Jan./Feb. geschlossen). Weinverkauf Mo–Fr 8–19 Uhr, Sa 10–19 Uhr. Gönnheim, Ludwigstr. 35, ℡ 06322/2808, www.weinguteymann.de.

Weingut Georg Mosbacher. Fast 80 % der 23 ha umfassenden Rebfläche sind mit Riesling bestockt. Aufgrund der vielfältigen Lagen und der guten Kellerarbeit werden ganz unterschiedliche (feinfruchtige und trockene) Rieslinge erzeugt, die gemäß den VDP-Richtlinien klassifiziert werden. Ein Drittel der ökologisch erzeigten Weine wird inzwischen ins Ausland exportiert. Mo–Fr 8–12 und 13.30–18 Uhr, Sa 10–13, Apr.–Dez. bis 16 Uhr. Forst, Weinstr. 27, ℡ 06326/329, www.georg-mosbacher.de.

Weingut Acham-Magin. Die von Anna-Barbara Acham erzeugten Weine werden von Gault-Millau und Feinschmecker gelobt. Markenzeichen sind die kräftigen Rieslinge aus umweltfreundlich bewirtschafteten Weinbergen in Forst und Deidesheim. VDP-Betrieb, auch urige Weinstube mit Pfälzer Klassikern. Mi/Do ab 16 Uhr, Fr/Sa/So ab 12 Uhr. Weinverkauf Mo–Sa 10–12 Uhr, Mi–Sa auch 15–18 Uhr, So 11–13 Uhr. Forst, Weinstr. 67, ℡ 06326/315, www.acham-magin.de.

Sport/Kultur

Baden Freibad. Das 2005 komplett sanierte, zentral in Wachenheim gelegene Freibad ist von Mitte Mai bis Anfang Sept. tägl. 10–20 Uhr geöffnet. Eintritt 3,50 €, ermäßigt 2 €. Friedelsheimer Straße, ℡ 06322/7525.

Tennis Sportpark Friedelsheim. Hallen- und Freiplätze. Am Schwabenbachweg, Friedelsheim, ℡ 06322/92117, www.sportpark-friedelsheim.de.

Veranstaltungen Burg- und Weinfest Wachenheim. Weithin bekanntes Weinfest in

den Straßen des Zentrums bis hinauf zur Burg, alljährlich an zwei Wochenenden Mitte Juni.

Hanselfingerhut-Spiel. Seit 1722 wird alljährlich am dritten Sonntag vor Ostern in Forst der Winter ausgetrieben. Bevor er sein flammendes Ende findet, verwandeln Hanselfingerhut, Henrich-Fähnrich, die Nudelgret und viele Tausend Besucher die Dorfstraße in ein heiteres Theater. Auf dem Zug zum Festplatz neckt Hanselfingerhut junge Mädchen mit seinen Streichen. Die lange Tradition der Winterverbrennung geht vermutlich auf Schweizer Einwanderer zurück.

Weinkarussell beim Ungeheuer. Weinfest in den Höfen und Weinstuben entlang der Forster Hauptstraße am ersten Augustwochenende.

Wandern Vielfältige Wandertouren, u. a. **Weinwanderwege** mit einer Länge von bis zu 10 km. Der Pfälzerwald-Verein und die Tourist-Info bieten auch geführte Wanderungen an. Tourenvorschläge und Wanderprogramm bei der Tourist-Info.

Übernachten/Essen und Trinken

Übernachten   ** Rieslinghof.** Fünf ansprechend renovierte Gästezimmer in moderner Architektur. Das Haus gehört zum Weingut Zimmermann. DZ ab 110 €. Wachenheim, Weinstr. 86, ☏ 06322/9898920, www.rieslinghof.com.

Gästehaus Weingut Peter. Im Ort gelegenes Weingut mit modernen, nach Weinsorten benannten Zimmern. DZ ab 98 €, Ferienwohnungen ab 60 €. Wachenheim, Burgstr. 10, ☏ 06322/2010, www.weingut-peter.de.

Weingut und Landhotel Lucashof. Großzügige und helle Zimmer mitten in den Weinbergen östlich der Forster Umgehungsstraße. DZ ab 100 €. Forst, Wiesenweg 1a, ☏ 06326/336, www.lucashof.de.

Campingplatz Burgtal. Einfacher Campingplatz mit 40 Stellplätzen am westlichen Ortsausgang, mit Kiosk und Restaurant. Dez. bis März geschlossen. Stellplatz 19–27 €, bei mehr als 2 Pers. Erwachsene 5 €, Kinder (4–15 J.) 3 €. Wachenheim, Waldstr. 105, ☏ 06322/2689, www.wachenheim.de.

Essen & Trinken   Café Schellack. Sympathisches, mit vielen Antiquitäten bestücktes und doch nicht vollgestopft wirkendes Café in der Ortsmitte von Wachenheim. Entspannte Atmosphäre und selbst gemachter Blechkuchen, auch später am Abend noch Flammkuchen. Mo/Di ab 18 Uhr, Mi Ruhetag, Do–So ab 15 Uhr. Wachenheim, Weinstr. 23, ☏ 06322/620646.

🍃**Zum Schockelgaul.** Nicht nur für Liebhaber von Schaukelpferden lohnt der Besuch der urigen und familiären Weinstube. Auf der Karte stehen hausgemachte Pfälzer Gerichte sowie Klassiker wie Cordon bleu oder Rumpsteak. Die Zutaten stammen weitgehend von Produzenten aus dem nächsten Umkreis. Tisch

Eine Institution:
Weinstube zum Schockelgaul

am besten vorher reservieren. Mo/Di Ruhetag, Mi–Sa 17–20.30 Uhr, So 12–14 und 17–20 Uhr. Forst, Weinstr. 96, ☏ 06326/5669, www.schockelgaul.de.

🍃**Gutsausschank Heinrich Spindler.** Traditionelle Weinstube mit romantischem, baumbestandenem Garten. Die bodenständigen Gerichte schmecken wie selbst gemacht. So/Mo geschlossen, Di–Sa 11.30–21 Uhr, im Winter Di/Mi nur bis 16 Uhr, Weihnachten bis Anfang Febr. geschlossen. Forst, Weinstr. 44, ☏ 06326/5850, www.gutsausschank-spindler.de.

Restaurant Ungeheuer. Die Gaststätte des Forster Winzervereins gehört zu den traditionellen Gasthäusern an der Weinstraße. Behutsam wurde der historische Gutshof mit seinen holzvertäfelten Stuben nun renoviert. Hinzugekommen ist eine moderne Weinlounge in den ehemaligen Stallungen. Die Küche bietet Regional-Deftiges ebenso wie moderne Klassiker. Di/Mi Ruhetag, sonst ab 12 Uhr. Forst, Weinstr. 57, ☏ 06326/981980, www.restaurant-ungeheuer.de.

An der Deutschen Weinstraße → Karten S. 82 und 149

Beliebtes Motiv: das Deidesheimer Rathaus

Deidesheim

Viele Tausend Autos quälen sich an schönen Sommertagen durch die enge Ortsdurchfahrt des berühmten Weinortes. Die wahren Qualitäten Deidesheims aber bleiben einem vom Auto aus verborgen. Enge Gassen, stattliche Weingüter, ausgezeichnete Restaurants und ein malerischer kleiner Park geben dem geschichtsträchtigen Ort einen besonderen Charakter.

Dass der ehemalige Bundeskanzler Helmut Kohl großen Gefallen an Deidesheim fand, lag nicht nur am ausgezeichneten Wein, sondern an einer weiteren Pfälzer Spezialität: dem Saumagen. Der Begeisterung Kohls ist es zu verdanken, dass der Name Deidesheim auf der ganzen Welt bekannt ist. Die Liste der Staats- und Regierungschefs, die in den Deidesheimer Hof zum Saumagenessen kamen, ist lang, der spanische König Juan Carlos steht ebenso im Gästebuch wie Boris Jelzin oder Jacques Chirac. Ob die Pfälzer Spezialität allerdings allen Gästen geschmeckt hat, bleibt diplomatisches Geheimnis.

Fest steht, dass Deidesheim von seiner Berühmtheit profitiert und jährlich Scharen von Gästen kommen, um den wohl bekanntesten Weinort der Mittelhaardt zu besuchen. Entlang der engen Hauptstraße reihen sich traditionsreiche Weingüter, kleinstadttypische Einzelhandelsgeschäfte und einige Gaststätten und Restaurants. Zwar kann auch die jüngst abgeschlossene Sanierung die Automassen nicht aus dem Ortskern verbannen, insgesamt hat aber v. a. der Ortskern mit dem barocken Rathaus, der Kirche St. Ulrich und dem Marktplatz mit dem aus Eisen gegossenen Andreasbrunnen von der Neugestaltung der Straße profitiert. Die eigentliche Idylle Deidesheims findet man nach wie vor in den Seitenstraßen und alten Gassen: Kopfsteinpflaster, weitläufige Weingüter mit wohlklingenden Namen und historische Fachwerkbauten prägen das Bild der grünen und blumengeschmückten Kleinstadt. 2009 wurde Deidesheim als erste Stadt in Rheinland-Pfalz in den Kreis der sog. „cittaslow-Städte" aufgenommen und verpflichtet sich damit einer nachhaltigen und auf Qualität hin ausgerichteten Stadtentwicklungs- und Tourismuspolitik.

Geschichte

Zwischen 1100 und 1801 gehörte Deidesheim zum Hochstift Speyer, dessen Bischöfe hier nicht nur einen Verwaltungssitz betrieben, sondern die Sommermonate gerne selbst an der Haardt verbrachten. Sie residierten in einer 1292 erstmals erwähnten Wasserburg, die, mehrfach erweitert und umgebaut, 1689 während des Pfälzischen Erbfolgekrieges in Flammen aufging. Heute befindet sich in den Resten des teilweise verschütteten Wassergrabens der ansprechende Schlosspark. Einige der anderen im Pfälzischen Erbfolgekrieg zerstörten Gebäude, u. a. das barocke Rathaus am Marktplatz, konnten im Laufe des 18. Jh. wiederaufgebaut werden und geben der Stadt, die heute Sitz der Verbandsgemeinde Deidesheim ist und über eine gute Infrastruktur verfügt, ihren historischen Charakter.

Sehenswertes

Historisches Rathaus und Museum für Weinkultur: Bisweilen wird von dem eher nett als herrschaftlich wirkenden Haus im Zentrum Deidesheims behauptet, es sei das meistfotografierte Gebäude der Weinstraße. Das untere Stockwerk in Form einer romanischen Halle wurde 1532 um ein zusätzliches Stockwerk erweitert, über das ein Zugang zur benachbarten Kirche bestand. 1724 wurde das Bauwerk um die sein Erscheinungsbild prägende zweiseitige Sandsteintreppe ergänzt. Der reich geschmückte Ratssaal mit seinen hochlehnigen Renaissance-Ratsstühlen und dem Bildnis des Königs Wenzel ist dagegen jüngeren Datums. Denn ein derart üppig verziertes Rathaus konnte sich die Gemeinde in ihrer Abhängigkeit lange Zeit nicht leisten. Erst als sich Anfang des 20. Jh. wohlhabende Weinhändler, Fabrikanten und Gutsbesitzer – neben Reichsrat Franz Buhl auch der Gutsherr, Winzer und ehrenamtliche Bürgermeister Dr. Ludwig Bassermann-Jordan – des Baus annahmen, wandelte sich das verspielte Anwesen zu einem respektablen Ort.

Dass Wein mehr ist als ein Getränk, wird in dem im Rathaus untergebrachten Museum für Weinkultur deutlich. Die enge Verbindung von kultureller, religiöser, gesellschaftlicher und nicht zuletzt ökonomischer Entwicklung der Pfalz mit dem traditionsreichen Schoppen ist durch allerhand detailreiche Ausstellungsstücke dokumentiert. Eindrucksvoll ist die Darstellung einer Winzerwohnung aus der Zeit um 1900. In der liebevoll ausgestatteten Küche darf auch das Pfälzer Schoppenblech nicht fehlen, mit dem früher Flüssigkeiten und Korn abgemessen wurden und das die Grundlage der einen halben Liter fassenden Schoppengläser darstellt.

■ Mi/Fr 15–18, Sa 14–17 Uhr. Eintritt frei. Auch interessante Themenweinproben. Marktplatz, ✆ 06326/981561, www.weinkultur-deidesheim.de.

Deutsches Museum für Foto-, Film- und Fernsehtechnik 3F: Das etwas versteckt gegenüber dem Rathaus liegende Museum zeigt die Geschichte der Technik, die hinter Bildern steckt. Vor allem wahre Liebhaber kommen beim Anblick der über 4000 film-, foto- und fernsehtechnischen Geräte sicher ins

An der Deutschen Weinstraße → Karten S. 82 und 149

Schwärmen. Die Sammlung gilt als eine der umfangreichsten in Deutschland.

■ Do 10–16 Uhr, Fr/Sa und feiertags 14––18 Uhr, So 11–18 Uhr. Eintritt 4 €, erm. 2,50 €. Weinstr. 33, ✆ 06326/6568, www.3f-museum.de.

Schlosspark: Der Park entstand in den 1970er-Jahren aus dem einstigen Wassergraben des Schlosses. Die Anlage kann zwar nicht durch ihre Größe punkten, wohl aber durch ihre heimelige Atmosphäre mit den üppigen und z. T. mediterranen Gewächsen, den Schatten spendenden Bäumen und historischen Mauern; weiterer Pluspunkt ist der Erlebnisgarten mit allerlei Spielstationen.

Teil der ehemaligen Schlossanlage ist auch der runde „Turmschreiberturm". Alle drei Jahre bekommt ein deutschsprachiger Autor die Gelegenheit, die Stadt Deidesheim und die ganze Pfalz kennen zu lernen, wozu ihm die Stadt nicht nur ein Arbeitszimmer im Turm zur Verfügung stellt, sondern auch täglich zwei Liter Deputatwein.

Paradiesgarten: Ohne Übertreibung kann Deidesheim als der wichtigste Weinbauort der Pfalz bezeichnet werden. Dementsprechend groß ist das Angebot an guten und sehr guten Lagen: Hohenmorgen, Kalkofen, Herrgottsacker, Nonnengarten oder Mäusehöhle heißen die wichtigsten. Die bekannteste jedoch ist der Paradiesgarten. Der Bezeichnung liegt anders als bei den meisten Weinbergen keine lange Tradition zugrunde, erst Mitte der 1950er-Jahre wurde der Name kreiert. Die zahlreichen geladenen Gäste des Städtchens bekommen hier ihren eigenen Ehrenweinstock, von dessen Ertrag ihnen einmal im Jahr eine Flasche Wein zusteht. Wer persönlich im Paradiesgarten vorbeischaut, kann nicht nur die Weinstöcke der Prominenten betrachten, sondern entdeckt etwas versteckt auch noch Eva höchstpersönlich. Wegen Protesten Anfang der prüden 1950er-Jahre wurde die hier platzierte Statue zunächst mit einem schmiedeeisernen Rebenkleid verziert. Heute darf sich Eva wieder ohne Verkleidung zeigen.

Auch im Deidesheimer Schlosspark locken kulinarische Genüsse

Deidesheim: Berühmte Namen und gutes Essen

Vermutlich ist Deidesheim der bekannteste Weinort an der Deutschen Weinstraße. Das liegt nicht nur an den guten Tropfen, die auf den Feldern und in den Kellern des Städtchens entstehen, sondern auch an den vielen berühmten Menschen, die Deidesheim im Laufe der Jahre besucht haben. Schon im 19. Jh. kamen der bayerische König Maximilian II., Justus von Liebig und Felix Mendelssohn Bartholdy hierher. Zugleich waren Deidesheimer Familien in der Politik gut vertreten. Franz Armand Buhl (1837–1896), Sohn des Gründers des bis heute bestehenden Weinguts von Buhl, war als Abgeordneter des Reichstags an der Ausarbeitung der Sozialgesetzgebung der 1880er-Jahre ebenso beteiligt wie an der Erstellung des deutschen Weingesetzes von 1882.

International bekannt wurde Deidesheim aber vor allem im ausgehenden 20. Jh. Die Gästelisten der 1980er- und 1990er-Jahre lesen sich wie ein Who's who der internationalen Politik. Der spanische König und die Königin von England, die Präsidenten Frankreichs und Russlands und zahlreiche Minister und Premierminister kamen während dieser Zeit in das beschauliche Städtchen. Grund für die rege Besuchstätigkeit internationaler Politiker war der damalige Bundeskanzler Helmut Kohl. Dieser hatte mit dem Restaurant „Schwarzer Hahn" im Deidesheimer Hof einen Ort entdeckt, der Gastfreundschaft, Intimität, Gemütlichkeit und

Thatcher und Kohl in Deidesheim

gutes Essen ideal miteinander kombinierte. Der damalige Chefkoch Manfred Schwarz war als Sterne-Koch angesehen und verband Bodenständigkeit mit Kreativität. Zu seinem Repertoire gehörte auch der Pfälzer Saumagen, der als Leibspeise des Kanzlers zu dieser Zeit weit über die Grenzen der Pfalz hinaus bekannt wurde. Darüber, ob die internationalen Gäste diesen ebenso schätzten wie Helmut Kohl, ist nur wenig bekannt. Zumindest Boris Jelzin zeigte sich begeistert von dem gefüllten Schweinemagen.

Seit dieser Zeit ist es ruhiger geworden in Deidesheim, die Essensqualität hält sich dennoch auf hohem Niveau. In der Stadt, in der mit dem Gasthaus „Zur Kanne" das älteste Gasthaus der Pfalz steht und in der in den 1970er-Jahren der erste Pfälzer Michelin-Stern überhaupt erkocht wurde, stehen mittlerweile gleich zwei sternedekorierte Restaurants. Neben dem „Schwarzen Hahn" mit den Chefköchen Stefan Neugebauer und Felix Jarzina gehört das Restaurant „L. A. Jordan" mit dem jungen Daniel Schimkowitsch zu den besten und teuersten Gastronomie-Adressen an der Weinstraße. Und seit 2009 ist die Stadt zudem Mitglied im Netzwerk „cittaslow": Zu den Zielen dieser Bewegung zählen der Erhalt von regionaltypischen Stadtbildern und Kulturlandschaften, die Förderung und der Erhalt regionaler Wirtschaftskreisläufe und Produkte und nicht zuletzt Gastfreundschaft und internationaler Austausch.

Service

Information   Tourist-Information Deidesheim, Bahnhofstr. 5, 67146 Deidesheim, ☎ 06326/96770, www.deidesheim.de. Mo–Fr 9–12 und 14–17 Uhr, April bis Okt. auch Sa 9–12.30 Uhr, Aug. bis Okt. Mo–Fr verkürzte Mittagspause (12.30–13.30 Uhr) sowie Fr bis 18 Uhr.

Sightseeing Eineinhalbstündige **Stadtführungen** finden von Mai bis Okt. samstags um 10.30 Uhr statt, 5 €/Pers. Treffpunkt an der Tourist-Info. Darüber hinaus werden verschiedene Themenwanderungen und Radtouren angeboten.

Einkaufen

Rund 20 Weingüter gibt es in Deidesheim. Die größten und bekanntesten davon sind inzwischen nicht mehr in Familienbesitz.

Geheimer Rat Dr. von Bassermann-Jordan. Mit seinen erstklassigen Lagen von Ruppertsberg bis Forst verfügt der Traditionsbetrieb über ein enormes Potenzial, was neben der guten Kellerarbeit zum Gelingen der hervorragenden Weine entscheidend beiträgt. Unzählige Auszeichnungen würdigen die Klasse der Weine. VDP-Betrieb. Mo–Fr 8–18 Uhr, Sa/So 10–15 Uhr. Kirchgasse 10, ☎ 06326/6006, www.bassermann-jordan.de.

Reichsrat von Buhl. Auch dieses Weingut besticht mit seinem eindrucksvollen Gebäude: Der komplette Betrieb steht unter Denkmalschutz, besonders sehenswert ist der alte Keller. Hervorragende Weine und Sekte, VDP-Betrieb. Mo–Fr 10–18 Uhr, Sa/So 10–17 Uhr. Weinstr. 18–24, ☎ 06326/965019, www.reichsrat-von-buhl.de.

Weingut von Winning. Klassische Rieslinge in hervorragender Qualität produziert der VDP-Betrieb, der bis 2009 **Dr. Deinhard** hieß. Das elegante Restaurant Leopold bietet edle Regionalküche (tägl. 12–14 und ab 18 Uhr, Sa/So durchgehend, ☎ 06326/9668888). Mo–Fr 8–18 Uhr, Sa 10–18 Uhr, So 11–18 Uhr. Weinstr. 10, ☎ 06326/966870, www.von-winning.de.

🌿 **Sektkellerei Andres & Mugler.** Ende der 1980er-Jahre entschieden sich zwei junge Winzer, ihren eigenen Sekt aus gereiften, hochwertigen Trauben zu produzieren. Damit waren sie so erfolgreich, dass sie nicht nur schnell internationale Anerkennung fanden, sondern ihre Produktion auch ständig erweiterten. Auch die Weine des Weingutes Andres sind empfehlenswert. Ruppertsberg, Hauptstr. 33a, ☎ 06326/8667, www.andresund mugler.de.

Sport/Kultur

Baden Das beheizte **Freibad** liegt wunderschön zwischen Wald und Reben mitten im Paradiesgarten. Ende Mai bis Anfang Sept. Mo 13–20, Di/Do 9–19, Mi/Fr 10–20, Sa/So 10–19 Uhr. Eintritt 3,50 €, ermäßigt 2 €. Schwimmbadstr. 23, ☎ 06326/6466.

Radfahren Deidesheim liegt am **Weinstraßenradweg** und ist von einem dichten Radwegenetz umgeben. Die ausgeschilderte Paradiesgartentour (Fahrrad im hellgrünen Kreis) verbindet Deidesheim mit seinen Nachbargemeinden Forst, Niederkirchen, Meckenheim und Ruppertsberg.

Fahrradvermietung Deidesheim. Verschiedene Rädergrößen und Ausstattungen ab 9 €/Tag, Vermietung nach vorheriger telefonischer Anmeldung. Weinstr. 63, ☎ 0176/57945715, www.palatinamobil.de.

Theater Boulevardtheater Deidesheim. Kleines Mundarttheater mit heiteren Stücken. Karten 17–21 €. Bahnhofstr. 11, ☎ 0172/4008 201, www.boulevard-deidesheim.de.

Spielplatz Alla Hopp. Ein Spielplatz für Jung und Alt. Der Platz liegt verkehrsgünstig östlich der Bahnlinie und wurde dank der Dietmar-Hopp-Stiftung prima ausgestattet. Apr–Okt tägl. 7–21 Uhr, sonst Mo–Fr 7–19, Sa/So und feiertags 8–17 Uhr. Bürgermeister-Oberhettinger-Straße 1 (neben dem Wasgau-Supermarkt).

Veranstaltungen Geißbockversteigerung. Für die Nutzung von Weideflächen im Deidesheimer Wald musste die Gemeinde Lambrecht alljährlich zum Sonnenaufgang am Pfingstdienstag einen „gut gehörnten und gut gebeutelten" Geißbock nach Deidesheim liefern. Inzwischen ist daraus ein Volksfest geworden, bei dem die Abordnung aus Lambrecht am Morgen von Stadträten, Schulkindern und Trachtengruppen empfangen wird. Bis um 17.45 Uhr die Versteigerung des Bocks beginnt, verbringen die Deidesheimer und ihre Gäste einen lebendigen und traditionsbewussten Fest- und Feiertag.

Deidesheimer Advent. An den vier Adventswochenenden verwandelt sich Deidesheim in einen romantischen Weihnachtsmarkt. An über hundert Ständen werden Kunsthandwerk, Holzspielzeug und Weihnachtsschmuck angeboten, oft kann man den Kunsthandwerkern bei ihrer Arbeit über die Schulter schauen. Jeweils Fr 17–21 Uhr, Sa ab 14 Uhr, So ab 11 Uhr.

Wandern Deidesheim ist ein guter Ausgangspunkt für Wanderungen zwischen Wald und Reben. Beliebte Ausflugsziele wie die spätgotische Michaelskapelle oberhalb des Ortes oder die am Waldrand gelegene, mittelalterliche Fliehburg „Heidenlöcher" lassen sich auf gut ausgeschilderten Wegen beispielsweise vom Wanderparkplatz im Mühltal (Zufahrt zum Waldrand über die Königsgartenstraße) oder dem im Sensental erreichen.

Deidesheim ist ein guter Startpunkt für Wanderungen

An der Deutschen Weinstraße → Karten S. 82 und 149

Übernachten/Essen und Trinken

Übernachten   * Gästehaus Ritter von Böhl.** In den Räumlichkeiten des 1494 gegründeten Bürgerhospitals sind heute Gästezimmer untergebracht. Obwohl sich das Haus mitten im Ort befindet, wohnt man hier je nach Lage des Zimmers dennoch schön ruhig. DZ ab 92 €. Weinstr. 35–37, ✆ 06326/972201, www.gaestehaus-ritter-von-boehl.de.

**** Kaisergarten. Das erst vor wenigen Jahren direkt an der Weinstraße erbaute Hotel mit Restaurant bietet exklusive, moderne Zimmer und legt einen Schwerpunkt auf Fitness und Erholung. DZ ab 180 €. Weinstr. 12, ✆ 06326/700077, www.kaisergarten-deidesheim.com.

Weingut-Gästehaus Hebinger. Klassisch eingerichtetes Gästehaus in der Altstadt. Schöner Blick auf den Schlosspark! DZ ab 97 €. Bahnhofstr. 21, ✆ 06326/965270, www.weinguthebinger.de.

Essen & Trinken   Die Auswahl an Restaurants, Cafés, Bars und Kneipen ist groß. Die meisten Lokale befinden sich am südlichen Abschnitt der Weinstraße sowie zwischen Schloss und Marktplatz.

***** Deidesheimer Hof. Zweifellos das bekannteste Haus an der mittleren Weinstraße. Im Gourmetrestaurant **Schwarzer Hahn** aßen schon viele namhafte Gäste. Der Küchenchef hat seitdem gewechselt, aber auch Stefan Neugebauer und Felix Jarzina haben sich mit Kreativität schnell einen Stern erkocht (Menüs ab 99 €, Mi–Sa ab 18 Uhr). Das zweite Restaurant, **St. Urban,** ist günstiger und erinnert mit seinen dunklen Holzmöbeln und -wänden an einen Landgasthof (Hauptgerichte 20–30 €, tägl. 12–23 Uhr). Auch großzügige, elegante Zimmer, DZ ohne Frühstück ab 167 €. Am Marktplatz, ✆ 06326/96870, www.deidesheimer hof.de.

**** Ketschauer Hof. Im stilvollen, edel renovierten Herrenhaus des Weingutes Bassermann-Jordan sind Gourmets vom kreativen Sterneresaturant **L. A. Jordan** begeistert (Di–Sa ab 18.30 Uhr; 5-Gang-Menü um 135 €). Raffinierte regionale Spezialitäten bietet das **Restaurant 1718** (Di–So 12–14.30 und 18–22 Uhr, Hauptgerichte 16–30 €). Auch einige Zimmer und Suiten, DZ ab 230 €. Ketschauerhofstr. 1, ✆ 06326/70000, www.ketschauer-hof.com.

Weinstube Kirchenstübel. Klassisch, urig-gemütlich, idealtypisch für die Pfalz: diese Weinstube bietet alles, was man sich unter Pfälzer Gastronomie im Positiven vorstellt. Vielseitige Weinauswahl, gute Küche. Mo, Do–Sa ab 17 Uhr, So ab 11.30 Uhr. Kirchgasse 8, ☎ 06326/8268.

Café Kö Neun. In dem schön gestalteten Café am südlichen Ortsrand kann man gemütlich frühstücken oder auf dem davor gelegenen Platz Kaffee und Kuchen genießen. Mi–So 9–18 Uhr. Königsgarten 9, ☎ 06326/9821005, www.koe-neun.de.

WeinCafé KostBar. Legeres Tagescafé mit hervorragendem Kaffee, gutem Kuchen und über Mittag wechselnden Tagesgerichten. Fr–Di 9.30–18, Mi bis 14 Uhr, Do geschlossen. Weinstr. 58, ☎ 06326/2480244, www.weincafe-kostbar.de.

meinTipp **Turm Stübl.** Angenehme und gemütliche Mischung aus alten Gemäuern, Antiquitäten und moderner Kunst. Preiswerte, originell zusammengestellte klassische Speisen und heimische Weine, die zusammen mit der netten Atmosphäre zum Verweilen einladen. Mo Ruhetag, sonst ab 18 Uhr, So und feiertags ab 12 Uhr, Turmstr. 3, ☎ 06326/981081, www.turmstuebel.de.

🚶 GPS-Wanderung 2: Über die Heidenlöcher und den Eckkopf

Vom **Parkplatz am Kirchberg** **1** verläuft der mit einem roten Punkt markierte Weg zunächst durch die Weinberge. Der steile Anstieg zur weithin sichtbaren **Michaelskapelle** **2** (267 m) erfolgt über einen vorwiegend mit Esskastanien bestandenen Hang. Die Kapelle wurde bereits 1470 errichtet, ab 1794 war sie aber nur noch eine Ruine. 1951 baute sie ein Winzer aus Dankbarkeit für die Genesung von einer schweren

Krankheit wieder auf. Von hier geht es weiter zu den **Heidenlöchern** **3**: In einem ovalen Trockenmauerwall befinden sich Reste von einst ca. 120 Häusern, ihre Fundamente sind z. T. noch sehr klar zu erkennen. Im Frühmittelalter diente die Anlage auf der kleinen Hochebene als Fliehburg für die Bevölkerung der umliegenden Dörfer. Auf Tafeln sind Skizzen und weitere Informationen zu finden. Nachdem der Weg

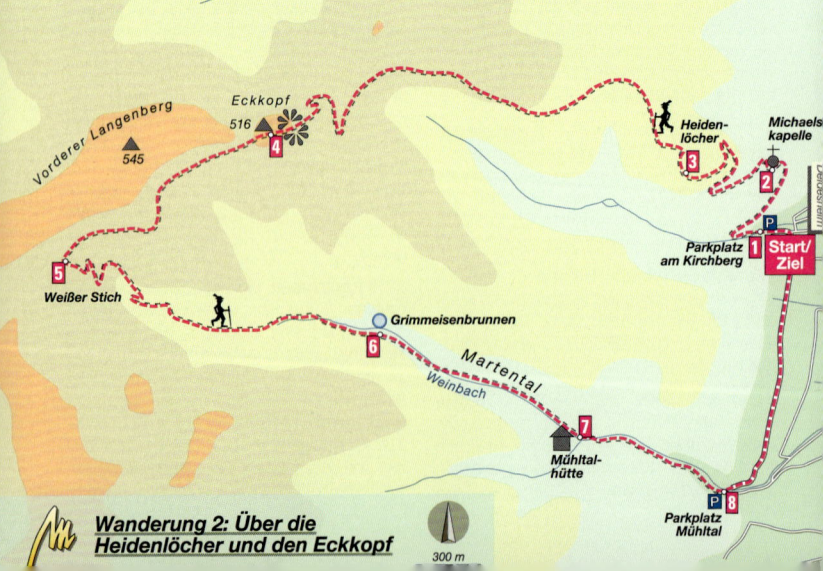

Wanderung 2: Über die Heidenlöcher und den Eckkopf

mit dem roten Punkt die Heidenlöcher durchquert hat, folgt man dem weißen Punkt über zunächst breite Forstwege bis zum **Eckkopf** 4 (516 m). Hier kann an Wochenenden der lohnenswerte Aussichtsturm bestiegen werden. Weiter geht es mit dem weißen Punkt bequem bergab zum **Weißen Stich** 5, wo man auf den historischen Geißbockweg trifft. Jedes Jahr wird hier an Pfingsten ein Geißbock von Lambrecht nach Deidesheim geführt (→ S. 124). Weiter bergab geht es mit der blau-gelben Markierung in das Martental mit dem **Grimmeisenbrunnen** 6, der bewirtschafteten **Mühltalhütte** 7 und dem **Wanderparkplatz Mühltal** 8. Nach

Verlassen des Waldes führt der Wanderweg Deutsche Weinstraße ein Stück nach Norden, bis der Parkplatz am Kirchberg 3–4 Std. nach Abmarsch wieder erreicht ist.

Mühltalhütte/Waldschenke Deidesheim. Die auf dem kühlen Talboden gelegene, private Hütte bietet neben schönen Sitzgelegenheiten im und vor dem Haus auch eine Menge Spielmöglichkeiten für Kinder: Ein paar Spielgeräte, ein kleiner Bach und häufig auch Pferde sind große Attraktionen. Den direkten (kinderwagentauglichen) Weg vom Parkplatz Mühltal schaffen auch kleinere Kinder problemlos. Die Küche ist gut und unkompliziert. Mi/Do 11–16 Uhr, Sa/So 11–18 UhrIn den Sommerferien oft vier Wochen geschlossen. ℡ 06326/962626, www.waldschenke-deidesheim.de.

Neustadt an der Weinstraße

Überragt von den beiden ungleichen Türmen der Stiftskirche drängen sich die engen, von Weinlokalen gesäumten Gassen der Innenstadt in der Ebene, während an den Hängen großzügige Villen über der Stadt thronen. In den Vororten entlang der Weinstraße finden sich Idyllen mit urigen Höfen, gemütlichen Schänken und stattlichen Weingütern.

Zwischen dem tiefen Tal des Speyerbachs und einigen vielgeschossigen Wohn- und Bürohäusern im Osten liegt die gemütliche Altstadt, die trotz einiger Bausünden einen Aufenthalt in Neustadt lohnenswert und reizvoll macht. Das Zentrum des verkehrstechnisch günstig an der Hauptverbindungslinie zwischen Rheinebene, Westpfalz und Saarland gelegenen Ortes bilden das Rathaus, die Mitte des 14. Jh. errichtete Stiftskirche und prächtige Stadthäuser, die sich um die ebenso beschauliche wie geschäftigen Marktplatz gruppieren. Mehrmals wöchentlich findet um den Marktbrunnen der Neustadter Wochenmarkt mit vielfältigen und reichlich bestückten Ständen statt. Unweit des Marktplatzes beginnt die Fußgängerzone, deren Hauptstraße sich eng und geradlinig wie ein Riegel vor den

Ausgang des Tals legt. Im Saalbau an ihrem südlichen Ende werden alljährlich die Pfälzische und die Deutsche Weinkönigin gekürt. Ein paar Schritte weiter, auf dem Bahnhofsvorplatz, ist eine andere Neustadter Tradition beheimatet: die Haiselscher, nachgebildete Fachwerkhäuser, in denen alljährlich während des Deutschen Weinlesefestes zwischen Ende September und Anfang Oktober Neuer und alter Wein ausgeschenkt werden. Zwischen Strohmarkt und Kellereigasse sowie rund um den Marktplatz finden sich das ganze Jahr über nette, urige oder moderne Weinstuben. Etwas versteckt auf dem Marstallplatz ist den Elwetritschen ein eigener Brunnen gewidmet. Wer sich unter den Pfälzer Fabelwesen nicht viel vorstellen kann, dem sei ein Besuch des Brunnens empfohlen.

An der Deutschen Weinstraße → Karten S. 82 und 149

Geschichte

Wie so oft an der Weinstraße brachten auch um Neustadt herum bereits die Römer den Weinbau in die Region und bescherten ihr damit eine erste große Blütezeit. Vermutlich waren es zu Beginn des 13. Jh. die bayerischen Pfalzgrafen Ludwig I. und Otto II., die den Grundstein für eine „Neue Stadt" legten, bevor die Stadtrechte 1275 durch König Rudolf I. verliehen wurden.

Schon vor der Gründung Neustadts muss der 774 erstmals urkundlich erwähnte und 1892 eingemeindete Ort **Winzingen** existiert haben. Präsent ist dieser Ort noch durch die jährlich auf der Festwiese stattfindende Winzinger Kerwe. Von der zu Winzingen gehörenden gleichnamigen Burg, die im 10. Jh. nördlich des Ortes am Hang der Haardt entstand, sind nur noch magere Reste wie Teile der Ringmauer und die Ruinen einer Kapelle erhalten. Ebenfalls nur noch als Ruine existiert die **Wolfsburg,** die wohl zu Beginn des 13. Jh. oberhalb des Tals von Pfalzgraf Ludwig I. erbaut wurde, um den Verbindungsweg zwischen Neustadt und Kaiserslautern zu sichern. Die Burg diente bis 1432 als Amtssitz der kurpfälzischen Vögte, die zeitweise auch Statthalter von Neustadt waren und als solche in Abwesenheit des Pfalzgrafen das Land verwalteten. Während des Bauernkrieges wurde sie zweimal erobert und geplündert, im Dreißigjährigen Krieg dann endgültig zur Ruine.

Ein Gang durch die Neustadter Gassen verrät auch heute noch einiges über die historische Stadt. Zwar wurde auch Neustadt im Dreißigjährigen Krieg weitgehend zerstört, doch die zweite große Zerstörungswelle des 17. Jh. durch den Pfälzischen Erbfolgekrieg ging weitestgehend glimpflich an der gerade wiederaufgebauten Stadt vorüber. Ob allerdings die legendäre Beziehung der Neustadter Bürgerstochter Kunigunde Kirchner mit einem französischen Offizier wirklich der Grund dafür war, dass ihre Heimatstadt verschont blieb, ist fraglich. Unübersehbar sind die vielen stattlichen Fachwerkhäuser. In der Metzgergasse steht das vermutlich älteste Fachwerkhaus der Pfalz. Wahre Begeis-

Blick vom Turm der Stiftskirche auf die Altstadt

terung unter Fachleuten löste aber weniger die wohl 1604 entstandene Fachwerkkonstruktion im Stil der Spätrenaissance aus als vielmehr die Erkenntnis, dass weiter von der Gasse entfernt liegende Teile des Gebäudes bereits 1380 entstanden waren und die ursprüngliche Lehmausfachung noch heute vorhanden ist.

Sehenswertes

Stiftskirche: Die gotische Stiftskirche gilt nach dem Speyerer Dom als zweitwichtigster mittelalterlicher Kirchenbau der Pfalz. Sie wurde auf Veranlassung Ruprechts I. ab 1368 erbaut und diente zunächst als Begräbnisstätte der fürstlichen Familie. Auffälligstes Merkmal der aus roten Sandsteinquadern errichteten Kirche und Wahrzeichen Neustadts sind die unterschiedlichen Türme. Stolz und mächtig überragen sie die gesamte Stadt. Auf dem südlichen der beiden Westtürme wurde 1739 das barocke Türmerhaus erbaut, das bis 1970 bewohnt wurde. Auf dem nördlichen Turm erklingt heute die gewaltige Kaiser-Ruprecht-Glocke. Mit ihren 3 m Durchmesser und rund 14 t Gewicht gilt sie als die größte Gussstahlglocke der Welt. Angeschlagen wird sie mittlerweile nicht mehr vom Türmer, sondern elektrisch. Und damit die Neustadter stets zuverlässig erfahren, wie spät es ist, ist das historische Uhrwerk der Stiftskirche an die Atomuhr in Braunschweig gekoppelt.

Noch heute spiegelt sich in der Neustadter Stiftskirche die verworrene religiöse Geschichte der Pfalz wider: Nach der Reformation wurde die Kirche zunächst calvinistisch, aufgrund wechselnder Herrschaften fiel sie in den folgenden Jahrzehnten jedoch immer wieder anderen Glaubensrichtungen zu. Schließlich einigte man sich im Rahmen der Religionsfreiheit auf eine gemeinsame Nutzung durch Reformierte, Lutheraner und Katholiken, die jedoch nicht konfliktfrei blieb.

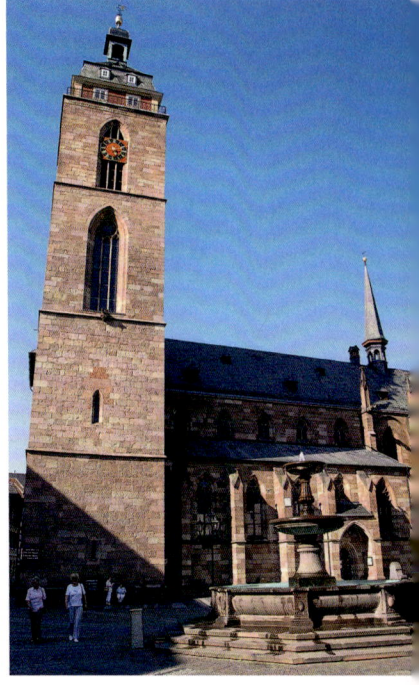

Die Stiftskirche – das Wahrzeichen Neustadts

Und so wurde im Rahmen der 1705 erwirkten Religionsdeklaration die simultane Nutzung der Kirche aufgehoben und stattdessen die Teilung vorbereitet, die 1714 mit dem Bau einer Mauer zwischen Langhaus und Chor vollendet wurde. Ersteres fiel an die Reformierten, Letzterer an die Katholiken, die Lutheraner konnten sich eine eigene Kirche bauen. Seitdem hat sich an der Besitzregelung der Stiftskirche nichts geändert. Bis 1984 stellte die Trennmauer zwischen Langhaus und Chor eine strikte Grenze dar. Erst dann wurde im Zuge der Ökumene eine Tür in die Trennwand gebrochen und eine gemeinsame Sakristei eingerichtet.

Die evangelische Seite blieb in den vergangenen Jahrhunderten größtenteils erhalten. 1928/29 führte man einige größere Umbaumaßnahmen durch, die allerdings z. T. schon wieder rückgängig gemacht wurden. Die deutlichste Veränderung war sicherlich die Ostung des bis dahin zentriert angeordneten Kirchenraumes. Der katholische Teil wurde im barocken Stil ausgestattet. Vor allem der 1732 entstandene Hochaltar mit seinen üppigen Engels- und Heiligenfiguren zeugt von dieser Entwicklung. Aus der Gründungszeit der Kirche stammt das gut erhaltene Deckengemälde, auf dem neben Christus als Weltenrichter auch Angehörige der kurfürstlichen Familie (Ruprecht III. und dessen Sohn Ludwig III. mit ihren Gemahlinnen) zu betrachten sind.

Juliusplatz und Marienkirche: Als die geteilte Stiftskirche für die wachsende Anzahl der katholischen Gläubigen nicht mehr genug Platz bot und eine Übernahme der gesamten Stiftskirche durch die katholische Kirche scheiterte, entschlossen sich namhafte Kaufleute mit Unterstützung durch den bayerischen König Ludwig I. 1860 zum Bau einer neuen Kirche, der Stadtpfarrkirche St. Marien. Mit ihrem neugotischen Turm überragt sie die hübschen, von historischen Gebäuden und viel Grün gesäumten Juliusplatz südlich des Rathauses.

Casimirianum: Im Schatten der Marienkirche steht das 1578 von Pfalzgraf Johann Casimir als calvinistische Universität gegründete Casimirianum, das für einige Jahre eine der wichtigsten Universitäten des deutschsprachigen Raumes war. Heute finden in dem gut erhaltenen Renaissancebau kulturelle Veranstaltungen statt. Das Casimirianum entstand zu einer Zeit, als in weiten Teilen Deutschlands der calvinistische Glaube zugunsten des lutherischen Bekenntnisses zurückgedrängt wurde. Auch in der Kurpfalz, in deren Hauptstadt Heidelberg erst 15 Jahre zuvor der weit über die Grenzen der Stadt hinaus bekannte Heidelberger Katechismus eingeführt worden war, kehrte

man zum lutherischen Glauben zurück. Alle Lehrenden und Studierenden, die sich dem Kurswechsel nicht anschließen wollten und ihre Unterschrift unter die Konkordienformel verweigerten, mussten die Stadt verlassen und fanden in Neustadt eine neue Wirkungsstätte. Auch Zacharias Ursinus, Theologe und Mitautor des Heidelberger Katechismus, zog es an das Casimirianum. Allerdings blieb die neu gegründete Universität nur fünf Jahre in Neustadt. Bereits 1584 wurde der Lehrbetrieb unter dem damals noch minderjährigen Kurfürsten Friedrich IV. wieder zurück nach Heidelberg verlegt. In diese fünf Jahre fielen wohl aber auch die Vorbereitungen für die Neustadter Bibel, die David Pareus 1587 herausgab und die als erste reformierte Bibel Deutschlands gilt. Pareus nutze die Übersetzung Martin Luthers und ergänzte diese durch reformierte Kommentare.

Otto-Dill-Museum: Neben Max Slevogt gehört der 1884 in Neustadt geborene Otto Dill zu den bekanntesten Künstlern der Pfalz. Auf seinen Reisen durch Afrika und Südeuropa ließ er sich von der einprägsamen Tierwelt, von packenden Stierkämpfen und faszinierenden Landschaften inspirieren. All dies findet sich in seinen ausdrucksstarken und durch die kräftige Pinselführung bisweilen dramatisch wirkenden Bildern wieder, die in dem kleinen, aber ansprechenden Museum ausgestellt sind. Die Sammlung spannt einen weiten Bogen von seinen expressionistisch geprägten Tierbildern bis zum eher impressionistischen Spätwerk.

▪ Mi/Fr 14–17 Uhr, Sa/So 11–17 Uhr. Eintritt frei, Führungen auf Anfrage. Manfred-Vetter-Str. 8, ☎ 06321/398321, www.otto-dill-museum.de.

Villa Böhm: In der 1886 im italienischen Neorenaissancestil errichteten Villa Böhm ist das Neustadter Stadtmuseum untergebracht. In den zum Großteil originalgetreu renovierten Räumen wird die lange Geschichte der Stadt ansprechend präsentiert. Dabei werden neben der Gründung der Stadt, den glanzvollen Jahren, in denen Neustadt als kurpfälzische Residenz- und Universitätsstadt diente, und den Kämpfen um eine demokratische Republik auf deutschem Boden auch weniger ruhmreiche Zeiten angesprochen. Der Ort der Ausstellung selbst diente zwischen 1935 und 1944 als Sitz des Gauleiters und Reichskommissars Josef Bürckel, der sich insbesondere durch die rigorose Deportation der Juden aus der Pfalz einen alles andere als ehrenvollen Namen machte.

▪ Mi/Fr 16–18 Uhr, Sa/So 11–13 und 15–18 Uhr. Eintritt frei. Maximilianstr. 25/Villenstr. 16b, ☏06321/855540, www.stadtmuseum-neustadt.de.

Das Kuckucksbähnel

Mit dampfendem Schornstein schnaubt die Lokomotive des Kuckucksbähnels sonntagmorgens aus dem Neustadter Bahnhof. Dort, wo an anderen Tagen S-Bahnen, Schnellzüge und ICEs zwischen Frankfurt und Paris verkehren, scheint dann kurz die Zeit stehen zu bleiben. In Lambrecht verlassen die Museumszüge die Hauptstrecke der Bahn und dampfen genüsslich durch das von steilen, bewaldeten Flanken und geschichtsträchtigen Burgruinen dominierte Elmsteiner Tal. Auf Drängen der dortigen Fabrikanten, Waldbesitzer und Bewohner wurde die romantische Stre-

cke zwischen 1904 und 1909 erbaut. Der Anstieg der Motorisierung und die geringe Siedlungsdichte im Tal führten jedoch dazu, dass der Personenverkehr zwischen Elmstein und Lambrecht bereits 1960 wieder eingestellt wurde. Nachdem 1977 schließlich auch der Güterverkehr unrentabel geworden war, fiel die Strecke in eine Art Dämmerzustand, der bis zur Aufnahme der Museumsfahrten im Jahr 1984 anhielt. Seitdem finden hier an ausgewählten Wochenenden und Feiertagen Fahrten statt.

Das Kuckucksbähnel verkehrt von Mai bis Okt. und im Dez., die genauen Verkehrstage sowie Fahrpläne sind über die Tourist-Info Neustadt, das Eisenbahnmuseum oder unter www.kuckucks baehnel.de zu erfahren. Die Fahrt zwischen Neustadt und Elmstein kostet hin und zurück 16 €, für Kinder (6–15 J.) 8 €, Familienkarten gibt es für 34 €. Tickets sind am Fahrkartenkiosk an Gleis 5 im Hauptbahnhof Neustadt und am Bahnhof Elmstein vor Abfahrt der Züge erhältlich, an den anderen Bahnhöfen erfolgt der Verkauf im Zug.

Eisenbahnmuseum: Das in der Nähe des Bahnhofs in einem ehemaligen Lokschuppen der zwischen Ludwigshafen und Neustadt 1847 in Betrieb genommenen Pfalzbahn gelegene Museum zeigt eine Vielzahl alter und nachgebauter Dampflokomotiven und Waggons der süddeutschen Länderbahnen. Darüber hinaus finden Eisenbahnfreunde in dem von der Deutschen Gesellschaft für Eisenbahngeschichte betriebenen Museum zwei Modellbahnanlagen.

▪ Di–Fr 10–13 Uhr, Sa/So bis 16 Uhr. Eintritt 5 €, Kinder (4–15 J.) 2 €. Zugang über Schillerstr. 3, ✆ 06321/30390, www.eisenbahnmuseum-neustadt.de.

Marktplatz und Rathaus: Der Marktplatz mit seinem großen Brunnen und den zahlreichen Cafés ist das historische Zentrum Neustadts. An der Nordseite überragen die Türme der Stiftskirche den kopfsteingepflasterten Platz, westlich liegt das barocke Rathaus, in dem seit 1838 der Rat der Stadt tagt. Vor dem Eingang wacht ein mächtiger Löwe, das Wappentier Neustadts. Ursprünglich wurde das Gebäude 1729 als Jesuitenkolleg errichtet und bis 1779 auch als solches genutzt. Andere Gebäude am Marktplatz sind deutlich älter. Das von Joseph Victor von Scheffel besungene Kennel'sche Haus wurde bereits 1580 im Renaissancestil erbaut und ist eines der schönsten Fachwerkhäuser Neustadts (Marktplatz 8). Bereits im 15. Jh. entstand das heute als Ordenshaus der Weinbruderschaft genutzte Gebäude am Marktplatz 11.

Neustadt: die nördlichen Stadtteile

Oberhalb der Rheinebene verkörpern Königsbach, Gimmeldingen und Haardt mustergültig das Bild traditioneller Weinstraßendörfer. Vor allem Haardt, das über den Haardter Treppenweg in wenigen Gehminuten von der Neustadter Innenstadt aus zu erreichen ist, und Gimmeldingen sind ausgezeichnete Spazier- und Einkehrziele. Beide Orte liegen im Schatten des 554 m hohen **Weingebiets,** sodass hier besonders wenig Niederschlag fällt. In Kombination mit idealen Böden gedeihen hier ausgezeichnete Weine. Auch deshalb wird das aristokratisch anmutende

Das Neustadter Rathaus

Neustadt-Gimmeldingen zur Mandelblüte

Haardter Weingut Müller-Catoir zu den besten Weingütern Deutschlands gezählt.

Weshalb sich **Haardt** als „Balkon der Pfalz" bezeichnet, ist nicht zu übersehen. Der 1256 erstmals erwähnte Ortsteil zieht sich am Mandelring entlang, der knapp unterhalb des Waldrandes hoch über der Rheinebene zu schweben scheint und grandiose Blicke auf die Nachbardörfer sowie bei guter Fernsicht bis nach Mannheim und Heidelberg ermöglicht. Auf diesem Balkon finden sich alte Wohnhäuser und urige Weinstuben ebenso wie prächtige „Winzerschlösschen". Oberhalb des Mandelrings thront das Haardter Schlössel, ein schlossähnliches Villengebäude, das 1875 durch den Kommerzienrat Dr. August Ritter von Clemm, einen der Mitbegründer der BASF, auf dem Gelände der ehemaligen Burg Winzingen erbaut wurde.

Trotz der angesehenen Weinlagen ist der Name **Gimmeldingen** eher mit einem anderen Gewächs verbunden. Während die meisten Orte an der Weinstraße alljährlich ihre Weinprinzessin krönen, wird hier die Mandelblütenkönigin gekürt. Wer den Grund für diese Ausnahme sucht, sollte Gimmeldingen im März besuchen, wenn die Bäume an den Wegen im und um den Ort üppig blühen. Der Frühling hält majestätischen Einzug! Sobald sich die ersten Knospen öffnen, wird kurzfristig ein Termin für das seit 70 Jahren begangene Mandelblütenfest gefunden und die pfälzische Festsaison damit eröffnet. Schon König Ludwig I. von Bayern schätzte die von Mandelbäumen bestandenen Hügel um Gimmeldingen. Gerade noch auf Gimmeldinger Gemarkung liegt der nach ihm benannte König-Ludwig-Pavillon, von dem aus er angeblich den Blick auf die Weinberge und die Ebene genossen hat. Aber auch zu den anderen Jahreszeiten überzeugt Gimmeldingen durch seine charmanten Gassen mit Sandsteingemäuern und rebenumrankten Torbögen. Die sonnenexponierte Lage auf den Hügeln begeisterte schon die Römer. Sie beließen es aber nicht beim Anbau von Wein, sondern errichteten im Jahre 325 dem persischen Lichtgott Mithras zu

An der Deutschen Weinstraße → Karten S. 82 und 149

Ehren einen Tempel. Dieser wurde 1926 im Bereich der Kurpfalz- und Loblocher Straße bei Bauarbeiten entdeckt.

Die Weinorte Königsbach und **Muß-bach** wirken weniger spektakulär. In Mußbach liegen die vom Durchgangsverkehr strapazierten Straßen und ruhige Gassen eng beieinander, bekannt ist der Ort v. a. für seine Weinlage „Eselshaut" und für den denkmalgeschützten, weitläufigen *Herrenhof*. Dieser liegt etwas versteckt neben der ebenfalls sehenswerten Kirche St. Johannes, die ab 1375 gebaut und ab 1685 als Simultankirche genutzt wurde. Bis ins 7. Jh. reichen die Gründungsurkunden des Herrenhofs zurück, womit er als das älteste ununterbrochen bewirtschaftete Weingut der Pfalz gilt. Die bis zu 5 m hohe Ringmauer machte die Anlage mit ihren Gebäuden aus Hochgotik, Renaissance, Barock und Gründerzeit zu einer wehrhaften Erscheinung. Ursprünglich gehörte der Herrenhof zum Kloster Weißenburg, ab 1290 wurde der Johanniterorden zum Grundherrn in Mußbach und blieb dies für 500 Jahre. Der selbst angebaute und der als Zehnt

abgegebene Wein wurden per Floß auf dem Speyerbach an das Ordenshaus in Speyer geliefert. Nach der Reformation blieb der Hof im Besitz des weiterhin katholischen Folgeordens, der Malteser. Im 17. Jh. ging es Mußbach und dem Herrenhof schlecht: Zuerst fand 1621, im dritten Jahr des Dreißigjährigen Krieges, auf der Gemarkung Mußbach ein schweres Gefecht statt. Die kämpfenden, raubenden und mordenden Soldaten hinterließen eine breite Spur der Verwüstung. In einem ordensinternen Bericht aus dem Jahr 1626 heißt es: „Von den Pachten ging knapp ein Achtel ein, weil durch die Kriegsgelegenheiten die Pächter teils vertrieben, teils gestorben und die übrigen also ruiniert waren, daß die Wiesen öde und brach liegen und schier niemand vorhanden, der dieselben anzunehmen begehrte." Die Bevölkerung hatte sich kaum von diesem bitteren Ereignis und seinen weitreichenden Folgen erholt, als Ludwig XIV. die Pfalz niederbrennen ließ. Teile Mußbachs und des Herrenhofs blieben stehen, aber die Bauern waren noch schlimmer dran als zuvor. Heute

Der Mußbacher Herrenhof

ist der Herrenhof ein wichtiges Kulturzentrum, in dem neben Ausstellungen
auch viele Feste stattfinden. Infos dazu
erteilt die Fördergemeinschaft Herrenhof e. V. (An der Eselshaut 18, ✆ 06321/
9639990, www.herrenhof-mussbach.de
und www.kabarettissimo.de).

Das 1220 zum ersten Mal als „Kunin-
gisbach" erwähnte **Königsbach** ist auf
den ersten Blick trotz der erhabenen
Lage im Vergleich zu seinen Nachbar-
orten wenig attraktiv. Dabei hat es sich
im Zuge von zwei Siedlungserweite-
rungen im 20. Jh. vom kleinen Weindorf zu einem beliebten Wohnstandort
entwickelt. Lässt man sich von den ge-
alterten Neubaugebieten nicht abhalten
und folgt den Straßen immer weiter
bergauf, so erreicht man ein kleines,
teilweise noch sehr authentisches Zentrum mit Marienbrunnen, hohen Gassen und der am oberen Ortsrand gelegenen Kirche *St. Johannes der Täufer*.
Deren Grundstein wurde 1753 gelegt,
an gleicher Stelle gab es jedoch schon
früher eine Kapelle und dann eine Kirche. So erklärt sich auch die Anwesenheit des kostbaren, im Chorraum stehenden Flügelaltars von 1485 oder 1487,
der zu den herausragendsten Kunst-
schätzen der Pfalz zählt.

Neustadt: die südlichen Stadtteile

Im unmittelbar an das Zentrum Neustadts angrenzenden Ort **Hambach**
wechseln sich ausgedehnte und großzügige Neubaugebiete mit engen und
lang gestreckten Gassen ab. Selbst der
historische Ortskern ist ein wenig ver-
streut, schließlich entwickelte sich der
von Weinbergen und Wald durchzoge-
ne Ort aus drei verschiedenen Sied-
lungskernen. Aus der Ferne entdeckt
man zunächst die im 12. Jh. als Wehrkirche erbaute Oberhambacher Jako-
buskirche, die noch heute ihren trutzigen Charakter zeigt. In Mittelhambach
führt die enge Schlossstraße vom barocken Rathaus zum Schloss Geispitz mit

Die sehenswerte barocke Dorfkirche in Neustadt-Königsbach

seinen hohen Ringmauern. Ein Stück-
chen weiter südlich, im Ortsteil Unter-
hambach, entstanden um 1600 ein
fürstbischöfliches Jägerhaus und in
dessen unmittelbarer Umgebung einige
Weingüter. Heute finden sich hier, von
Weinbergen umgeben, verschiedene
Gästehäuser und Ferienwohnungen.

Vielleicht liegt es an der vom
Haardtrand etwas entfernten Lage,
dass es in **Diedesfeld** vergleichsweise
ruhig und unspektakulär zugeht. Versteckt liegt der Ortskern rund um die
im 18. Jh. erbaute, von außen gedrungen wirkende Barockkirche St. Remigius. Das Inneren der Kirche prunkt mit
einer Rokokokanzel (eine Kopie der
Kanzel der Mannheimer Jesuitenkirche), vor der Kirche steht der sehenswerte Remigiusbrunnen mit prächtiger
Natursteinkeramik. Diedesfeld ist der
geografische Mittelpunkt der Deutschen Weinstraße, symbolisiert wird
das durch einen großen Stein am südlichen Ortsausgang.

An der Deutschen Weinstraße → Karten S. 82 und 149

Das Hambacher Schloss

Oberhalb des Neustadter Ortsteils Hambach überragt ziemlich genau am geografischen Mittelpunkt der Deutschen Weinstraße das Hambacher Schloss die weite Rheinebene. Die Burg ist zwar bei Weitem nicht die einzige auf Neustadter Gemarkung, aber wohl die für die jüngere deutsche Geschichte bedeutsamste. Das kantige Gebäude wurde am 27. Mai 1832 zum Treffpunkt Tausender freiheitsliebender Menschen. Auf ihrer Demonstration für ein freies, demokratisches und geeintes Deutschland hissten sie hier erstmals die schwarz-rot-goldene Flagge.

Die bauliche Geschichte des Hambacher Schlosses beginnt allerdings viel früher. Schon die Kelten sollen sich die Lage auf dem Bergkegel am Rande des Pfälzerwalds zunutze gemacht haben. Die Grundmauern der heutigen Burg gehen auf Überreste einer um 350 n. Chr. entstandenen römischen Höhensiedlung zurück. Zu einer trutzigen Burg wurde die Anlage schließlich um das Jahr 1000 durch die salischen Kaiser ausgebaut. Schon damals war der Schlossberg von Kastanienbäumen bewachsen, was der Burg den Namen Kästenburg einbrachte. Zu Beginn des 12. Jh. wurde sie durch eine Schenkung an das Hochstift Speyer übertragen, das bis in das 18. Jh. hinein Eigentümer blieb. Während dieser Zeit soll das prächtig gelegene Schloss zu den bevorzugten Aufenthaltsorten der Speyerer Bischöfe gehört haben. Von der Blütezeit der Anlage im 13. und 14. Jh. zeugen Teile der Schildmauer und des Bergfrieds. Nachdem die bischöfliche Verwaltung im 15. Jh. verlegt worden war, sank auch die Bedeutung der Kästenburg. Im Bauernkrieg 1525 wurde sie besetzt und wenige Jahrzehnte später durch einen Raubzug des Markgrafen Albrecht Alkibiades von Brandenburg-Kulmbach weitgehend zerstört. Im Pfälzer Erbfolgekrieg vernichteten die Truppen des Sonnenkönigs fast die gesamte Anlage. Nach der Französischen Revolution kam das Anwesen 1797 zunächst zu Frankreich, nach dem Wiener Kongress fiel es wie die gesamte Pfalz an Bayern und wurde 1832 von wohlhabenden Bürgern erworben. Zehn Jahre später wurde es als Hochzeitsgeschenk an den bayerischen Kronprinzen Maximilian übergeben und in Maxburg umbenannt. Da dieser nicht viel mit der Pfalz anzufangen wusste, verfiel das Schloss zunehmend und überdauerte bis nach dem Zweiten Weltkrieg als Ruine.

Seit 1814 hatten immer wieder Feste und Demonstrationen von national und freiheitlich gesinnten Pfälzern stattgefunden. Warum sich die Anhänger einer einheitlichen, demokratischen Republik auf deutschem Boden ausgerechnet auf der ehemaligen Burg bei Hambach trafen, ist nicht bekannt. Das bedeutsamste Ereignis war schließlich die Kundgebung im Mai 1832, die aus heutiger Sicht den Beginn der deutschen Demokratiebewegung markiert. Nach der Julirevolution in Paris, die 1830 die Bourbonen in Frankreich endgültig vom Thron gestürzt und den Weg zum Aufbau eines demokratischen Landes bereitet hatte, fühlten sich die bayerischen Herrscher in der Pfalz gezwungen, die Bürgerrechte und die Pressefreiheit unter Missachtung der Pfälzer Verfassungsrechte zunehmend einzuschränken. Als Reaktion auf die steigende Zahl von Zensuren und Druckverboten gründete der Hegel-Schüler und Journalist Johann Georg August Wirth zusammen mit dem ehemaligen bayerischen Beamten Philipp Jakob Siebenpfeiffer und anderen Bürgern und Journalisten 1832 den Deutschen Press- und Vaterlandsverein zum Schutze der Pressefreiheit. Noch im gleichen Jahr organisierte dieser auf dem Hambacher Schlossberg ein mehrtägiges Volksfest, an dem fast 30.000 Menschen aus Deutschland, Frankreich und Polen teilnahmen und das von Anfang an mehr sein sollte als nur ein unterhaltsames Beisammensein. „Volksfest" wurde das **Hambacher Fest** nur deshalb genannt, weil politische Demonstrationen und Kund-

Wahrzeichen der Weinstraße: das Hambacher Schloss

gebungen von der bayerischen Regierung verboten worden waren. Doch schon bei dem Zug vom Neustadter Marktplatz auf das Hambacher Schloss wehten viele schwarz-rot-goldene Trikoloren, die für den Kampf um Freiheit, Bürgerrechte und die nationale Einheit Deutschlands standen. Trotz der zahlreichen Reden und Diskussionen schritt die Obrigkeit zunächst nicht ein, verschärfte aber in den folgenden Monaten die Repressalien gegen Anhänger der Republik. Die wichtigsten Redner wurden angeklagt und teilweise auch verurteilt. Einigen gelang die Flucht, andere wurden nach dem Absitzen ihrer Gefängnisstrafen zu tragenden Säulen der badisch-pfälzischen Revolution von 1848/49.

Die Hambacher selbst, über deren Köpfen die Demonstrationen für Freiheit und Demokratie stattgefunden hatten, waren anfangs alles andere als begeistert von der plötzlichen Bekanntheit ihrer Heimat. Die Bezeichnung „Hambacher" war nach dem Ereignis ein Schimpfwort. Es dauerte, bis sich die Wut über die staatsfeindlichen Aufständischen in Begeisterung für deren Mut beim Eintreten für die Demokratie gewandelt hatte. Spätestens seit der Eröffnung der ersten Ausstellung zur Geschichte des Schlosses und der deutschen Demokratie im Jahr 1982 ist die Bedeutung des Ortes für alle Besucher fassbar. Symbolisch wählte auch der US-amerikanische Präsident Ronald Reagan bei seinem Deutschlandbesuch 1985 diesen Ort für seine Rede an die Jugend der Welt. Im Jahr 2009 wurde das Schloss grundlegend renoviert und eine neue, anschauliche und auch für Kinder erlebnisreiche Ausstellung eröffnet. Seitdem kommen jährlich etwa 170.000 Besucher hierher.

■ Anfahrt auf den Hambacher Schlossberg durch den Ortsteil Hambach (Ausschilderung). Die Parkplätze am Fuße des Schlosses sind kostenpflichtig und nur begrenzt verfügbar. Ab dem Neustadter Hauptbahnhof verkehren tagsüber stündlich Busse der Linie 502 zum Hambacher Schloss. Öffnungszeiten Museum und Schloss: tägl. 10–18 Uhr, Nov. bis März 11–17 Uhr. Eintritt 5,50 €, ermäßigt 2,50 €. Mind. drei Führungen tägl., inkl. Eintritt 9 € bzw. ermäßigt 6 €. ☎ 06321/30881, www.hambacher-schloss.de.

Service

Information Tourist-Information, Hetzelplatz 1, 67433 Neustadt, ☏ 06321/926892, www.neustadt.eu. Mo–Fr 9.30–18 Uhr, Sa 9.30–14 Uhr. Nov. bis März nur bis 17 Uhr, Sa geschlossen, am ersten und zweiten So im Okt. 9.30–14 Uhr.

Parken Die innerstädtischen Parkplätze sind rar und gebührenpflichtig. Kostenfrei kann man auf der **Festwiese** parken. Von dort führt ein schöner Weg etwa 750 m durch den Grünzug Wallgasse am Speyerbach entlang, vorbei an Spiel- und Sitzplätzen, in die Innenstadt.

Sightseeing Stadtführungen finden von April bis Okt. jeweils Sa (10.30 Uhr) und Mi (14 Uhr) statt und starten vor der Tourist-Info (5 €, ermäßigt 2 €). Darüber hinaus werden zu unregelmäßigen Terminen besondere Stadtführungen angeboten. Besichtigung der **Stiftskirche** jeden Fr um 16 Uhr (3 € für Erwachsene, 1 € für Kinder).

Weinlastig sind die Ortsteilführungen: in **Haardt** werden Fr und Sa Erlebnisspaziergänge mit Weinproben angeboten (20 €, ☏ 0170/3036016); in **Gimmeldingen** stehen während der Saison regelmäßig Mi und Sa jew. um 15 Uhr Weinlagenwanderungen mit einem Glas Wein auf dem Programm (7,50 €, ☏ 0151/44534147); in **Diedesfeld** verbindet ein Gästeführer die Besichtigung des Dorfes mit einer anregenden, achtteiligen Weinprobe – daher der Name Guckunn-Schlucktour (Mai bis Okt. einmal im Monat, Treffpunkt um 16 Uhr am Alten Rathaus, Erwachsene 6 €, Kinder frei, Anmeldung unter ☏ 06321/80100).

Einkaufen   → Karte S. 140/141

Fahrrad Trimpe 🔢12 Großer Fahrradmarkt mit Reparaturservice am südöstlichen Stadtrand, auch gepflegte Räder im Verleih. Mo–Fr 10–19 Uhr, Sa 9–18 Uhr. Adolph-Kolping-Str. 126, ☏ 06321/952790, www.fahrrad-trimpe.de.

Buchhandlung Hofmann 🔢8 Hier gibt es nicht nur Bestseller, sondern auch einige Karten, Regionalia und ausgefallene Bücher. Mo–Fr 9.30–18.30 Uhr, Sa 9.30–16 Uhr. Friedrichstr. 24, ☏ 06321/2608, www.hofmannbuch.de.

Blank Roast 🔢1 Der Kaffee wird täglich frisch über Rebenholz geröstet, nebenan wird er in markanten roten Tüten verkauft. Die Kaffeespezialitäten können im modernen Café getestet werden, unter der Woche gibt es hier auch einen Mittagstisch (ab 6,90 €) und am Sonntag Frühstücksbuffet (23,50 €). Jeden Fr ab 12.30 Uhr öffentliche Röstung, sonst nur für Gruppen ab 10 Pers. Mo–Sa 9–18 Uhr, So 9–17 Uhr. Mußbacher Landstr. 21, ☏ 06321/937880, www.blankroast.de.

Tabak Weiss 🔢10 Hier gibt es nicht nur Zigaretten von der Stange zu kaufen, sondern auch hauseigene Tabakmischungen für Pfeifen. Spezialität des Ladens ist Tabak aus der Pfalz. Auch Verkauf von Veranstaltungstickets. Mo–Fr 9–18.30 Uhr, Sa bis 16 Uhr. Hauptstr. 61, ☏ 06321/2942, www.tabak-weiss.de.

🍃**Weingut Müller-Catoir.** Hinter der prunkvollen Gründerzeitfassade können in dem imponierenden Probierraum aus dem 18. Jh. vielfach preisgekrönte Weine gekostet und gekauft werden. Die besondere Stärke des Weinguts liegt im Bereich der edelsüßen Weine. Mo–Fr 8–12 und 13–17 Uhr, Sa 10–14 Uhr. Haardt, Mandelring 25, ☏ 06321/2815, www.mueller-catoir.de.

Weingut Weegmüller. Seit über 300 Jahren wird das Weingut im Familienbesitz geführt. Zu den ausschließlich weißen Rebsorten, die hier verarbeitet werden, gehören auch die Scheurebe und seit einigen Jahren Grüner Veltliner. Mo–Fr 8–12.30 und 13.30–17 Uhr, Sa 9–14 Uhr, jeden ersten Sa im Monat geschlossen. Haardt, Mandelring 23, ☏ 06321/83772, www.weegmueller.de.

🍃**Weingut Christmann.** Viele Weinexperten halten dieses Weingut für eines der besten der Pfalz. Trockene Rieslinge mit Klarheit, Frucht und Volumen sind für das Weingut typisch. Biodynamischer Landbau seit 2004. Di–Fr 8–12 und 13–18 Uhr, Sa 10–16 Uhr. Gimmeldingen, Peter-Koch-Str. 43, ☏ 06321/66039, www.weingut-christmann.de.

Weingut Georg Naegele. Traditionsreiches Familienweingut mit den Schwerpunkten Riesling und Spätburgunder, aber auch der Sauvignon Blanc und der Sekt sind empfehlenswert. Mo–Fr 9.30–17.30 Uhr, Sa bis 14.30 Uhr. Hambach, Schlossstr. 27–29, ☏ 06321/2880, www.naegele-wein.de.

Historisches Weingut in Neustadt-Haardt

An der Deutschen Weinstraße → Karten S. 82 und 149

◯ Sport/Kultur

Baden Das Neustadter **Stadionbad** wird während der Sommermonate als Freibad mit großzügiger Liegewiese und Rutsche betrieben, im Winter wird das Becken überdacht. Im Sommer tägl. 9–19 Uhr (Mi ab 7 Uhr, Do bis 21 Uhr), im Winter ganz unterschiedliche Öffnungszeiten. Eintritt 3,50 €, ermäßigt 1,70 €, Familienkarte 8 €. Talstr. 120, ✆ 06321/402530.

Das **Mußbacher Schwimmbad** wird seit 1993 von einer Fördergemeinschaft getragen. Für Nichtmitglieder während der Sommersaison tägl. 13–19 Uhr, in den Sommerferien und am Wochenende ab 10 Uhr geöffnet. Eintritt 3,50 €, ermäßigt 1,70 €. Am Weißen Haus 23, ✆ 06321/69766, www.schwimmbad-mussbach.de.

Das schöne **Hambacher Freibad** mit seinen vielen Schatten spendenden Bäumen ist nur von Juni bis Anfang Sept. geöffnet, Mo–Fr 13–19 Uhr, Sa/So sowie in den Ferien ab 10 Uhr. Erwachsene 3,50 €, Kinder ab 6 J. 1,70 €. Diedesfelder Weg 88, ✆ 06321/32362, www.freibad hambach.de.

Golf **Golfclub Pfalz e. V.** 18-Loch-Platz in schöner Parklandschaft. Greenfee 9-Loch-Platz ab 45 €, 18-Loch-Platz ab 85 €. Restaurant (ab 10 Uhr) Mo Ruhetag. Geinsheim, Im Lochbusch, ✆ 06327/97420, www.gc-pfalz.de.

Kino **Roxy.** Kleines Kino mit aktuellem und abwechslungsreichem Programm. Eintritt 8,50 €, ermäßigt 5,50–7,50 €. Konrad-Adenauer-Str. 23, ✆ 06321/2659, www.roxy.de.

Spielplätze Mitten in der Fußgängerzone gibt es Stangen zum Turnen (Klemmhof) und einen kleinen Spielplatz (Marstall), zwei weitere liegen am Speyerbach: Am Rande der Festwiese locken Wasser, Sand und ein Piratenschiff, etwas weiter Richtung Zentrum (Wallgasse) Schaukeln und Klettergerüste.

Radfahren Wegen der zentralen Lage an der Weinstraße und der guten Zuganbindung eignet sich Neustadt perfekt für Radtouren auf dem **Weinstraßenradweg.**

Fahrradverleih → Einkaufen.

Wandern Von den westlich des Bahnhofs die Gleise querenden Zwockelsbrücke aus sind verschiedene Routen des Pfälzerwald-Vereins ausgeschildert (Wandertafel). Schöne Touren führen vom Strohmarkt im Stadtzentrum über den Sonnenweg (roter Punkt) auf die **Wolfsburg** (3 km; → Wanderung 4, S. 145) oder von der Zwockelsbrücke zum **Hambacher Schloss** (5 km; → Wanderung 5, S. 147). Neustadt ist auch Start- bzw. Zielort des 50–85 km langen **Pälzer Keschdewegs,** der den Neustadter

Hauptbahnhof mit Hauenstein verbindet. Vor allem während der Blüte der Kastanienbäume im Juni oder zur Erntezeit im Okt. ist der Weg für Kastanienfreunde ein Genuss. Tipps für kleinere Touren rund um Neustadt sind bei der Neustadter Tourist-Info erhältlich.

Perfekte Ausgangspunkte für Wanderungen sind auch die nördlichen Neustadter Ortsteile. Wer hoch hinaus möchte, kann auf verschiedenen Wegen das **Weinbiet** (554 m) oberhalb von Haardt erwandern. Gemütlicher läuft es sich ab Gimmeldingen im flachen **Silbertal** bis zu den rustikalen Einkehrmöglichkeiten Looganlage und kurz dahinter Forsthaus Benjental. Der Weg ist selbst für kleinere Kinder gut zu laufen und dank des Mußbachs interessant. Einst sollen in diesem Tal 14 Mühlen gestanden haben. Die hinteren davon östlich des Forsthauses Benjental gehörten den Deidesheimern, die auf dem Weg dorthin kurpfälzisches Gelände zu queren hatten. Als die Gimmeldinger schließlich Zoll für dieses Wegerecht verlangten, entschlossen sich die Deidesheimer zum Bau des **Eselspfades** über die Weggabelung Knoppenweth. Wie mühsam der Weg für die bepackten Esel und deren Führer gewesen sein muss, lässt sich auf einer Wanderung vom Forsthaus Benjental nach Deidesheim erahnen.

Für kleine Spaziergänge rund um Hambach bieten sich der **Kirchbergweg** und der **Obergasserweg** mit einem herrlichen Blick in die Rheinebene an. Ansonsten sind die Wege zum **Hambacher Schloss,** zur **Hohen Loog** (→ Wanderung 5, S. 147) und – wenn es mal eine richtig ordentliche Tour sein soll – auf die **Kalmit** (673 m; → Wanderung 3, S. 144) lohnenswert.

Veranstaltungen Das Programm mit Theater- und Konzertterminen liegt bei der Tourist-Info aus.

Deutsch-Französischer Bauernmarkt. Der beliebte Markt findet an einem Sonntag Ende April / Anfang Mai auf dem Neustadter Marktplatz statt. Ökologisch wirtschaftende Direktvermarkter aus den Nordvogesen und dem Pfälzerwald bieten hier ihre Produkte an.

Weinlesefest. Das wichtigste Fest dreht sich natürlich um den Wein. Die Haiselscher vor dem Saalbau laden ab dem letzten Freitag im Sept. zur Weinverkostung ein; im Rahmen des Festes werden die Pfälzische (am letzten Freitag im Sept. oder ersten Freitag im Okt.) und kurz darauf die Deutsche Weinkönigin gewählt und gekrönt. Jährlich kommen rund 200.000

Besucher, um beim abschließenden Winzerfestumzug am Sonntag die Prunkwagen der beiden frisch gekrönten Weinköniginnen und ihrer Prinzessinnen zu bestaunen. An diesem Tag sollte man Neustadt keinesfalls mit dem Auto besuchen!

Weihnachtsmarkt. Während der Adventszeit drängen sich die Stände des stimmungsvollen

Weihnachtsmarkts um den Marktbrunnen. Wildbret aus den nahen Wäldern, Holzwaren und jede Menge gut duftende Köstlichkeiten lassen die kalten Winterabende ein bisschen angenehmer werden. Mo–Do 12–20 Uhr, Fr 12–21 Uhr, Sa 11–21 Uhr, So 11–20 Uhr.

In Gimmeldingen wird das Festjahr vom **Mandelblütenfest** eingeleitet. Sobald sich die Knospen der Mandelbäume kurz vor dem Aufblühen befinden, werden die beiden Festwochenenden (meist im März) festgelegt. Über Pfingsten wird das **Loblocher Weinzehnt** gefeiert. Im Spätsommer (am dritten Augustwochenende) steigt die **Gimmeldinger Kerwe.** Sobald am Freitag die Kerwe „ausgemottet" ist, stehen die Winzerhöfe offen, nehmen Fest-

Ü bernachten
11 Hotel Palatina
13 Jugendherberge
14 Kloster Neustadt

E ssen & Trinken
2 Das Esszimmer
3 Der Nudelmacher
4 Konfetti
5 Zur Herberge
6 Gerberhaus
9 Eissalon De Rossi

C afés
7 La macchina per caffè

E inkaufen
1 Blank Roast
8 Buchhandlung Hofmann
10 Tabak-Weiss
12 Fahrrad Timpe

Neustadt

redner das örtliche Geschehen des vergangenen Jahres aufs Korn und können die Teilnehmer das „Logellaufs" ihr Geschick im Transport eines mit Wasser gefüllten Logels (Weinlesegefäß) beweisen. Der Rundkurs ist eng und steil, der Wasserverlust soll aber möglichst gering ausfallen.

In Mußbach beginnt der Festreigen ebenfalls im März. Während der **Mußbacher Spitzen** präsentieren sich die örtlichen Spitzenwinzer und lassen alle, die den Eintrittspreis bezahlen, bereitwillig kosten. An den ersten beiden Juliwochenenden steigt im Herrenhof das Mußbacher **Eselshautfest** mit viel Essen, Wein und Livemusik. Das erste Augustwochenende lädt mit der **Mußbacher Weinkerwe** zum Weiterfeiern ein. Einer der Höhepunkte ist hier die Predigt „uff Pälzisch" am Sonntag.

Viele Lacher gibt es auch beim Zwetschgenkernweitspucken auf der **Haardter Woi- und Quetschekuche-Kerwe** am ersten Septemberwochenende.

Am 1. Mai und dem darauffolgenden Wochenende feiern die Hambacher das **Andergasser Fest**. Es folgen am dritten Juniwochenende das **Brunnen- und Gässelfest** und am letzten Wochenende im Juli die familienfreundliche **Jakobuskerwe**. Die große **Hambacher Leistungsweinprobe** findet am ersten Freitag im Sept. im Festsaal des Hambacher Schlosses statt. In Hambach gibt es aber nicht nur Weinfeste, neben dem **Internationalen Hambacher Theaterfestival** (Sept./Okt.) findet auch das **Hambacher Musikfest** (Fronleichnamwochenende) statt. Der **Christkindelmarkt** auf dem Rathausplatz in Mittelhambach ist sehr familiär und wirkt erstaunlich unkommerziell. Vor der Kulisse des barocken Rathauses, das einst als Elendsherberge diente, und der auf das Hambacher Schloss ausgerichteten Schlossgasse gibt es kleine, stimmungsvolle Konzerte, ein paar Schafe zum Streicheln und v. a. eine geruhsame Atmosphäre. Erstes und zweites Adventswochenende, Sa 15–20 Uhr, So ab 11 Uhr.

Holiday Park

Einige Kilometer östlich von Neustadt geht es bei Haßloch hoch her: tanzende Kaffeetassen und Fahrten mit der Blumenbahn für die Kleinen, der Free Fall Tower und die Achterbahn „GeForce" für die Großen und dazwischen ganz viele Fahrattraktionen für Groß und Klein. Der mit vielen hohen Bäumen und bunten Blumen gestaltete Holiday Park ist einer der größten Erlebnisparks Deutschlands und eine der Hauptattraktionen der Pfalz.

Geöffnet von April bis Ende Okt., meist 10–18 Uhr. Besucher ab 1,40 m Größe zahlen 35,50 €, Shuttleservice (20 Min. Fahrzeit) ab Bhf. Haßloch. Haßloch, Holiday-Park-Str. 1–5, www.holidaypark.de.

Übernachtung   → Karte S. 140/141

Im Zentrum von Neustadt ist das Übernachtungsangebot überschaubar, größer ist es in den nördlichen und südlichen Stadtteilen.

In Neustadt   Hotel Palatina 11 Neues, freundliches Hotel in Bahnhofsnähe mit großen, schön gestalteten Zimmern. Wellnessoase und Parkplätze vorhanden. Das dazugehörige Restaurant **Tables** bietet Fleisch in vielen Varianten (tägl. 17.30–21.30 Uhr). DZ ab 110 €, tolles Frühstück pro Pers. 14 €. Gartenstr. 8, ☎ 06321/924000, www.hotelpalatina.com.

Pfalz-Jugendherberge und Jugendgästehaus 13 Schön gelegen inmitten eines angenehmen Wohngebiets im Stadtteil Hambacher Höhe. Kleine und große Zimmer, alle mit eigenem Bad, teilweise rollstuhlgerecht. DZ 61 €. Hans-Geiger-Str. 27, ☎ 06321/2289, www.diejugendherbergen.de.

Kloster Neustadt 14 Das zur Ordensgemeinschaft der Herz-Jesu-Priester gehörende Bildungs- und Gästehaus liegt oberhalb der Innenstadt am Waldrand und wurde jüngst grundlegend renoviert. Zweckmäßige und freundliche Zimmer ab 76 €. Waldstr. 145, ☎ 06321/8750, www.kloster-neustadt.de.

Campingplätze gibt es in Neustadt nicht. Für Wohnmobile stehen 40 Stellplätze mit Ver- und Entsorgungsmöglichkeiten an der Martin-Luther-Kirche zur Verfügung, ab 4 €/Tag. Nächstgelegene Campingplätze: St. Martin und Wachenheim.

In Mußbach   Stellplatz Weingut Schäfer. Fünf Stellplätze im Hof und im angrenzenden

Weinberg. Alle Plätze mit Stromanschluss und Licht, Wasseranschluss und Abwasserentsorgung im Hof. Schöne, neue sanitäre Anlagen mit Dusche und WC. Stellplatz 15 €, Dusche/WC 2 € pro Pers./Tag. Mußbach, Schießmauer 56, ℘ 06321/6447, www.weingutschaefer.com.

In Haardt   Haardter Winzer. Die Winzergenossenschaft Haardt gibt es hier schon lange nicht mehr. Das reich verzierte Backsteingebäude wurde umfassend renoviert und bietet nun sieben schöne, moderne Ferienwohnungen (ab 56 €). Im Erdgeschoss befindet sich ein italienisches Restaurant. Haardt, Mandelring 7, ℘ 0151/20723588, www.fewo-haardterwinzer.de.

In Hambach   Netts Landhaus. Vielleicht etwas zu perfekt, aber ausgesprochen nett: schöne, helle Zimmer und ein weiter Blick über Garten und Rheinebene. Nicht günstig, aber wertig. DZ ab 130 €. ℘ 06321/60175, www.nettslandhaus.de.

Ferienwohnung Stachel. Drei kleine, am Ortsrand von Mittelhambach gelegene Nichtraucherferienwohnungen mit moderner, geschmackvoller Einrichtung, Liegewiese und Gartenterrasse. Ab 45 €. Hambach, Weinstr. 299, ℘ 06321/88838, www.ferienwohnung-stachel.de.

Rebenhof. Dem Hambacher Schloss zu Füßen liegt am Ende der Andergasse das Wein- und Sektgut der Familie Müller. Schön sind die neu errichteten Zimmer mit Ausblick auf Wald und Reben. Auch Stellplätze für Wohnmobile. DZ ab 82 €. Hambach, Andergasse 93, ℘ 06321/481 3300, www.wein-sektgut-rebenhof.de.

In Diedesfeld   Gästehaus Rebstöckel. Kleine Pension im Zentrum des Stadtteils Diedesfeld mit hellen, klassisch eingerichteten Zimmern in einem alten Winzerhaus. Im modern-gemütlichen Weincafé gibt es kleine Köstlichkeiten, Wein und nachmittags Kaffee und Tee (Di–Fr ab 17 Uhr, Sa ab 16 Uhr). DZ ab 85 €. Diedesfeld, Kreuzstraße 11, ℘ 6321/484 060, www.rebstoeckel.eu.

Weingut Wolfgang Hammer. Drei schöne Stellplätze auf einer Wiese am Rand der Weinberge. Strom und Wasser sind vorhanden. Stellplatz 5 €. Diedesfeld, Zum Klausental 29, ℘ 06321/86522.

Essen und Trinken   → Karte S. 140/141

In Neustadt   Das gastronomische Angebot Neustadts ist erstaunlich groß. Rund um den Marktplatz findet man einige Cafés, Bistros und Weinbars, urige Weinstuben liegen v. a. in der Mittel- und Hintergasse.

Der Nudelmacher ⬛3 In freundlich-stylischem Ambiente werden die hervorragenden hausgemachten Nudeln serviert. Auch regionale Weine. Di–Sa 12–15.30 Uhr, Do/Fr auch 17.30–21 Uhr, So/Mo Ruhetag. Turmstr. 5, ℘ 06321/1860080, www.der-nudelmacher.de.

Gerberhaus ⬛6 Im romantischen Fachwerkhaus und auf dem kleinen Freisitz werden regionale Leckereien serviert (Hauptgerichte 8–19 €). Mi–Fr und Mo 17–22 Uhr, Sa/So und feiertags 11–22 Uhr. Hintergasse 6, ℘ 06321/8906151, www.gerberhaus-neustadt.de.

Konfetti ⬛4 Einst legendäre Neustädter Öko kneipe, inzwischen ist das Angebot nicht mehr bio, aber das Ambiente nach wie vor leger-einladend und das Essen empfehlenswert. Im Sommer auch sympathischer Biergarten. Hauptgerichte 8–22 €. Tägl. 11–14.30 und 17.30–22 Uhr. Friedrichstr. 36, ℘ 06321/355545, www.wirtshaus-konfetti.de.

Mandelblütenfest

An der Deutschen Weinstraße → Karten S. 82 und 149

*mein*Tipp **La macchina per caffè 7** Direkt am Marktplatz gelegene Espressobar mit vielen leckeren Kaffeespezialitäten und einem der besten Kakaos der Gegend. Im dazugehörigen Laden gibt es alle Zutaten und Gerätschaften, um daheim weiterzuprobieren. Mo–Fr 9–17.30 Uhr, Sa 9–15.30 Uhr, So Ruhetag. Marktstr. 5, ℘ 06321/929023, www.la-macchina.de.

Zur Herberge 5 Die urige Weinstube ist die älteste der Stadt und ein Musterbeispiel für traditionelle Pfälzer Weinkultur. Di–Fr 12–14 Uhr und 17–22 Uhr, Sa 11.30–15 Uhr. Mittelgasse 3, ℘ 06321/7688, www.weinstube-herberge.de.

Das Esszimmer 2 Im modern-sachlicher Atmosphäre werden hier hochwertige Produkte zu raffinierten Menüs verarbeitet. 3-gängiges Mittagsmenü ab 22 €, sonst ab 50 €, unbedingt reservieren. Di–Sa ab 17 Uhr, im Sommer teilweise auch Mittagstisch, So/Mo Ruhetag. Hintergasse 38, ℘ 06321/354996, www. www.ess zimmer-neustadt.de.

Eissalon De Rossi 9 Traditionsreicher Eissalon mit wechselnden ausgefallenen Eissorten. Bei der Herstellung des Eises wird gänzlich auf Farbstoffe und künstliche Aromen verzichtet. Im Sommer tägl. 10–21 Uhr. Hauptstr. 60, ℘ 06321/32524.

In Gimmeldingen Gimmeldinger Winzer. Typisches, beliebtes Weinstraßenlokal im Zentrum von Gimmeldingen. Die Speisekarte wechselt jahreszeitlich, die Qualität der pfälzischen bis internationalen Gerichte ist ausgezeichnet (Hauptgerichte 10–22 €). Mo/Di geschl., sonst 12–14 Uhr und ab 17.30 Uhr. Gimmeldingen, Meerspinnstr. 24, ℘ 06321/481971, www. gimmeldingerwinzer.de.

Restaurant und Gästehaus Spinne. Hoch am Waldrand von Haardt liegt das Restaurant mit schönen Gästezimmern (ab 100 €). Modern und gemütlich, das Essen ist vielseitig und lecker (Hauptgerichte 18–27 €). Di/Mi Ruhetage, sonst ab 18, So ab 12 Uhr. Eichkehle 58, ℘ 06321/9597799, www.restaurant-spinne.com.

In Mußbach Eselsburg. Der Maler und Bildhauer Fritz Wiedemann hat in den 1960er-Jahren mit der Mußbacher Eselsburg eine Mischung aus Weinstube und Galerie geschaffen, die seit 2008 von Anette Berberich authentisch und fröhlich weitergeführt wird. Empfehlungen durch Gault-Millau und Michelin. Im Sommer kann man schön im schattigen Hof sitzen. Mo–Fr ab 17 Uhr. Mußbach, Kurpfalzstr. 62, ℘ 06321/766984, www.eselsburg.de.

In Hambach Mohre Jule. In der engen Weinstube in dem alten Fachwerkhaus von 1556 gibt es neben viel familiärer Atmosphäre auch schlichte Hausmannskost und Hambacher Wein. Während der Sommermonate sind auch Hof und Garten für die Gäste geöffnet. Im Innenraum keine Hunde, kinderfreundlich. Mo und Di Ruhetag, sonst ab 16 Uhr. Hambach, Schlossstr. 58, ℘ 06321/84072, www.mohre-jule.de.

Zur Fassdaube. Der fachfremde Wirt mochte den Leerstand nicht mit ansehen und erweckte den langen Hof und das gemütliche Gewölbe zu neuem Leben. Der engagierte Versuch der Belebung des Hambacher Zentrums ist gelungen, die Gäste kommen gern in die genügsam gestalteten Räume und genießen in netter Atmosphäre die regionalen Spezialitäten mit mediterranem Touch. Di–Sa ab 17 Uhr, So auch 12–14.30 Uhr. Weinstr. 269, ℘ 06321/9291826, www.zurfassdaube.de.

Fuxbau. Slow-Food-Weinstube in altem Gehöft mit modernem Flair. Interessante Kartoffel- und Brotvarianten sowie Flammkuchen. Reservierung sinnvoll! Mi–Fr ab 17 Uhr, Sa/So ab 12 Uhr mit Kaffee und Kuchen. Weinstr. 240, ℘ 06321/32044, www.fuxbau.biz.

Wanderungen rund um Neustadt

🚶 GPS-Wanderung 3: Die große Runde über die Kalmit

Südlich von Neustadt liegt der mit 673 m höchste Berg des Pfälzerwalds. Über die Kalmitstraße ist der Gipfel mit seinem prägnanten Sendemast von Maikammer aus fast gänzlich mit dem Auto zu erreichen. Stilvoller freilich ist es, ihn zu Fuß zu erklimmen. Die 13,5 km lange Wanderung beginnt am Parkplatz bei der südwestlich von Neustadt inmitten des Waldes gelegenen **Kaltenbrunner Hütte 1**. Von dort folgt man zunächst der blau-weißen Wegmarkierung zum **Parkplatz Hahnen-**

schritt **2** hinauf und anschließend dem roten Punkt bis kurz unterhalb des Gipfels. Der letzte Teil des hier recht steilen Aufstiegs zum Gipfel mit dem **Kalmithaus 3** erfolgt auf dem grün-weiß markierten Weg, der dann wieder bergab in Richtung **Wanderparkplatz 4** führt. Der grün-weißen Markierung weiter folgend, erreicht man bald das eindrucksvolle **Felsenmeer 5** mit seinen bizarren Felsformationen aus Sandstein. Über den **Parkplatz Hüttenhohl 6** gelangt man nach einer halben Stunde an die **Totenkopfhütte 7**.

Wenn es der Hunger zulässt, sollte man die gut 1,5 km lange Etappe durch den wunderbar duftenden, lichten Wald bis zur **Hellerhütte 8** noch meistern und sich hier auf einer der zahlreichen schattigen Bänke niederlassen. In der Silvesternacht 1960/61 wurde die einsam liegende Hütte zum Ort eines Verbrechens. Mitglieder der Kimmel-Bande, die durch Banküberfälle und Anschläge auf PWV-Hütten in der ganzen Region bekannt war und sich gut getarnt in den Wäldern rund um Lambrecht aufhielt, ermordeten aus Angst vor ihrer Entdeckung den Hüttenwart Karl Wertz. An der heute friedlich und einladend wirkenden Hütte erinnert ein Gedenkstein an jene Tat. Der Rückweg zur Kaltenbrunner Hütte erfolgt sanft bergab auf der weiß-roten Route.

Kaltenbrunner Hütte. Einfache Gaststube mit Selbstbedienung und Terrasse. Im oberen Stockwerk auch Gästezimmer für Anspruchslose, Do/Fr Ruhetag, sonst 11–18 Uhr. DZ ab 68 €. Kaltenbrunner Tal, ☎ 06321/84071, www.kaltenbrunnertal.de.

Kalmithaus. PWV-Hütte mit einem herrlichen Blick über die Rheinebene, häufig sehr voll. Mi–So 10.30–18 Uhr, Nov. bis Feb. seltener, bitte nachfragen. ☎ 06321/5424, www.kalmithaus.de.

Totenkopfhütte. Mit dem Auto erreichbare Hütte des PWV direkt an der Totenkopfstraße zwischen St. Martin und dem Elmsteiner Tal. Sa/So und feiertags 11–18 Uhr, in den Sommerferien täglich außer Mo. ☎ 06321/589933, www.pwv-maikammer.de.

Hellerhütte. Große, schön gelegene PWV-Hütte mit großem Speiseangebot (auch vegetarisch) am Kreuzungspunkt verschiedener Wanderrouten. Mi–So 9–18 Uhr. ☎ 06321/14818, www.hellerhuette.de.

🚶 GPS-Wanderung 4: Über die Wolfsburg aufs Weinbiet
→ Karte S. 146

Die 9,5 km lange Wanderung startet auf dem **Haardter Mandelring 1**. Zuerst

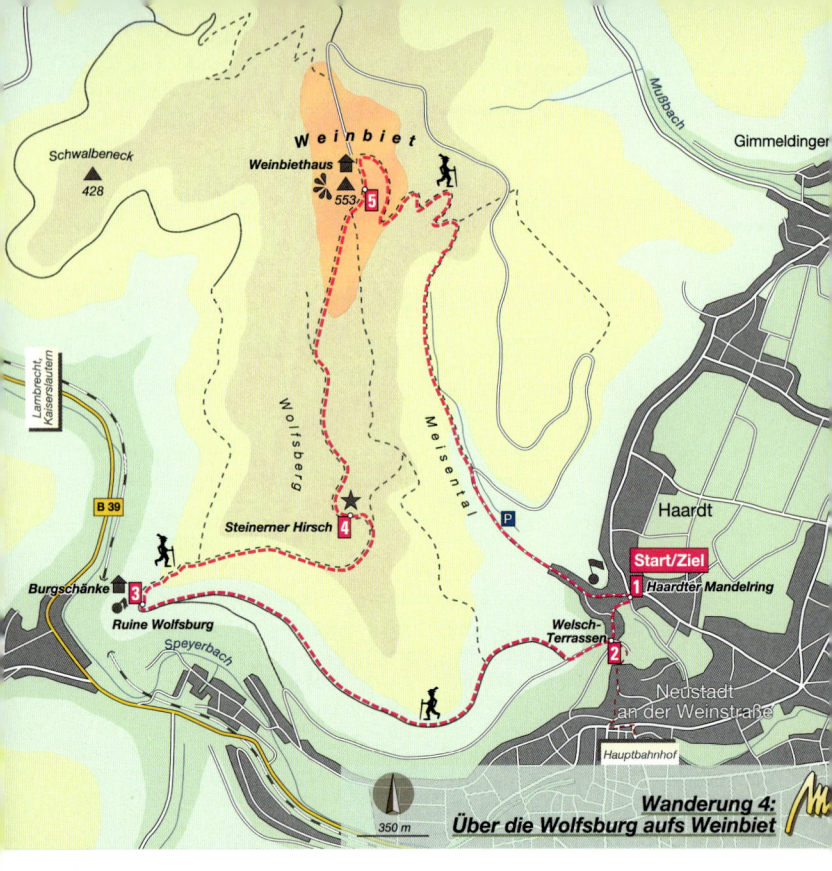

Schwalbeneck
428

Weinbiet

Weinbiethaus
553
5

Gimmeldingen

Mußbach

Lambrecht,
Kaiserslautern

Wolfsberg

Meisental

B 39

Steinerner Hirsch
4

Haardt

P

Start/Ziel
1 Haardter Mandelring

Burgschänke
3

Ruine Wolfsburg

Speyerbach

Welsch-
Terrassen
2

Neustadt
an der Weinstraße

Hauptbahnhof

350 m

Wanderung 4:
Über die Wolfsburg aufs Weinbiet

folgt man dem mit einem roten Punkt markierten Spazierweg und kommt am Ortsende zu den **Welsch-Terrassen** 2. Der Anfang des 20. Jh. vom protestantischen Haardter Pfarrer angelegte und mit botanischen Raritäten bepflanzte Park war früher ein Schmuckkästchen, heute fristet er ein eher trauriges Dasein. Der Blick auf

Neustadt und die Rheinebene ist dennoch lohnenswert. Dann führt der rote Punkt aus dem Ort hinaus und durch Weinberge und einen lichten Kiefernwald bis zur **Ruine Wolfsburg** 3. Die vermutlich in der ersten Hälfte des 13. Jh. errichtete, mehrfach zerstörte und wiederaufgebaute Burganlage liegt hoch über dem Tal auf einem

langen Felsvorsprung. Aufgrund der Topografie ist die Burg zwar 140 m lang, aber nur 30 m breit. Die Ruine ist jederzeit zugänglich, nur der Palas ist von Anfang März bis Ende Juni wegen der dort brütenden Vögel verschlossen.

Felsig und wunderschön geht es nun weiter: Der rote Punkt führt über einen durch Sandsteinfelsen herausgebildeten Grat stets bergauf. An herausfordernden Stellen testen hier auch Mountainbiker und Kletterer ihr Können. Nach dem Felspfad folgen breite Forstwege, die sanft ansteigend um den Wolfsberg herum und am **Steinernen Hirsch** 4 vorbei in Richtung Weinbiet führen. Die letzten Meter auf den Gipfel sind dann richtig steil, sodass man, oben angekommen, im **Weinbiethaus** 5 besonders gerne einkehrt. Bei Kindern sehr beliebt ist der große Spielplatz, der auch müde kleine Wanderer wieder aufleben lässt. Unbedingt in Angriff nehmen sollte man auch die vielen Stufen auf den Panoramaturm. Von hier oben hat man nicht nur Aussicht auf das Weinbiethaus und den danebenliegenden, 133 m hohen Sendemast des Südwestfunks, sondern – bei geeignetem Wetter – auch auf einen Großteil der Pfalz. Im Turm befindet sich auch eine Wetterstation des Deutschen Wetterdienstes. Zu sehen ist außer einer verschlossenen Tür und einigen umzäunten Geräten im Außenbereich aber leider nichts.

Für den Abstieg durch das **Meisental** folgt man dem blauen Punkt. Einen Teil des Weges geht man auf einem Forstlehrpfad und kann dabei lernen, wie eine Suhle aussieht und was ein Malbaum ist. Dann folgt man der Straße Im Meisental, bis man wieder auf dem Mandelring angelangt ist.

Eine denkbare Erweiterung (besonders für ÖPNV-Nutzer) ist der ausgeschilderte Haardter Treppenweg, der in Verbindung mit einem Bummel durch die Neustadter Hauptstraße zum Hauptbahnhof Neustadt führt.

Burgschänke Wolfsburg. Einfache Schänke mit schöner Sitzgelegenheit. April bis Okt. Sa/So 11–18 Uhr bei gehisster Fahne.

Weinbiethaus. Das Ende der 1920er-Jahre von der Gimmeldinger Ortsgruppe des Pfälzerwald-Vereins gegründete und 2015 umgebaute Gasthaus bietet einfache, deftige Kost für hungrige Wanderer und Mountainbiker. Moderate Preise, der Andrang ist bisweilen gewaltig. Fr Ruhetag, sonst 10–18 Uhr (im Winter Do und Fr Ruhetag, sonst bis 17 Uhr), im Juli vier Wochen Betriebsferien. ☎ 06321/32596, www.waldgaststaette-weinbiethaus.de.

🥾 GPS-Wanderung 5: Über die Hohe Loog zum Hambacher Schloss → Karte S. 145

Die 15 km lange Wanderung startet am **Neustadter Hauptbahnhof** 1

(140 m) und führt zunächst durch Wohngebiete stets bergauf (roter Punkt). Kurze Zeit nach Ende der Bebauung bietet sich ein grandioser Blick auf Neustadt. Der schöne Wegverläuft weiterhin ansteigend bis zur **Schutzhütte Speierheld** 2 (465 m). Ab hier wird der Weg flacher, kurz vor dem **Hohe-Loog-Haus** 3 (619 m) wartet aber noch ein kurzer, steilerer Anstieg. Die Belohnung winkt auf zweierlei Art: Zum einen hat man einen wunderbaren, erstmaligen Ausblick in Richtung Maikammer und Edenkoben, zum anderen locken die herzhaften Düfte der Hütte. Kinder haben auf dem Spielplatz oberhalb der Hütte viel Spaß.

Bis zur nächsten Kreuzung folgt man weiter dem roten Punkt, dort nimmt man den mit einem „W" markierten Weg nach links. Dieser ist Teil der Weinspange, eines historischen Weintransportwegs vom Hambacher Schloss nach Erfenstein, der – z. T. noch mit dem alten Pflaster versehen – am Sommerberg entlangführt. Die Aussicht, oft in Richtung Kalmit, ist fantastisch. Das **Hambacher Schloss** 4 (339 m) kündigt sich durch die Bäume hindurch an. Dort hat man dann die Möglichkeit, sich in den Bus zu setzen und zum Bahnhof zurückzufahren. Wer den Weg zu Fuß fortsetzen möchte, tut dies über den mit einem roten Rechteck gekennzeichneten Weg. Dieser verläuft oberhalb von Hambach und mündet kurz vor dem Nollensattel wieder in den mit einem roten Punkt markierten Hinweg. Der Abstieg zum Bahnhof ist dann mit dem Aufstieg identisch.

Hohe-Loog-Haus. Beliebte Hütte mit herrlichem Blick auf die Rheinebene, Mi/Sa/So 10.30–18 Uhr, in den Sommer- und Herbstferien teilweise tägl. ☎ 06321/480092.

Restaurant 1832. Modernes Restaurant mit saisonaler Karte im Hambacher Schloss. Hauptgerichte 15–25 €. Tägl. 11–18, im Sommer ab 10 Uhr. ☎ 06321/9597880, www.hambacherschloss.eu.

An der Deutschen Weinstraße → Karten S. 82 und 149

Südliche Weinstraße

Auf sanften Hügeln erstrecken sich Weinberge von den Höhen des Waldes bis weit in die abwechslungsreiche Ebene. Unterhalb von lichten Kiefern- und Kastanienwäldern führt die kurvige Weinstraße durch die wogenden Weinberge weiter nach Süden, auf die französische Grenze zu.

Rebenüberspannte und enge Ortsdurchfahrten machen das Reisen auf diesem Abschnitt der Weinstraße zu einer idyllischen Angelegenheit. In den Sommer- und Herbstmonaten muss man sich in einigen der pittoresken Orte mit ihren historischen Kernen allerdings auf etwas Gedränge einstellen. Besonders die Region westlich der Südpfälzer Hauptstadt Landau ist landschaftlich reizvoll und abwechslungsreich. Zwischen den weiten Rebhängen und den Burgen am Waldrand bieten sich herrliche Ausblicke. Schöne, gepflegte Orte laden mit urigen Weinstuben und guten Restaurants zum Verweilen ein. Die Kalmit, der höchste Berg des Pfälzerwalds, und ihre Schwester, die wegen ihrer botanischen Bedeutung unter Naturschutz stehende Kleine Kalmit südwestlich von Landau, stellen beliebte Wander- und Spazierziele dar.

▪ Informationen zur Region erteilt das Büro Südliche Weinstraße e. V., An der Kreuzmühle 2, 76829 Landau, ☎ 06341/940407, www.suedlicheweinstrasse.de.

Maikammer und St. Martin

Aneinandergekauert scharen sich in der kleinen Weinbaugemeinde St. Martin die prächtigen Fachwerkhäuser entlang der engen Gassen um die am Hang gelegene katholische Kirche. Der etwas tiefer gelegene, vom Rebenmeer umgebene Nachbarort Maikammer ist deutlich größer und geschäftiger.

Mit seiner kleinen, verkehrsberuhigten Ortsmitte und guten Einkaufs- und Einkehrmöglichkeiten bietet **Maikammer** eine angenehme Mischung aus vitaler Gemeinde und Tourismusort. Im Gegensatz zum Nachbarort St. Martin ist Maikammer nicht nur idyllisch. Ein sehr gutes gastronomisches Angebot, hervorragende Winzer mit baulich interessanten Weingütern und liebevoll gepflegte Wegkreuze in den hügeligen Weinbergen finden sich hier ebenso wie ein großer Supermarkt, eine Tankstelle und ein Sportplatz. Auf dem Marktplatz erinnert ein im Jahr 1900 aus Kanonenmaterial errichtetes Bronzestandbild an Jakob Freiherr von Hartmann, den wohl berühmtesten Sohn der Gemeinde. Als Jakob Hartmann wurde er hier 1795 geboren und tat sich in der Königlich Bayerischen Armee u. a. während des Deutsch-Französischen Krieges 1870/71 hervor. Nicht ganz so heldenhaft und kriegerisch war das Leben der Gebrüder Franz und Anton Ullrich, die 1886 in Maikammer den Zollstock mit Federsperre erfanden und patentieren ließen. Am südlichen Ortsende thront in Gedenken an die Erfinder ein solcher, bunt und überdimensioniert, auf einem Kreisel. Im westlichen Ortsteil **Alsterweiler** beherbergt die in der

Kalmitstraße gelegene, um 1845 errichtete Mariä-Schmerzen-Kapelle ein beeindruckendes Beispiel spätgotischer Tafelmalerei. Der dreiflügelige Maikammer-Altar zeigt die Leidensgeschichte Jesu und entstand vermutlich durch Straßburger Meister Mitte des 15. Jh.

Das charmante, gerade mal 2000 Einwohner zählende **St. Martin** wird bisweilen als das schönste Dorf der Weinstraße bezeichnet. An manchen Stellen wirkt das Dorf in seiner Idylle der Wirklichkeit etwas entrückt. Die in den Herbstmonaten verkehrsberuhigte Hauptstraße verläuft entlang barocker Häuser mit Heiligenfiguren im Erker, stellenweise begleitet der Kropsbach die gepflasterte Straße, und nach einem scharfen Knick in Richtung Norden sieht man über sich die majestätisch wirkende Kirche St. Martin mit der respektablen Statue des heiligen Martin. Unterhalb reihen sich Gasthäuser mit bodenständiger wie niveauvoller Pfälzer Küche an traditionsreiche Winzerhöfe. Überragt wird die Weinbaugemeinde von der Ruine der zu Beginn des 13. Jh. als Lehensburg des Hochstifts Speyer erbauten Kropsburg. Bei einem Rundgang durch den Ort entdeckt man viele architektonische Details. Der liebevoll „Briefmarkeneck" genannte Erker eines um 1800 entstandenen Winzerhauses diente 1949 als Vorlage für eine rheinland-pfälzische Briefmarke. In St. Martin beginnt auch die malerische **Totenkopfstraße.** Sie führt auf einer Länge von knapp 16 km über ihren bei 520 m ü. d. M. gelegenen Höhepunkt in das abgeschiedene Elmsteiner Tal. Bei Rennrad- und Motorradfahrern ist die kurvenreiche Straße als Weg das Ziel, die anderen Besucher bringt sie ihrem Ziel Kalmit, der Totenkopfkütte oder einem der zahlreichen Wanderparkplätze näher.

) Service/Einkaufen

Information **Büro für Tourismus in Maikammer.** Weinstraße Süd 40, 67487 Maikammer, ☎ 06321/952768, www.maikammererlebnisland.de. März–Okt. Mo–Fr 9.30–12.30 und 14–17 Uhr, Sa 10–12 Uhr, Nov.–Febr. Mo–Fr 9.30–14.30 Uhr.

Büro für Tourismus in St. Martin. Kellereistr. 1 (in der Alten Kellerei), 67487 St. Martin, ☎ 06323/5300. Mitte Nov. bis Mitte März Mo–Fr 9–12 Uhr, Mitte März bis Mitte Nov. zusätzlich Mo–Fr 14–17 Uhr, Sa 10–12 Uhr.

Fahrradverleih In Maikammer und St. Martin werden Fahrräder über die Büros für Tourismus verliehen.

Radshop Weigenand. Zentral gelegener und gut sortierter Laden mit Werkstatt. Leihräder (ab 10 €/Tag), Reparaturservice. Mo, Di, Do und Fr 9.30–12.30 und 14–18 Uhr, Sa 9–13 Uhr. Maikammer, ☎ 06321/58445, Frantzplatz/Alter Markt, www.rad-shop-weigenand.de.

Einkaufen **Dengler-Seyler.** Besonders die frischen mineralischen Weißweine sind hervorragend. Zum Kosten empfiehlt sich ein Besuch im „Winzer", dem zum modern renovierten Weingut gehörenden Restaurant (→ S. 152).

Mo, Mi–Fr 9–12 und 13–18 Uhr, Sa 9–17 Uhr. Maikammer, Weinstr. Süd 6, ☎ 06321/5103, www.dengler-seyler.de.

Weingut Ullrichshof. Hervorragende Weine, für manche die besten in ganz Maikammer, werden in den Kellern der eindrucksvollen Jugendstilvilla am Ortsrand erzeugt. Mo–Fr 10–18 Uhr, Sa 10–16 Uhr. Maikammer, Marktstr. 86, ☎ 06321/5048, www.weingut-faubel.de.

Weingut Ziegler. Aus den Trauben ihrer Weinberge rund um Maikammer und an der Mittelhaardt gewinnen die Gebrüder Ziegler feine, aromatische Weine. Die Weinberge werden zum Teil mit Pferden bewirtschaftet, um die Böden zu schonen. Die Deutsche Landwirtschaftsgesellschaft verlieh dem Weingut 2018 den Titel „Winzer des Jahres". Mo–Fr 8–18 Uhr, Sa 9–15 Uhr. Maikammer, Bahnhofstr. 5, ☎ 06321/95780, www.august-ziegler.de.

Weingut Rössler-Schneider. Mitten in St. Martin in einem romantischen Haus mit Türmchen werden von Robert Schneider sehr gute Weine gemacht. Sa bis 17 Uhr, So 10–12 Uhr, Mo–Fr nach telefonischer Vereinbarung. St. Martin, Maikammerer Str. 12, ☎ 06321/5075, www.weingutroessler.de.

Maikammer mit dem Hambacher Schloss

An der Deutschen Weinstraße → Karten S. 82 und 149

Sport/Kultur

Baden Kalmitbad. Beheiztes Freizeitbad mit verschiedenen Becken und großzügiger Liegewiese. Schwimmer kommen im 50-m-Becken auf ihre Kosten. Mai bis Sept. Mo/Mi/Fr 10–20 Uhr (in den Sommerferien ab 9 Uhr), Di/Do 6.30–20 Uhr, Sa/So und feiertags 8–19 Uhr. Eintritt 4 €, ermäßigt 2,50 €, Maikammer, Wiesenstr. 18, ✆ 06321/5585.

Fahrradtouren An schönen Tagen strampeln viele Radfahrer die 6 km lange Strecke hinauf zur Kalmit. Trotz der durchschnittlich sechsprozentigen Steigung benötigen die Besten hierfür keine 20 Minuten. Durch die Weinberge verlaufen viele Wege, die wesentlich gemütlicher und ebenso gut ausgebaut sind.

Wandern Ideale Ausgangspunkte für Wanderungen sind die Parkplätze an den Ortsausgängen. Der am westlichen Ende von Maikammer in Alsterweiler gelegene Parkplatz bietet sich für sonnige Touren entlang der Haardt an und liegt an der weiß-grün markierten Route, die Maikammer mit dem Gipfel der **Kalmit** und dem **Felsenmeer** verbindet (→ Wanderung 3, S. 144).

Westlich von St. Martin liegt das **Rasthaus an den Fichten** am Waldrand (PWV-Hütte, tägl. 9.30–19 Uhr, Mitte Nov. bis April Mi–So 9.30–18 Uhr, ✆ 06323/7844, www.haus-an-den-fichten.de). Großzügige Parkmöglichkeiten machen es zu einem guten Ausgangspunkt für Wandertouren. So gelangt man beispielsweise über die grün-weiß markierte Route in Richtung St. Martin, wo man kurz vor dem Ortseingang über einen mit einem roten Punkt gekennzeichneten Fußweg zur **Kropsburg** aufsteigen kann. Von dort geht man entweder über Wiesen und alte Gärten in den Ortskern von St. Martin oder aber weiter (roter Punkt) zur **Edenkobener Hütte** (auch „Hüttenbrunnen" genannt, schöner Spielplatz, mit Übernachtungsmöglichkeit, 11–17 Uhr geöffnet, Di Ruhetag, Schänzelstr. 2, ✆ 06323/2827). Rückweg zum Parkplatz: auf der blau-weiß markierten Route zur St. Martiner Schutzhütte und von dort auf grün-weißer Strecke hinunter zum Rasthaus an den Fichten.

Veranstaltungen Der **Maikammerer Weinmarathon** eröffnet im März die Saison der Weinfeste. Die Namensgebung bezieht sich auf die Ausdauer, die man braucht, um 24 Std. lang Weine und Sekte zu probieren. Traditioneller sind die **Kerwen,** die am letzten Wochenende im Juni (Alsterweiler), am dritten

Wochenende im Juli (Maikammer) und am ersten Wochenende im Aug. (St. Martin) stattfinden. Am zweiten Juniwochenende (Sa ab 16 Uhr) laden Stände mit Wein und Essen entlang des **St. Martiner Weinwegs** zum kulinarischen Spaziergang ein. Den Abschluss des jährlichen Weinfestreigens bildet das **Martinusweinfest**, das um den 11. November herum in den romantisch beleuchteten Gassen von St. Martin stattfindet.

Übernachten/Essen und Trinken

Übernachten/Essen in Maikammer
🍃 ***** Waldhaus Wilhelm.** Am Waldrand gelegenes, klassisch eingerichtetes Hotel mit freundlichem Service. Die Küche bietet u. a. glutenfreie Ernährung mit Produkten aus der nahen Hammermühle und verschiedene vegetarische Gerichte. Hauptgerichte 15–35 €. Mo und Do Ruhetag, sonst 12–14 und 18–21 Uhr. Unspektakuläre, aber freundliche Zimmer. DZ ab 88 €. Maikammer, Kalmithöhenstr. 6, 📞 06321/58044, www.waldhaus-wilhelm.de.

Maikammer

Mein Tipp **Gasthaus Zum Winzer.** Unübersehbar und gut zum barocken Ensemble passend, hängt das schwere Gasthausschild in Form eines Traubenhenkels über dem Torbogen. In den hellen Räumlichkeiten mit viel At-mosphäre verwöhnt Familie Albers ihre Gäste mit mediterran und regional inspirierten Köstlichkeiten. Hauptgerichte 17–30 €. Mo/Di Ruhetag, sonst 11.30–14.30 und 17.30–23 Uhr. Auch einige schöne DZ ab 88 €. Maikammer, Weinstraße Süd 8, 📞 06321/5410, www.gasthaus-zum-winzer.de.

Dorf-Chronik. Hinter dem ungewöhnlichen Namen verbirgt sich das gemütlich-stilvolle Restaurant der Winzerfamilie Schwaab. Alle Weine stammen vom eigenen Weingut, besonders die weißen Burgunder werden bei Prämierungen immer wieder gelobt. Verkauf der Weine über die Dorf-Chronik und die gegenüberliegende Vinothek (Mo–Fr 9.30–12.30 und 14–18 Uhr, Sa 9.30–17 Uhr und So 10–12 Uhr). Di/Mi Ruhetag, sonst ab 17.30 Uhr, Sa auch 11.30–14 Uhr, So ab 11.30 Uhr. Marktstr. 7, 📞 06321/58411 www.restaurant-dorfchronik.de.

Café Centner. Das traditionelle Café ist nicht nur sonntagnachmittags ein beliebter Treffpunkt. Die Auswahl an Kuchen und Torten ist riesig, die süße Bananencremetorte ist für Kinder die perfekte „Tigerentortorte". Mo Ruhetag, sonst 8.30–18 Uhr, So 7.30–18.30 Uhr. Maikammer, Schulstr. 4, 📞 06321/5014, www.cafe-centner.de.

Weinrestaurant Reblaus. Etwas abseits vom Zentrum liegt die kleine Weinstube, in der man nicht nur gemütlich sitzen, sondern vor allem ausgezeichnet essen kann. Der Service ist freundlich und persönlich, und für all diejenigen, die sich trotz toller Auswahl nicht mit dem Wein anfreunden wollen, gibt es hier auch Bier. Hauptgerichte 10–20 €. Maikammer, Friedhofstr. 88, 📞 06321/4995599.

Ferienhaus Heilweck. Praktisch eingerichtete Ferienwohnungen auf dem familienfreundlichen Winzerhof Heilweck unweit des Zentrums von Maikammer. Ab 40 €. Maikammer, Marktstr. 66, 📞 06321/5111, www.weingut-heilweck.de.

Pension Herty. Im freundlich geführten Gästehaus der Winzerfamilie Herty kann man in vier „Weinzimmern" schlafen, im hellen Aufenthaltsraum lecker frühstücken und die Küche sowie die große Terrasse mit Blick zum Hambacher Schloss benutzen. Ab 75 €. Im dazugehörigen Weingut (Marktstr. 39) gibt es gute Weine. Maikammer, Alsterweiler Hauptstr. 40, ℘ 06321/952634, www.weingut-herty.de.

Gästehaus Spatzennest. Kleine und freundliche Pension in ruhiger Lage mit vier neuen, geschmackvoll eingerichteten Doppelzimmern (mit Frühstück ab 79 €) und einer Ferienwohnung. Maikammer, Weiherstraße 45, ℘ 06321/952682, www.gaestehaus-spatzennest.de.

Gästehaus im Rebenland. Geschmackvoll eingerichtete Ferienwohnungen am westlichen Ortsrand. Ab 50 €. Alsterweiler, Mühlstr. 13, ℘ 06321/5067, www.schreieck-maikammer.de.

Übernachten/Essen in St. Martin **Sankt Martiner Weinhäusel.** Hier treffen sich bodenständige Pfälzer Weinstubenatmosphäre und ambitionierte regionale wie internationale Küche. Dazu gibt es ausgezeichnete Weine vom Weingut Seeber. Hauptgerichte 10–25 €. Di/Mi Ruhetag, sonst ab 17.30 Uhr, Sa/So auch 11.30–14 Uhr. St. Martin, Hornbrücke 2, ℘ 06323/981387, www.weinhaeusel.com.

Mein Tipp **Weinstube Christmann.** Gleich am Ortsrand gibt es neben gutem Wein deftige Speisen mit leckeren Soßen. Von der Dachterrasse hat man einen schönen Blick auf den gepflegten Rosengarten. Mo–Mi und Fr ab 17 Uhr, Sa ab 14.30 Uhr und So ab 12 Uhr.

St. Martin, Edenkobenerstr. 50, www.weinstube-christmann.de.

Consulat des Weins. Ein größeres Hotel am Ortsrand mit gutem, nicht ganz billigem Restaurant und üppig bestückter Vinothek (Mo–Sa 8–17.30 Uhr, So 9–12 Uhr). Restaurant So ab 15 Uhr und Mo ganztägig geschlossen. DZ ab 142 €. St. Martin, Maikammerer Str. 44, ℘ 06323/804425, www.consulat-des-weins.de.

Haus Palatinum. Nördlich des Ortskerns von St. Martin gelegen. Im romantischen Landhausstil eingerichtete Zimmer und eine Ferienwohnung mit schönem Ausblick. DZ ab 83 €, Ferienwohnung 90 €, Jan. bis Febr. z. T. deutlich günstiger. St. Martin, Jahnstr. 11, ℘ 06323/5337, www.weingut-ziegler.de.

Gästehaus Chalet Raabe. Hell und freundlich eingerichtete Zimmer und Ferienwohnungen im gleichnamigen Weingut. Dazu gehört der „Alte Gutshof" mit deftigen Speisen und gutseigenen Weinen (März bis Nov., tägl. ab 11.30 Uhr). DZ ab 96 €, Ferienwohnungen ab 105 €. St. Martin, Emserstr. 4, ℘ 06323/704955, www.weingut-raabe.de.

Camping **Campingplatz Wappenschmiede.** Der einfache Platz liegt im Tal am westlichen Ortsende von St. Martin, bereits 1952 wurde er auf Terrassen angelegt. Stellplatz 9 €, Erwachsene 7 €, Kinder (3–14 J.) 3 €. Ab Ostern bzw. 1. April bis 1. Nov. geöffnet. St. Martin, Talstr. 60, ℘ 06323/6435, www.campingplatz-wappenschmiede.de.

Edenkoben

Eine Augenweide ist der Hauptort der Verbandsgemeinde Edenkoben auf den ersten Blick nicht. Doch in den letzten Jahren sind zunehmend nette Ecken und Plätze entstanden, die zum Verweilen einladen.

Hohes Verkehrsaufkommen, gute Einkaufsmöglichkeiten und einige große Arbeitgeber unterstreichen, dass die 6700 Einwohner zählende Stadt, die mit der Hochschule für Finanzen und Landesfinanzschule auch eine überregionale Bildungseinrichtung vorzuweisen hat, heute vor allem für die Versorgung der näheren Umgebung bedeutsam ist. Doch auch der Wein prägt nach wie vor

das Gesicht des staatlich anerkannten Luftkurortes und seiner Umgebung, die auf eine lange Tradition im Weinbau zurückblickt. Schon seit dem 8. Jh. ist dieser in Edenkoben belegt. Vermutlich wurde aber bereits viel früher um „Zotingkowe", wie Edenkoben bei der ersten urkundlichen Erwähnung 769 genannt wurde, und Wazzenhofen (heute westlicher Teil von Edenkoben)

An der Deutschen Weinstraße → Karten S. 82 und 149

Weinbau betrieben. Auch in dem im 13. Jh. gegründeten Kloster Heilsbruck westlich des Zentrums in Verlängerung der Klosterstraße wurde von Anfang an Wein angebaut.

Im Zentrum Edenkobens

Während der östliche Stadtbereich rund um den Bahnhof weder durch historischen Charme noch durch Weinbauromantik glänzt, gibt es in der Altstadt zunehmend nette Ecken und touristische Angebote. Auf dem zentralen Ludwigsplatz, dem ehemaligen Marktplatz, erinnert ein Denkmal an Ludwig I., dessen Name seit dem Bau der oberhalb von Edenkoben gelegenen Villa Ludwigshöhe eng mit der Gemeinde verbunden ist. Die Stadt selbst hat eher landwirtschaftliche Wurzeln, auch wenn sie 1802 während der französischen Herrschaft für kurze Zeit Kantonsstadt im Departement Mont Tonnere wurde. Während der kurpfälzischen Epoche vom 16. bis ins 18. Jh. war Edenkoben Marktstadt und Weinbauort. Die dicht beieinanderstehenden Winzer- und Handwerkerhäuser mit ihren großen

Hofeinfahrten erinnern ebenso wie der gotische Turm der protestantischen Kirche an diese Zeit. Während der bayerischen Herrschaft ab 1816 entstanden schließlich, den neu erworbenen Stadtrechten angemessen, einige stattliche Wohn- und Amtsgebäude.

Sehr reizvoll ist die umgebende Landschaft, mit der sich Edenkoben als „Garten Eden der Pfalz" vermarktet. Die Mischung aus Weinbergen, Wald und Wiesen gibt dem Gebiet einen parkähnlichen Charakter. Und so verzichtete König Ludwig beim Bau seiner Sommerresidenz Villa Ludwigshöhe auch auf die Anlage eines Schlossgartens. „Um mich herum ist Park genug", soll der Monarch mit fester Überzeugung gesagt haben.

Sehenswertes

Museum für Weinbau und Stadtgeschichte: Die lange Geschichte des Weinbaus und der Gemeinde Edenkoben wird in dem 1992 eröffneten Museum anschaulich dargestellt. Im jüngsten Teil der mit viel Akribie und Liebe zusammengetragenen Ausstellung dreht sich alles um den Wein. Der Edenkobener Ökonomierat Gustav Adolf Froelich war es, der 1876 zum ersten Mal besonders leistungsfähige Rebstöcke getrennt vermehrte und so die Klonenselektion entwickelte, mittels derer reine und ertragreiche Sorten Einzug in den modernen Weinbau hielten. Seine Erfolge sind im Gebäude der ehemaligen Berufsschule ebenso dokumentiert wie der Kampf der Winzer gegen Schädlinge. So wird beispielsweise die Geschichte einer Schädlingsplage im Jahr 1905 erzählt, bei der mit 360 Klebködern auf der Gemarkung Rhodt fast 40.000 Motten des Traubenwicklers gefangen und anschließend verbrannt wurden.

▪ April bis Dez. Sa–So 14–17, Mi 10–12 und Fr 15–18 Uhr. Eintritt 3 €, ermäßigt 2 €, Kinder unter 12 J. frei. Weinstr. 107, ✆ 06323/81514, www.museum-edenkoben.de.

Friedensdenkmal: Weithin sichtbar überragt das Friedensdenkmal auf dem Werderberg die Rheinebene. 1899 wurde es als Sieges- und Friedensdenkmal in Erinnerung an den Sieg über die Franzosen im Krieg von 1870/71 erbaut. Zusammen mit den kleineren Denkmälern Straßburger Stein (1872), Bismarck-Stein (1898) und Moltke-Stein (1902) bildet es ein imposantes Denkmalensemble. Demjenigen, der sich für das monumentale Bauwerk, das seit 1969 ausschließlich als Friedensdenkmal bezeichnet wird, nicht so recht erwärmen kann, sei der grandiose Blick von der Aussichtsplattform empfohlen.

Schloss Villa Ludwigshöhe: Auf einem sanften, von Kastanienwäldern und Weinbergen gesäumten Hügel ragt die Villa Ludwigshöhe erhaben über die Weiten der Kulturlandschaft um Edenkoben und Rhodt unter Rietburg. Es bedarf hier keiner großen Vorstellungskraft, um die Begeisterung des bayerischen Königs Ludwig I. für diese Region nachvollziehen zu können. Es schwang beinahe Liebe mit, wenn er von der Sommerresidenz „in des König-

reichs mildesten Teilen" erzählte. Dabei war das Verhältnis Ludwigs zur Pfalz keineswegs einfach. Der Grundstein für sein Schloss wurde 1846 gelegt, gerade zwei Jahre bevor sich der bayerische Staat in seinen Pfälzer Teilen den Herausforderungen der jungen deutschen Demokratiebewegung gegenübersah. Die Revolution von 1848 zwang Ludwig I. schließlich zum Rücktritt. Die Bauarbeiten der durch Friedrich von Gärtner und Leo von Klenze errichteten Anlage zogen sich noch bis 1852 hin, sodass Ludwig schon königlicher Pensionär war, als er zur Einweihung des Schlosses in die Pfalz kam. Das Schloss ist in einer bisweilen etwas irritierenden Mischung aus kühlem Spätklassizismus, verspieltem Dekor und mediterraner Farbgebung erbaut worden. Freude an seinem Anwesen hatte Ludwig I. dennoch. Zwischen 1852 und 1866 kam er alle zwei Jahre während der Sommermonate hierher, feierte seinen Geburtstag, genoss die Natur und erkundete diese auf ausgedehnten Wanderungen. Die umliegenden Orte profitierten von dem königlichen Gönner,

Die Residenz Ludwigs in den Weinbergen: Schloss Villa Ludwigshöhe

An der Deutschen Weinstraße → Karten S. 82 und 149

stiftete er doch für die Edenkobener die St. Ludwigskirche und das Krankenhaus „Ludwigsstift" (heute ein Altenheim), während seine Frau den Kindergarten im nahe gelegenen Rhodt erbauen ließ. Seine Nachfahren zeigten allerdings wenig Interesse an dem malerischen Schloss, das in der Folge häufig die Besitzer wechselte, zunehmend verfiel und erst 1980 nach der Übernahme durch das Land Rheinland-Pfalz wieder zu alter Pracht fand.

Im Obergeschoss des West- und Südflügels ist mit der *Max-Slevogt-Galerie* eine umfassende Sammlung des Impressionisten und Pfalz-Bewunderers zu bestaunen. Neben wechselnden Ausstellungen werden v. a. Bilder aus dem Frühwerk Slevogts gezeigt, darunter auch einige von jenen, die er sein Leben lang nicht verkaufen wollte.

▪ Max-Slevogt-Galerie Di–So 9–18 Uhr, Mai bis Okt. nur Sa/So/feiertags 10–18 Uhr, Dez. geschlossen. Eintritt 6 €, Kinder 3 €. Die historischen Räumlichkeiten werden aktuell saniert und können ab 2022 wieder besichtigt werden. Villastr. 64, ☎ 06323/93016, www.max-slevogt-galerie.de.

Anfahrt Über Edenkoben der Ausschilderung folgen. Wer kann, sollte sein Auto unterhalb der Ludwigshöhe stehen lassen und die letzten Meter durch den lichten Kastanienwald wandern. Von Mai bis Okt. verkehren an Sonn- und Feiertagen vormittags Busse von Edenkoben zur Villa Ludwigshöhe und am Nachmittag wieder retour.

Rietburg: Die Gründung der Burg oberhalb der Villa Ludwigshöhe liegt im Dunkeln, wenngleich Hinweise darauf bestehen, dass die Rietburg eine der ältesten Burgen der Pfalz ist. Bekannt wurde sie durch Hermann von Rietburg im November 1255. Dieser entführte die sich auf dem Weg von Worms zum Trifels befindende Ehefrau des Gegenkönigs Wilhelm von Holland und den königlichen Hofrichter Graf Adolf von Waldeck, beraubte sie und führte sie als Gefangene auf die Burg. Erst als die Wormser Bürger mit Unterstützung

durch Pfalzgraf Ludwig II., Graf Friedrich III. von Leiningen, Werner IV. von Bolanden und andere die Rietburg belagerten, kam es zur Freilassung. Wiederentdeckt wurde die auf 550 m Höhe gelegene Anlage erst Mitte des 20. Jh., wenngleich der Weg dorthin zu den Lieblingsausflügen König Ludwigs I. während seiner Aufenthalte auf Schloss Villa Ludwigshöhe gehört haben soll. Ohne große Rücksicht auf die historische Substanz entstand auf der Oberburg eine Höhengaststätte mit großzügiger Aussichtsterrasse. Von der Ludwigshöhe aus führt die älteste Sesselbahn der Pfalz zur Rietburg hinauf.

▪ **Sesselbahn:** April bis Anfang Nov. tägl. 9–17 Uhr, Sa/So in Hauptsaison bis 18 Uhr, Berg- und Talfahrt Erwachsene 7,50 €, Kinder (4–14 J.) 3,50 €, ☎ 06323/1800. Höhengaststätte: Karfreitag bis Anfang Nov. tägl. 9–17 Uhr, Sa/So bis 18 Uhr, ☎ 06323/2936.

Praktische Infos

Information Südliche Weinstraße Edenkoben e. V. Büro für Tourismus, April bis Okt. Mo–Fr 9–13 und 14–17 Uhr, Sa 10–12 Uhr; Nov. bis März Mo–Do 9–12 und 14–16 Uhr, Fr 9–12 Uhr, Poststr. 23, 67480 Edenkoben, ☎ 06323/959222, www.garten-eden-pfalz.de.

Einkaufen/Genießen Im nahen Venningen werden auf dem romantischen **Doktorenhof** feine Essige aus eigenen Weinen hergestellt, die auch in der gehobenen regionalen Gastronomie häufig Verwendung finden. Mo/Di 8–16 Uhr, Mi 8–18 Uhr, Do/Fr 9–17 Uhr, Sa 9–14 Uhr. Venningen, Raiffeisenstr. 5, ☎ 06323/5505, www.doktorenhof.de.

Ebenfalls in **Venningen** lädt der Genuss-Experte Matthias Mangold zur „**Genusstur**" ein. Auch Seminare zu Wein, Destillaten, Schokolade, Grillen u. v. m. Venningen, Hauptstr. 20, ☎ 06323/949550, www.genusstur.de.

Östlich des Zentrums von Edenkoben beim Hotel Prinzregent ist 2016 ein wunderbarer **Spielplatz** entstanden, der Kinder und jung gebliebene Erwachsene gleichermaßen lockt. Geöffnet Mo–Sa 9–21, So/feiertags ab 10 Uhr. www.alla-hopp.edenkoben.de.

Veranstaltungen Die alljährlich ab Fronleichnam vier Tage lang stattfindende **Owwergässer Winzerkerwe** ist einer der festlichen

Restaurants und Weinstuben satt

An der Deutschen Weinstraße ↓ Karten S. 82 und 149

Höhepunkte der Region. Entlang der vom Ortskern hangaufwärts verlaufenden Klosterstraße sind nicht nur zahlreiche Höfe und Weingüter zu bewundern, sondern auch ein mittelalterlicher Markt und viele verschiedene Stände. Den Höhepunkt bildet der Festumzug am frühen Sonntagnachmittag, an dem neben historischen Gruppen auch die Weinhoheiten der Region teilnehmen. Am vierten Wochenende im Sept. findet das **Große Weinfest der Südlichen Weinstraße** in Edenkoben statt. Mitte Okt. lädt das Schloss Villa Ludwigshöhe zum meist gut besuchten und interessanten **Wein- und Kastanienmarkt,** wo sich alles um die auch in den umliegenden Wäldern wachsenden Esskastanien dreht.

Wandern   Die gute Verkehrsanbindung macht Edenkoben zu einem beliebten Start- und Zielort für Streckenwanderungen entlang der Weinstraße. Schöne Touren führen durch die **Weinberge** in die charmanten Nachbarorte St. Martin und Rhodt unter Rietburg. Vom Wanderparkplatz unterhalb der **Villa Ludwigshöhe** bieten sich zahlreiche Rundtouren an. Eine schöne Tagestour (ca. 18 km) führt auf blau-gelb markierten Wegen hinauf zur Ludwigshöhe und zur **Rietburg** und weiter zum **Schänzelturm** auf dem 614 m hohen Steigerkopf. Hier findet man Spuren verschiedener kriegerischer Auseinandersetzungen: Die im Dreißigjährigen Krieg von den Schweden ange-

legten Schanzen gaben dem 1874 erbauten Turm seinen Namen. In den Ende des 18. Jh. geführten Koalitionskriegen fanden in diesem Abschnitt des Pfälzerwalds langwierige Stellungskriege zwischen Franzosen und Preußen statt, welche die Franzosen schließlich für sich entscheiden konnten. Der Rückweg erfolgt über den Parkplatz Lolosruhe entlang des roten Kreuzes zum **Hilschweiher** (mit Bootsverleih) und an der einfachen Waldgaststätte Siegfriedschmiede (Klosterstr. 181, ☎ 06323/3912) vorbei zurück zum Ausgangspunkt.

Übernachten/Essen 🍴 *****S Pfälzer Hof.** Die Gaststube wurde in den ehemaligen Innenhof verlegt, wo man nun in heller und freundlicher Atmosphäre sitzt. Regional und saisonal orientierte Küche, im Angebot sind auch Wildgerichte aus dem Edenkobener Tal (eigener Abschuss) sowie Rind von Venninger Weiden. Hauptgerichte 15–25 €. Tägl. 11.30–14.30 und 17.30–22 Uhr. Kein Ruhetag. Klassisch bis modern eingerichtete Hotelzimmer, DZ ab 108 €. Weinstr. 85, ☎ 06323/938910, www.pfaelzerhof-edenkoben.de.

***S Prinzregent. Größeres, in den letzten Jahren geschmackvoll renoviertes Hotel am westlichen Ortsrand von Edenkoben, direkt in den Weinbergen und am Alla-Hopp-Spielplatz gelegen. Ab 140 €. Unter dem Kloster 1, ☎ 06323/9520, www.prinzregent-edenkoben.de.

Elsässer Käselädl. Wer auf der Suche nach einem stilvollen Frühstück ist, sollte hier vorbeischauen. Auch Flammkuchen und Burger stehen auf der Karte des kleinen Cafés, in dem außerdem verschiedene französische Spezialitäten verkauft werden. Di–So 8.30–14 Uhr. Weinstr. 61, ☎ 06323/988986, www.kaese laedel-edenkoben.de.

Café Hedwig. In der südlichen Altstadt ist 2019 ein legeres Café entstanden, das mit seinen antiken Möbeln, kreativen Kuchen- und Frühstücksangeboten und seinem persönli-

chen Charakter auch in ein Hamburger Szeneviertel passen würde. Do–Mo 9–18 Uhr. Rhodterstr. 1, ☎ 06323/9350768.

Weinstube Edel-Brauch. Am Ortsausgang in Richtung St. Martin liegt das Weingut, das neben Wein nicht nur schöne und sehr beliebte, kostenfreie Wohnmobilstellplätze am Weinbergrand zu bieten hat, sondern auch eine Weinstube mit einfacher Küche. Fr/Sa ab 17 Uhr, So und feiertags ab 11 Uhr. St. Martiner Str. 30, ☎ 06323/2555, www.edel-brauch.de.

Rhodt unter Rietburg

Die romantische Theresienstraße verkörpert für viele Besucher das Idealbild eines Pfälzer Weindorfes: Von großen Kastanien, Rosenbögen und Pflanzenkübeln gesäumt, laden rustikale bis edle Höfe mit aufwendigen Torbögen unterhalb von Rietburg und Villa Ludwigshöhe zu geselligen Stunden ein.

Über den Straßen ranken sich alte Weinreben und üppig blühende Kletterrosen, die dem Ort einen heimeligen Charme verleihen; die gepflasterte und in ihrem oberen Teil mit ausladenden Kastanienbäumen bepflanzte Theresienstraße ist von stattlichen Winzerhöfen gesäumt. Einen Spaziergang über die Theresienstraße hinauf zum Schloss Villa Ludwigshöhe (→ S. 155) sollte man sich zumindest bei schönem Wetter nicht entgehen lassen. Meist wird man dabei von anderen Spaziergängern und Wanderern begleitet – Rhodt und der Weg zur Ludwigshöhe gehören zu den beliebtesten Ausflugszielen an der Weinstraße.

Nicht ohne Stolz wird in Rhodt darauf hingewiesen, dass ein Großteil des Ortes unter Denkmalschutz steht und dass die meisten der Weingüter eine lange Tradition haben. Davon, dass sich die Gemeinde ihres kulturellen Erbes sehr wohl bewusst ist, zeugt die Gestaltungssatzung zum Schutz des Ortsbildes, die den Rhodtern detailliert vorgibt, was sie beim Bau oder Umbau zu tun und zu lassen haben. Und bei ei-

nem Gang durch den übersichtlichen Ortskern der gut 1100 Einwohner zählenden Gemeinde gewinnt man schnell den Eindruck, dass die Rhodter die Vorgaben sehr ernst nehmen und bei der Gestaltung ihrer Häuser tatsächlich das Wohl des Ortes im Blick haben. Nur die Weinstraße selbst ist in Rhodt wie auch anderswo aufgrund des vielen Verkehrs nicht besonders gemütlich.

Geschichte

Von den Ursprüngen Rhodts ist außer einer anfänglich engen Verknüpfung mit der oberhalb des Ortes thronenden Rietburg bis heute wenig bekannt. Viele Jahrhunderte hindurch gehörte der Ort als Exklave zu Württemberg und nach 1603 zur Markgrafschaft Baden-Durlach. Die Württemberger gaben Rhodt den Namenszusatz „unter Rietburg" zur Unterscheidung von gleichnamigen Orten im Herrschaftsgebiet. Die Markgrafen brachten den Weinbauern eine lang anhaltende wirtschaftliche Blüte, die sich bis heute in den alten und stattlichen Anwesen widerspiegelt. 1752 erließ der Markgraf

Karl Friedrich für seinen „Flecken Rhod" das „Gebot gegen das Weinschmieren", das wohl erste Weinreinheitsgesetz der Welt. Darin wurde festgelegt, dass „alle und jede Vermisch- und Verfälschungen des Weins lediglich und ohne Ausnahme verboten seyn sollen". Die Zugehörigkeit zu Württemberg und zum Hause Baden-Durlach hatte auch zur Folge, dass die Rhodter im Gegensatz zu den umliegenden Orten schon früh protestantisch waren. Ob sie mit dieser Sonderstellung immer glücklich waren, ist umstritten. Anfangs jedoch sollen sie so begeistert von den Predigten des 1570 hierher gesandten Pfarrers Magister Martin Cleß gewesen sein, dass die nicht eben kleine St. Georgskirche kaum ausreichte, um die Mengen darin unterzubringen.

Sehenswertes

Georgskirche: Über dem Haupteingang erinnert das Wappen der Markgrafschaft Baden-Durlach aus dem Jahr 1720 an die Geschichte von Rhodt. Der gut 40 m hohe gotische Turm ist eines der Wahrzeichen des Ortes und wurde bereits 1470 errichtet. Das Schiff mit seinem für die Region eher ungewöhnlichen Retabelaltar entstand 1720–1722 im Zuge eines Umbaus und hatte die Speyerer Dreifaltigkeitskirche zum Vorbild. Die reichen Bürger Rhodts konnten sich damals Plätze im Gestühl erkaufen. Noch heute kann man an einigen Plätzen die Namensschilder der einstigen Besitzer betrachten.

Ältester Weinberg der Welt: Schon zu Zeiten der Württemberger Herrschaft wurde in Rhodt eifrig Wein angebaut, und unter den Markgrafen von Baden-Durlach erlebte der Flecken dann seine größte Blüte. Grundlage für den wirtschaftlichen Erfolg waren nicht nur die fleißigen Rhodter Winzer und die durchaus ergiebigen Böden, sondern auch die Traminer-Trauben, die unter den Württembergern im 16. Jh. erfolgreich eingeführt und dann mit großen Gewinnen an die Badener verkauft wurden. Noch heute wird diese aromatische Weinsorte in Rhodt angebaut, u. a. im angeblich ältesten Weinberg der Welt: Gegenüber der Winzergenossenschaft Rietburg stehen in drei Rei-

Das Zentrum von Rhodt: die Theresienstraße

An der Deutschen Weinstraße → Karten S. 82 und 149

hen jene Weinstöcke, die vor rund 400 Jahren gepflanzt wurden und aus denen noch heute vom Weingut Oberhofer (Edesheim, Am Linsenberg 1, ✆06323/944911, www.weingutoberhofer.de) Wein gekeltert wird.

Praktische Infos

Information   Gäste- und Bürgerbüro Rhodt. Weinstr. 44 (im Durlacher Hof), 76835 Rhodt unter Rietburg, ✆06323/980079, www.rhodt.de. Mo/Di/Do/Fr 9–12 Uhr.

Einkaufen 🍇 Weingut Christian Heußler. Der junge Kellermeister macht hochwertige, geradlinige Weine, während sein Vater einen der Weinberge traditionell mit Pferden bewirtschaftet. Wer möchte, kann bei den Heußlers auch Kutschfahrten unternehmen. Mo, Mi–Fr 9–12 und 13.30–18 Uhr, Sa 10–17 Uhr. Mühlgasse 5, ✆06323/2235, www.heussler-wein.de.

Kleinod in Rhodt

Weingut Jürgen Heußler. Das andere Weingut Heußler im Ort gibt sich nicht damit zufrieden, sehr gute Weine auszubauen, auch eine Destillerie mit guten Bränden gehört zum Betrieb. Mo–Fr 10–12 und 15–18 Uhr, Sa 11–

15 Uhr, So nach telefonischer Vereinbarung. Weyherer Str. 34/35, ✆06323/5506, www.weingut-heussler.de.

Fahrradverleih   Gästehaus Reinfrank. Fahrräder ab 8,50 €/Tag. Kronacher Str. 7, ✆06323/3110.

Wandern   Für Wanderungen entlang der Haardt, hinauf zur Villa Ludwigshöhe (→ S. 155) oder zur Rietburg (→ S. 156) ist Rhodt der ideale Ausgangspunkt. Der Weg, den König Ludwig und Königin Therese über die Theresienstraße hinauf zu ihrer Sommerresidenz zurücklegten, ist besonders an schönen Herbsttagen sehr beliebt.

Übernachten/Essen   ★★★★ Alte Rebschule. Das Wohlfühlhotel oberhalb des Ortes inmitten der heimeligen Weinlandschaft bietet alles für anspruchsvolle Pfalzurlauber: gutes Essen, modern eingerichtete Zimmer und einen am Wein orientierten Vitalbereich. Das hat seinen Preis: DZ mit „Genießerpension" (Frühstück, Nachmittagsjause, abends 4-Gänge-Menü) ab 202 €. Im rustikalen **Gasthaus Sesel** fühlen sich Wanderer wohl. Moderate Preise. Theresienstr. 200, ✆06323/70440, www.alte-rebschule.de.

★★★ Gästehaus Pabst. Das wunderbar zwischen Theresienstraße und Weinbergen gelegene Ferienhaus überzeugt durch seine Lage sowie die freundlichen, mit hellen Kiefernmöbeln eingerichteten Zimmer. DZ ab 65 €. Theresienstr. 29, ✆06323/81191, www.gaestehaus-pabst.de.

Weingut Seelos. Freundliche Zimmer und Ferienwohnungen in einem authentischen Winzerhaus und dessen Nachbarhaus im Zentrum von Rhodt. Im Herbst lockt an Wochenenden die Straußwirtschaft im Hof mit einfachen, aber guten Gerichten. DZ ab 70 €, Ferienwohnung ab 80 €. Theresienstr. 1, ✆06323/676, www.weingut-seelos.de.

Schneckenhäusl und Alte Backstube. Exklusive Ferienhäuser im nostalgischen Landhausstil für 2–4 Pers. Bei der Renovierung der alten Bäckerei, die einst auch das königliche Schloss auf der Ludwigshöhe belieferte, wurden bevorzugt biologische Baustoffe verwendet. Ab 65 €. Theresienstr. 42, ✆06323/980023, www.altebackstube-rhodt.de.

mein Tipp **Vinorant   Fleischmann-Krieger.** Schlicht, schön und mit viel Atmosphäre präsentiert sich die Weinstube des gleichnamigen Weingutes. Gute Küche, Hauptgerichte 8–19 €.

Do/Fr ab 17 Uhr, Sa/So ab 11.30 Uhr. Theresienstr. 22, ☎ 06323/81372, www.fleischmann-krieger.de.

Café Ludwig 1 und Gästehaus Zweite Heimat. In dem Ende des 19. Jh. erbauten Herrenhaus haben Karin und Steffen Breuner nicht nur ein stimmungsvolles Gästehaus mit drei modernen Ferienwohnungen untergebracht, sondern auch noch das Café Ludwig 1, dessen Besuch sich schon allein wegen des Kuchens lohnt. Ferienwohnung ab 70 €. Café Mi–So 9–18 Uhr. Theresienstr. 31, ☎ 0177/4919246, www.cafe-ludwig-1.de.

Umgebung von Rhodt unter Rietburg

Edesheim

Im „Garten Eden der Pfalz" präsentiert sich die Weinbaugemeinde Edesheim als idealer Wohn- und Urlaubsort. Ein breit gefächertes Angebot an Einkehrmöglichkeiten und die Edesheimer Schlossfestspiele, die jeden Sommer viele Besucher zur Seebühne vor dem Schloss locken, haben den Ort in den vergangenen Jahren zunehmend beliebter werden lassen. Schon im 14. Jh. sollen die Speyerer Bischöfe hier eine Wasserburg bewohnt haben. Das mitten in Edesheim gelegene Schloss entstand dann 1594, wurde seitdem jedoch mehrmals verändert und beherbergt heute in seinen klassizistischen Räumlichkeiten ein elegantes Hotel. Bei einer Ortsdurchfahrt fallen die imposanten Höfe und Anwesen auf, in denen es einige große Winzerbetriebe gibt.

Einkaufen   Weingut Anselmann. Das Weingut am nördlichen Ortsrand ist eines der größten privaten Weingüter Deutschlands. Der Probierstand ermöglicht den täglichen Kauf der Weine (9–20.30 Uhr). Auf der Brunnenterrasse kann man in den Sommermonaten täglich ab 10 Uhr speisen und dazu einen der vielfach prämierten Weine genießen. Staatsstr. 58–60, ☎ 06323/94120, www.weingut-anselmann.de.

Übernachten/Essen   ** Hotel Schloss Edesheim.** In dem schön gelegenen, von Wasser und Wein umgebenen Haus lässt es sich herrschaftlich wohnen und im dazugehörigen, eleganten Restaurant ebenso essen. Menü ab 35 €. Tägl. 12–14 und 18–22 Uhr. DZ ab 143 €. Luitpoldstr. 9, ☎ 06323/94240, www.schloss-edesheim.de.

Hainfeld

In dem gemütlichen Ort mit seiner verwinkelten Dorfstraße und dem markanten Kirchturm ist noch viel alte Bausubstanz erhalten. Zu Recht nennt

Maria Immaculata in Hainfeld

sich Hainfeld „Weinort in Barock", viele der Gebäude und Winzerhöfe entstanden im Zeitalter des Barock und Rokoko. Seit Ende des 15. Jh. gehört Hainfeld zum Bistum Speyer und wurde

An der Deutschen Weinstraße → Karten S. 82 und 149

dadurch katholisch geprägt. Die Heiligenfiguren im Ortsbild und die an der zentralen Kreuzung zu bewundernde, farbenfrohe Maria Immaculata erinnern daran. Dass Hainfeld nicht nur architektonisch einiges zu bieten hat, beweisen die selbst vermarktenden Winzer. Zu den empfehlenswerten Weingütern gehört jenes der Familie Koch, dessen Weinpavillon am Ortsausgang in Richtung Burrweiler typisch pfälzische Öffnungszeiten hat: „Wann's Licht brennt, isch uff."

Einkaufen   Weingut Borell-Diehl. In dem blumengeschmückten, fast 400 Jahre alten Fachwerkhaus, jüngst durch einen modernen Glasanbau stimmungsvoll ergänzt, reifen klare, fruchtige Weißweine ebenso wie stimmige Rotweine. Mo–Fr 8–12 und 13–18 Uhr, Sa 9–17 Uhr. Weinstr. 47, ℰ 06323/980530, www.borell-diehl.de.

Weingut Koch. Ein Weinpavillon an zentraler Stelle weist nicht immer auf beste Weinqualität hin. Beim umfangreichen Angebot des Weinguts Koch jedoch ist auf die Qualität Verlass. Ein Gläschen Wein auf einer der Bänke vor dem Pavillon ist ein herrlicher Abschluss einer Weinstraßentour. Mi–Fr 14–22, Sa/So/feiertags ab 12 Uhr. Weinverkauf im Weingut Mo–Fr 9–12 Uhr und 13–18 Uhr, Sa 10–12 Uhr und 13–17 Uhr. Weinstr. 1, ℰ 06323/2728, www.weingut-koch.com.

Weingut Gerhard Klein. Im sympathischen, seit über 350 Jahren bestehenden Weingut mit dem schönen Winzerhaus gibt es hervorragende Weine. Eine besondere Spezialität ist der rote Frühburgunder. Verkauf Mo–Fr 8–12 und 13–18 Uhr, Sa 9–16 Uhr. Weinstr. 38, ℰ 06323/2713, www.kleinwein.com.

Essen & Trinken   Dorfbrunnen. In dem ehemaligen Schulhaus gibt es in gemütlicher Atmosphäre typische Pfälzer Gerichte: Saumagen, Bratwurst und Leberknödel gehören zu den Klassikern. Im Okt. traditionelles Schlachtbuffet. Hauptgerichte 6–18 €. Mo/Di Ruhetag, sonst 11.30–14 und 17–21 Uhr. Weinstr. 28, ℰ 06323/980734, www.dorfbrunnen-hainfeld.de.

Weyher

Unterhalb der mit Kastanienbäumen bestandenen Ausläufer des Pfälzerwalds liegt auf rund 300 m Höhe der kleine und ein wenig verschlafene Ort Weyher. Von überall im Dorf hat man einen prächtigen Blick über die Ebene. Davon, dass Weyher ein frommer und im Gegensatz zum größeren Nachbarn Rhodt tief katholischer Ort ist, zeugen Heiligenfiguren an den Häusern und in

In den Weinbergen bei Hainfeld

der Flur. Die großzügig ausgestattete barocke Pfarrkirche St. Peter und Paul und die oberhalb des Ortes zu Beginn des 20. Jh. errichtete Lourdesgrotte sind weitere gottesfürchtige Merkmale des engen, aber sehr sonnigen Dorfes. Wenn heute vom Turm der Kirche die Glocken schlagen, dann erinnern sie an eine ganz besondere Geschichte: Als die französischen Revolutionsheere 1794 die Pfalz eroberten, raubten sie vielen Kirchtürmen ihre Glocken. Auch die Glocken von Weyher lagen bereits abholfertig vor der Kirche. Doch als sie am nächsten Morgen verladen werden sollten, waren die mächtigen Teile spurlos verschwunden und konnten auch nach längerer Suche nicht ausfindig gemacht werden. Junge Weyherer Männer hatten sie über Nacht in der Erde eines frisch gerodeten Weinbergs vergraben und die Spuren fein säuberlich verwischt. Erst als die Luft 1804 wieder rein war, wurden die Glocken geborgen und in den Kirchturm ge-

bracht. An die Heldentat von einst erinnert heute der Glockenbrunnen am südwestlichen Ortsrand.

Einkaufen/Übernachten Weingut Rudi Möwes. Hier werden frische, sehr gute und teilweise ausgezeichnete Weine produziert. Idyllisch und gemütlich ist das dazugehörige Ferienhaus „An der Dorflinde" für bis zu 5 Pers. (ab 60 €). Mo–Fr 13–19 Uhr, Sa 9–16 Uhr, So 9–12 Uhr. Hübühl 10, ✆ 06323/5602, www.weingut-moewes.de.

Weingut-Gästehaus Graf. Vom Balkon oder dem schön angelegten Garten kann man den Blick in die Weinberge genießen. Rustikale DZ und Ferienwohnungen ab 55 €. Auch hervorragende Weine werden hier erzeugt. Mo–Fr 16–21 Uhr, Sa/So 11–21 Uhr. In den Sommermonaten am Wochenende nettes Winzercafé. Borngasse 7, ✆ 06323/980064, www.graf-von-weyher.de.

Gäste- und Ferienhaus Herrmann. Hell und ansprechend renoviertes Gästehaus in zentraler Lage. DZ und Ferienwohnungen ab 44 bzw. 40 €. Oberdorf 42, ✆ 06323/5172, www.gaestehaus-herrmann.de.

Der Balkon der Südpfalz: Burrweiler, Gleisweiler, Frankweiler

Unterhalb des Teufelsbergs und der auf seiner östlichen Flanke thronenden St.-Anna-Kapelle liegen die drei malerischen Orte so dicht an die steilen, kastanienbewachsenen Hänge gedrängt, als müssten sie der Ebene entfliehen. Tatsächlich hat man hier oben den Eindruck, als würde einem ein Rebenmeer zu Füßen zu liegen.

Südlich des Modenbachtals, das für den Weinanbau aufgrund der aus dem Pfälzerwald kommenden kalten Winde ungeeignet ist und früher einmal durch Ackerbau und Viehzucht, heute aber durch Obstanbau gekennzeichnet ist, reihen sich die alten Häuser von **Burrweiler** aneinander. Gleich zwei Gotteshäuser prägen den kleinen Ort: Oberhalb von Burrweiler befindet sich unweit des höchstgelegenen Weinbergs der Pfalz die in ihrer heutigen Form 1895 errichtete St.-Anna-Kapelle (→ Sehens-

wertes). Unten im Dorf steht die gut erhaltene spätgotische Kirche Mariä Heimsuchung, die 1523 von dem Ritter Christoph von Dahn und der Äbtissin Odilia von Heilsbruck errichtet wurde und die Gräber der Herren von Dahn beherbergt. Im Ort findet sich auch der Hof der einstigen Ortsherren. Heute ist in dem festungsartig wirkenden Herrenhaus die Gaststätte von der Leyen untergebracht, deren Name von jenem Geschlecht stammt, das zwischen 1657 und 1794 die Geschicke des kleinen

An der Deutschen Weinstraße → Karten S. 82 und 149

Dorfes lenkte. Die Grafen von der Leyen müssen ob unsittlicher Umtriebe bisweilen so verzweifelt gewesen sein, dass sie zu drastischen Mitteln griffen. Im Jahr 1768 erließ Graf Franz Karl von der Leyen eine Verordnung, welche die Strafe bei Ehebruch regelte: „Dieselben sollen ohne Unterschied des Geschlechts an den Pranger gestellt, mit Rut scharf aufgestrichen und des Landes auf ewig verwiesen werden."

Kirchturm von Burrweiler

Das mit 284 m ü. d. M. auf gleicher Höhe wie Burrweiler gelegene **Gleisweiler** bezeichnet sich gerne als der wärmste Ort der Pfalz. Eindrucksvoll untermauert dies der über 150 Jahre alte Garten der Privatklinik Bad Gleisweiler mit seiner üppigen, wärmebedürftigen Flora. Oberhalb der 1844 von dem Landauer Arzt Ludwig Schneider als eine der ersten Kaltwasserheilanstalten Deutschlands erbauten Klinik steht der Sonnentempel, das Wahrzeichen Gleisweilers. Zu der ehemaligen Heilanstalt gehörte auch die noch heute nutzbare Walddusche im **Hainbachtal,** unter der die Patienten zwischen 1849 und 1878 ihre Abwehrkräfte stärken konnten. 1996 wurde die historische Kureinrichtung wiederentdeckt und rekonstruiert, sodass die eiskalte Massage heute wieder erlebbar ist.

Der verwinkelte und an dem engen Platz zwischen der katholischen Pfarrkirche St. Stephanus und der evangelischen Martin-Bucer-Kirche seinen Mittelpunkt findende Ortskern von Gleisweiler wirkt bisweilen wie ein belebtes Freiluftmuseum. Statt der sonst so weinstraßentypischen Autos tummeln sich Wanderer, Spaziergänger und Flaneure an schönen Wochenendtagen auf der Badstraße und der Lindenallee. Letztere führt vom südlichen Ortsende hinüber in den Nachbarort Frankweiler und ist wohl einer der schönsten Panoramawege der Pfalz. **Frankweiler** wirkt trotz seiner vielen Brunnen und gemütlichen Winzerhöfe vergleichsweise unspektakulär. Das auf eine alte fränkische Siedlung zurückgehende Weindorf wird von dem mächtigen Steinbruch am Ringelsberg überragt, dessen Steine viele der herrschaftlichen Häuser der Region prägen.

Sehenswertes

St.-Anna-Kapelle: Die imposant auf einem östlichen Ausläufer des Teufelsbergs errichtete Kapelle ist seit vielen Jahrhunderten Ziel von Pilgern. In ihrer heutigen Form entstand sie 1895 durch den Burrweiler Pfarrer Michael Hendel. Außer bei den großen Wallfahrten in den Sommermonaten ziehen die Burrweiler alljährlich am 1. Mai zu ihrer Kapelle hinauf. Schließlich soll nach dem Gelöbnis, jedes Jahr an diesem Tag eine Bittprozession abzuhalten, 1748 eine todbringende Seuche von den Burrweiler Bürgern abgelassen haben.

■ Die Kapelle ist ab dem Parkplatz am Restaurant St. Annaberg zu Fuß über den Fahrweg in rund 15 Min. zu erreichen. Informationen über die während der Sommermonate häufig stattfindenden Wallfahrten unter www.annakapelle.de. Die einfache PWV-Hütte an der Kapelle ist Mi und So, von Juli bis Okt. auch Sa 10–18 Uhr geöffnet (☎ 06345/3931).

Kurpfälzisches Zehnthaus: Der aufgeklärte und in Gleisweiler überall präsente Kurfürst Karl Theodor ließ das für

Sandstein und Fachwerk in Burrweiler

das kleine Dorf ein wenig überdimensioniert wirkende Zehnthaus 1753 durch seinen Hofbaumeister Sigismund Zeller errichten. Von hier aus wurde nicht nur die Abgabe des Zehnts an die örtliche Kirche organisiert und verwaltet, auch der katholische Pfarrer lebte lange Zeit in einer Wohnung im vierten Stockwerk. Schon 1797 wurde das Zehntrecht in der Pfalz abgeschafft, und das stattliche Anwesen verlor einen großen Teil seiner Bedeutung. Da das Gebäude bautechnische Mängel aufweist, ist das in seinen Räumen untergebrachte Papiermuseum derzeit leider geschlossen.

Praktische Infos

Information Burrweiler und Gleisweiler sind Teile der Verbandsgemeinde Edenkoben. Auskünfte erteilt das Büro für Tourismus **Südliche Weinstraße Edenkoben e. V.** Büro für Tourismus, April bis Okt. Mo–Fr 9–13 und 14–17 Uhr, Sa 10–12 Uhr; Nov. bis März Mo–Do 9–12 und 14–16 Uhr, Fr 9–12 Uhr, Poststr. 23, 67480 Edenkoben, ☎ 06323/959222, www.garten-eden-pfalz.de. Weitere Infos unter www.gleisweiler.de und www.burrweiler.de.

Informationen zu Frankweiler erhält man über das **Büro für Tourismus.** Marktstr. 50, 76829 Landau in der Pfalz, ☎ 06341/13180, www.landau.de. Nov. bis April Mo–Do 8.30–12 und 14–17 Uhr (Do bis 18 Uhr), Fr 8.30–12.30 Uhr, Mai bis Okt. zusätzlich Fr 13–15 Uhr, Sa 10–12 Uhr.

Einkaufen **Weingut Argus.** Der Betrieb blickt auf eine lange Tradition zurück, schon 1610 entstand der urige Gewölbekeller, in dem heute v. a. Rieslinge und im Holzfass ausgebaute Rotweine entstehen. Sa 10–17 Uhr sowie nach Vereinbarung. Gleisweiler, Hauptstr. 23, ☎ 06345/919424, www.argus-wein.de.

Weingut Meßmer. Mineralische Rieslinge und andere gute Weine aus dem VDP-Weingut können im innovativen **Weinhaus** gekostet werden. Hier werden nicht nur Meßmer-Weine angeboten, zum Probieren und Kaufen gibt es auch ausgewählte Flaschen von Pfälzer Winzerkollegen (Mi–So 13–19 Uhr). Weinverkauf Mo–Fr 8–11.30 Uhr, Mo–Mi zusätzlich 13.30–17 Uhr, Sa 9–13 Uhr. Burrweiler, Gaisbergstr. 5, ☎ 06345/2770, www.weingut-messmer.de.

Wandern Burrweiler, Gleisweiler und Frankweiler bieten sich für kurze Abstecher zu Aussichtspunkten am Waldrand ebenso an wie für ausgedehnte Tagestouren. Die Orte liegen nur wenige Kilometer voneinander entfernt, und von dem zumeist oberhalb verlaufenden **Weinstraßenwanderweg** ergeben sich herrliche Blicke. Einer der schönsten Ausblicke der ganzen Pfalz bietet sich vom **Orensfelsen** (581 m): Trifels, Rheinebene und Pfälzerwald sind zu sehen – schweißtreibend, aber sehr lohnend! Burrweiler und Gleisweiler sind ideale Ausgangspunkte für Wanderungen zur

St.-Anna-Kapelle, zur Trifelsblick- und Landauer Hütte sowie zur **Ruine Neuscharfeneck** (→ Wanderung 6, S. 192). In Frankweiler informiert der 3 km lange **Waldlehrpfad** auf Tafeln über den Lebensraum Wald und die Waldbewirtschaftung (Beginn am Wanderparkplatz westlich von Frankweiler).

Übernachten/Essen Burrweiler Hof. Gepflegte und großzügige Ferienwohnungen. Ab 55 €/Tag. Burrweiler, Gaisbergstr. 1, ✆ 0160/5550061, www.burrweilerhof.de.

Restaurant Sankt Annaberg. Der auf halber Höhe zwischen Burrweiler und St.-Anna-Kapelle gelegene Gutsausschank ist Teil des höchstgelegenen Weinguts der Pfalz. Ursprünglich diente das Anwesen der Verpflegung von Pilgern. Die Aussicht ist herrlich, die Speisekarte hochpreisiger, als es das schöne, aber keinesfalls edle Ambiente erwarten lässt. So/Mo geschlossen, sonst ab 15 Uhr. Einfache, zum Teil frisch renovierte Zimmer ab 110 €. Burrweiler, St. Annaberg, ✆ 06345/3258, www.restaurant-sankt-annaberg.de.

🍃 **Ritterhof zur Rose.** In dem zum Weingut Meßmer gehörenden freundlich-eleganten Restaurant werden regionale Produkte – zum Großteil aus dem Biosphärenreservat Pfälzerwald – liebevoll und elegant zubereitet. Das hat seinen Preis (Menü ab 42 €), der jedoch vollkommen gerechtfertigt ist. Burrweiler, Weinstr. 6a, ✆ 06345/407328, www.ritterhofzurrose.de.

Winzergaststätte Grafen von der Leyen. Im Obergeschoss des im 16. Jh. entstandenen Amtshauses der Grafen von der Leyen war ab 1953 zunächst ein Gutsausschank der Burrweiler Winzergenossenschaft untergebracht. Seit den 1960er-Jahren kann man in der gemütlichen, gutbürgerlichen Gaststätte speisen. Hauptgerichte 14–24 €. Sa–Mi 11–15 und 17–20.30 Uhr. Burrweiler, Weinstr. 18, ✆ 06345/3620, www.winzergaststaette-burrweiler.de.

Burrweiler Mühle. Das Ausflugsrestaurant liegt in den sanft geschwungenen Ausläufern des Modenbachtals. Die freundlichen, urigen Räumlichkeiten befinden sich in einer alten Mühle. An Sonnentagen locken ein schattiger Garten und Spielgeräte für die Kinder. Hauptgerichte 10–22 €. Mo/Di geschlossen, sonst ab 15 Uhr, So und feiertags ab 12 Uhr. Burrweiler, Burrweiler Mühle 202, ✆ 06323/980751, www.burrweilermuehle.de.

Weinstube Brand. Nette, urige Weinstube mit sehr guten regionalen Gerichten, die auch mal asiatisch-kreativ abgewandelt werden. Hauptgerichte 10–25 €. Di 18–22 Uhr, Mi–Sa 12–14 und 18–22 Uhr. Frankweiler, Weinstr. 19, ✆ 06345/959490.

Mein Tipp 🍃 **Weinbar Müller.** Am Ortsrand von Frankweiler wird man auf dem Bioland-Weingut der Familie Müller freundlich empfangen. In der mit viel Holz gestalteten Weinbar oder auf der sonnigen Terrasse gibt es neben eigenen Weinen zu fairen Preisen Regionales aus der kreativen Küche. Tägl. außer Do 11.30–22 Uhr. Frankweiler, Zum Kunststück 2, ✆ 06345/953663, www.weingut-m.de.

Die Dagoberthecke

Etwas außerhalb von Frankweiler steht in der Lage Königsgarten ein ansehnlicher Weißdornbusch. Daneben nennt ein Stein seinen Namen: Dagoberthecke. An eben dieser Stelle soll bis zu einem Blitzeinschlag im Jahr 1823 ein noch gewaltigerer, heiliger und heilender Busch gestanden haben. Der bei Klingenmünster residierende Merowinger Dagobert soll sich hier im Jahr 626 mithilfe von Frankweiler Bauern vor seinen Verfolgern versteckt haben. Weil er – für die damalige Zeit ungewöhnlich – einen Schuldspruch zuungunsten eines Edelmanns erlassen hatte, wollten ihn die Großen und Starken des Reiches nicht länger dulden. Er entkam ihnen jedoch durch sein Versteck im Weißdornbusch und war so dankbar für die Rettung, dass er den Bauern der Haardt in seinem Testament die Nutzung seiner ausgedehnten Vogesenwaldungen überließ.

Bedeutendes Baudenkmal: die Jugendstil-Festhalle

An der Deutschen Weinstraße → Karten S. 82 und 149

Landau

Breite Straßen und weitläufige Plätze lassen erahnen, dass hier einst große Paraden und Aufmärsche stattgefunden haben müssen. Heute ist Landau sympathischer Mittelpunkt der Region, Universitäts-, Verwaltungs- und Einkaufsstadt sowie die größte Weinbaugemeinde Deutschlands.

Wer das Glück hat, zu Marktzeiten am Samstagmorgen nach Landau zu kommen, erlebt städtische Betriebsamkeit. Der weitläufige Rathausplatz, 1689 als Waffen- und Paradeplatz angelegt, bildet den Mittelpunkt der Stadt, die aufgrund ihrer bisweilen wenig einladenden Außenbereiche lange verschmäht wurde. Dabei hat sich Landau in den letzten Jahren zu einem überaus beliebten Wohn- und Arbeitsort gemausert. Heute zeigen sich die Straßen der Innenstadt wohltuend grün, und viele Ecken sind ansprechend renoviert. An schönen Sommertagen sitzen vor den Cafés der Innenstadt viele junge Leute, von denen nicht wenige an der in ihrer heutigen Form erst 1990 gegründeten Universität studieren.

Das alles kann freilich nicht ganz darüber hinwegtäuschen, dass städtebaulich auch in Landau einige Sünden begangen wurden. Und wie so oft in Städten mittlerer Größe hört die geschäftige Umtriebigkeit jenseits der Hauptstraßen schnell auf. In seinen Randbereichen beherbergt die 45.000 Einwohner zählende Stadt einen kleinen, aber ansprechenden Zoo, prägnante Reste der Festungsanlage und einladende Parkanlagen, die zuletzt im Rahmen der Landesgartenschau 2015 erweitert wurden.

Geschichte

Die Geschichte Landaus als Markt-, Militär- und Verwaltungsstadt ist lang und wechselhaft. Die Verleihung der Stadtrechte erfolgte 1274 und damit nur wenige Jahre nach der ersten urkundlichen Erwähnung. Schon damals bewilligte König Rudolf von Habsburg dem pfälzischen Landau auch einen Wochenmarkt. Keine 20 Jahre später erfolgte 1291 der Aufstieg zur Reichsstadt. 1324 jedoch rächte sich Ludwig der Bayer dafür, dass die Abordnung aus Landau ihm bei der Wahl zum römisch-deutschen König die Stimmen verwehrt hatte, und verpfändete die gesamte Stadt an die Bischöfe von Speyer, unter deren fast 200-jähriger Herrschaft sie ruhige Zeiten erlebte. Der 1508 durch Landau von den Herrschern der Madenburg (→ S. 177) erworbene Weinort Nußdorf wurde 1525 zum Ausgangspunkt des Pfälzischen Bauernkrieges. Hier sammelte sich bei der Kirchweih am 23. April jener Nußdorfer Haufen, der im Kampf um die Rechte der Bauern Klöster und Herrschafts-häuser plünderte und Neustadt kampflos eroberte. Zwei Monate später wurden die Bauern jedoch im rheinhessischen Pfeddersheim durch die Truppen des Kurfürsten Ludwig V. vernichtend geschlagen. Heute erinnert ein Denkmal in Nußdorf an den Aufstand, der rund 8000 Bauern den Tod brachte.

Im Jahre 1688 schließlich begann nach dem Eintritt Landaus in den elsässischen Zehnstädtebund der Ausbau zu einer Festung durch den französischen Baumeister Sébastien Le Prestre de Vauban. Bis 1691 sollte Landau nach seinen Plänen zu einer der „mächtigsten Festungen der Christenheit" werden. Auf einem eigens für den Bau errichteten Kanal wurden mächtige Gneisgesteine von Albersweiler nach Landau transportiert und hier von 20.000 Arbeitern zu einer gewaltigen achteckigen Festung errichtet, die bis 1871 zunächst unter französischer und später unter bayerischer Herrschaft bestehen blieb. Erst nach dem Schleifen der als Gefängnis empfundenen Festung konnte die Stadt wieder frei atmen. In den folgenden Jahren gab es

Wochenmarkt auf dem Rathausplatz

neue Stadterweiterungen, es entstanden weiterführende Schulen und eine Bahnverbindung nach Neustadt.

Sehenswertes

Rathausplatz: Das Zentrum Landaus wird von dem weitläufigen Rathausplatz dominiert. Heute finden hier keine Aufmärsche und Paraden mehr statt, nur das einsame Reiterstandbild des Prinzregenten Luitpold von Bayern erinnert an jene Zeiten, als sich Herrscher und Gefolge auf dem 1689 als Waffen- und Paradeplatz erbauten Platz versammelten. Rings um ihn gruppieren sich einige der imposantesten Landauer Gebäude. An der Nordseite liegen das 1790 als Wohnhaus erbaute Böcking'sche Palais mit seiner frühgotischen Fassade und das Alte Kaufhaus. Schon im 15. Jh. wurden hier durch städtische Kaufhausmeister kontrollierte Geschäfte getätigt; die im Erdgeschoss untergebrachten Woll- und Safranwaagen zeugen von den einst so wichtigen Handelswaren der Region. Das inzwischen als Veranstaltungszentrum betriebene Gebäude wurde in seiner heutigen Form um 1840 durch den bayerischen Architekten August von Voit erbaut. Den westlichen Abschluss des Rathausplatzes bildet seit 1827 das klassizistische Rathaus, das ursprünglich als Sitz der bayerischen Militärkommandantur entstand und heute die Stadtverwaltung und das Büro für Tourismus beherbergt.

Frank-Loebsches Haus: Gut versteckt in den engen Gässchen hinter dem Alten Kaufhaus liegt ein wahres Kleinod. Der dreigeschossige Vierflügelbau mit Arkadenhof und einem Renaissance-Treppenturm entstand zwischen dem 15. und 17. Jh. und beheimatet die urige Wirtschaft Zur Blum (→ S. 175). Im 19. Jh. erwarb der Urgroßvater von Anne Frank, Zacharias Frank, das Anwesen als Wohnhaus. Bis zur Enteignung der Familie Frank-Loeb durch die Nationalsozialisten blieb es in deren

Die Weinstube Zur Blum im Frank-Loebschen Haus

Besitz. 1987 wurde es von der Stadt gekauft, heute sind hier neben einem Universitätsinstitut und einer Galerie eine Ausstellung über die Geschichte der Juden in Landau und eine Dokumentation über Sinti und Roma in der Pfalz untergebracht.

■ Di–Do 10–12 und 14–17 Uhr, Fr–So 11–13 Uhr. Eintritt frei. Kaufhausgasse 9, ✆ 06341/86472.

Festung: Gemessen an der einstigen Größe der 1688 bis 1691 errichteten Festung wirken die erhaltenen Reste beinahe enttäuschend. Augenscheinlichste Zeugnisse der einst stadtbestimmenden Anlage sind das Obertor (Deutsches Tor) und das Untertor (Französisches Tor). Darüber hinaus zeugen massive Überreste des zu Beginn des 18. Jh. vor den Toren des Hauptwalls entstandenen Forts auf dem Kaffenberg von den Ausmaßen der einstigen Befestigungsanlagen. Seit ein paar Jahren wird versucht, die gewaltigen unterirdischen Teile der Festungsanlage wieder frei zu legen und der Öffentlichkeit zugänglich zu machen.

An der Deutschen Weinstraße → Karten S. 82 und 149

Die Grundlagen für den Ausbau Landaus zu einer Festung legte der schon damals überaus bekannte und vom französischen Königshaus bewunderte Festungsbaumeister Sébastien Le Prestre de Vauban. Die Landauer selbst waren von ihrer Festung von Anfang an wenig begeistert. Sie litten nicht nur unter umfangreichen Enteignungen, sondern mussten 1689 sogar mit ansehen, wie weite Teile der Altstadt durch ein gewaltiges Feuer in Schutt und Asche fielen. In einer Denkschrift hatte Vauban zwei Jahre zuvor die enge Bebauung bemängelt, und dass schließlich französische Soldaten die Landauer Bürger daran hinderten, ihre Häuser zu löschen, nährte die Spekulationen über eine durch den Ingenieuroberst Tarade getätigte Brandstiftung. Beim Wiederaufbau wurde auf die vormaligen Besitzrechte keine Rücksicht genommen. Auf sich alleine gestellt, lebte die Landauer Bevölkerung viele Jahre unter schlechten Bedingungen in Baracken, weil Geld und Baumaterialien kaum zu bekommen waren.

Erdmännchen im Landauer Zoo

Gleichzeitig wuchs und gedieh die Festung. Über 1000 Landwirte lieferten das Holz für den gewaltigen Bau, der bis zu 20.000 Arbeitern Beschäftigung gab. Viele davon kamen aus Frankreich und siedelten sich in Landau an. Die Stadt selbst wandelte sich zu einer nahezu perfekt geschützten Anlage. Nur über die beiden großen Tore konnte die Bevölkerung ein- und ausreisen.

Zoo: Der kleine, aber für seine Größe vielseitige Landauer Zoo liegt im Bereich der ehemaligen Festungsanlagen nördlich der Innenstadt. 1904 übernahm der Verein „Vogelfreund" die Anlage und errichtete erste Vogelhäuser und Tiergehege. Mittlerweile beteiligt sich der Zoo im Rahmen der europäischen Erhaltungszuchtprogramme an der Erhaltung von Braunkopfklammeraffen, Geparden und Humboldtpinguinen. Die Sibirischen Tiger sind in einem erfreulich großen Gehege im ehemaligen Festungsgraben untergebracht.

▪ April bis Sept. 9–18 Uhr, März und Okt. bis 17 Uhr, Nov. bis Febr. bis 16 Uhr. Eintritt 9 €, Kinder (4–12 J.) 4 €, Hunde 3,50 €. Hindenburgstr. 12–14, ✆ 06341/898229, www.zoo-landau.de.

Festhalle: Nach Schleifung der Festungsanlagen entwickelte sich Landau rasant zu einem aufstrebenden Zentrum der Südpfalz. Befreit von den Restriktionen und symbolischen Schranken der trutzigen Wehrmauern, wurden v. a. gegen Ende des 19. Jh. die Stadt und ihre Bürger gleichermaßen von einer Aufbruchstimmung ergriffen. Zwischen 1905 und 1907 machte eine großzügige Spende des zunächst anonym gebliebenen Ziegelherstellers Dr. August Ludowici den Bau der Festhalle möglich, den Hermann Goerke meisterlich und imposant ausführte. Inzwischen gilt die Festhalle als eines der bedeutendsten Kulturdenkmäler des Jugendstils im süddeutschen Raum. 1200

Gäste finden hier bei verschiedenen Kulturveranstaltungen Platz.

■ Mahlastr. 3, www.jugendstil-festhalle.de.

Strieffler-Haus: In dem ehemaligen Wohn- und Atelierhaus des Landauer Malers Heinrich Strieffler (1872–1949) befinden sich ein Museum und eine Galerie mit dem Nachlass des bedeutendsten pfälzischen Landschaftsmalers. Dessen Tochter Marie hinterließ es nach ihrem Tod 1987 der Stadt, die es weitestgehend unverändert der Öffentlichkeit zugänglich machte. So fühlt man sich tatsächlich in die Zeit des Malers hineinversetzt, der als zeichnerischer Schilderer des pfälzischen Weinbaus gilt und eines der Gründungsmitglieder des Pfälzerwald-Vereins war.

■ Während der vier jährlichen Wechselausstellungen Fr–So 14–17 Uhr geöffnet. Löhlstr. 3, ✆ 06341/86204.

Bauernkriegshaus: Das schöne Fachwerkhaus im Stadtteil Nußdorf gilt als die Keimzelle des pfälzischen Bauernaufstandes im Jahr 1525. Das im 15. Jh. erbaute Haus wurde während des Dreißigjährigen Krieges zerstört und 1671 auf den historischen Fundamenten wiederaufgebaut. Heute zeigt es eine kleine Sammlung über den Bauernkrieg und die Ortsgeschichte von Nußdorf. Als Erweiterung gibt es einen historischen Dorfrundgang, vorbei an 14 informativen Tafeln.

■ Mai bis Okt. Sa/So 14–16 Uhr. Eintritt frei. Nußdorf, Kirchstr. 66, ✆ 06341/62221, www.bauernkriegshaus-nussdorf.de.

Landesgartenschaugelände: Auf dem 27 ha großen Konversionsgelände im Süden der Stadt fand 2015 eine vielbeachtete Landesgartenschau statt. Die Beachtung hatte zunächst einen unrühmlichen Grund: Da auf dem alten Bahngelände immer wieder Blindgänger aus dem Zweiten Weltkrieg gefunden wurden, entschloss man sich, das ursprünglich geplante Schaujahr 2014 auf 2015 zu verschieben. So waren viele Pflanzungen zur Freude der Besucher schön eingewachsen. Besonders einladend ist das Areal im Bereich der extravagant gestalteten Vinothek Par Terre. Die sonnigen Terrassen bieten eine schöne Aussicht über moderne Blumenbeete. Über den vorgelagerten Spielplatz freuen sich vor allem die Kinder.

In diesem Nußdorfer Haus brach 1525 der Bauernkrieg aus

An der Deutschen Weinstraße → Karten S. 82 und 149

Service

Information Büro für Tourismus. Markt-str. 50, 76829 Landau in der Pfalz, ☎ 06341/138302, www.landau-tourismus.de. Nov. bis April Mo–Do 8.30–12 und 14–17 Uhr (Do bis 18 Uhr), Fr 8.30–12.30 Uhr, Mai bis Okt. zusätz-lich Fr 13–15 Uhr, Sa 10–12 Uhr.

Südliche Weinstraße e. V. An der Kreuz-mühle 2, 76829 Landau, ☎ 06341/940407, www.suedlicheweinstrasse.de.

Kino Universum Kinocenter. Zentral ge-legenes, freundliches Kino mit drei Sälen. Ge-mischtes Mainstreamprogramm. Königstr. 48–50, ☎ 06341/9287920, www.universum-kino center.de.

Parken Wer bereit ist, ein paar Schritte zu laufen, der findet viele Parkmöglichkeiten für den vergleichsweise günstigen Preis von 2,50 € für ein Tagesticket. Die größte Chance auf ei-nen freien Platz hat man auf dem am nördli-chen Rand der Innenstadt gelegenen **Alten Messplatz**. Direkt an der Fußgängerzone sind die Parkplätze teurer.

Sightseeing Das Büro für Tourismus bietet Stadtführungen mit unterschiedlichen Schwerpunkten an. Anmeldung für Gruppen und Termine für Individualreisende unter ☎ 06341/138302 oder touristinfo@landau.de. Hier werden auch Fahrten mit dem **Schoppenbähnel** durch die Landauer Weindörfer vermittelt.

Taxi Taxistand am Bahnhof, ansonsten unter ☎ 06341/86506.

Einkaufen

Als regionales Einkaufszentrum bietet Landau vielerlei Geschäfte rund um den Rathausplatz und in der Fußgängerzone. Dienstags und samstags findet von 7 bis 14 Uhr auf dem Rathausplatz der vielseitige **Wochenmarkt** statt.

Übernachten
5 Maximilians
10 Parkhotel Landau
14 Soho

Essen & Trinken
2 Weinstube Zur Blum
7 Sörkel
8 Le Bistro
12 Olympia
16 Suppe mag Brot

Einkaufen
1 Kleine Weinhandlung
3 Annas Laden
6 Oel de Vie
9 Wunschträume
13 KFE Kaffee
17 Par Terre

Oel de Vie 6 In dem kleinen Laden werden zum Großteil selbst importierte, hochwertige Olivenöle aus Norditalien und Südfrankreich angeboten. In der langen Theke stehen dicht an dicht mediterrane Köstlichkeiten. Mo–Fr 10–19 Uhr, Sa 8–19 Uhr. Angeschlossen ist das gleichnamige Restaurant, das eine Vielfalt an mediterranen und regionalen Spezialitäten serviert (Mo–Sa 10–19 Uhr). Marktstr. 44, ☎ 06341/87953, www.oeldevie.de.

Die kleine Weinhandlung 1 „Nur das Beste und davon reichlich!", so die Philosophie des Weinhändlers Stefan Dorst. Neben eigenen Weinen verkauft er auch erlesene Flaschen namhafter Pfälzer und internationaler Weingüter. Kompetente Beratung. Di/Mi/Do 14–18.30 Uhr, Di auch 10–12.30 Uhr, Fr 10–18.30 Uhr und Sa 10–15 Uhr. Kleiner Platz 3, ☎ 06341/919593, www.weinhandlung-am-kleinen-platz.de.

KFE 13 Wer auf der Suche ist nach handwerklich gerösteten Bohnen, der wird in der ehemaligen Tankstelle unweit des Landauer Bahnhofs sicher fündig. Die junge Rösterei bietet über 30 Kaffeesorten zu überaus fairen Preisen und eine kleine Kaffeebar für den Espresso zwischendurch. Mo–Fr 10–18, Sa bis 16 Uhr. Maximilianstr. 2, ☎ 06341/144141, www.kfe-kaffee.de.

Wunschträume 9 Traumhafter Spielwarenladen mit großer Auswahl und freundlicher, kenntnisreicher Beratung. Mo–Fr 9.30–18.30 Uhr, Sa bis 16 Uhr. Königstr. 34, ☎ 06341/5562627, www.wunschtraeume-landau.de.

Annas Laden 3 Der richtige Ort, um sich mit Erinnerungen an die Pfalz einzudecken. In dem kleinen Laden gibt es Pfälzer Spezialitäten ebenso wie Accessoires für Küche und Wohnzimmer. Mo–Fr 10–18.30, Sa 9.30–14 Uhr. Theaterstr. 18, ☎ 06341/9596500, www.annas-landpartie.de.

Par Terre 17 Vinothek auf dem ehemaligen Landesgartenschaugelände, die fast alle namhaften Südpfälzer Weingüter im Angebot hat. Mit umfangreichem Onlineshop! Mi, Do und So 14–20 Uhr, Fr–Sa 14–22 Uhr. Georg-Friedrich-Dentzel-Str. 11, ☎ 06341/9690890, www.par-terre.de.

An der Deutschen Weinstraße → Karten S. 82 und 149

Sport

Baden La Ola. Das meist gut besuchte Freizeithallenbad bietet neben Riesenrutsche, Thermal- und Wellenbecken auch eine Saunalandschaft und Thaimassagen. Tägl. 10–22 Uhr, Fr bis 23, So bis 21 Uhr. Tageskarte 8,50 €, Jugendliche 6 €, Kinder unter 6 J. 2 €, Sa/So/feiertags alle Karten 1,50 € teurer. Nutzung der Saunalandschaft zzgl. 11 €. Horstring 2, ✆ 06341/55115, www.la-ola.de.

Freibad am Prießnitzweg. In zentraler Lage und sehr schön saniert bietet das Bad für Große und v. a. für Kleine viel Badespaß. Nur im Sommer, tägl. 9–19 Uhr. Priesnitzweg, ✆ 06341/139300, www.freibad-ld.de.

Golf Landschaftlich wunderschön gelegener 18-Loch-Platz in dem zu Essingen (6 km nordöstlich von Landau) gehörenden **Golfclub Dreihof.** Greenfee ab 60 €. April bis Sept. tägl. 8–19 Uhr, März/Okt. 8–18 Uhr, Nov. bis Febr. 8.30–17 Uhr. Essingen, Am Golfplatz 1, ✆ 06348/4282, www.golfclub-dreihof.de.

Klettern Rock & Climb. Der Landauer Anbieter organisiert neben Kletterreisen und Wochenendtouren nach Südeuropa und in der Pfalz auch Kurse in Schwierigkeitsstufen. Eintägiger Schnupperkurs inkl. Leihausrüstung ab 60 €. Lazarettgarten 35b, ✆ 0172-6063740, www.rockandclimb.de.

Radfahren Die sanften Hügel rund um Landau erlauben vielseitige und genussvolle Radtouren. Zum Kennenlernen des Landauer Umlands eignet sich der **Winzer-Radrundweg,** der auf seiner etwa 50 km langen Route rund um Landau durch malerische Weindörfer und eine abwechslungsreiche Landschaft führt (Informationen unter www.suedlicheweinstrasse.de oder www.adfc-rlp.de, das Logo der Tour stellt zwei auf einer Traube sitzende Radler dar). Landau liegt auch an dem schönen, in Hauenstein beginnenden und bis zur Queichmündung in Germersheim führenden **Queichtalradweg,** in dessen Verlauf sich die unterschiedlichen Landschaften der Pfalz erkunden lassen.

Übernachten   → Karte S. 172/173

Die Übernachtungsmöglichkeiten direkt in Landau sind begrenzt. In den umliegenden Orten gibt es meist ein größeres und auch preisgünstigeres Angebot.

★★★★ Parkhotel Landau 10 Zentral und schön am Ostpark zwischen Bahnhof und Innenstadt gelegenes Haus mit gehobenem Standard. DZ ab 116 €. Mahlastr. 1, ✆ 06341/1450, www.parkhotel-landau.de.

Maximilians 5 Das 2016 eröffnete Hotel bietet ansprechende, frische Zimmer und eine sympathische Atmosphäre am Rand der Innenstadt. DZ ohne Frühstück ab 89 €. Maximilian-str. 28, ✆ 06341/2692921, www.maximilians-landau.de.

Soho 14 Schönes, modernes Hotel mit allem Komfort und sehr gutem Restaurant. Schade nur, dass es nicht in fußläufiger Entfernung zur Innenstadt liegt. DZ ab 125 €. Marie-Curie-Str. 9, ✆ 06341/141960, www.soho-landau.de.

Stellplätze gibt es am Freizeitbad La Ola (s. o.), inkl. Strom und Müllentsorgung 24 Std. 10 €, inkl. Eintrittsgutschein für das Freizeitbad. Wasserversorgung und Abwasserentsorgung extra. Zufahrt auf den Platz nicht ausgeschildert! Horstring 2, ✆ 06341/139200, www.la-ola.de.

Essen und Trinken/Nachtleben   → Karte S. 172/173

Eine Stadt, die von Wein umgeben und von Studenten bevölkert ist – da ist gastronomisch viel geboten. Gutbürgerliche Restaurants sind eher in den Weindörfern zu finden, Landau glänzt hingegen mit innovativen Cafés und lässigen Weinkneipen.

Essen & Trinken Weinstube Zur Blum 2 Die im Frank-Loeb'schen Haus (→ S. 169) untergebrachte Weinstube besteht seit dem 17. Jh. In historischer Kulisse kann man bodenständige Pfälzer Kost und heimische Weine genießen. Hauptgerichte 12–18 €. So/Mo geschlossen, sonst ab 17.30 Uhr, Mi/Sa auch 11.30–13.30 Uhr. Kaufhausgasse 9, ✆ 06341/897641.

Le Bistro 8 Beliebte Mischung aus Bistro und Café an der südlichen Seite des Rathausplatzes. Die Küche ist die gleiche wie die der Pizzeria „Pfeffer und Salz", die auf der Rückseite in der Kugelgartenstraße liegt und in der schon seit Jahrzehnten gute, italienischer Klassiker serviert werden. Mo–Do 10–0 Uhr, Fr/Sa bis 2 Uhr, So/feiertags 11.30 Uhr bis 23 Uhr, warme Küche tägl. bis 22.30 Uhr. Rathausplatz 6, ✆ 06341/80285, www.lebistro-pfefferundsalz.de.

mein Tipp **Parezzo** 4 Liebevoll geführtes, modernes Café mit Rösterei und traumhaft leckeren Pralinen aus der Confiserie Rebert (Weißenburg, Elsass). Mo–Fr 7.30–19 Uhr, Sa 7.30–17 Uhr. Marktstr. 53 und 55, ✆ 06341/942555, www.parezzo.de.

Mariage 11 Früher war hier das erste Bio-Café Landaus. Im 2019 eröffneten Mariage sitzt es sich nicht mehr so alternativ, aber dennoch angenehm – vor allem im Sommer am Fuße der Stiftskirche. Die Bedienung ist freundlich und Frühstück und Flammkuchen zu empfehlen. Mo–Sa 9–19 Uhr, So geschlossen. Westbahnstr. 31, ✆ 063419693956.

Suppe mag Brot 16 In der urbanen Suppenbar fühlt man sich ein bisschen wie in Nachbars Wohnzimmer. Tagsüber gibt es täglich wechselnde, klassische und ausgefallene Eintöpfe und Salate aus regionalen Zutaten, abends manchmal Livemusik. Mo–Fr 11–22, Sa/So Ruhetag. Friedrich-Ebert-Str. 15, ✆ 06341/2684571, www.suppemagbrot.de.

Sörkel 7 Moderne Mischung aus Café, Bistro und Bar am neugestalteten Bereich zwischen Bahnhof und Fußgängerzone. Die freundliche, unkomplizierte Atmosphäre und die offene und helle Architektur locken zum Frühstück, auf ein Glas Wein oder einfach nur zum Kaffee. Tägl. außer So 9–19, Do/Fr/Sa bis 23 Uhr, So bis 9–18 Uhr. Ostbahnstr. 25, ✆ 06341/9947116.

Olympia 12 Das Essen ist gut, die Räumlichkeiten sind etwas betagt, aber das freundliche Servicepersonal lässt den Besuch bei diesem Griechen zu einem netten Erlebnis werden. Tägl. 11.30–15 Uhr und ab 17 Uhr. Martin-Luther-Str. 26, ✆ 06341/82808.

Nachtleben Logo 15 Lebhafter, studentischer Club mit gemischtem Programm, Do–Sa 23–3.30 Uhr. Xylanderstr. 2, www.logold.de.

Zwischen der Kleinen Kalmit und der Madenburg

Zwischen der dicht am Haardtrand verlaufenden Weinstraße und der durch Ackerbau gekennzeichneten Ebene im Osten liegen zumeist kleine Weindörfer in den sanften Tälern. Weitläufige Weinberge und kleine Obsthaine prägen die Landschaft. Zwischen Arzheim und Ilbesheim ragt die Kleine Kalmit deutlich aus dem geschwungenen Rebenmeer heraus.

Es gibt in diesem Abschnitt der Pfalz wenige solch dominierende Erhebungen wie die **Kleine Kalmit**. Die rund 270 m hohe Muschelkalkscholle bricht nach Westen in Richtung Ilbesheim jäh ab, während der Aufstieg von Osten her eher sanft verläuft. In früheren Tagen galt die Kleine Kalmit als Wetterberg und Heimat der Wetterhexe, Prozessionen führten zum Kreuz auf dem Gipfel, um gutes Wetter zu erbitten. 1851 erbaute der Arzheimer Pfarrer Michael Mohler auf dem imposanten Hügel die Kapelle zum „Troste der Armen Seelen", von deren Vorplatz aus man einen herrlichen Ausblick genießen kann. Daneben sind es v. a. die seltenen Pflanzen und Tiere, welche die Kleine Kalmit zu einem besonderen Ort machen. Im Frühjahr blüht die violette Küchenschelle auf den Kalktrockenrasen der Flanken, im Herbst findet man den Gefransten Enzian, Silberdisteln und verschiedene Orchideen. Zusammen mit seltenen Spinnen- und Schmetterlingsarten waren es diese Pflanzen, derentwegen die Kleine Kalmit zum Naturschutzgebiet erklärt wurde.

An der Deutschen Weinstraße → Karten S. 82 und 149

Insel in der Südpfalz: die Kleine Kalmit

Direkt unterhalb des Gipfels liegt der beschauliche Fachwerkort **Ilbesheim.** Affen bevölkern die kleinen Gässchen rund um den Birnbach – wie die Bewohner der umliegenden Orte haben auch die Ilbesheimer ihren Necknamen. Sie tragen ihn stolz und betonen die besonderen Eigenschaften der Tiere: Neugierde, Ehrgeiz und Geselligkeit. Historische Bedeutung erlangte der Ort 1704, als hier im Vertrag von Ilbesheim der Frieden zwischen Bayern und Österreichern verhandelt und damit der Spanische Erbfolgekrieg beendet wurde. Damals tagten die Parteien in dem 1558 erbauten Rathaus, das mit seiner offenen Halle im Erdgeschoss noch heute den Mittelpunkt des Ortes bildet. Im 15. und 16. Jh. war Ilbesheim ein Zentrum für den Anbau von Safran, über das der Botaniker und Prediger Hieronymus Bock Mitte des 16. Jh. berichtete. In den 1990er-Jahren wurde die Tradition des Safrananbaus in Ilbesheim für kurze Zeit wiederbelebt, heute blüht der Safran-Krokus im Spätherbst nur noch wild.

Die südlich von Ilbesheim gelegenen Dörfer **Göcklingen** und **Heuchelheim** liegen abseits des Weinstraßenrummels. Giebelständige, bescheidene Winzerhäuser und rebenbewachsene Torbögen, eine kleine Kirche im Zentrum und stimmungsvolle Kerwen geben den ruhigen Orten dennoch viel Flair. **Siebeldingen, Birkweiler, Ranschbach, Leinsweiler** und **Eschbach** entstanden dort, wo Flüsse und Bäche die Berge des Pfälzerwalds verließen und im Laufe der Jahrtausende tiefe Täler einschnitten. Zwischen den hübschen Orten liegen höher und vor kalten Winden aus dem Wald geschützt die wichtigsten Weinlagen der Südpfalz. In den oft vom Durchgangsverkehr befreiten westlichen Teilen der Orte findet man die authentische Weindorfidylle noch immer, während die an der Weinstraße gelegenen Bereiche in der Saison vor Touristen und Neuen Wein anpreisenden Schildern bisweilen strotzt. Manch herrlicher Platz findet sich im lichten Kastanienwald oberhalb der Weinorte. Der Maler Max Slevogt entdeckte ihn etwas oberhalb von Leinsweiler und richtete sich hier seinen Sommersitz ein. Von Eschbach wandert man durch den Kastanienwald auf die **Madenburg** – das Panorama ist wunderbar. Unten in Eschbach wimmelt es übrigens von Eseln, von bunten, künstlichen und von lebendigen. Die bunten stehen im ganzen Dorf herum, wurden von verschiedenen Künstlern bemalt und erinnern an den Spitznamen der Eschbacher: Denn so wie die Ilbesheimer die „Affen" sind, sind die Eschbacher die „Esel" der Region.

Sehenswertes

Slevogthof: Malerisch liegt die ehemalige Sommerresidenz Max Slevogts oberhalb des schönen Fachwerkortes Leinsweiler in ausgedehnten Kastanienwäldern. Über hundert Werke soll der Impressionist hier geschaffen haben. Bis zu seinem Tod 1932 zeigte er sich aufs Engste mit der Region verbunden. Nach Besitzerwechsel und Baumaßnahmen ist der Slevogthof aktuell nicht öffentlich zugänglich.

Madenburg: Neben dem Trifels ist die Madenburg die markanteste Burg der Südpfalz. Von der Ebene aus sieht man sie oberhalb von Eschbach ausgedehnt auf einem flachen, bewaldeten Sporn des Rothenbergs liegen. Trotz mehrmaliger Zerstörungen und Plünderungen während des Bauernkrieges und im Pfälzischen Erbfolgekrieg vermittelt sie auch heute noch einen Eindruck ihrer früheren Pracht. Im Laufe der Geschichte wechselte die Madenburg gleich mehrmals die Besitzer. Leininger, Sickinger, Fleckensteiner und Württemberger residierten hier, bis sie 1516 an das Bistum Speyer fiel und mehrfach erweitert wurde. Teile der Kernburg lassen die Ausmaße der soliden Erweiterungsbauten durch Bischof Philipp von Flörsheim zwischen 1529 und 1552 erkennen. Bischof Eberhard von Speyer ließ die Burg 1593 durch den Eberhardsbau erweitern; bis heute sind davon zwei beeindruckende Renaissance-Treppentürme zu sehen. Seit 1800 befindet sich die Burg in privaten Händen. Bedeutung erlangte sie nochmals 1848, als Robert Blum, Abgeordneter der Frankfurter Nationalversammlung, hier sein viel beachtetes Plädoyer für eine freiheitlich-demokratische Verfassung hielt.

Der Aufstieg auf die Madenburg lohnt sich auch wegen des herrlichen Ausblicks: Nicht nur über die Rheinebene und zum nahen Slevogthof kann man schauen, sondern in Richtung Westen auch weit in den Pfälzerwald. Zahlreiche begeh- und besteigbare Bauten machen den Besuch für Kinder interessant.

Burgschänke In der Madenburgschänke (☎ 06345/7110) gibt es kleine Gerichte und Erfrischungen. Die Burg befindet sich in Privatbesitz. Da das Preis-Leistungs-Verhältnis der Madenburgschänke erfreulich ist, wird das gastronomische Angebot von vielen Besuchern angenommen. April bis Okt. Mo Ruhetag, sonst 10.30–19 Uhr, Jan. bis März Mo/Di geschlossen, sonst 11.30–17 Uhr, www.madenburg-pfalz.de.

Achtung: An Ruhetagen ist die gesamte Burganlage geschlossen!

Burgführungen Nach Vereinbarung (☎ 06345/3531).

Wandern Eine kurze Wanderung zur Madenburg führt in 20 Min. vom unterhalb gelegenen Wanderparkplatz (Zufahrt über den Eschbacher Sportplatz) hinauf zur Burg. Die Wälder zwischen Eschbach und Annweiler mit ihren geschichtsträchtigen Burgen Trifels und Madenburg sind schöne Wanderreviere mit gut ausgeschilderten Wegen. Vom gleichen Wanderparkplatz gelangt man über den ausgeschilderten Cramerpfad in Richtung Trifels (5 km entfernt).

Praktische Infos

Information **Büro für Tourismus Landau-Land.** Hauptstr. 4, 76829 Leinsweiler, ☎ 06345/3531, www.landauland.de. Mo–Fr 9–12.30 Uhr, März bis Okt. auch 13.30–17 Uhr und Sa 10–12 Uhr.

Einkaufen **Weingut Siegrist.** Thomas Siegrist ist Pionier des Barrique-Ausbaus. Wer den

An der Deutschen Weinstraße → Karten S. 82 und 149

typischen Geschmack schätzt, kommt hier auf seine Kosten. Mo–Fr 8–12 und 13.30–18 Uhr, Sa 9–16 Uhr. Leinsweiler, Am Hasensprung 4, ☎ 06345/1309, www.weingut-siegrist.de.

Weingut Ökonomierat Rebholz. Unter den vielen guten Weingütern der Pfalz wird dieser VDP-Betrieb immer wieder als eines der besten bezeichnet. Mo–Fr 9–12 und 13.30–17.30 Uhr, Sa 9–16 Uhr. Siebeldingen, Weinstr. 54, ☎ 06345/ 3439, www.oekonomierat-rebholz.com.

Wein und Sektgut Marienfelder Hof. Etwas außerhalb von Siebeldingen liegt das legere Bioland-Weingut, in dem ökologisch gewirtschaftet wird. Im Sommer und Herbst an einigen Wochenenden auch Straußwirtschaft. Wohnmobilstellplätze ab 8 €. Siebeldingen, Marienfelder Hof, ☎ 06345/919112, www. marienfelderhof.de.

In Leinsweiler

Weingut Johanneshof im Sonnenschein. Inmitten von Weinbergen liegt oberhalb von Siebeldingen das schicke Weingut. Verkauft werden bodenständige, trockene Weine. Das Besondere des Gutsausschanks sind die Sitzgelegenheiten im gepflegten mediterranen Park (im Sommer Mi–Sa 14–20, So und feiertags 12–19.30 Uhr). Siebeldingen, Johanneshof, ☎ 06345/-3664, www.johanneshof-im-sonnenschein.de.

Weingut Gies-Düppel. Volker Gies hat als einer der jüngeren Südpfälzer Winzer im VDP-Weingut einiges verändert, die Qualität hat unter ihm einen deutlichen Sprung gemacht. Mo–Fr 9–12 und 14–18 Uhr, Sa 10–16 Uhr, telefonische Anmeldung erbeten. Birkweiler, Am Rosenberg, ☎ 06345/919156, www.gies-dueppel.de.

mein Tipp **Weingut Meyer.** Von außen ist die Architektur des Weinguts in Ortsrandlage kühl, im klar und warm gestalteten Proberaum führt Isabell Pfeffer freundlich und kompetent durchs Sortiment. Tendenziell trockener Ausbau, der Schwerpunkt liegt auf Riesling und Weißburgunder. So geschlossen, sonst telefonische Anmeldung erbeten. Heuchelheim-Klingen, Bahnhofstr. 10, ☎ 06349/5895, www.meyer-weingut.de.

Spielplatz Am nördlichen Ortsrand von Ilbesheim liegt das neue Highlight der Region: die Alla-Hopp-Anlage. Der riesige, 18.000 m² große Spielplatz mit vielfältigen Spiel- und Sportstationen ist ein Magnet für kleine und große Kinder. Auf der Dirt-Bike-Strecke kommen auch Mountainbiker auf ihre Kosten. Mo–Sa 9–21 Uhr, So 10–21 Uhr. Infos unter www.alla-hopp.de.

Veranstaltungen Kalmitweinfest: Entlang der „Affenschaukel", dem Ilbesheimer Weinweg unterhalb der Kleinen Kalmit, laden Winzer und Gastronomen am letzten Wochenende im Juli zu einem der schönsten Weinfeste der Pfalz. Eine gelungene Mischung aus traditioneller Kerwe im Ortskern und Weinwanderung durch die Reben.

Wandern Empfehlenswert ist eine Wanderung von Leinsweiler zum **Slevogtfelsen:** Vom Leinsweiler Rathaus führt der 7,5 km lange Rundwanderweg 7 hinauf zum Slevogthof. Nach einem eher flachen Stück steigt der Weg nach dem Hexentanzplatz in Serpentinen an. Oben auf dem Föhrlenberg (529 m) bietet sich am Startplatz für Gleitschirmflieger eine erste herrliche Aussicht: Nach Norden sind sowohl die Weinstraße als auch einige Berge des Pfälzerwaldes zu sehen, ganz hinten das Weinbiet bei Neustadt. Nach einem kurzen Stück bergab folgt der Slevogtfelsen mit grandioser Aussicht auf die nahen Ruinen Scharfenberg und Anebos und auf den Trifels. Der Rückweg verläuft unspektakulär an der Südseite des Föhrlenbergs. Wer möchte, verlängert die Runde hier noch um einen Abstecher auf die **Ruine Neukastell** und folgt

Birkweiler zur Mandelblüte

danach ab dem Slevogthof wieder dem Rundwanderweg 7.

Übernachten ****** Leinsweiler Hof.** Die Lage des großen Hotels ist traumhaft, ebenso der moderne Wellnessbereich. Der Rest des Hotels ist solide, aber nicht außergewöhnlich. DZ ab 159 €. Leinsweiler, An der Südlichen Weinstraße, ☎ 06345/4090, www.leinsweilerhof.de.

Weingut Bosch. Moderne, geräumige Ferienwohnungen und Gästezimmer mit Balkon direkt im Weingut, mediterranes Flair, Ausblick auf die Weinberge. Zusätzlich im Ortskern komfortables, rustikales Fachwerkhaus mit offenem Kamin, drei Schlafräumen, Wohnraum, Küche, Bad/WC. DZ und Ferienwohnungen ab 55 €. Ilbesheim, Mörzheimer Str. 5, ☎ 06341/33772, www.weingutbosch.de.

🌿 **Weingut Becker**. Mitten in den Weinbergen gelegenes Bioland-Weingut mit einfachen, freundlichen Ferienwohnungen. Ab 40 €. Ilbesheim, Im Unteren Heißbühl, ☎ 06341/3595, www.wein-gut-becker.de.

Weingut Schmitzer-Julier. Moderne Ferienwohnung für bis zu 6 Pers. mit herrlichem Blick zur Madenburg und schönem Garten (ab 54 €). Die freundliche Familie verkauft neben Wein auch guten Apfel- und Traubensaft. Eschbach, Landauer Str. 17, ☎ 06345/2801, www.schmitzer-julier.de.

Essen & Trinken **St. Laurentiushof.** Im steinernen Erdgeschoss des im 17. Jh. erbauten Fachwerkhauses ist es etwas dunkel, aber durchaus urig. Wunderschön ist der romantische Innenhof. Auch Zimmer, DZ ab 85 €. Mo und Di Ruhetag, sonst ab 11 Uhr. Birkweiler, Hauptstr. 21, ☎ 06345/942194, www.stlaurentiushof-birkweiler.de.

Weinstube Hoppeditzel. Im kleinen Weinort Impflingen liegt direkt an der Hauptstraße die freundlich-rustikale Weinstube. Bei der Weinauswahl von örtlichen Winzern und einer bunten Speisekarte ist für alle etwas dabei. Mo, Do, Fr ab 18, Sa ab 17, So/feiertags ab 11.30 Uhr. Impflingen, Hauptstr. 26, ☎ 06341/86529, www.hoppeditzel.de.

mein Tipp **Weinstube Brennofen.** Vielseitige Räumlichkeiten laden zu gemütlichen Stunden bei saisonalen Speisen ein. Im Herbst und Winter gibt es hin und wieder Kulturveranstaltungen (12 €). Hauptgerichte 10–19 €. Mo, Do, Fr und Sa ab 17 Uhr, So ab 11.30 Uhr. Im Gästehaus ganz neue, sehr schöne Ferienwohnungen ab 79 €. Ilbesheim, Wildgasse 5, ☎ 06341/32215, www.mein-brennofen.de.

Burg Landeck bei Klingenmünster

Südlich der Burg Landeck

Folgt man der Weinstraße weiter nach Süden, wird sie ruhiger und ihre Umgebung ländlicher, aber nicht weniger idyllisch. Der Weinbau steht nicht mehr so dominant im Mittelpunkt, die in den Flusstälern wachsenden Bäume und Hecken werden mächtiger.

Tief gräbt sich das Tal des Klingbachs in die Vorhügel der Haardt ein. Schon vor dem 9. Jh. wurde hier auf einer kleinen Insel das Kloster **Klingenmünster** gegründet. Wahrscheinlich waren es irische Missionare, die sich zur Zeit des Merowingerkönigs Dagobert hier niederließen. Das klösterliche Leben im gleichnamigen Ort ging jedoch schon 1567 zu Ende. Teile der Klosteranlage wurden 1737 durch den kurpfälzischen Baumeister Kaspar Valerius in die neu errichtete Michaelskirche integriert, andere als Stall und Gesindehaus genutzt. Nach einer Mitte der 1980er-Jahre durchgeführten Renovierung erhält man heute wieder einen Eindruck von der ehemaligen Anlage. Die oberhalb

von Klingenmünster gut sichtbar gelegene **Burg Landeck** entstand im 12. Jh. unter den Staufern. Von oben sind auch die Gebäude des Pfalzklinikums für Psychiatrie und Neurologie, des größten Arbeitgebers der Stadt, zu sehen. Davor steht anmutig auf einer baumbestandenen Wiese die im 13. Jh. gegründete Nikolauskapelle.

Weiter südlich geht es recht gemächlich zu. Wein wird überwiegend direkt am Haardtrand angebaut, dazwischen sorgen Hügel mit weiten Feldern, Hecken, Wiesen und verschlafene Dörfer für landschaftliche Abwechslung. Die Doppelgemeinde **Gleiszellen-Gleishorbach** erstreckt sich weitläufig über mehrere Hügel, sodass ein Rundgang durch den Ort zum Spaziergang mit vielfältigen Aussichten wird. Ein touristisches Highlight ist das hübsch zwischen den sanften Rebenhängen gelegene **Oberhofen**, das 1565 als Gutshof der Klosterabtei in Klingenmünster gegründet wurde und heute zwei besuchenswerte gastronomische Betriebe beherbergt: das Landhotel Hauer und die Weinstube Reuters Holzappel (→ Übernachten/Essen). Im dazugehörigen **Pleisweiler** steht am südlichen Ortsende die katholische Pfarrkirche „Apostel Simon und Judas". Die 1757 durch den kurpfälzischen Hofbaumeister Franz Wilhelm Rabaliatti erbaute Kirche ist trotz ihrer geringen Größe eine der ansehnlichsten Barockkirchen an der Weinstraße. Älter als das Langhaus ist der um 1300 erbaute Turm neben dem Kirchenschiff, der 1758 seine barocke Haube erhielt. Das zur Ebene hin gelegene **Niederhorbach** ist ein klassisches Straßendorf mit ungekünsteltem Ortsbild. Das Weingut und Hotel Fritz Walter dort ist ein weiteres Beispiel für die gelungene, innovative Anpassung eines traditionellen Weinbaubetriebes an gastronomische Trends.

Praktische Infos

Information   Touristeninformation. Kurtalstr. 27 (in der Südpfalz-Therme), 76887 Bad Bergzabern, ☎ 06343/989660, Mo–Fr 9–17 Uhr, April–Okt. auch Sa/So 10–13 Uhr. www.bad bergzabernerland.suedlicheweinstrasse.de.

Veranstaltungen Gleich zweimal lädt Gleiszellen im Herbst zu beliebten Weinfesten: Das **Weinfest in der Winzergasse** (zweites Septemberwochenende) und das **Fest des Federweißen** (drittes Oktoberwochenende) ziehen alljährlich viele Besucher in die Höfe und die malerische Winzergasse.

Übernachten/Essen   ***S Landhotel Hauer. Mitten in der kleinen Ortschaft Oberhofen liegt abgeschieden vom Durchgangsverkehr das Anwesen mit gepflastertem Hof, schönem Garten, gepflegtem Restaurant und angenehmen Zimmern. Hauptgerichte 11–24 €. Tägl. ab 18 Uhr, So auch 12–15 Uhr. DZ ab 103 €.

Pleisweiler-Oberhofen, Hauptstr. 31, ☎ 06343/700700, www.landhotel-hauer.de.

Reuters Holzappel. Hinter dem unscheinbaren Hoftor verstecken sich ein idyllischer Innenhof und eine sehr gemütliche Weinstube, in der feinstes Essen und vielfältige Weine serviert werden. Di–Sa ab 17 Uhr, So 12–15 Uhr, Mo und Di Ruhetag. Es gibt auch zwei schöne DZ, Preis auf Nachfrage. Pleisweiler-Oberhofen, Hauptstr. 11, ☎ 06343/700700, www.reuters-holzappel.de.

Mein Tipp **Muskatellerhof.** Ob in der alten engen Weinstube oder dem hellen, modernen Anbau: Hier sitzt man gemütlich und freut sich über das gute Essen und den legeren, freundlichen Service. Eine frühzeitige Reservierung ist empfehlenswert. Nov.-April Mi–Sa ab 16 Uhr, So/feiertags ab 11.30 Uhr. Sonst Mi, Sa, So/feiertags ab 11.30 Uhr, Do und Fr ab 16 Uhr. Gleiszellen, Winzergasse 41, ☎ 06343/4600, www.muskatellerhof.de.

Weingut Fritz Walter. In dem im kleinen Weiler Niederhorbach gelegenen Weingut werden Tradition und Modernität stilvoll miteinander verbunden: In der modern gestalteten, exklusiven Weinstube gibt es neben den ausge-

Im Burgfried der Ruine Landeck

zeichneten Weinen des Hauses auch kreativ in Szene gesetzte Pfälzer Klassiker aus Fleisch vom Schwäbisch-Hällischen Landschwein. Zahlreiche neue Zimmer, auch Ferienwohnungen, DZ ab 132 €. Niederhorbach, Landauer Str. 82, ☏ 06343/936550, www.fritz-walter.de.

*** Hotel-Restaurant Südpfalz-Terrassen. Großes Haus am östlichen Ortsrand von Gleiszellen. Hallenbad und Wellnessbereich gehören ebenso zum Hotel wie ein Restaurant und eine Weinstube. DZ ab 98 €. Gleiszellen-Gleishorbach, Winzergasse 42, ☏ 06343/70000, www.suedpfalz-terrassen.de.

🍃 Stiftsgut Keysermühle. Großzügiges, im schlichten Stil gehaltenes Hotel in den Räumlichkeiten eines alten Klosters. Ein Restaurant (meist Mo–Fr 11.30–14 und 17–21.30 Uhr sowie Sa/So 11.30–21.30 Uhr) und ein großer Park mit alten Bäumen und einem Naturspielplatz machen das Ensemble komplett. DZ ab 85 €, Hauptgerichte 12–23 €. Klingenmünster, Bahnhofstr. 1, ☏ 06349/99390, www.hotel-restaurant-stiftsgut-keysermuehle.de.

Weinstube Mathis. Im geschützten Winzerhof und in der urigen Stube von Familie Mathis treffen rustikale und originelle Elemente aufeinander. Karte mit deftigen Gerichten, guter

Flammkuchen (um 8 €). Mi/Do/Fr ab 17 Uhr, Fr auch 12–14 Uhr, Sa/So auch von 12–14 Uhr. Klingenmünster, Weinstr. 66, ☏ 06349/1786, www.wineroute66.de.

Camping im Klingbachtal. Westlich von Klingenmünster, am Ortsrand von Ingenheim, liegt der freundliche Campingplatz direkt am örtlichen Freibad. Von Ende März bis Ende Okt. geöffnet. Stellplatz ab 9 €, Erwachsene 8 €, Kinder 4 €. Billigheim-Ingenheim, Klingener Straße, ☏ 06349/6145, www.camping-klingbachtal.de.

Weingut Friedrichshof. Freundliche Ferienwohnungen ab 58 €. Billigheim-Ingenheim, In der Kehl, ☏ 06349/1796, www.friedrichshofweingut.de.

Wandern Die **Burg Landeck** ist zwar auch mit dem Auto erreichbar, aber eigentlich ist sie v. a. ein wunderschönes Wanderziel. Lohnenswert sind die Aussicht und der Flammkuchen in der Burgschänke, manchmal finden hier auch Konzerte und Mittelalterfeste statt (tägl. 11–22 Uhr, Küche bis 21 Uhr, ☏ 06349/8744, www.burglandeck-pfalz.de). Die Landeck ist auch ein Ziel auf der im Zentrum von Klingenmünster beginnenden **Drei-Burgen-Wanderung** (12 km, ca. 3:30 Std. Gehzeit).

Bad Bergzabern

Gemütlich geht es zu in dem Kurstädtchen am Schnittpunkt von Deutscher Weinstraße und Wasgau. Zwischen dem romantischen, vierflügeligen Schloss und dem in den Pfälzerwald hineinreichenden, ausgedehnten Kurpark liegt die kleine Altstadt.

Dass hier alles ein wenig ruhiger und gemächlicher verläuft als anderswo, mag auch an der großen Anzahl meist älterer Kurgäste liegen, die jedes Jahr nach Bad Bergzabern reisen. Der Kurpark mit seinem alten Baumbestand erstreckt sich entlang des Kurtals außerhalb der Altstadt. Das überschaubare Angebot an einladenden Cafés und Restaurants scheint der eher bescheidenen Nachfrage Rechnung zu tragen. Wein spielt hier keineswegs die Rolle, die man aufgrund der weitläufigen Rebenmeere im Umland erwarten könnte. Der Hauch von Toskana ist hier weni-

ger zu spüren als andernorts an der Weinstraße, ein bisschen wähnt man sich in dem kleinen Städtchen schon tief im Pfälzerwald.

Der Charme Bad Bergzaberns liegt in seiner Altstadt. Das Schloss der Herzöge von Pfalz-Zweibrücken und das als das schönste Renaissancehaus der Pfalz bezeichnete Gasthaus Zum Engel lassen die Königstraße durchaus herrschaftlich wirken. Und am Marktplatz schlägt das Herz des romantischen Städtchens. Die umliegenden Gebäude, das alte Rathaus, die Marktapotheke und das Haus der Buchhandlung Wilms,

Seit über 50 Jahren ist Bad Bergzabern Kneipp-Heilbad

nach einem verheerenden Brand im Jahr 1676 erst zu Beginn des 18. Jh. neu entstanden. Dennoch strahlt das Ensemble ein wenig mittelalterliche Behaglichkeit aus. Aber schon hinter der alles überragenden Marktkirche zeigen sich die Grenzen der Illusion. Hier dominieren Parkplatz, Bundesstraße und überaus zweckmäßige Architektur, woran leider auch der durch den Bildhauer Gernot Rumpf geschaffene Weinbrunnen vor der Sparkasse wenig ändert. Amüsant wird hier mit einprägsamen Tierfiguren die Parodie auf den Schoppen erzählt: Wer einen trinkt, ist fromm wie ein Lamm, nach zweien gierig wie ein Affe, nach dreien brüllt man wie ein Löwe und nach vieren schließlich grunzt und wälzt man sich wie ein Schwein. Von seiner modernen Seite zeigt sich Bad Bergzabern mit der beliebten Jugendherberge, dem schön renovierten Schlosshotel und dem großzügigen, frisch sanierten Rebmeerbad.

Praktische Infos

Information **Touristeninformation.** Kurtalstr. 27 (in der Südpfalz-Therme), 76887 Bad Bergzabern, ☎ 06343/989660. Mo–Fr 9–17 Uhr, Apr.–Okt. auch Sa/So 10–13 Uhr. www.badberg zabernerland.suedlicheweinstrasse.de.

Information **Verkehrs-, Kultur- und Tourismusverein Dörrenbach e. V.** Hauptstr. 10, 76889 Dörrenbach, ☎ 06343/4864, www.doerrenbach.de. Mo, Mi 14.30–16.30 Uhr, Do, Sa 9–11 Uhr.

Einkaufen   In der historischen Innenstadt von Bad Bergzabern stehen leider viele Ladengeschäfte leer. So echte Shopping-Stimmung kommt daher nicht auf. Dennoch gibt es den einen oder anderen netten Laden und verschiedene schöne Cafés.

DAS BUCH bei SPIEL&SPASS. Sehr schöner, gut sortierter Buch- und Spielzeugladen. Umfangreiche Auswahl an Regionalia. Mo–Fr 9–12.30 und 14–18.30 Uhr, Sa 9–13 Uhr. Königstr. 53, ☎ 06343/5174, www.dasbuch-spiel spass.de.

Kur und Erholung **Südpfalz-Therme.** Großes, neu gestaltetes Heil- und Thermalbad mit einem weitläufigen Außenbereich. Tägl. 9–22 Uhr, Fr/Sa bis 23 Uhr, unter 16 J. nur in Begleitung Erwachsener. Therme und Sauna ab 15 €. Kurtalstr. 27, ☎ 06343/934010, www.sued pfalz-therme.de.

Schwimmen **Rebmeerbad.** Angenehmes Hallen- und Freibad mit viel Platz zum Toben und Schwimmen. Für Kinder sehr schön und besser geeignet als die Südpfalz-Therme, Freibad von Mitte Mai bis Mitte Sept. geöffnet, Mo–Fr 8–20 Uhr, Sa/So 9–20 Uhr, Eintritt 3 €. In den übrigen Monaten ist das Hallenbad geöffnet Mo, Mi, Fr 7.30–21 Uhr, Di und Do 7–19.30 Uhr, Sa 9–16 (!) Uhr, So 9–17 Uhr, Eintritt 3,50 €. Friedrich-Ebert-Str. 40, ☏ 06343/7120, www.bad-bergzabern.de.

Radfahren Die 32 km lange und durchgehend markierte **Petronella-Tour** führt rund um Bad Bergzabern durch einige der schönen Weindörfer. Die Radtour beginnt am Bad Bergzaberner Schloss und folgt von hier aus den

In Bad Bergzabern

grünen Hinweisschildern mit einem Fahrrad und einer in ein Fass eingezeichneten „2". Zunächst geht es in Richtung Osten durch weite Weinberge und ab Billigheim am Klingbach entlang bis Klingenmünster. Hier wendet man sich nach Süden und fährt an der Weinstraße wieder auf Bad Bergzabern zu.

Fahrradverleih im **Zweiradshop Kunz.** Mo–Fr 9–12 und 14–18 Uhr, Sa 9–12.30 Uhr, Kurtalstr. 4, ☏ 06343/5699.

Wandern **Von Bad Bergzabern aus:** Zum 30 m hohen *Bismarckturm* auf dem Neuberg kann man der Beschilderung ab dem Böhämmerbrunnen folgen. Wem es nur um die Aussicht geht, der kann auch auf dem Parkplatz vom Kloster Liebfrauenberg parken und ein paar Meter laufen.

Nach *Dörrenbach* und über den 481 m hohen *Stäffelsberg* führt eine 10 km lange Runde, die am Kurpark in Bad Bergzabern beginnt. Von hier folgt man zunächst der roten Raute, dann dem grünen Dreieck auf weißem Grund nach Dörrenbach (291 m). Ab dem sehenswerten Rathaus von Dörrenbach führt die gleiche Markierung hoch zur Kolmerberg-Kapelle (394 m) und durch einen schönen Esskastanienwald auf den Stäffelsberg. Nach dem Abstecher auf den Berg geht es wieder ein kurzes Stück zurück zur Wegkreuzung „Bild". Von hier aus führt das weiße Dreieck über den „Schlauweg" wieder hinunter in Richtung Bad Bergzabern.

Von Dörrenbach aus: Es gibt eine Reihe schöner Wege wie beispielsweise den rund 13 km langen *Dornröschen-Rundwanderweg* (Markierung: Rote Rose), der über den Wanderparkplatz Drei Eichen zu der im Mundatwald gelegenen *Burgruine Guttenberg* führt. Von dort eröffnen sich an schönen Tagen herrliche Ausblicke auf die Rheinebene und die deutsch-französische Grenzlandschaft.

Feste Martini-Kerwe: Am zweiten Novemberwochenende findet in Dörrenbach die letzte Kerwe der Region statt. Das Geschehen ist recht fröhlich und dank der Karussells auch für Kinder lohnend.

Übernachten *meinTipp* **Südpfalz-Jugendherberge.** Modern und lässig, mit einem herrlichen Blick über die Stadt dennoch in zentraler Lage – die Jugendherberge ist aus unserer Sicht für aktive Individualtouristen und Familien die mit Abstand beste Unterkunft in Bad Bergzabern. Alle 111 Betten in neuen Zimmern mit Dusche und WC. DZ ab 54 €. Altenbergweg, ☏ 06343/8383, www.diejugendherbergen.de.

**** Schlosshotel Bergzaberner Hof. Das charmante Haus hat einige Umwege hinter sich, es ist zu hoffen, dass unter der neuen Leitung nun Kontinuität entsteht. In der Gastronomie gab es schon mehrere Neustarts, zuletzt eröffnete im Juli 2019 die Brasserie „(becks)". Die Küche ist vielseitig und preiswert. Di–So, sonst 8–21 Uhr, ☎ 06343/9365860. Gepflegte DZ ab 155 €. Königstr. 55–57, ☎ 06343/936590, www.bergzaberner-hof.de.

Essen & Trinken Das Neue Herzog. Klassisches Café in der Fußgängerzone mit feinen Kuchen und Torten. Mi–Sa 9–18 Uhr, So 12–18 Uhr. Marktstr. 48, ☎ 06343/1535, www.cafe-herzog.de.

Weinstube Haas. Gemütlich und lecker, seit Jahren kommen viele Stammgäste in das versteckte Haus. Pfälzer Küche zu moderaten Preisen. Mi–Sa 11.30–14 und 17.30–22 Uhr, So 11.30–15 Uhr. Weinstr. 17, ☎ 06343/5594.

Culinarium. Im Haus des Gastes sind ein abwechslungsreich gestaltetes Restaurant und Café mit schöner Terrasse, eine Weingalerie mit Erzeugnissen verschiedener Winzer des Bergzaberner Umlandes, eine Gästeinformation sowie Veranstaltungsräume untergebracht. Vielseitige, gehobene, kreative Küche, ab 17.30 Uhr Abendkarte. Hauptgerichte 11–28 €. Mi Ruhetag, sonst 11–23 Uhr, Di ab 17 Uhr (im Winter außer So nur abends). Rötzweg 9, ☎ 06343/7007810, www.mein-culinarium.de.

Zwoggel. Bistro und Restaurant im alten Bahnhofsgebäude. Neben einfachen Kleinigkeiten gibt es Steaks und Vegetarisches zu fairen Preisen. Mo, Di Ruhetag, sonst 11 –14 und 17.30–22 Uhr, warme Küche bis 20 Uhr. Bahnhofstr. 5, ☎ 06343/9341144, www.zwoggel.com.

Caffè Pola. Italienisches Café und Eisdiele am Hauptzugang zum Kurpark. Neben Cappuccino & Co. gibt es leckeres Eis und freundliches Servicepersonal. Tägl. 9–20 Uhr, in der Hauptsaison bis 22 Uhr. Weinstr. 28, www.polagelati.net.

Übernachten/Essen in Dörrenbach Weinstube am Stäffelsberg. Rustikale, freundlich wirkende traditionelle Weinstube mit preiswerten Pfälzer Gerichten. Mo/Di geschlossen, sonst ab 17 Uhr, So ab 12 Uhr, Nov. bis März nur So. Auch einfache Ferienwohnungen ab 34 €. Heideweg 6b, ☎ 06343/7007540, www.staeffelsberg.de.

Unter der Linde. Modernere Weinstube mit Biergarten und gutem hausgemachtem Kuchen. Ladestation für E-Bikes vorhanden. Mo und Di Ruhetag, im Winter auch Mi, sonst ab 11 Uhr, Küche 11.30–14 und 16.30–20.30 Uhr. Hauptstr. 8, ☎ 06343/939803, www.weinstube unterderlinde.de.

Essen in der Umgebung Schlössl. Das fantastisch renovierte, aus dem Jahr 1778 stammende Anwesen bietet ein Gourmetrestaurant (5-Gang-Menü 105 €) und elegante Zimmer, DZ ab 120 €. Restaurant Mi–Sa ab 18 Uhr, So 12–14 Uhr. Oberotterbach, Weinstr. 6, ☎ 06342/923230, www.schloessl-sued pfalz.de.

Weinstube Otto Hey. Am Ortsrand von Oberotterbach lädt die gemütliche Weinstube oder der kopfsteingepflasterte Innenhof zum Verweilen ein. Neben heimischen Weinen gibt es ordentliche Pfälzer Klassiker und Flammkuchen. Di/Di Ruhetag, sonst ab 17, So ab 12 Uhr. Oberotterbach, Weinstr. 7, ☎ 06342/5859905, www.otto-hey.de.

Kapeller Hopfestubb. Persönlich und engagiert geführte Weinstube mit sehr guter Küche. Auch großzügige Zimmer, DZ ab 82 €. Kapellen-Drusweiler, Obere Hauptstr. 8, ☎ 06343/8245, www.hopfestubb.de.

Umgebung von Bad Bergzabern

Der Ort **Dörrenbach** liegt inmitten von Kastanienwäldern romantisch versteckt am Ende einer Stichstraße unterhalb des Stäffelsbergs. Rund um das 1590 durch die Herzöge von Pfalz-Zweibrücken als Amtshaus errichtete Renaissance-Rathaus gruppieren sich urgemütliche, blumengeschmückte Fachwerkhäuschen und trutzige Sandsteinmauern. Im Zweiten Weltkrieg tobten hier heftige Gefechte. Um ein freies Schussfeld zu haben, ließ die Wehrmacht einen Großteil Dörrenbachs abreißen. Nach dem Ende des Krieges wurde vieles liebevoll wiederaufgebaut, sodass das kleine Dorf heute ein besonders schöner Flecken in der Südpfalz ist. Dominant und außergewöhnlich ist der oberhalb der Hauptstraße gelegene Wehrfriedhof. Ebenso wie die in ihm gelegene Wehrkirche St. Martin diente er der Bevölkerung im Notfall als Zufluchtsort. Im Turm der Kirche sind Schlüssellochschießscharten zu finden, die die Verteidigungsfunktion belegen. Die ältesten Teile der Kirche sind um 1300 entstanden, seit 1684 wird die Sandsteinbau als Simultankirche von katholischen und protestantischen Gläubigen genutzt.

Schweigen-Rechtenbach

Das Deutsche Weintor in Schweigen markiert streng genommen den Beginn der Weinstraße. Es entstand bereits 1936 zusammen mit der gesamten Touristikroute und ist somit älter als sein Gegenstück am nördlichen Ende, das Haus der Deutschen Weinstraße in Bockenheim.

Unmittelbar an der Grenze zum Elsass liegt der aus zwei Ortsteilen bestehende Weinort, dessen Weintor symbolisch für die ganze Weinstraße steht. Schon lange wird hier ebenso wie auf der französischen Seite Wein angebaut. Als Mitte der 1930er-Jahre der deutsche Weinhandel zusammenbrach, weil die

Deutsches Weintor

Nachfrage gesunken und viele der jüdischen Weinhändler von den Nationalsozialisten vertrieben worden waren, ersann man in Schweigen eine neue Art des Weintourismus. Nach gerade mal acht Wochen Bauzeit wurde am 18. Oktober 1936 das monumental anmutende **Deutsche Weintor** eröffnet. Heute ist es Symbol der gleichnamigen, über 600 Mitglieder zählenden Winzergemeinschaft mit Sitz im 20 km weiter

nördlich gelegenen Ilbesheim. Neben der größten Genossenschaft der Pfalz gibt es in Schweigen aber auch einige selbst vermarktende Winzer. Es ist eine Schweigener Besonderheit, dass einige von ihnen ihre Trauben auf französischem Grund ernten, wo die deutsche Gemeinde rund 250 ha Weinberge besitzt.

Als **Oberer Mundatwald** wird der westlich von Schweigen aufsteigende Pfälzerwald bezeichnet. Seine Besonderheit ist, dass er zwar zu deutschem Hoheitsgebiet gehört, aber von französischen Förstern bewirtschaftet wird. 1946 hatte Frankreich das 7 km² große Waldgebiet annektiert, da es einen wesentlichen Bestandteil der Wasserversorgung des französischen Weißenburg (Wissembourg) darstellte. Erst 1986 wurde die Gebietshoheit wieder an Deutschland übertragen, Eigentümer eines Großteils des Gebiets wurde im Gegenzug der französische Staat. Die höchste Erhebung dieses südöstlichsten Teils des Pfälzerwalds ist mit 560 m die Hohe Derst.

Praktische Infos

Information **Tourismusverein Wein & Kultur Schweigen-Rechtenbach e. V.** Im Weintor, 76889 Schweigen-Rechtenbach, ☏ 06342/6321, www.schweigen-rechtenbach. info.

Übernachten/Essen/Einkaufen **Gästehaus Stefan Ehrhardt.** Geschmackvoll restauriertes Fachwerkhaus mit im Landhausstil eingerichteten Zimmern. DZ und Ferienwohnung ab 65 €. Talstr. 29, ☏ 06342/7411, www. gaestehaus-ehrhardt.de.

Weingut Leiling. In einem romantischen, schattigen Garten und der gemütlich-romantischen Weinstube werden elsässisch inspirierte Gerichte mit Schnecken, Entenleber und Münsterkäse serviert. Moderate Preise. Do/Fr ab 17 Uhr, Sa/So und an Feiertagen ab 12 Uhr. Hauptstr. 3, ☎ 06342/7039, www.weingut-leiling.de.

Mein Tipp **Weingut Jülg.** Neben ausgezeichneten Burgunderweinen wird in den charmanten Räumen des ehemaligen Forsthauses und im idyllischen Hof einfache, aber sehr gute Kost angeboten. Ob die Auszeichnung des Gault-Millau den hervorragenden Bratkartoffeln zu verdanken ist? Sehr gutes Preis-Leistungs-Verhältnis. Weinstube Do/Fr geschlossen, sonst 11.30–22 Uhr. Weinverkauf Sa/So 11–18 Uhr. Hauptstr. 1, ☎ 06342/919090, www.weingut-juelg.de.

Weingut Geisser. Freundlicher, zentral gelegener Familienbetrieb mit einem erfolgreichen, innovativen Jungwinzer, einer schönen Ferienwohnung (für 2 Pers., 70 €) sowie einer saisonal geöffneten Weinstube. Verkauf Mo–Sa, 12–13.30 Uhr Mittagspause. Längelsstr. 1, ☎ 06342/7502, www.weingut-geisser.de.

Weingut Friedrich Becker. Vor allem die Spätburgunder vom Schweigener Sonnenberg werden von Liebhabern hoch geschätzt. VDP-Weingut mit selbstbewusstem Qualitätsanspruch. Weinverkauf Fr 14–16 Uhr, Sa 11–16 Uhr. Hauptstr. 29, ☎ 06342/290, www.weingut-friedrich-becker.de.

Radfahren Zahlreiche ausgeschilderte Radwege führen ins Elsass, in den Bienwald oder entlang der Weinstraße in Richtung Bad Bergzabern. Ein beliebtes Ausflugsziel ist der urige **Gasthof St. Germanshof** mit rustikaler Küche, grünem Biergarten und einigen Zimmern warme Küche, freitags leckere Dampfnudeln. (ab 70 €). Mit dem Rad ca. 6 km westlich von Schweigen-Rechtenbach. Mi–Sa 11.30–20 Uhr So nur bis 18.30 Uhr. ☎ 06394/1455, www.st-germanshof.de.

Wandern Eine 14 km lange Runde führt durch den **Mundatwald auf die Ruine Guttenberg.** Ab Schweigen folgt man zunächst dem Weinlehrpfad am Sonnenberg, um dann entlang des weißen Strichs mit schwarzem Punkt fast parallel zur französischen Grenze bis unterhalb der Burg Guttenberg (503 m) zu laufen. Wer mag, besteigt die Burg aus dem 12. Jh. und genießt die herrliche Aussicht. Danach geht es an 60 hölzernen Waldgeistern vorbei hinunter nach Oberotterbach (gelb-grünes Rechteck). Von hier führt das gelbe Rechteck durch Weinberge über Rechtenbach zurück nach Schweigen.

Umgebung von Schweigen-Rechtenbach

Unweit von Schweigen liegt inmitten des Waldes der kleine Weiler **St. Germanshof.** Von Schweigen aus ist er nur mit einem Umweg über das französische Weißenburg (Wissembourg) zu erreichen. 1949 wurde St. Germanshof von Frankreich annektiert, kam aber nach heftigen Protesten der Einwohner einige Monate später wieder zu Deutschland. Am 6. August 1950 versammelten sich hier Hunderte von Studenten aus neun europäischen Staaten, um unter den machtlosen Blicken französischer und deutscher Zöllner die europäische Flagge zu hissen. Heute erinnern die zwölf Sandsteinstelen des Europa-Denkmals an jenen Tag, der von manchen als die Geburtsstunde Europas gesehen wird.

An der Deutschen Weinstraße → Karten S. 82 und 149

Was haben Sie entdeckt?

Haben Sie ein besonderes Restaurant, ein neues Museum oder ein nettes Hotel entdeckt? Wenn Sie Ergänzungen, Verbesserungen oder Tipps zum Buch haben, lassen Sie es uns bitte wissen!

Schreiben Sie an: Stefanie und Ansgar Schmitz-Veltin, Stichwort „Pfalz"

c/o Michael Müller Verlag GmbH | Gerberei 19, D – 91054 Erlangen

ansgar.schmitz-veltin@michael-mueller-verlag.de

Im Pfälzerwald

Weite Mischwälder kenn-
zeichnen den Pfälzerwald.
Im südlichen Teil, dem Wasgau,
ist er abwechslungsreich von
Lichtungen durchzogen und
wird von Burgen überragt.
Weiter nördlich um Johanniskreuz dagegen wirkt er gleich-
förmig und endlos.

Der Pfälzerwald ist das größte
zusammenhängende Waldgebiet
Deutschlands. Zusammen mit den
Nordvogesen bildet er seit 1998 ein
grenzüberschreitendes UNESCO-
Biosphärenreservat. Erklärtes Ziel
solcher Biosphärenreservate ist es,
die natürlichen Ressourcen zu
erhalten und umweltgerechtes
Verhalten bewusst zu machen.

Wenn im Sommer an der Weinstraße hohe Temperaturen herrschen, ist es hier angenehm kühl. Schöne Wander- und Fahrradrouten führen auf markierten Wegen zu Gasthöfen und Wanderhütten. Mediterranes Flair macht sich an den kiefernbestandenen Südhängen breit. Auf dem roten Sandstein, der der Landschaft ihren warmen Charakter gibt, sonnen sich die Eidechsen, die rasch zur Seite huschen, wenn Wanderer sich nähern.

Dass sich hier das größte zusammenhängende Waldgebiet Deutschlands erhalten konnte, liegt an den unfruchtbaren, sandigen Böden, die kaum Ackerbau zulassen. So war das Leben im Pfälzerwald immer karg und ärmlich. Nur im südlichen Teil, dem zwischen dem Queichtal und der französischen Grenze gelegenen Wasgau, reichten die naturräumlichen Bedingungen für Ackerbau, sodass hier eine abwechslungsreiche Kulturlandschaft entstand. Im 19. Jh. führte der Aufschwung der Schuhindustrie zu einer wirtschaftlichen Blüte der Orte rund um die heutige Kreisstadt Pirmasens. Inzwischen stehen von den einst so bedeutenden Schuhfabriken meist nur noch Überreste. Am Nordrand des Pfälzerwalds liegt Kaiserslautern, die Heimat der pfälzischen Fußballhoffnungen, Standort einer Technischen Universität und Stützpunkt vieler amerikanischer Soldaten.

Als eigenständige, zusammenhängende Region wurde der Pfälzerwald erstmals 1843 bezeichnet. Damals trafen sich bei Johanniskreuz Forstbeamte, um Regeln für die Bewirtschaftung der Wälder festzulegen. Sie charakterisierten den Pfälzerwald als „Waldungen auf dem bunten Sandsteingebirge der Pfalz".

Was anschauen?

Trifels: Richard Löwenherz war nicht glücklich, hier zu sein, heutige Besucher schätzen die Burg für Einblicke in die mittelalterliche Geschichte und für Ausblicke über Annweiler und südlichen Pfälzerwald. → S. 194

Dahn: Die Kleinstadt ist bekannt für die zahlreichen Felsen und die auf Wellness spezialisierten Hotels und Bäder. → S. 197

Pirmasens: Der Ruf ist mies, aber die herbe Stadt mit den steilen Straßen und Stiegen ist sehenswert. Alte Schuhfabriken, das vielseitige Mitmachmuseum Dynamikum, die neue Jugendherberge und die tolle Umgebung lohnen einen Abstecher. → S. 218

Karlstal: Idyllisch plätschert die Moosalbe durch das sanft ansteigende Karlstal. Der Weg ist von Bäumen und kleineren Felsen gesäumt, die Stimmung ist ruhig und fast meditativ. → S. 231

Helmbachweiher: Wenn die Rheinebene im Sommer unter großer Hitze ächzt, ist es hier immer noch entspannt. Das stets frische Wasser des schön gelegenen Sees erfrischt beim Baden. Wer dennoch etwas wandern will, findet mit dem 2,4 km entfernten Naturfreundehaus Lambrecht ein gemütliches Ziel. → S. 232

Kaiserslautern: Die Stadt unterhalb des berühmten Fußballstadions auf dem Betzenberg ist geprägt durch die zahlreichen, in der Nähe stationierten amerikanischen Soldaten. Dank Uni und weiteren Forschungseinrichtungen ist sie in den letzten Jahren jünger und innovativer geworden. Moderne Hotels und Cafés in Verbindung mit sehenswerten Museen und dem nahen Wald machen die Stadt für Touristen attraktiv. → S. 233

Was unternehmen?

Wandern: In Richtung Weinstraße gibt es ein dichtes, intensiv genutztes Netz an Wanderwegen und viele Hütten des Pfälzerwald-Vereins. Besonders im Süden führen die Wanderungen häufig zu prächtigen Felsformationen, teilweise sitzen obenauf waghalsig konstruierte Burganlagen. Im Zentrum des Waldes, rund um Johanniskreuz, geht es ruhig zu. Lange kann man hier laufen, ohne den Wald zu verlassen oder andere Wanderer zu treffen.

Mountainbiken: Der Mountainbikepark Pfälzerwald bietet für die Vorlieben viel Fahrspaß. 20 perfekt markierte MTB-Routen mit bis zu 25 % Singletrails gibt es hier ebenso wie fordernde Bikeparks (z. B. in Dahn und Trippstadt).

Was sonst noch?

Auch wenn die Region insgesamt ruhig und beschaulich ist, fahren viele zum Einkaufen hierher: entweder zum Schuhkauf nach Hauenstein oder in das westlich gelegene Zweibrücken Fashion Outlet.

Trifelsland

Harmonisch ist der Übergang von der Weinlandschaft der Haardt zu den Wäldern und Felsen des südlichen Pfälzerwalds. Über allem schwebt die Burgruine Trifels, die nicht nur große historische Bedeutung hat, sondern auch landschaftsprägend ist.

Rückgrat des Trifelslandes ist der mittlere Abschnitt der Queich. Das weite Tal geht hier in die Hügel der Weinstraße über. Albersweiler liegt auf der nördlichen Talseite, zahlreiche Sonnenstunden sind durch diese Lage gesichert. Weithin zu sehen ist der oberhalb von Albersweiler gelegene Steinbruch, der einst die Grundlagen für den Bau der Landauer Festung lieferte. Die hier abgebauten Gneise gelten als die ältesten Gesteine der geologisch jungen Pfalz. Das Zentrum der Region bilden der auf dem 497 m hohen Sonnenberg markant gelegene Trifels und das zu seinen Füßen liegende Städtchen Annweiler.

■ Informationen zur Region erteilt das **Büro für Tourismus,** Messplatz 1, 76855 Annweiler, ☏ 06346/2200, www.trifelsland.de. Mai bis Okt. Mo–Fr 9–12.30 und 13.30–17 Uhr, Sa 10–12 Uhr, Nov. bis April Mo–Fr 9–12 sowie Mo–Do 14–16 Uhr. Weitere Infos unter www.trifelsland.de.

Dernbachtal

Für wanderbegeisterte Urlauber ist das ruhig und idyllisch gelegene, aber dennoch gut erschlossene Tal ein wahres Paradies. Oberhalb davon locken ausgedehnte Waldgebiete und die Ruinen Neuscharfeneck und Ramburg.

Das mitten im nordsüdlich verlaufenden Tal gelegene **Dernbach** ist eine Art Vorort von Ramberg. Die von Obstbäumen bestandenen unteren Hänge des Tals bieten zu Zeiten der Kirschblüte wunderschöne Anblicke. Das malerisch anmutende, auf dem schmalen Wiesengrund des Dernbachtals gelegene Besenbinderdorf **Ramberg** gehörte einst zu den Sorgenkindern der Region: Als eine der notorisch ärmsten Gemeinden der Pfalz wird es in einem Bericht der Regierung von 1855 genannt. Die Landwirtschaft an den steilen Hängen brachte nur geringe Erträge – zu wenig, um die 1300 Einwohner (fast ein Drittel mehr als heute) rund um das Jahr zu versorgen. Wie die Bewohner anderer Orte des rauen Pfälzerwalds versuchten sich auch die Ramberger im Hausierhandel und Marktverkauf. Dazu sammelten sie Beeren und Pilze, produzierten Leitern, Schindeln, Kochlöffel sowie Bürsten aus Materialien der nahen Wälder und zogen damit von Haus zu Haus und zu den Märkten nach Landau oder Edenkoben. Im 19. Jh. war die Herstellung von Bürsten der wichtigste Wirtschaftszweig. Fast in jedem Haus wurden diese in Heimarbeit gefertigt. Aber auch Bürstenfabriken entstanden und sicherten ein notdürftiges Einkommen. Noch 1924 sollen am Ort 186 Heim- und 154 Fabrikarbeiter Bürsten produziert haben. Heute bestehen noch zwei Bürstenfabriken in Ramberg. Über die Geschichte des Handwerks, die damit verbundenen Lebensbedingungen

Pfälzerwald

5 km

und die verwendeten Maschinen informiert das **Bürstenbindermuseum** (Mi/So 14–17 Uhr, im Sept./Okt. auch Mi 14–17 Uhr, Eintritt 3 €, ermäßigt 1,50 €, Hauptstr. 20, ☏ 06345/2954, www.buerstenbindermuseum.de).

Sehenswertes

Neuscharfeneck: Vermutlich zur Mitte des 13. Jh. ließen die Scharfeneckerin Guda und ihr Mann Johann von Metz die Burg Neuscharfeneck bauen, woraufhin die Altscharfeneck auf dem Ringelsberg wahrscheinlich verlassen wurde und verfiel. Quer über den Bergsporn verläuft die 58 m lange und 12 m breite Schildmauer der Neuscharfeneck, die relativ spät gegen die aufkommenden Feuerwaffen errichtet wurde.

Nachdem die Burg 1525 im Bauernkrieg ausgebrannt und anschließend wiederaufgebaut worden war, wurde sie 1633 während des Dreißigjährigen Krieges endgültig zerstört (→ Wanderung 6).

Ramburg: Die einstige Reichsburg Ramburg wurde im 12. Jh. unter den Staufern zum Schutz des Trifels erbaut. Nach dem Dreißigjährigen Krieg verfiel sie und wurde im 18. Jh. auch als Steinbruch genutzt, bis die Bewohner Rambergs sie in den 1970er-Jahren auf Vordermann brachten und mit einer Schänke ausstatteten.

▪ Die vom Männergesangverein betriebene, einfache Schänke ist Sa/So ab 10 Uhr, während der Sommerferien auch Mi geöffnet, in den Herbstferien evtl. tägl. geöffnet. www.ramburgschenke.de.

Zisterzienserkloster Eußerthal: Die 1148 aus Lothringen gekommenen Zisterzienser errichteten Mitte des 13. Jh. aus rotem Sandstein die Klosterkirche. Die strenge Form und die abgeschiedene Lage sind typisch für den Bau- und Lebensstil der äußerst genügsam lebenden Mönche. 1561 wurde das Kloster aufgegeben, erst über hundert Jahre später wurde Eußerthal durch die Ansiedlung von Flüchtlingen aus dem Piemont wiederbelebt. Eine umfangreiche Renovierung der lange als Steinbruch genutzten Kirche fand in den 1960er-Jahren statt. 900 Menschen leben heute in dem kleinen, schön gelegenen Dorf, das für Wanderer über den 12 km langen Mönchsweg mit Annweiler verbunden ist.

Praktische Infos

Information www.dernbach-touristik.de und www.ramberg.de.

Wandern Das **Waldhaus Drei Buchen** (PWV, 399 m) ist von Ramberg über einen zunächst durch offenes Gelände, dann durch dichten Wald führenden Weg (roter Punkt) zu erreichen. Mi–So ab 11 Uhr, im Sept./Okt. tägl. geöffnet. ☎ 06345/93282, www.dreibuchen-ramberg.de.

Eine schöne Wanderung führt über den Rundweg 22 in 6,4 km ab der Ortsmitte von Ramberg auf die **Ruine Ramburg.** Nur ein kurzer (aber ansteigender) Spaziergang ist es ab der Ortsmitte von Dernbach zum **Dernbacher Haus** (schöne Talsicht, einfache, preiswerte Speisen, Di–Sa 11.30–22 Uhr, So ab 10 Uhr, ☎ 06345/8927).

Übernachten/Essen   *** Landhaus St. **Laurentius.** Am westlichen Ortsrand von Ramberg in Hanglage. Schöne Zimmer und eine sehr gute, regional geprägte Küche. Hauptgerichte 11–28 €. Mo Ruhetag, sonst 17.30–21.30 Uhr, So und feiertags auch 11.30–14.30 Uhr. DZ ab 107 €. Ramberg, Hermersbachstr. 4, ☎ 06345/954990, www.landhaus-sanktlaurentius.de.

🌿 **Zum goldenen Lamm.** Das an der Ramberger Hauptstraße gelegene Restaurant bietet gute, deftige Küche, in der Wildschweine aus dem Pfälzerwald und Lamm aus eigener Zucht eine große Rolle spielen. Hauptgerichte 9–19 €. Di Ruhetag, sonst 11–14.30 und ab 17 Uhr.

MeinTipp **Restaurant Schneider.** Sehr gutes, bei aller Raffinesse bodenständiges Restaurant der Familie Roth-Püngeler. Das freundliche Servicepersonal rundet das angenehme Ambiente perfekt ab. Zum Haus gehören auch gemütlich-rustikale Zimmer im Haus Dernbachtal. Hauptgerichte 14–29 €. Mo/Di geschlossen, sonst 11.30–14 und 17.30–21 Uhr. DZ ab 116 €. Dernbach, Hauptstr. 88, ☎ 06345/8348, www.schneider-dernbachtal.de.

🥾 GPS-Wanderung 6: Zur Ruine Neuscharfeneck mit Blick zum Trifels

Am **Parkplatz Drei Buchen** 🔳**1** startet die abwechslungsreiche Rundwanderung, die zunächst zur **Burgruine Neuscharfeneck** 🔳**2** führt (weißes Rechteck mit schwarzem Punkt). Die im 13. Jh. entstandene Ruine ist mit ihrer mächtigen Schildmauer eine der interessantesten Wehranlagen der Pfalz. Von der **Landauer Hütte** 🔳**3** aus folgt man der blau-weißen Markierung bis **Dreimärker** 🔳**4** und biegt dort nach rechts in Richtung **Trifelsblickhütte** 🔳**5** und **St.-Anna-Kapelle** 🔳**6** ab. Von Ersterer ist der imposante Trifels zu bestaunen, von Letzterer sollte man den herrlichen Ausblick über

die Weiten des Rheingrabens genießen. Wenige Meter oberhalb der Kapelle liegt die **St.-Anna-Hütte** 🔳**7**, die zu einer letzten Stärkung einlädt, bevor man sich auf den Rückweg bergab durch das tiefe und idyllische Modenbachtal macht (zunächst roter, im Tal gelb-weißer Balken). Nach einem **Parkplatz** 🔳**8** geht es mit dem roten Punkt an der nördlichen Flanke des Roßbergs entlang zurück zum Parkplatz Drei Buchen. Anstatt die rund 16 km lange Runde komplett zu laufen, kann man auch direkt von Dreimärker zum Parkplatz zurückkehren.

Wanderung 6: Zur Ruine Neuscharfeneck mit Blick zum Trifels

■ Gleich drei PWV-Hütten bieten sich zur Einkehr an: Die kleine **Trifelsblickhütte** (530 m, Sa/So 9.30–18 Uhr, ☎ 06345/2237) überzeugt durch ihren herrlichen Blick, die **Landauer Hütte** (450 m, Sa/So sowie während der Oster- und Sommerferien tägl. außer Fr 10–18 Uhr, im Winter bis 17 Uhr, ☎ 06345/3797) ist aufgrund ihrer Größe, des umfangreichen Speisenangebots und der Lage am Schnittpunkt etlicher Wanderrouten ein beliebtes Ausflugsziel, und direkt oberhalb der St.-Anna-Kapelle liegt die einfache **St.-Anna-Hütte** (420 m, Mi/So 10–18 Uhr, Juli bis Okt. auch Sa, ☎ 06345/3931).

Annweiler

Schön im mittleren Queichtal gelegen, wird Annweiler vom weithin sichtbaren Trifels überragt. Die romantische Altstadt ist geprägt durch den von Brücken überspannten Arm der Queich, der einst viele Mühlräder antrieb.

An diesem Seitenarm, der auch als Queichbach bezeichnet wird, sind heute noch drei Mühlräder gelegen, von denen allerdings nur noch die **Stadtmühle** intakt ist. Ihre Kraft wird nicht mehr zum Mahlen von Getreide, sondern zur Gewinnung von Strom genutzt. Die Mühle am Beginn der Wassergasse trieb früher eine Lohmühle an: Hier wurde die Eichenrinde aus den umliegenden Wäldern zu der zum Gerben benötigten Lohe verarbeitet. Auch der vom Annweiler Künstler Karlheinz Zwick gestaltete Brunnen auf dem Rathausplatz veranschaulicht die Bedeutung des Wassers und der hier seit 1652 nachgewiesenen **Gerberei** für die Kleinstadt. Bis zu 36 Gerber lebten und arbeiteten in den typischen Fachwerkhäusern mit den Dachabstufungen, die Felle lagerten auf dem als Trockenspeicher dienenden Dachboden. Schöne Fachwerkhäuser aus dem 17. bis 19. Jh. stehen in der Apothekergasse, das prunkvollste ist das 1643 errichtete **Keyser'sche Haus** am Marktplatz.

Sehenswertes

Museum unterm Trifels: Drei schöne Fachwerkhäuser und eine ehemalige Wassermühle bilden den Rahmen des chronologischen Rundgangs, bei dem die Historie der Burg Trifels, die Entwicklung der Stadt Annweiler und Aspekte der Landschaftsgeschichte dargestellt werden. Einen tollen Einblick in die lokale Geschichte der Gerberei liefert die historische Gerberwerkstatt.

▪ Mitte März bis Okt. Di–So 10–17 Uhr, Nov. bis Mitte März Sa/So 13–17 Uhr. Eintritt 2,50 €, ermäßigt 1 €. Am Schipkapass 4, ☎ 06346/1682, www.museum-annweiler.de.

Burg Trifels: Wie keine andere Burg in der Pfalz bestimmte die auf dem nördlichen Gipfel eines dreifach gespaltenen Sandsteinfelsens gelegene Burg Trifels die hochmittelalterliche Geschichte: „Wer den Trifels hat, hat das Reich", hieß es in Anspielung auf die Reichskleinodien, die im 12. und 13. Jh. auf der majestätisch über Annweiler thronenden Reichsburg verwahrt wurden und diese zu einem Eckpfeiler der kaiserlichen Macht werden ließen. Unter den Staufern entwickelte sich der Trifels zum Mittelpunkt eines ausgedehnten Reichsgutkomplexes. Während Kaiser Friedrich Barbarossa wie seine Vorgänger und Nachfolger meist nur kurze Zeit am Stück auf seinen Gütern verbrachte, mussten unfreiwillige Gäste oft länger bleiben. Der englische König Richard Löwenherz beispielsweise verweilte als Gefangener 1193/94 auf dem Trifels. Mit dem Niedergang der Staufer setzte auch der Abstieg der Reichsburg ein. Sie ging durch verschiedene Hände, bevor ein Blitzeinschlag 1602 Teile der Burg unbewohnbar machte. Im Dreißigjährigen Krieg diente die Ruine den Bewohnern Annweilers als Zuflucht; nachdem 1635 jedoch eine Pestepidemie ausgebrochen war, wollte keiner mehr dort leben. Erst zwischen 1938 und 1966 erfolgte der Wiederaufbau. Heute wird auf der Burg eine interessante Ausstellung über die Bedeutung der Pfalz während des Hochmittelalters gezeigt.

▪ Die Burg ist vom Parkplatz (2 € Parkgebühr) am Fuße des steilen Burgbergs in 20 Min. zu

Einst Mittelpunkt des Deutschen Reiches: der Trifels

erreichen. April bis Sept. tägl. 9–18 Uhr, Okt./Nov. und Jan. bis März bis 17 Uhr, letzter Einlass 30 Min. vor Schließung. Erwachsene 4,50 €, Kinder 2,50 €. Führungen: Jan., März und Nov. Sa, So, feiertags 10.30–13 Uhr, April bis Okt. Mo–Fr 13 Uhr und Sa, So, feiertags 10.30 und 13 Uhr. Hunde dürfen nicht auf das Burggelände! Anmeldung zu Führungen unter ✆ 06346/2200, Infos bei der Burgverwaltung Trifels in Annweiler unter ✆ 06346/8470, www.annweiler.de.

Burgruinen Anebos und Scharfenberg: Auf dem mittleren und südlichen Gipfel der dreigliedrigen Sandsteinformation befinden sich die Überreste der Burgen Anebos und Scharfenberg. Von Ersterer bietet sich ein herrlicher Blick auf die Landschaft und den Trifels. Von der auch „Münz" genannten Ruine Scharfenberg sind der schmale Bergfried und Reste der ehemaligen Ringmauer zu besichtigen. Beide Anlagen entstanden im 12. Jh. und sind frei zugänglich.

Praktische Infos

Information Trifelsland – Büro für Tourismus, Messplatz 1, 76855 Annweiler, ✆ 06346/2200, www.trifelsland.de. Mai bis Okt. Mo–Fr 9–12.30 und 13.30–17 Uhr, Sa 10–12 Uhr, Nov. bis April Mo–Fr 9–12 sowie Mo–Do 14–16 Uhr. Weitere Infos unter www.trifelsland.de.

Baden Trifelsbad. Schönes, beheiztes Freibad mit 25-m-Becken und einem geschwungenen Freizeitbecken mit Rutsche. Mai bis Sept. Mo 11–20 Uhr, Di–Fr ab 8 Uhr, Sa/So ab 9 Uhr. Eintritt 3 €, ermäßigt 2 €. Zweibrücker Straße, ✆ 06346/928422.

Klettern Am **Asselstein,** einem markanten, brettartigen Felsturm südlich von Annweiler, der 1860 erstmals bestiegen wurde. Die schwierigste Route ist mit VIII bewertet. Je nachdem, auf welcher Seite die Falken brüten, ist die andere Seite mit Einschränkungen zum Klettern freigegeben.

Kurpark Der als **Markwardanlage** bezeichnete Kurpark verfügt über einen kleinen See, einen Spielplatz, eine Minigolfanlage, Wassertretbecken sowie schöne Spazierwege. Er ist Markward von Annweiler (1140–1202) gewidmet, der Markgraf von Ancona, Graf der Abruzzen, Reichsverweser von Sizilien und Erzieher des Stauferkaisers Friedrich II. war.

Radfahren Dem von Hauenstein nach Germersheim verlaufenden **Queichtalradweg** kann man flussauf- oder flussabwärts folgen. Ab Siebeldingen hat man Anschluss an den Weinstraßenradweg.

Sightseeing Von Mai bis Okt. jeden Mittwoch ab 10 Uhr eineinhalbstündige, kostenlose **Stadtführung** mit Gästebegrüßung im historischen Ratssaal. Anmeldung in der Touristeninformation.

Veranstaltungen Richard-Löwenherz-Fest. Gut besuchtes mittelalterliches Spektakel am letzten Juliwochenende. Eintritt 7 €, Gewandete 4 €. Leider ist bei diesem Fest die Innenstadt für Nichtzahlende gesperrt!

Keschdefest. Kleines Fest im Zentrum, Anfang Okt. zur Kastanienernte.

Wandern Von der bewirtschafteten **Kletterhütte** (Mi–Fr 11–19 Uhr, Sa/So ab 10 Uhr, großer Außenbereich mit Spielgeräten, deftige Speisen, ✆ 06346/8825, www.kletterhuette.de) an der Straße zum Trifels erreicht man den beeindruckenden **Asselstein,** den man schön umwandern kann (25 Min.). Der Rundwanderweg 4 (8 km, 2:30 Std.) führt vom Rathausplatz am Ortsteil Bindersbach vorbei zum Windhof. Auf den nun folgenden Kilometern liegen die Sehenswürdigkeiten aufgereiht wie Perlen an einer Schnur: die Burgruine **Münz,** die **Fensterfelsen,** die Burgruine **Anebos** und schließlich auf einem kleinen, steilen Gipfel der **Trifels** (497 m). Der **Richard-Löwenherz-Weg** führt ab dem Annweiler Rathaus hinauf auf den Rehbergturm. Die Aussicht ist herrlich, aber die Anstrengung nicht zu unterschätzen (12,2 km, knapp 600 Höhenmeter).

Übernachten/Essen Gästehaus Heger. Im Ortsteil Bindersbach werden in der freundlichen Pension vier Zimmer (teilweise mit Küche) vermietet. DZ ab 59 €. Rehbergstr. 58, ✆ 06346/558896360, www.heger-gaestehaus.de.

Kurhaus Trifels. Hier finden sich vielseitige, sehr gepflegte Übernachtungsmöglichkeiten vom verwunschenen Hexenhäuschen bis zum stilvollen Hotelzimmer. Das Restaurant hat Do–So ab 18 Uhr geöffnet, Hauptgerichte 20–28 €. Ruhige und dennoch zentrale Lage. Kurhausstr. 25, ✆ 06346/308860, www.kurhaus-trifels.de.

Pension Bergterrasse. Gepflegte Pension etwas oberhalb von Annweiler. Großzügige Terrasse und Liegewiese, Zimmer teilweise mit Trifelsblick. DZ ab 105 €, Ferienwohnung ab 65 €. Trifelsstr. 8, ✆ 06346/7219, www.pension-bergterrasse.de.

Im Pfälzerwald → Karte S. 191

Mein Tipp **Zur Alten Gerberei.** Urige und kinderfreundliche Weinstube und Restaurant. Im Angebot sind Flammkuchen und Pfälzer Klassiker wie Saumagen und Leberknödel, Hauptgerichte 8–19 €. Beliebte Terrasse direkt am

Häuser in der Gerbergasse

Queichbach. Auch geschmackvolle Apartments und Zimmer. Mo Ruhetag, sonst ab 17.30 Uhr, Sa, So und feiertags auch 11.30–14.30 Uhr. Apartments ab 45 €. Prangertshof 11, ☎ 06346/3566, www.gerberei.de.

Umoya. Engagiertes, legeres Restaurant an der etwas versteckten Markwardanlage mit feiner internationaler Küche, Hauptgerichte 10–21 €. Do–Mo 17–21 Uhr, So auch 12–14 Uhr. Burgstr. 24, ☎ 06346/9296744, www. umoya-restaurant.de.

🌿 **Rotbart.** Unkonventionelles Café-Bistro am Rathausplatz. Am Wochenende ist das Frühstück lecker, ansonsten sind die Crêpes und Galettes (tägl. 12–14 und 18–20 Uhr) in vielen Variationen köstlich. Viele der Zutaten kommen aus der Region, das Bier wird sogar selbst gebraut. Mi–So 10–22 Uhr. Hauptstr. 19, ☎ 06346/9284812, www.rotbartammarkt.de.

Eiswerk. Am mit Sitzstufen und Hüpfsteinen schön gestalteten Ufer des Queichbachs gibt es leckeres und günstiges Eis in vielen Sorten sowie Frozen Yoghurt. Nur Selbstbedienung. Oben moderne Gästezimmer, DZ 64 € (plus 7 € pro Pers. fürs Frühstück im nahen Café Escher). Im Sommer tägl. geöffnet, meist 11–19 Uhr. Am Messplatz 10, ☎ 06346/8343, www.cafe-escher.de.

Conditorei Escher. Große, klassische Conditorei mit gutem Kuchen und vielseitigen Torten. Di–So 8–18 Uhr. Apartments im Obergeschoss ab 60 €. Hauptstr. 57, ☎ 06346/8343, www.cafe-escher.de.

Südlicher Wasgau mit Dahner Felsenland

Der südliche Wasgau an der Grenze zu Frankreich gilt vielen als der schönste Teil des Pfälzerwalds. Die Täler sind weit und offen, kleine Bäche suchen sich in sanften Schleifen ihren Weg entlang charmanter, abgeschiedener Dörfer. An den Hängen der Berge und auf den Gipfeln ragen imposante Felsen hervor, derentwegen diese Gegend auch als Dahner Felsenland bezeichnet wird.

Im 12. und 13. Jh. galt die Region als Zentrum des Heiligen Römischen Reiches. In großer Zahl entstanden Ehr-

furcht einflößende **Burgen,** von denen nicht wenige schon kurze Zeit später wieder verfielen. Heute sind die Ruinen auf den steilen Felsen gigantische Kulissen und Stationen auf kinderfreundlichen Wanderungen. Von den Terrassen der Wegelnburg, der höchstgelegenen Burg der Pfalz, hat man einen weiten und je nach Lichtverhältnissen fast unwirklich anmutenden Blick über den Wasgau und das nahe Elsass. Die abwechslungsreichen Wander- und Radwege sind gut ausgebaut und beschildert. Viele Gasthäuser und Restaurants machen es einem leicht, sportliche Aktivitäten mit einem guten und preiswerten Essen zu verbinden. Das **Biosphärenhaus** und der Baumwipfelpfad in Fischbach gehören zu den beliebtes-

ten Zielen in der abgeschiedenen Landschaft. Entlang der deutsch-französischen Grenze sind viele Relikte des einstigen Westwalls wie z. B. Stollen, Panzersperren und Bunker zu sehen. Im Zweiten Weltkrieg sollte die waldreiche Grenze zu einer unüberwindbaren Befestigung ausgebaut werden. Für den größenwahnsinnigen Bau waren ab 1938 Tausende von Arbeitern im Einsatz.

■ Informationen zur Region erteilt die Tourist-Information Dahner Felsenland, Schulstr. 29, 66994 Dahn, ☎ 06391/5811, www.dahner-felsenland.net. Mai bis Okt. Mo–Sa 9–12.30 Uhr sowie Mo–Fro 9–17 Uhr; Nov. bis April Mo–Fr 9–12 Uhr sowie Mo–Do 14–16 Uhr.

Dahn

Umgeben von bewaldeten Hügeln mit Felsen und Burgen liegt im grünen Tal der sanft dahinfließenden Wieslauter das kleine Städtchen Dahn, das Zentrum des Felsenlandes.

Vom naturnahen Kurpark mit seinem Elwetritsche-Lehrpfad im Süden des kleinen Zentrums erreicht man nach wenigen Kilometern und ein paar Höhenmetern die Burgruine **Altdahn** mit ihren beiden Schwesterburgen. Von hier bietet sich ein schöner Blick auf die Häuser Dahns und die Felsen der Umgebung. Der bekannteste hiervon ist der Jungfernsprung, der sich am nördlichen Ortsende über das Tal lehnt.

Umfangreich ist in Dahn das Angebot an Wellnesseinrichtungen. Das Felsland-Bad („Badeparadies & Saunawelt") ist in weiterem Umkreis das einzige öffentliche Schwimmbad mit Wellnesscharakter. Selbst aus Karlsruhe kommen die Gäste, um sich mit Blick auf Wald und Felsen zu erholen. In der Nachbarschaft finden sich zwei gehobene Hotels, die sich beide auf das Thema Wellness spezialisiert haben und sich wohl mit jedem weiteren Umbau in diesem Punkt überbieten wollen. Unspektakulär, aber dennoch belebend sind hingegen die Becken fürs Kneipp'sche

Wassertreten, z. B. im Gerstelpark nördlich des Jungfernsprungs.

Sehenswertes

Ehrenfriedhof: Auf dem seit 1952 bestehenden Soldatenfriedhof bei der Michaelskapelle unterhalb des Hochsteins liegen 2412 Soldaten begraben. Die meisten von ihnen kamen in den letzten Tagen des Zweiten Weltkrieges ums Leben. Der bekannteste hier bestattete Soldat ist Hans Graf von Sponeck, der am 23. Juli 1944 in der Festung Germersheim „in geheimer Staatssache erschossen" wurde. 1941 hatte er eine Halbinsel im Südosten der Krim gegen den ausdrücklichen Wunsch des Führerhauptquartiers räumen lassen und damit viele Soldaten vor dem sicheren Tod bewahrt.

■ Vom Parkplatz am Kurpark ist der Ehrenfriedhof über den ansteigenden Kreuzweg in 15 Min. zu erreichen.

Elwetritsche-Brunnen und -Lehrpfad: Zwei Figuren zieren den von dem Dahner Künstler Richard Lenhard gestalte-

Im Pfälzerwald → Karte S. 191

ten Brunnen im Kurpark: Während der Elwetritschejäger mit Sack und Laterne auf den sagenhaften Vogel wartet, schießt die Elwetritsche Wasser aus ihrem Schnabel. Der Brunnen ist Teil des Elwetritsche-Lehrpfads, der es jedem Besucher durch große Schautafeln ermöglicht, eventuell vorhandene Wissenslücken über den wichtigsten Pfälzer Vogel zu schließen.

Dahner Felsen: Viele Felsen rund um Dahn lassen sich am besten über den lohnenswerten Dahner Felsenpfad erkunden. Abseits davon gibt es einige weitere Felsen, der bekannteste davon ist der Jungfernsprung. Seine senkrechten Flanken direkt über den Dächern von Dahn sind bestimmend für das Ortsbild. Der Sage nach war eine Jungfrau im Dahner Wald unterwegs, um Beeren –zu pflücken, als der Berwartsteiner Raubritter Hans Trapp auf sie zukam, um ihr die Unschuld zu rauben. Die Jungfrau raffte ihre Röcke und rannte, so schnell sie konnte davon. Dummerweise achtete sie in der Eile nicht auf den Weg und stand bald darauf auf dem hohen Felsen. Da sie ihren Verfolger noch nicht abgeschüttelt hatte, sprang sie in die Tiefe. Das Wunder geschah: Sie überstand den Sprung unverletzt, und an der Stelle, wo ihre Füße auftrafen, sprudelt seither eine Quelle. Aus geologischer Perspektive kann der 57 m hohe Jungfernsprung nüchterner betrachtet werden: Er besteht, wie alle Felsen der Gegend, aus verwitterungsbeständigem Sandstein. Während das umgebende Gestein im Laufe der Zeit abgetragen wurde, blieben die Felsen in bizarrer Form erhalten. Am Fuß der Formation führen Quellhorizonte zur Entstehung von Quellen.

Dahner Burgen: Vier mächtige Burgen stehen auf Dahner Gemarkung. Nordwestlich von Dahn überblickt die Ruine Neudahn auf dem Kauertberg das Tal. Auf den fünf Sandsteinfelsen des Schlossbergs oberhalb von Dahn bilden Altdahn, Grafendahn und Tanstein zusammen das größte Burgenmassiv der Pfalz.

Abendstimmung auf den Dahner Burgen

Die spektakulär auf den beiden östlichen Felsen erbaute Burg *Altdahn* wurde um 1100 errichtet. Nach Jahren unter Speyerer Lehenschaft wurde sie 1236 an den Bruder des Speyerer Bischofs, Friedrich von Dahn, übergeben und blieb in Besitz der Herren von Dahn, bis der Letzte von ihnen 1603 in seinem Burrweiler Schloss verstarb. Die so wieder an Speyer zurückgefallene Burg verkam zunehmend und wurde als Steinbruch und Unterschlupf in Notzeiten genutzt. Zuletzt feierten viele Dahner 1944 das letzte Weihnachtsfest während des Zweiten Weltkrieges auf Altdahn. Besucher betreten die Burg heute durch den nördlichen Torturm aus dem späten 15. Jh. mit einem spätgotischen, leicht zugespitzten Torbogen. Der südliche Teil der Anlage wird von dem schmächtigeren südlichen Torturm und dem Flankierungsturm, der gegen die Nachbarburg Grafendahn errichtet wurde, beherrscht.

Grafendahn entstand spätestens zu Beginn des 14. Jh. als Lehensburg der Bischöfe von Speyer. In den ersten Jahren fungierte sie unter mehreren Gemeinern (Burgherren) als eine Art Gemeinschaftswohnsitz, bevor sie 1339 als ungeteilter Besitz an Graf Johann II. von Sponheim fiel. Nach 1437 kam es zu zahlreichen Besitzerwechseln, mal gehörte sie dem Markgrafen von Baden, mal dem kurpfälzischen Fürsten und zuletzt, schon großteils verfallen, den Herren von Fleckenstein. Ende des 18. Jh. schließlich fiel sie an das Bistum Speyer zurück und wurde nicht mehr verliehen. Von der Unterburg der kleinsten der drei Burgen blieb nicht viel erhalten, in einem der alten Ställe wurde 1987 ein kleines *Burgmuseum* mit interessanten Fundstücken aus allen Dahner Burgen eingerichtet.

Unklar ist der Ursprung der Burg *Tanstein*, die auf den zwei westlichen Burgfelsen erbaut wurde. Früher soll eine hölzerne Brücke die beiden hohen Felsen verbunden haben. Nach neuesten Forschungen ist es wahrscheinlich, dass Tanstein noch vor Altdahn bereits im frühen Mittelalter als Fliehburg bestand. Die Burg war als Speyerer Lehen bis 1523 im Besitz der Herren von Dahn.

Zugang Vom Parkplatz sind die Burgen in 10 Gehminuten über einen breiten, kinderwagentauglichen Weg zu erreichen. Besonders für Kinder sind die vielen Gänge, gut gesicherten Treppen und Aussichtsfenster ein echtes Paradies.

Öffnungszeiten/Eintritt Burgen: Karfreitag bis Ende Okt. tägl. 9–18 Uhr, Nov. bis Gründonnerstag 9–17 Uhr kostenlos zugänglich. **Burgmuseum:** So und feiertags 12–17 Uhr.

Burgschänke Burg Altdahn: von April bis Sept. geöffnet, Do–Di, 11–18 Uhr, ✆ 06391/993543.

Auf dem Kauertberg liegt die relativ kleine und kompakte Burganlage von *Neudahn*. Sie war 1230 ursprünglich nur zum Schutz der Wegeverbindung zur Burg Altdahn errichtet worden, wurde dann aber stetig ausgebaut.

■ Die Ruine kann jederzeit besichtigt werden und ist vom Parkplatz aus über einen steilen Anstieg in 10 Min. zu erreichen.

Praktische Infos

Information Tourist-Information Dahner Felsenland, Schulstr. 29, 66994 Dahn, ✆ 06391/9196222, www.dahner-felsenland.net. Mai bis Okt. Mo–Fr 9–17 Uhr, Sa 9–12.30 Uhr; Nov. bis April Mo–Mi 9–12 und 14–16 Uhr, Do 9–12 und 14–18 Uhr, Fr 9–12 Uhr.

Baden Felsland Badeparadies & Saunawelt. Schön und sehr beliebt. Badeparadies: Mo–Do 9–21 Uhr, Fr bis 22 Uhr, Sa/So bis 20 Uhr; Tageskarte Erwachsene 5,90 €, Kinder unter 4 J. frei, 4–15 J. 2,90 €. Saunawelt mit sehr schöner Außenanlage: Mo (nur Damen) 11–22 Uhr, Di/Mi 10–22 Uhr, Do–Sa bis 23 Uhr, So (Gemeinschaftssauna) bis 20 Uhr; Tageskarte Erwachsene 18 € (mit Schwimmbadbenutzung). Eybergstr. 1, ✆ 06391/2179, www.felsland-badeparadies.de.

Einkaufen Im Zentrum Dahns gibt es einige kleine Geschäfte, Apotheken und Bäcker. Etwas außerhalb befinden sich auch größere Supermärkte.

Aufsteiger Sports. Sympathischer Laden mit kleinem, feinem Sortiment an Outdoor-Kleidung (bevorzugt aus fairer Produktion) und Wanderschuhen. Mo–Fr 9.30–12 Uhr und 13.30–18.30 Uhr, Sa 9.30–14.30 Uhr. Marktstr. 3, ✆ 06391/8519756, www. aufsteiger-sports.de.

Klettern   Viele Felsen, z. B. der **Jungfernsprung**, **Braut und Bräutigam** und die **Lämmerfelsen**, können und dürfen meist beklettert werden. Anspruchsvoll sind der **Hochstein mit Nadel** (bis VIII) sowie der Franz-Seiler-Gedächtnisweg auf den Jungfernsprung mit dem Schwierigkeitsgrad VII+.

Radfahren   Durch Dahn führt der **Deutsch-Französische-Pamina-Lautertalradweg.** Immer an der Wieslauter entlang kommt man auf diesem nach Weißenburg und somit an die Weinstraße und den in Schweigen ankommenden Weinstraßenradweg.

Tennis   Drei Hallen- und zwei Außenplätze bietet der **Sportpark Dahn.** Squashboxen vorhanden, Kegeln und Bowlen sind ebenfalls möglich. Tägl. 8–24 Uhr. Eybergstr. 4, ✆ 06391/2131, www.sportpark-dahn.com.

Veranstaltungen   Mittelalterliches Burgfest. Mit Sängern, Gauklern, Geschichtenerzählern und Rittern findet es an einem Wochenende im Hochsommer auf den drei Burgen oberhalb Dahns statt. Nähere Infos unter www.dahner-felsenland.net.

Wandern   Durch das **Moosbachtal** führt eine 9 km lange, fast ebenerdige Kinderwagentour. Eine abwechslungsreiche, 10 km lange Runde durch und um Dahn führt vom Dahner Kurpark über den **Elwetritsche-Weg** auf den Römerfelsen mit einem schönen Blick auf die Dahner Burgen, anschließend am Gerstberger Kopf vorbei und wieder hinunter ins Tal. Unterhalb des Jungfernsprungs (Abstecher möglich) überquert der Weg zweimal die Wieslauter und führt dann zum Kurpark zurück. Beeindruckend ist auch der rund um den Ort führende **Dahner Felsenpfad** (→ Wanderung 7, S. 201).

2 km südwestlich von Dahn befindet sich der **Große Eyberg** (513 m) mit grandioser Aussicht. Ausgangspunkt ist Büttelwoog (am Schwimmbad), von hier aus führt ein Weg an Büttelfels und Kleinem Eyberg vorbei auf den Großen Eyberg. Gleicher Rückweg oder am Fuß des Eybergs auf dem rot-weiß markierten Weg bis Büttelwoog.

Übernachten   ****S Hotel Pfalzblick. Stück für Stück renoviert, präsentiert sich das große Hotel mittlerweile modern und stilvoll. Besonders der große Schwimmteich mit Saunainsel ist ein gelungener Hingucker. Herrliche Aussicht auf ein ruhiges Seitental. DZ mit erweiterter Halbpension ab 250 €. Goethestr. 1, ✆ 06391/4040, www.pfalzblick.de.

******S Hotel Felsenland.** Wellnesshotel mit unterschiedlichen Zimmertypen in eher modern-mondänem Stil. Großer Wellnessbereich mit mehreren Pools und Saunen. DZ ab 240 € inkl. Verwöhnpension. Im Büttelwoog, ✆ 06391/92370, www.meinfelsenland.net.

Jugendherberge Dahn. Etwas älteres, aber gemütliches Haus mit guter Verpflegung. Schönes Gelände mit Felsen am Ortsrand, Nähe Badeparadies. DZ 47 €. Am Wachtfelsen 1, ✆ 06391/1769, www.diejugendherbergen.de.

Campingplatz Neudahner Weiher. Zwischen Hinterweidenthal und Dahn im schönen Moosbachtal an einem Badeweiher unterhalb der Ruine Neudahn gelegen. Viele Dauercamper, Kinder gehören nicht zur Zielgruppe. Stellplatz 9 €, Zeltplatz ab 7 €, Person 6 €. Neudahner Weiher 5, ✆ 06391/1326, www.neudahner-weiher.de.

Campingplatz Büttelwoog. Von Felsen und Bäumen umrahmter Campingplatz am Rande von Dahn. Restaurant, Minigolf und Spielplatz vorhanden. In der Nähe des Schwimmbads. Stellplatz 8 €, Erwachsene 6 €, Kinder 5,50 €. Im Büttelwoog, ✆ 06391/5622, www.camping-buettelwoog.de.

Essen & Trinken   Café Eisheisel. Selbst gebackene Torten und Kuchen, gutes Eis und viele Sitzgelegenheiten machen das Café zu einem beliebten Treffpunkt von Wanderern und Radfahrern. Tägl. von 10–22 Uhr. Pirmasenser Str. 39, ✆ 06391/3338, www.cafe-eisheisel.de.

Restaurant Ratstube. Im Zentrum von Dahn bekommt man hier in gepflegtem Ambiente gute Hausmannskost zu fairen Preisen. Mi–Sa 11.30–14 Uhr und 17.30–20.30 Uhr, So nur bis 20 Uhr. Mo und Di Ruhetage. Weißenburger Str. 1, ✆ 06391/1653, www.ratstube-dahn.de.

Altes Bahnhöfl. In einem umgebauten Bahnhof zwischen Dahn und Bruchweiler-Bärenbach kann man in urigem Ambiente gut essen. Hauptgerichte 10–21 €. Mo Ruhetag, sonst 11.30–14 und 17.30–21 Uhr, So 11.30–20 Uhr durchgehend. Jan./Febr. Mo–Do geschlossen. Auch schöne Ferienwohnungen, sowohl in ehemaligen Bahnhofsgebäude als auch in alten Zugwaggons (ab 69 €). Reichenbach, An der Reichenbach 6, ✆ 06391/3755, www.altes-bahnhoefl.de.

Umgebung von Dahn

🚶 GPS-Wanderung 7: Dahner Felsenpfad

Vierzehn östlich von Dahn gelegene Felsen sind über den beeindruckenden, mit Prädikat ausgezeichneten Felsenpfad miteinander verbunden. Zentraler Startpunkt ist der **Parkplatz 1** am Fuße des Felsmassivs *Braut und Bräutigam*, das aufgrund der offensichtlichen Zuneigung der beiden Felsen zueinander zu seinem Namen kam. Der deutlichen, mit stilisierten Felsen gestalteten Markierung folgend, geht es über **Pfaffenfels 2** und **Schwalbenfels 3** zur **Dahner Hütte 4**. Kurz danach folgen viele Felsen unterschiedlichster Schattierungen

und Formen auf einem kurzen Stück, um dann von einer fast felsenfreien Wegstrecke, die am Trinkwasser spendenden **Rothsteigbrunnen 5** vorbeiführt, abgelöst zu werden. Bevor man den mit der Nr. 12 versehenen **Büttelfels 6** erreicht, gibt es die Möglichkeit, im Bereich Büttelwoog (Campingplatz, Schwimmbad, Hotel) die Runde abzukürzen und an der Straße entlang zum Ausgangspunkt zurückzulaufen. Allerdings verpasst man dann die exponiert auf einem Bergrücken oberhalb des Wieslauterbogens gelegenen **Lämmerfelsen 7**. Von den formenreichen und bei Kletterern beliebten Sandsteinfelsen hat man abschließend einen herrlichen Blick.

Wanderung 7: Dahner Felsenpfad

Für die 12 km lange Strecke ist Trittsicherheit erforderlich, Kletterkünste werden aber nicht verlangt. Ein Flyer zum Felsenpfad ist bei der Tourist-Information Dahner Felsenland erhältlich.

■ **Dahner Hütte.** PWV-Hütte. April bis Okt. Mi–So 10–18 Uhr, sonstige Öffnungszeiten unter ☎ 06391/409903.

Erfweiler

Erfweiler liegt unweit von Dahn in einer Talsenke. Eine ansprechende Landschaft, hübsche Fachwerkhäuser und vielfältige Wandermöglichkeiten prägen das kleine Dorf. Östlich von Erfweiler liegt an den Kletterfelsen Klosterwand, Nonnenfels, Stern und Honig umrahmte **Bärenbrunnerhof** (→ Essen & Trinken). Der idyllisch gelegene Bauernhof mit Gaststätte und Laden ist vor allem bei Kletterern und Familien beliebt.

Verkehrsverein Erfweiler, 66996 Erfweiler, ☎ 06391/3972, www.erfweiler-pfalz.de.

Veranstaltungen Jedes Jahr findet in Erfweiler von Christi Himmelfahrt bis Pfingstsamstag die **Köhlerwoche** statt. Besucher können sich dabei über den Aufbau und das Anzünden eines Kohlenmeilers informieren und den Verkohlungsprozess über mehrere Tage hinweg mitverfolgen. Das Öffnen des Meilers und der Verkauf der Holzkohle bilden den Abschluss der Köhlerwoche.

Klettern Ein beliebtes Kletterrevier ist das nordöstlich von Erfweiler gelegene **Glastal** mit Glasfelsen, Heegerturm, Klumptfels und Rappenwand. Das vielfältigste Kletterrevier der Region befindet sich östlich von Erfweiler rund um den **Bärenbrunnerhof.**

Die Köhlerei in der Pfalz

Die Köhlerwoche in Erfweiler erinnert an einen viele Jahrhunderte alten Wirtschaftszweig. In den schier unendlichen Wäldern der Pfalz war die Holzkohleproduktion bis zur Einführung von Koks zur Mitte des 19. Jh. die Grundlage der Energieversorgung. In mächtigen Kohlenmeilern wurde Holz unter dem weitestgehenden Ausschluss von Luft bei rund 300 °C zwei bis drei Wochen lang verbrannt. Das Köhlerhandwerk war nicht ungefährlich, zu leicht gingen die Meiler in mächtige Feuer auf. Deswegen war das Kohlenbrennen lange offiziell verboten. Nur in Bannwäldern und mit Erlaubnis der Waldherren konnten der Köhler und seine Knechte arbeiten. Im Stumpfwald hatte der Schultheiß von Ramsen im 14. Jh. das Recht, alljährlich sechs Wochen vor und sechs Wochen nach Weihnachten Kohle aus Windbruch und Holzresten zu brennen. Im Isenachtal bei Bad Dürkheim sollen die Köhler während des 15. Jh. vortrefflich gearbeitet haben. Die umliegenden Burgen und die Ortschaften Dürkheim, Bockenheim, Großkarlbach, Wachenheim und Oggersheim wurden von hier aus beliefert, zunächst für den Hausbrand, später auch für den Antrieb von Maschinen und die chemische Industrie. Die Köhler aus Erfweiler belieferten z. B. auch die Eisenhütte im nahen Schönau (→ S. 208). Köhler lebten trotz ihrer großen wirtschaftlichen Bedeutung meist ärmlich und zurückgezogen. Da sie ihr Leben fast ausnahmslos in Waldnähe in einfachen Köhlerhütten verbrachten, ständig auf der Hut vor wilden Tieren, Gesindel oder ausbrechenden Flammen, galten sie als raue Gesellen.

Wandern Ab dem Parkplatz am nördlichen Ortsende die Lokalmarkierung 55 zur bewirtschafteten PWV-Hütte **Dicke Eiche** und zum Winterkirchel (→ Wanderung 9, S. 217). Von hier geht es auf dem Weg 57 am **Winterberg** und am Wasserfall vorbei durchs Finstertal zurück zum Parkplatz.

Übernachten/Essen *MeinTipp* 🌿 **Bären-brunnerhof.** In der v. a. bei Kletterern und Wanderern beliebten Gaststätte gibt es neben Pfälzer Vesper auch Vollwertkost und einige wechselnde Gerichte zum Großteil aus ökologischem Anbau (Hauptgerichte 8–19 €). Im Sommer Mo und Mi–Fr ab 11 Uhr, Sa/So ab 9 Uhr, warme Küche von 12–21 Uhr, im Winter und am Abend telefonisch nachfragen (📞 06391/5744). Auf dem Hof befinden sich auch zwei freundlich eingerichtete Ferienwohnungen mit herrlichem Blick auf die umgebenden Berge und Felsen. Ab 60 €. 📞 06391/

409501. Außerdem betreibt Familie Kill, die den Bärenbrunnerhof nach Bioland-Kriterien bewirtschaftet, einen kleinen **Hofladen** mit ihren Produkten (Wurst, Holzofenbrot, Kartoffeln, Honig). März bis Dez. Fr/Sa 10–18 Uhr. 📞 06391/1564. Auch auf dem Hof: der **Outdoorladen Bären-höhle,** im Sommer Mo, Mi, Do, Fr 12.30–19.30 Uhr, Sa 10–20 Uhr, im Winter nachfragen, 📞 06391/5868, www.baerenhoehle.biz. Schindhard, Bärenbrunnerhof, www.baerenbrunner hof.de.

🌿 **Landgasthaus Zum Jägerhof.** In dem einfachen Landgasthaus in Erfweiler werden gute, bodenständige Gerichte serviert. Saisonal wird Wild aus der Region angeboten. Beim letzten Check störte uns nur der starke Rauch im Eingangsbereich. Hauptgerichte 8–20 €. Mo und Di Ruhetag, sonst 11.30–14 und ab 17 Uhr. Winterbergstr. 34, 📞 06391/1754, www.jaegerhof-erfweiler.de.

Das südliche Burgenreich

In der ruhigen, aber vielfältigen Region zwischen Dahn und dem Elsass gibt es eine Vielzahl an beeindruckenden Felsburgen. Variantenreiche Wanderwege ermöglichen die „Eroberung" von bis zu sieben Burgen an einem Tag. Komfortable Quartiere, solide Gastronomie und naturnahe Attraktionen bieten viel Erholung – besonders Familien mit Kindern fühlen sich hier wohl.

Das Ortsbild von **Bruchweiler-Bären-bach** ist entlang der Durchgangsstraße wenig einladend; auf der anderen Seite der oberen Wieslauter, um die Kirche und das Gemeindehaus herum, hat das Dorf seine schönen Ecken. Im benachbarten **Bundenthal** überragt die Pfarrkirche Peter und Paul den Ortskern mit seiner von Fachwerkhäusern gesäumten, kopfsteingepflasterten Hauptstraße. Oberhalb von Bundenthal befinden sich die mächtigen **Fladensteine.** Um 1900 konnte man sie von Weitem sehen, da ihr Umland noch intensiv bewirtschaftet wurde. Heute ist der Wald so dicht gewachsen, dass man die bis zu 52 m hohen, beeindruckenden Steintürme aus der Ferne nur von anderen Höhen wie dem benachbarten Jüngstberg (491 m) erblicken kann. Die sieben

aus flachen Sandsteinplatten (= Fladen) bestehenden Türme sind die Verwitterungsform eines Sandsteinriffs aus dem Mittleren Buntsandstein und somit ca. 240 Mio. Jahre alt. Typisch für diese Zeit sind eisenoxidhaltige, ausgeblichene, grobkörnige und geröllführende Schichten. Die Verwitterung des Gesteins führte allmählich zu den heute beobachtbaren Türmen mit Klüften, Rissen und wabenartigen Strukturen. Eine genauere Beschreibung der Prozesse und ihrer Folgen wird im Rahmen des **Geologischen Lehrpfads** gegeben. Dieser führt, mit Tafeln zur Geologie der Pfalz beschildert, vom Sportplatz Bundenthal hinauf zum Fuß des Erlenbacher Turms, dem westlichsten der Felsen, und von hier aus entlang weiterer Türme, die besonders Kletterer anlocken.

Im Pfälzerwald → Karte S. 191

Das unweit westlich gelegene **Rumbach** wirkt für den Durchfahrenden zunächst wenig einladend – der ganze Charme des Dorfes ist erst nach Verlassen der Durchgangstraße zu entdecken. Die mit einem kleinen Bachlauf und Brunnen gesäumte Straße wird von urigen Fachwerkhäusern, authentisch wirkenden Bauerngärten und der aufragenden, uralten Christuskirche geprägt. Die Dorfgemeinschaft ist aktiv und hat viele Ideen für die Zukunft. Daher wurde das Dorf 2019 im Bundeswettbewerb „Unser Dorf hat Zukunft" mit Gold ausgezeichnet.

Weiter im Süden, zur Grenze hin, wechseln sich abgeschieden und landwirtschaftlich geprägte Dörfer mit weiten Wald- und Wiesenlandschaften ab. Umgeben von bewaldeten Hängen liegt das kleine Fachwerkdorf **Nothweiler** unterhalb der Burgruine **Wegelnburg**. Das touristisch nur wenig erschlossene **Erlenbach** steht ganz im Zeichen der sehr sehenswerten Burg **Berwartstein.** Herrliche Wanderwege führen entlang ruhiger Täler und an bizarren Felsgebilden vorbei. Etwas weiter südwestlich liegt mit der Ruine **Lindelbrunn** eine weitere Burg, die eine herrliche Aussicht auf die Umgebung bietet.

Sehenswertes

Drachenfels: Das Besteigen dieser um 1200 gegründeten Felsburg ist etwas für trittsichere Erwachsene und mutige Kinder, denn die ausgetretenen Felsstufen und die Metallleitern winden sich steil den „Backenzahn" empor, wie die Ruine im Volksmund auch genannt wird. Es gibt hier durch die vielen Kammern und Gewölbe viel zu entdecken. Von ganz oben bietet sich auch eine wunderbare Sicht auf Busenberg und Umgebung. Die Burg war erst Adelssitz und gehörte zum Lehen der Abtei Klingenmünster. Später wurde sie zur Granerbenburg, einer der Herren war ab 1510 der für die alten Ritterrechte kämpfende Franz von Sickingen.

Seine Gegner, ein Bündnis mächtiger Fürsten, bekämpften ihn mit großer Energie und auch Erfolg, sodass die Burg seit 1523 nur noch eine Ruine ist. In etwa zeitgleich verstarb Franz an Gefechtsverletzungen auf seiner ebenfalls eingenommenen Burg Nanstein bei Landstuhl (Kreis Kaiserslautern).

Wegbeschreibung Zur Drachenfelshütte (PWV, Mi und Sa 11–19 Uhr, So 9–19 Uhr, ab Busenberg auch per Auto zu erreichen) und zu der oberhalb gelegenen Ruine Drachenfels gelangt man ab der Ortsmitte von Bruchweiler-Bärenbach in Richtung Erlenbach (rote Raute). Der Weg führt unterhalb des Jüngstbergs entlang und biegt danach an einer Lichtung in Richtung Drachenfelshütte ab (WW4 = Wanderweg 4). Auf dem Rückweg geht es zuerst ein Stück in Richtung Busenberg (WW5), dann folgt man dem sonnigen WW1 in Richtung Wieslautertal und später Bruchweiler-Bärenbach.

Wegelnburg: Die lang gestreckte Burgruine unweit der Grenze zum Elsass gilt als die höchstgelegene (571 m ü. d. M.) der Pfalz. Entsprechend fantastisch ist bei klarer Wetterlage die Aussicht, Nothweiler wirkt von der nach Nordosten zeigenden Terrasse wie ein kleines Puppendorf. Die Burg wurde vermutlich noch während der Regierungszeit des Stauferkaisers Friedrich Barbarossa als Reichsburg erbaut. Erstmals urkundlich erwähnt wurde sie 1247. Obwohl die Burg 1680 durch General Montclar geschleift wurde, sind heute noch beachtliche Teile der Anlage erhalten

▪ Der Direktaufstieg ist ab der Ortsmitte von Nothweiler möglich (auf ca. 2,4 km Strecke sind gut 300 Höhenmeter zu überwinden) und ab Schönau (→ Wanderung 8, S. 211).

Christuskirche Rumbach: Malerisch über dem alten Ortskern von Rumbach gelegen, gilt die kleine Kirche als eine der ältesten der Pfalz. Ihre Grundmauern sind teilweise über tausend Jahre alt. Der frühgotische Turm wurde im 13. Jh. errichtet, barocke Elemente wie einige Fenster und die Empore wurden während der Renovierungsarbeiten nach dem Dreißigjährigen Krieg einge-

baut. Bei einer umfangreichen Restaurierung in den 1950er-Jahren entdeckte man unter den Putzschichten im Chorraum mittelalterliche Christusdarstellungen. So kam die über Jahrhunderte nach dem heiligen Gangolf benannte Kirche zu ihrem heutigen, der evangelischen Konfession angepassten Namen.
■ Die Kirche ist meist von 9–19 Uhr für Besucher zugänglich. Nähere Infos unter www. christuskirche-rumbach.de.

Eisenerzgrube Nothweiler: Bereits die Kelten gewannen hier im Übertagebau Eisenerz. Der Abbau unter Tage begann 1582 durch Herzog Johann I. von Pfalz-Zweibrücken. Im Jahr 1838 erwarb die Familie von Gienanth das Eisenerzbergwerk und führte es kurzzeitig zu großer Blüte, bevor 1883 das Aus kam. Das Kulturdenkmal St.-Anna-Stollen ist durch einen 420 m langen, ebenerdigen Rundgang erschlossen. Im Rahmen der Führung erfährt der Besucher viel über wichtige bergbauliche Tätigkeiten, Abbauorte und Lebensbedingungen der damaligen Zeit.
■ April bis Okt. Mi–So und feiertags 11–17 Uhr, Führungen zu jeder vollen Stunde. Erwachsene 5 €, Kinder 3,50 €. Festes Schuhwerk und warme Kleidung empfehlenswert. ☎ 06394/5354.

Burg Berwartstein: Ein Besuch der erstmals 1152 urkundlich erwähnten Burg Berwartstein ist besonders für Kinder ein tolles Erlebnis. Der rhetorisch begabte Burgführer zeigt auf der noch bewohnten Burg alles, was den Mythos „Burgen und Ritter" ausmacht. Ein Becher Wasser wird in den Burgbrunnen geschüttet, die Länge der Zeit, die vergeht, bis es „klatsch" macht, verdeutlicht die Tiefe des Brunnens. In den eingerichteten Kammern sieht man Burgfräuleins, Ritter in voller Montur, Waffen und Alltagsgegenstände. Beim Gang durchs Außengelände werden die verschiedenen Zugangsmöglichkeiten zur Burg erläutert, darunter auch ein in den Fels gehauenes Loch, durch das Gäste mit einem Korb nach oben gezogen wurden. Weniger willkommene Be-

sucher wurden hier mit heißem Fett oder anderen unangenehmen Dingen begrüßt.

Die Burg Berwartstein war ab 1480 das Zuhause des legendären Hans Trapp. Er modernisierte die Befestigungen und verstärkte sie durch den Geschützturm „Kleinfrankreich" auf dem südlich gelegenen Nestelberg. 1485 erreichte ein schon lange schwelender Konflikt mit dem Kloster Weißenburg um die Besitzrechte an der Burg seinen Höhepunkt: Hans Trapp ließ die nahe Wieslauter aufstauen und entzog so dem flussabwärts gelegenen Städtchen Weißenburg (Wissembourg) das Wasser. Nach Beschwerden des Abtes sorg-

Christuskirche Rumbach

te er prompt für die Zerstörung des Dammes, was in Weißenburg eine gewaltige Überschwemmung zur Folge hatte. Der Abt schäumte und erreichte bei Papst Innozenz VIII. die Verhängung des Kirchenbanns über den aufmüpfigen Ritter. Um nicht das gleiche Schicksal zu erleiden, musste sich der

Im Pfälzerwald → Karte S. 191

bisherige Gönner Trapps, der Kurfürst Philipp der Aufrichtige, von seinem Gefolgsmann lossagen. 1496 sah sich dann sogar Kaiser Maximilian I. gezwungen, gegen den Ritter die Reichsacht auszusprechen. Hans Trapp zeigte sich davon bis zu seinem Tod im Jahr 1503 unbeeindruckt.

■ Führungen und (die beim letzten Check nicht überzeugende) Gaststätte März bis Okt. tägl., Nov. bis Febr. nur Sa/So. Erlenbach, ☎ 06398/ 210, www.burgberwartstein.de.

Lindelbrunn: Mitte des 12. Jh. vermutlich als Vorburg der Reichsfeste Trifels erbaut, überdauerte die Burg turbulente Jahre, bis sie beim Bauernaufstand 1525 schließlich zerstört wurde und seither als Ruine auf dem 438 m hohen Schlossberg steht. Da die Burg auf einem Sandsteinfelsen erbaut wurde, sind keine Gräben und Zwinger zu finden. Die Aussicht ist herrlich, auch der Trifels ist in nordöstlicher Richtung zu sehen.

Bruchweiler und die Rote Zone

Die heute so friedlich wirkende grüne Grenze zu Frankreich war während des Zweiten Weltkrieges ein Ort von Leid, Kampf und Vertreibung. 1938 hatten hier Tausende von Arbeitern mit dem Bau des Westwalls begonnen, jener größenwahnsinnigen Verteidigungslinie, die das Deutsche Reich auf 630 km Länge gegen Westen sichern sollte. Allein auf der Bruchweiler Gemarkung wurden fast 70 Bunker errichtet. Als am Morgen des 1. Septembers 1939 deutsche Truppen in Polen einmarschierten und damit den Zweiten Weltkrieg auslösten, mussten im Westen des Landes 400.000 Menschen ihre Heimat verlassen. Wie 77 weitere Pfälzer Gemeinden lag auch Bruchweiler aufgrund seiner Nähe zur deutsch-französischen Grenze in der 20 km breiten „Roten Zone". Gerade einmal 15 kg Gepäck wurden den Evakuierten zugestanden, eilig zusammengepackt in den wenigen Stunden, die zwischen Bekanntgabe und Vollzug des „Freimachungsbefehls" verblieben. Mit Bussen, Lastwagen oder zu Fuß zogen die Bewohner der landwirtschaftlich geprägten Gemeinde in eine ungewisse Zukunft. Im Gepäck hatten sie die Sorge, was aus Heimat, Haus, Hof und Vieh werden würde. Die meisten der fränkischen und thüringischen Familien, welche die als „Franzosen" beschimpften Pfälzer bei sich aufnehmen mussten, waren alles andere als euphorisch ob der Zuwanderer von der Westgrenze. Glück im Unglück hatten jene Bruchweiler Landwirte, die nach Tagen der Reise in Oberelsbach in der fränkischen Rhön landeten. Auch hier hatten die Bewohner Vieh und spärliche Äcker, auch hier kannte man die harte Arbeit auf dem Lande und die Sorge um den Hof. Und so hielt die Verbundenheit zwischen den Dörfern auch, als die Vertriebenen nach Abschluss des deutsch-französischen Waffenstillstandsabkommens im Juni 1940 wieder in ihre zerstörte Heimat zurückkehren durften. Heute sind Bruchweiler-Bärenbach und Oberelsbach Partnergemeinden.

Blick von der Ruine Lindelbrunn

■ Zufahrt zum Fuß der Burg (Aufstieg in ca. 20 Min.) über eine kleine Straße östlich von Vorderweidenthal. Ausgeschildert ist auch das am Parkplatz gelegene **Cramerhaus.** Das Ausflugslokal bietet in toller Lage einen schönen Biergarten mit Spielplatz und ordentliche Wanderverpflegung. Mi–So ab 10 bis ca. 19 Uhr, Nov. bis März bis ca. 18 Uhr, zusätzlich am Do Ruhetag. Betriebsferien meist im Juli und Dez. Einfache Zimmer mit Etagendusche und Zimmer mit Dusche/WC, ab 60 €, www. cramerhaus.de.

Wildpark Silz: Teilweise steile Wege durchziehen das großzügige, 100 Hektar umfassende Gelände mit vielen freilaufenden Tieren. Diese wirken aber teilweise eher zutraulich und verfressen als wild. Unzweifelhaft wild und nur durch den Zaun zu betrachten sind jedoch die Wölfe. Ein Streichelzoo und der schöne Spielplatz ergänzen das Angebot des Ausflugsziels.
■ Mitte März bis Mitte Nov. tägl. ab 9 Uhr, sonst ab 10 Uhr. Erwachsene 7,50 €, Kinder 3,50 €, ab 6 J. 5 €, Familienkarte 19 €. Hunde haben keinen Zutritt. www.wildpark-silz.de.

Praktische Infos

Information Tourist-Information Dahner Felsenland, Schulstr. 29, 66994 Dahn, ☎ 06391/9196222, www.dahner-felsenland.net. Mai bis Okt. Mo–Fr 9–17 Uhr, Sa 9–12.30 Uhr; Nov. bis April Mo–Fr 9–12 und 14–16 Uhr, Fr 9–12 Uhr.

Weitere Infos unter www.bruchweiler-baerenbach.de, www.bundenthal.de, www.nothweiler. de und www.erlenbach.net.

Baden Der südliche Teil des **Seehofs** in Erlenbach ist als öffentlicher Badeplatz mit flachem Sandstrand, großzügiger Liegewiese und einem erweiterten Kiosk (Juni bis Sept. tägl. ab 11 Uhr) angelegt.

Spielplätze Schön ist in Bruchweiler die **Parkanlage „Spießwiesen"** am südlichen Ortsrand. Ein naturnaher Arm der Wieslauter durchzieht das mit vielen Bänken, Spielgeräten und Blumen abwechslungsreich gestaltete Gelände. Der deutsch-französische **Burgenspielplatz** zwischen Nothweiler und Lembach (F) am Gimbelhof zu Füßen der Burg Fleckenstein ist ein besonderes Erlebnis für etwas ältere Kinder. Jeden August findet hier das große Kinderfest „Grenzenlose Ritterzeit" statt.

Radfahren Beliebte Tagestouren führen von Bruchweiler auf dem **Radwanderweg Lautertal** nach Weißenburg (Wissembourg; hin und zurück ca. 65 km) und Fischbach (ca. 26 km). Wer nach einer vielfältigen und auch ein wenig anstrengenden Tour sucht, ist mit der **Raubritter-Tour** gut bedient. Auf 40 km Länge führt sie über Busenberg, Erlenbach, Vorderweidenthal, Oberschletten bach, Erfweiler und Dahn-Reichenbach zurück nach Bruchweiler. Wer alle auf dem Weg liegenden Burgen besuchen möchte, dürfte die Runde kaum an einem Tag schaffen. Der genaue Streckenverlauf ist bei der örtlichen Touristeninformation zu erfragen oder unter www.lvermgeo.rlp. de nachzulesen (mit Höhenprofil).

Wandern Tipps direkt bei den Burgen.

Übernachten/Essen   Ferienhaus Burk-hart. Drei zweckmäßige, großzügige Wohnun-gen für bis zu 4 Pers. Besonders toll ist das rie-sige Grundstück mit vielen Spielmöglichkeiten für größere Kinder. Ab 35 €. Bruchweiler-Bä-renbach, Sonnenstr. 26, ✆ 06394/5384, www.ferienhaus-burkhart.de.

*mein*Tipp *****Landhaus   Felsengarten.** Schöne Zimmer mit viel hellem Holz, ein sehr gutes Frühstücksbuffet, nette, rührige Vermie-ter und ein gepflegter Garten mit Teich. Dieses Gästehaus ist seit vielen Jahren eine der besten Übernachtungsadressen in der Südwestpfalz. Ab und zu gibt es einen Pfälzer Grillabend oder sehr leckere Flammkuchen direkt aus dem Holzofen auf der Terrasse. Keine Hunde. DZ ab 82 €, Ferienwohnungen ab 55 €. Bruchweiler-Bärenbach, Gartenstr. 78, ✆ 06394/1661, www.gaestehaus-felsengarten.de.

Busch & Naab. Hier lockt eine für ihren Standort unerwartet moderne Bäckerei mit kleinem Cafébereich. Sehr (kinder-)freundli-ches Servicepersonal und leckerer Kuchen! Mo–Fr 5.30–18 Uhr, Sa 8–18 Uhr, So 9–18 Uhr. Busenberg, Hauptstr. 157, ✆ 06394/993899, www.busch-naab.de.

🍃 *****S Landgasthof Zur Wegelnburg.** Im Restaurant mit klassischer gutbürgerlicher Kü-che sind v. a. die Flammkuchen empfehlens-wert. Das Lamm stammt aus eigener Züchtung. Hauptgerichte 7–25 €. Es gibt auch schön mo-dernisierte Nichtraucherzimmer. DZ ab 90 €. Nothweiler, Hauptstr. 15, ✆ 06394/284, www.zur-wegelnburg.de.

Landhaus im Blumeneck. Zwei freundliche, rolli- und kinderfreundliche Ferienwohnungen in einem Doppelhaus. Perfekt für Gruppen bis zu 14 Pers. Rumbach, Hauptstr. 46, ✆ 06394-993947, www.landhaus-blumeneck.de.

Naturcamping „Am Berwartstein". Natur-orientierter, sauber geführter Platz mitten im Wald unweit des Berwartsteins und des See-hofs. Erwachsene 6 €, Caravan und Zelt je 7 €, Kinder 4 €. Südlich von Erlenbach, ✆ 0173/6844532, www.naturcampingplatz-berwart stein.de.

Haus am Grenzgängerweg. Bei der archi-tektonisch wunderbar gelungenen Renovie-rung eines alten Bauernhauses, sind zwei hoch-wertige Ferienwohnungen entstanden. Insge-samt Platz für 12 Pers., komplett ab 270 €. Nothweiler, Lembacherstr. 13, ✆ 06341/897502, www.haus-am-grenzgaengerweg.de.

Seen, Flüsse und Sümpfe: Schönau, Fischbach und Ludwigswinkel

Abgeschieden, aber dennoch nicht verschlafen, denn der nachhalti-ge Tourismus pulsiert in den letzten Dörfern vor der Grenze. Die schöne Landschaft mit Burgen und Seen, aber auch die attraktiven Einrichtungen wie das Biosphärenhaus und der Barfußpfad verlo-cken zu einem Aufenthalt am Ende der Pfalz.

Das an der Grenze zu Frankreich gele-gene, 400 Einwohner zählende Dörf-chen **Schönau** ist ein Ferienort wie aus dem Bilderbuch. Es gibt einen See, vie-le „wanderbare" Kilometer, eine über den Ort wachende Kirche, zwei Restau-rants mit guter Küche, einen Briefkas-ten und viel schöne Natur. Der Pfaffen-fels bietet eine tolle Aussicht über das kleine Dorf. Doch in der Vergangenheit ging es in Schönau nicht immer so ge-ruhsam zu wie heute. In dem örtlichen

Hüttenwerk wurde einst Wasgauer Ei-senerz verarbeitet. Der in der „Schönen Aue" gelegene ehemalige Klosterhof wuchs dank der Errichtung einer Ei-senerzschmelze durch die Herzöge von Pfalz-Zweibrücken zum Ende des Mit-telalters zu einem stattlichen Dorf he-ran. Eng verbunden mit der ehemaligen Schönauer Hütte ist der Name Gie-nanth. Die Industriellenfamilie kam im Zuge der Vertreibung der Hugenotten aus Frankreich in die Pfalz und wurde

Besitzer vieler Hütten und Schmieden. Das Eisenwerk wurde 1883 stillgelegt; seither sind es vor allem der weitläufige Wald und die wohltuende Ruhe, die dem Ort durch Erholungssuchende eine wirtschaftliche Perspektive geben.

Im weiten Tal der Sauer, umgeben von Felsen und flacher werdenden Bergen, liegt der kleine Ort **Fischbach.** Südlich davon ragt der mehrgipflige, bereits in Frankreich gelegene Maimont (515 m) auf. Die Lage von Fischbach ist landschaftlich wunderschön, der 1318 erstmals urkundlich erwähnte Ort selbst hingegen wirkt etwas strukturlos. Aber das architektonisch beeindruckende Biosphärenhaus lockt viele Besucher in die idyllische Abgeschiedenheit.

Rund um **Ludwigswinkel** ist das Gelände fast eben und weit, es gibt unzählige von Wald gesäumte Seen und Sümpfe. Der erst 1784 vom Landgrafen Ludwig IX. von Hessen-Darmstadt gegründete Ort wurde während des Zweiten Weltkrieges stark zerstört, historische Bausubstanz ist kaum noch vorhanden. Die heutige planmäßige Anlage des Ortes und seine Ausstattung lassen keinen Zweifel daran aufkommen, dass es sich bei Ludwigswinkel vorwiegend um ein Erholungsgebiet handelt. Auf jeden Einwohner kommen hier 0,4 Gästebetten: zehnmal so viele wie im gesamten Kreis Südwestpfalz. Die zahlreichen Bade- und Wandermöglichkeiten sowie die Abgeschiedenheit sind optimal für den Tourismus. Einige der Seen sind aufgrund der seltenen Tier- und Pflanzenwelt unter Naturschutz gestellt.

Sehenswertes

Biosphärenhaus mit Baumwipfelpfad: Für Kinder scheint die lange Röhrenrutsche vom Baumwipfelpfad das Wichtigste am Biosphärenhaus zu sein. Doch es gibt noch mehr zu entdecken. In dem futuristischen Gebäude ist eine multimediale Ausstellung untergebracht, die über Tiere, Pflanzen und menschliches Wirtschaften im Bereich des Pfälzerwalds und der Nordvogesen informiert. Der mit zusätzlichen Informationen bestückte Baumwipfelpfad ist trotz seiner Höhe von 18 m auch für kleine Kinder und Rollstuhlfahrer problemlos zu bewältigen. Er gewährt Einblicke in die Höhenstufen des Waldes und vom 35 m hohen Aussichtsturm interessante Ausblicke.

Auf dem Baumwipfelpfad

Der 2 km lange *Wasser-Erlebnisweg* macht besonders an heißen Tagen viel Spaß, der in ein kleines Seitental abzweigende Weg mit elf Stationen bietet Kindern hingegen bei jedem Wetter zahlreiche Informationen und viel Abwechslung. Besonders beliebt sind das Wassertretbecken mit angeschlossener Pumpe und die Genussstation mit Hängematten und Bankschaukeln. Zu Beginn des kleinen Tals, unterhalb des

Biosphärenhauses, liegt der schöne Spielplatz „*Keltenwiese*".

▪ April/Mai/Okt. tägl. 9.30–17.30 Uhr, Juni bis Sept. tägl. 9.30–18.30 Uhr, Nov. tägl. 9.30–16 Uhr, ab Mitte Nov. bis März (sofern geöffnet) Mo–Fr 9.30–15.30 Uhr. Erwachsene 9 €, Kinder ab 6 J. 7 €, diverse Familienkarten. Fischbach, Am Königsbruch 1, ☏ 06393/92100, www.biosphaerenhaus.de.

Maimont: Über den Kamm des mit 515 m höchsten Berges der Gegend verläuft die Grenze zu Frankreich. Rund um den Hauptgipfel zieht sich eine Ringwallanlage keltischen Ursprungs. Auf dem Nebengipfel befindet sich ein als Opferschale interpretierter Sandsteinblock mit einer Aushöhlung. Weitere keltische und auch römische Funde belegen, dass der Berg jahrhundertelang von großer Bedeutung war. Das in den 1950er-Jahren erstmals errichtete Friedenskreuz auf einem Felsvorsprung im Norden erinnert an die schweren und für beide Seiten verlustreichen Kämpfe, die sich hier zu Beginn des Zweiten Weltkrieges am 13. Mai 1940 abspielten. Das heutige Kreuz wurde 1990 durch in Deutschland stationierte US-Soldaten auf den Berg getragen. Auf einem Felsklotz am Nordosthang des Maimont thront in 361 m Höhe die *Ruine Blumenstein*. Sie ist eine typische Wasgauburg aus dem 13. Jh., die sich malerisch auf einem frei stehenden Felsen erhebt. Erhalten sind u. a. Teile der Schildmauer sowie gut sichtbare, rätselhafte Wetzrillen am oberen Burgeingang.

Praktische Infos

Information www.schoenau-pfalz.de; **Kultur- und Verkehrsverein Fischbach/Petersbächel im Sauertal e. V.,** Postfach, 66994 Fischbach bei Dahn, ☏ 06393/8090143, www.fischbach-bei-dahn.de.

Kultur- und Verkehrsverein Ludwigswinkel, 66996 Ludwigswinkel, ☏ 06393/498, www.ludwigswinkel.de.

Baden Nördlich von Ludwigswinkel lockt der **Schöntalweiher** mit einer großzügigen Liegewiese und Kiosk. Auch der **Saarbacher Ham-**

mer und der **Sägmühlweiher** werden gerne zum Baden genutzt.

Mein Tipp **Barfußpfade** gibt es einige, aber in Ludwigswinkel stehen den Füßen besonders reizvolle Erlebnisse bevor. Ausgehend vom „Freizeitpark Birkenfeld" (dazu gehört auch ein Kiosk mit fairen Preisen, ein Schuhdepot und einer toller Spielplatz) führt der Weg u. a. über Wiese, sandige und kieselige Bachbette sowie über Baumrinde durch die weite Talaue. Erwachsene 2 €, Kinder (4–16 J.) 1 €. ☏ 06393/498.

Übernachten/Essen * Landhotel Zur Wegelnburg.** Einfaches Landhotel mit bodenständiger Küche und soliden Zimmern. Hauptgerichte 8–23 €. Mi/Do geschlossen, sonst ab 18 Uhr. DZ ab 85 €. Schönau, Hauptstr. 8, ☏ 06393/92120, www.hotel-wegelnburg.de.

Heilsbach. Zwischen Schönau und Fischbach liegt die unter katholischer Leitung stehende Bildungs- und Freizeitstätte Heilsbach. Großer Spielplatz und Freibad der 75.000 m² umfassenden Parkanlage. Die Zimmer sind bewusst schlicht gehalten. DZ ab 60 €. Schönau, An der Heilsbach 1, ☏ 06393/8020, www.heilsbach-schoenau.de.

Gästehaus Herberger. Schöne Ferienwohnungen im Landhausstil in einem denkmalgeschützten Sandsteinhaus. Hinterm Haus befindet sich eine große, gepflegte Wiese, die direkt an einen Bach und den dahinter beginnenden Wald grenzt. Ab 35 €. Schönau, Von-Gienanth-Str. 15, ☏ 06323/987172, www.gaestehaus-herberger.de.

Mein Tipp 🍴 **Landhaus Mischler.** Hier wird gute Küche zu überaus fairen Preisen geboten. Udo Mischler führt sein traditionsreiches Haus mit viel Engagement und Vorliebe für Regionales: Das Wild stamm aus Schönauer Jagd, die Forellen aus dem nahen Fischbach und zum Trinken gibt es neben Pfälzer Wein und Bier mit Kohlensäure versetztes heimisches Wasser. Hauptgerichte 9–25 €. Mi–So ab 11.30 Uhr, Jan. bis März nur Freitagabend und Sa/So. Schönau, Gebüger Str. 2, ☏ 06393/1425, www.landhaus-mischler.de.

NaturErlebnisZentrum Wappenschmiede. In dem architektonisch interessanten Haus mit Jugendherbergscharakter kann man preiswert übernachten. Fast alle Zimmer mit Du/WC. Sehr beliebt, frühzeitig reservieren! DZ ab 55 €. Fischbach, Am Königsbruch 2, ☏ 06393/993406, www.wappenschmiede.de

Ferienhaus Stieglitz. Das gelbe Holzhaus ist im skandinavischen Stil eingerichtet und bietet bis zu 7 Pers. Platz. Ab 50 €. Fischbach, Daniel-Theysohn-Str. 19, Infos unter ☎ 0202/785802, www.ferienhaus-wasgau.de.

MeinTipp **Zum Landgrafen.** Rustikal-gemütliches Restaurant, dessen Atmosphäre etwas an ein Brauhaus erinnert. Samstags gibt es Burger, aber auch die anderen Gerichte sind sehr schmackhaft, preiswert und reichlich bemessen, das Wild kommt aus der Region (Hauptgerichte 8–22 €). Di und Mi Ruhetag, sonst ab 11 Uhr, warme Küche 11.30–14 und 17–22 Uhr. Ludwigswinkel, Landgrafenstr. 33, ☎ 06393/405, www.zumlandgrafen.de.

Wandern Im von verschiedenen Seiten zugänglichen Wanderheim **Hohe List** (Sa ab 11 Uhr, So und feiertags ab 10 Uhr, www.hohelist.de) herrscht meist reges Treiben. Seit 1974 bewirtschaftet der Pfälzerwald-Verein das ehemalige Forstdienstgebäude aus dem Jahr 1832. Von Ludwigswinkel führt ein 18 km langer Rundweg durch das mit einem grünen Rechteck markierte Saarbachtal und an zwei Felsen vorbei (grünes Kreuz auf weißem Grund) auf die Hohe List. Der Rückweg erfolgt mit dem rot-weißen Rechteck durchs Große Dielbachtal.

Auf die **Ruine Blumenstein** und den **Maimont** führt der 5 km lange Rundwanderweg Nr. 3 ab dem Wanderparkplatz „An der Schanze" östlich des Weilers Gebüg.

🚶 GPS-Wanderung 8: Sieben Burgen an einem Tag → Karte S. 212

Es gibt nicht viele Regionen, in denen man an einem einzigen Tag gleich sieben Burgen besteigen kann. Die geschichtsträchtige Vergangenheit in der heute deutsch-französischen Grenzregion macht es möglich. Ausnahmslos auf hohen Sandsteinfelsen erbaut, erfordern die Burgen manch steilen Zustieg, sodass auf der 23 km langen Tour insgesamt 1200 Höhenmeter zu bewältigen sind.

Ab dem **Parkplatz in der Schönauer Ortsmitte** ❶ folgt man dem rot-gelben Balken einige Kilometer kontinuierlich bergauf. Das letzte Stück des Anstiegs auf die mit 572 m ü. d. M. höchstgelegene Burg der Pfalz, die **Wegelnburg** ❷, erfolgt durch einen lichten Wald. Der Blick von oben ist herrlich und weit und gibt einen Vorgeschmack auf die kommenden Burgen. Diese erreicht man über einen kurzen Abstieg zur Kaiser-Wilhelm-Schutzhütte und über die französische Grenze zum **Maidenbrunnen** ❸. Von hier aus erfolgt über den rot markierten Weg der kurze Aufstieg zu den **Ruinen Hohenbourg** ❹ und **Löwen-**

Im Pfälzerwald → Karte S. 191

Die Wegelnburg ist die höchstgelegene Burg der Pfalz

Wanderung 8: Sieben Burgen an einem Tag

stein **5**. Bergab geht es zum **Col Hohenbourg** und auf dem durch ein rotes Dreieck markierten, imposanten **Felsenpfad 6** zum **Besucherzentrum der Burgruine Fleckenstein 7**, einem ehemaligen Forsthaus. Vor dem Anstieg zur **Ruine Fleckenstein 8** biegt der rote Balken links ab und führt durch den Wald hinunter in das Sauerbachtal. Unten angekommen, überquert man den Bach und steigt steil auf (roter Kreis). Anschließend führt der rote Balken an der südwestlichen Flanke des **Fuchsbergs** eben und zuletzt durch den Wald wieder leicht absteigend zur **Ruine Froensbourg 9**, die durch eine gewagte Treppenkonstruktion erschlossen ist. Auf

dem z. T. durch lichten Fichtenwald führenden Weg mit dem roten Balken geht es weiter über den **Col de Hichtenbach 10** und die besteigbaren **Zigeunerfelsen 11** zur **Ruine Wasigenstein 12** (das letzte Stück auf einer gering befahrenen Straße). Der Rückweg nach Deutschland und zur letzten der sieben Burgen, der **Ruine Blumenstein 13**, erfolgt über den **Col du Maimont** entlang der roten Raute. Mit dieser geht es anschließend bis zum **Parkplatz An der Schanze 14** und dann rechts (grüner Balken) zum Ausgangspunkt zurück.

■ Einkehrmöglichkeiten nur am Start- und Zielort **Schönau** sowie im Besucherzentrum der **Burgruine Fleckenstein.**

Die Schuhregion

Im 19. Jh. entwickelte sich die Schuhindustrie zum wirtschaftlichen Pfeiler des Wasgaus und der südwestlichen Pfalz. Außer den Hauptzentren Hauenstein und Pirmasens gab es viele weitere Orte mit kleinen Schuhfabriken oder -manufakturen.

Neben den Fabriken war es die Heimarbeit, die den Erfolg der Region ermöglichte. Frauen und Kinder leisteten am

Küchentisch harte Arbeit, während ihre Männer und Väter in den aufstrebenden Schuhfabriken schufteten. Der politische und gesellschaftliche Wandel verbesserte allmählich die Arbeitsbedingungen, und der wirtschaftliche Erfolg brachte der gesamten Region einen bescheidenen Wohlstand. Als jedoch 1968 innerhalb der Europäischen Wirtschaftsgemeinschaft die Importzölle fielen, wurde aus dem Aufstieg ein rasanter und tiefer Abstieg. Einfach produzierte, preisgünstige italienische Schuhe kamen über Nacht in großen Mengen auf den deutschen Markt und besiegelten den Niedergang der Südwestpfälzer Schuhindustrie. Heute stehen in vielen der kleinen Gemeinden verlassene Fabrikgebäude, hin und wieder sind sie Ansatzpunkte für neue Nutzungen.

Hauenstein

Von den Schuhen lebt Hauenstein seit über hundert Jahren. Während die Fabriken einst der armen Landbevölkerung Verdienstmöglichkeiten für ein anspruchsloses, einfaches Leben boten, sind die heutigen Fabrikverkäufe ein Anziehungspunkt für Konsumenten und Touristen. Neben den vielen Schuhgeschäften ist es aber auch die bergige Waldlandschaft, die den Luftkurort Hauenstein attraktiv macht.

Die erste Hauensteiner Schuhfabrik eröffnete 1886, 1900 gab es bereits elf Fabriken, 14 Jahre später war die Zahl auf 20 angestiegen. Fast 1200 Menschen fanden damals hier Arbeit. In den 1960er-Jahren erfolgte nach einem Boom mit 35 Schuhfabriken der rasche und schmerzhafte Abstieg. Heute gibt es nur noch eine in Hauenstein produzierende Fabrik, kaufen kann man Schuhe jedoch in über 20 Fachgeschäften. Am nördlichen Ortseingang liegen direkt an der B 10 zahlreiche Schuhgeschäfte. Der Weg von hier ins Zentrum führt durch den sog. Felsen, der für den Bau der Straße einst gesprengt wurde. Das Ortszentrum ist beschaulich und einladend. Schuhe sind hier keine lukrative Einnahmequelle, sondern ein prägender Teil der Geschichte. Darauf verweist nicht nur die Skulptur der Schuster in der Ortsmitte, sondern v. a. das interessante und mit zahlreichen Hintergrundinformationen aufwartende **Deutsche Schuhmuseum.** Aber auch die katholische Kirche St. Bartholomäus mit ihren Heiligenstatuen und Bildern aus dem Mittelalter ist sehenswert.

Sehenswertes

Deutsches Schuhmuseum: In dem nüchternen Gebäude im klaren Bauhausstil, das bis 1976 als Schuhfabrik diente und heute unter Denkmalschutz steht, wird die Entwicklung der Schuhindustrie in der Region Pirmasens/ Hauenstein durch zahlreiche Maschinen, Schuhe und ergänzende Exponate anschaulich dargestellt. 1998 wurde das zwei Jahre zuvor eröffnete Museum für die gelungene Aufbereitung der lokalen Geschichte mit dem Europäischen Museumspreis ausgezeichnet.

Lieblinge der rund 40.000 Besucher pro Jahr sind die getragenen Schuhe Prominenter: Joschka Fischers berühmte Turnschuhe, schwarze Stiefeletten von Angela Merkel und weiße Tennisschuhe von Boris Becker. Miroslav Klose und Bastian Schweinsteiger steuerten – wie könnte es anders sein – Fußballschuhe zur Sammlung bei.

Manchmal gibt es zur Schuhgabe noch eine kleine Geschichte, wie etwa bei den Schuhen von Moderator Johannes B. Kerner. In dem Begleitschreiben

Im Pfälzerwald → Karte S. 191

zu seinen Schuhen verrät er, dass zwei seiner Urgroßeltern aus der Gegend stammten und um 1900 selbst in der Schuhindustrie arbeiteten.

Die *Ernst-Tillmann-Sammlung* ist mit 1800 Paar Schuhen die europaweit größte historische Schuhsammlung. Von der Römersandale bis hin zu waghalsigen Plateauschuhen aus den 1970er-Jahren ist hier allerlei Schönes und Nützliches, aber auch Kurioses zu sehen.

Seit 2011 beherbergt das Gebäude auch das *Pfälzische Sportmuseum*. Auf 250 m² präsentiert der Pfälzische Sportbund die Geschichte des Turnens und Sports in der Pfalz in den letzten 200 Jahren. 500 Exponate bieten Einblicke in den Rad- und Motorsport, in die Welt der „Elf Freunde" und der Schifferstadter Ringer.

■ Tägl. 9.30–17 Uhr (Dez. bis Feb. kürzer), Eintritt ab 5,50 €, ermäßigt ab 5 €. Turnstr. 5, ✆06392/9233340, www.deutsches-schuh museum.de.

Gläserne Schuhfabrik: Seit 2003 werden die einzigen noch in Hauenstein produzierten Schuhe in der Gläsernen Schuhfabrik der Firma Josef Seibel gefertigt. Besucher können fast täglich einen Einblick in die Abläufe der modernen Schuhproduktion gewinnen. Die Firma, zu der auch die Marken Romika, Gerry Weber Shoes und Tizian gehören, produziert viele ihrer jährlich 6 Mio. Paar Schuhe in Europa, vorwiegend in Ungarn und Rumänien. Hauenstein ist nach wie vor Firmensitz der internationalen Josef-Seibel-Gruppe, auch werden hier alle Prototypen und Mustermodelle hergestellt.

■ April bis Okt. Mo–Fr 10–12 und 12.45–16.30 Uhr, Sa/So nach Vereinbarung, Nov. bis März nur Mo.–Fr. Eintritt frei. Führungen nach Vereinbarung. Das dazugehörige Fabrik-Café hat tägl. 11–23 Uhr geöffnet. Waldenburgerstr. 1, ✆06392/9221371, www.glaeserne-schuh fabrik.de.

Teufelstisch in Hinterweidenthal: Der sagenumwobene Teufelstisch ist die größte Attraktion im westlich von Hauenstein gelegenen Hinterweidenthal. Sachlich betrachtet, handelt es sich um zwei 8 m hohe Sandsteinpfeiler, die eine 300 t schwere Platte tragen. Die

Schuhmacherwerkstatt im Hauensteiner Schuhmuseum

Form entstand durch die Einwirkung der Erosion auf unterschiedlich widerstandsfähige Gesteinspartien. Der Sage nach wurde der Tisch vom herumwandernden Teufel gebaut, der eine Pause machen wollte, aber keine passende Stelle fand. So packte er die Steine übereinander und hatte ein schönes Plätzchen zum Niederlassen.

mein Tipp Unterhalb des Teufelstischs liegt der schön gestaltete **Erlebnispark Teufelstisch** für kleine und große Kinder. Highlight ist die über ein Felsenmeer zu erkletternde 50 m lange Riesenrutsche. Wasserspielanlagen, Wippen, kleine Rutschen, jede Menge Sand, ein barrierefreier 12-Loch-Minigolfplatz sowie eine kostenfreie Toilettenanlage mit Wickelmöglichkeit runden das positive Bild ab. Der Eintritt ist frei, Hunde dürfen nicht auf das Gelände. In den Sommermonaten tägl. 10–18 Uhr, ✆ 06396/993276, www.hauenstein-pfalz.de.

Praktische Infos

Information Tourist-Info-Zentrum Pfälzerwald, Hauenstein, Schuhmeile 1, 76846 Hauenstein, ✆ 06392/9233380, www.urlaubsregion-hauenstein.de. Mo–Fr 10–16 Uhr, Sa ab 11 Uhr und So 13–16 Uhr, im Winter Mo–Fr 9–12 Uhr und 13–16 Uhr.

Einkaufen Große **Schuhoutlets** finden sich direkt an der B 10. Manche Läden verkaufen aktuelle Kollektionen, andere vorwiegend Restbestände. Im Ortszentrum gibt es einige weitere Schuhgeschäfte. Kernöffnungszeiten: Mo–Sa 9.30–18 Uhr, März bis Okt. auch So 13–18 Uhr.

Hollerbusch. Das vielseitige Angebot an vorwiegend regional erzeugten Lebensmitteln wird in einem liebevoll geführten Lädchen angeboten. Neu ist die Produktion von diversen Ölen in der Gläsernen Manufaktur. Di–Do 9.30–12.30 und 14–17 Uhr, Fr bis18, Sa 8.30–16 Uhr, im Winter bis 12.30 Uhr. Turnstr. 12a (gegenüber dem Schuhmuseum), ✆ 06392/587268, www.hollerbusch-pfalz.de.

Baden Wasgaufreibad. In dem weitläufigen Freibad kann je nach Witterung von Mai bis Sept. tägl. 9.30–20 Uhr gebadet werden. Wenn man im 50-m-Becken seine Bahnen

zieht, blickt man dabei auf den nahen Wald und die an den Hängen aufragenden Felsen. Spielplatz, Kletterwand und Beachvolleyball. Erwachsene 3,50 €, Jugendliche 2,50 €. ✆ 06392/409480, www.wasgaufreibad.de.

Im **Paddelweiher** (s. u.) ist das Baden nicht gestattet.

Kanufahren Auf dem **Paddelweiher** – Kanus und Ruderboote können von April bis Okt. in der Paddelweiherhütte ausgeliehen werden (30 Min. 4,50 €).

Radfahren Über 50 km führt der landschaftlich vielfältige **Queichtalradweg** nach Germersheim. Wer nicht zurückradeln will, muss mit dem Bus 2 Std. Fahrzeit und einen Umstieg in Kauf nehmen.

Mountainbike Vier Touren bei Dahn sind auf der Seite www.mountainbikepark-pfaelzerwald.de ausführlich beschrieben. Am Dahner Sportplatz gibt es auch einen kostenfreien Bikepark. Aktuelle Infos unter www.facebook.com/HPTrails.

Wandern Am Wanderparkplatz „Altwiesen" nahe dem Freibad kann man auf den aussichtsreichen, 10 km langen **Panoramaweg** rund um Hauenstein einsteigen. Der mit einem „P" markierte Weg verläuft meist in Sichtweite des Dorfes und führt über drei Aussichtsfelsen. Vom Schwimmbad aus erreicht man nach kurzem, knackigem Aufstieg den **Backelstein,** der früher als Fliehburg genutzt wurde. Steile Treppen und Leitern führen auf den kleinen Gipfel mit imposanter Aussicht (auch an der 60 m hohen Südseite des Felsens hinunter).

Eine schöne Kurzwanderung ist die 5,4 km lange **Geiersteine-Tour.** Sie startet im Zentrum von **Lug,** 4 km westlich von Hauenstein, wo sie hinter der Kirche in Serpentinen den Hang hinaufführt. Schnell ist ein erster Aussichtspunkt mit Blick über Lug in Richtung Hauenstein erreicht. Der gut zu gehende, klar markierte Weg steigt, vorbei an vielen bunten Felsen, weiter bergan bis zu den Geiersteinen, einem sehr eindrucksvollen Aussichtspunkt. Neben Feldern und Äckern in den weiten Tälern sind von hier zahlreiche Bergrücken zu sehen – auf einem thront der Trifels. Der Rückweg verläuft zunächst wieder an Felsen entlang und schließlich eher unspektakulär absteigend durch den Wald.

Veranstaltungen Keschde in Hääschde. Der traditionelle Kastanienmarkt mit vielen Gerichten aus und um die Esskastanie findet meist am vierten So im Okt. statt.

Hauensteiner Kerwe. Am ersten Septemberwochenende.

Weihnachtsmarkt. Der gemütliche, seit 1980 stattfindende Kunsthandwerkermarkt mit Anbietern aus der Pfalz und dem nahen Frankreich stimmt auf dem Johann-Naab-Platz am zweiten Adventswochenende auf die Weihnachtstage ein.

Der Teufelstisch

Übernachten/Essen ***S Ringhotel Felsentor. Gutes Hotel mit elegantem Komfort und gelungener gutbürgerlicher Küche. Zwischen den Schuhoutlets und der Ortsmitte gelegen. Hauptgerichte 12–28 €. Mo Ruhetag, sonst 11.30–22.30 Uhr. DZ ab 106 €. Hauenstein, Bahnhofstr. 88, ☏ 06392/4050, www.felsentor.de.

Bäckerei-Café Busch und Naab, auch in Hauenstein bringt die regionale Kette frischen, schön designten Wind in den Ort. Bei gutem Wetter sitzt man auf dem neu gestalteten zentralen Marktplatz und genießt die leckeren Backwaren. Mo–Fr 5.30–18.30 Uhr, Sa 5.30–18 Uhr und So 7.30–18 Uhr. Marktplatz 34, ☏ 06392/9937666, www.busch-naab.de.

mein Tipp **★★★★ Landhaus-Restaurant am Hirschhorn.** Hoch über dem Queichtal, am Rand des kleinen Örtchens Wilgartswiesen, liegt das Hotel mit der feinen (Fisch-)Küche. Außer der phänomenalen Aussicht ist der Wellnessbereich, den man auch als Tagesgast (versch. Arrangements, ab 112 €) besuchen kann, ein Highlight des Hauses. DZ ab 124 €. Wilgartswiesen, Am Hirschhorn 12–14, ☏ 06392/581, www.hotel-hirschhorn.de.

Ferienwohnung Uwe Kerner. Schöne, moderne Ferienwohnung für 2 Pers. mit separatem Wohnungseingang und großem Balkon. Zentrale, ruhige Lage. 35 €. Hauenstein, Queichstr. 16, ☏ 06392/994670, www.uwe kerner.de.

★★★★ Ferienhaus Don Alfredo. Schönes, luxuriöses Ferienhaus mit kindgerechter Ausstattung und großem Garten mit Gartenhaus und Schaukel Ab 79 €, nicht unter sieben Tagen zu mieten. Spirkelbach, Hauptstr. 77, ☏ 06392/60625, www.fewo-donalfredo.de.

Herberge Hauenstein. Insgesamt 38 Pers. können in den einfachen Ein- bis Sechsbettzimmern mit Du/WC übernachten und sich in der Selbstversorgerküche verköstigen. Übernachtung ohne Frühstück 13 €. Hauenstein, Landauer Str. 69, ☏ 06392/1346, www.herberge-hauenstein.de.

Wanderheim Dicke Eiche. Die gut besuchte Hütte des PWV Hauenstein bietet günstiges Essen in einfacher, gepflegter Umgebung. Zahlreiche Wanderwege haben die Hütte mit den vielen Sitzplätzen im Freien und dem großen Spielplatz zum Ziel. Für Kinder ist auch der **Waldforscherpfad** spannend: Er wird mit einem in der Dicken Eiche entleihbaren, passend gefüllten Rucksack begangen und erforscht (3 € Gebühr, 50 € Pfand, Anmeldung erwünscht). Sa/So 9–18 Uhr, Mai bis Okt. auch Mi 10–18 Uhr. Preiswerte Übernachtungsmöglichkeit (ab 12 €) in schlichten Zimmern, Selbstversorgerküche. Übernachtungen zu buchen über buchung@pwv-hauenstein.de, ☏ 06392/9237174, www.pfaelzerwaldverein-hauenstein. de. Wanderheim: ☏ 06329/596.

Paddelweiher-Hütte. Die kinderfreundliche Gaststätte mit Selbstbedienung und vernünftigen Preisen liegt direkt am Paddelweiher im oberen Queichtal. Im Schatten von Platanen kann man mit Blick ins grüne Tal ausspannen, während sich die Kinder im Tretboot oder auf dem schönen Kinderspielplatz austoben. An kalten Tagen wird der Kachelofen befeuert und verbreitet eine gemütliche Stimmung. Vom Parkplatz Farrenwiese bequem in 5 Min. auf dem Fahrweg zu erreichen. März bis Okt. tägl. ab 11 Uhr, Küche bis 19 Uhr, Nov. bis Febr. Sa/So ab 11.30 Uhr, Küche bis 18 Uhr. Hauenstein, Dahner Str. 100, ☎ 06392/994518, www.paddelweiher.de.

Zum alten Nussbaum. Das Restaurant in Schwanheim bietet eine spezielle Mischung aus kulinarischen Köstlichkeiten und einem innenarchitektonischen Kuriositätenkabinett. Von den drei Tagesmenüs (ca. 25 €) ist eines vegetarisch. Hauptgerichte 9–24 €. Mo und Di Ruhetag, Mi–Sa 12–13.45 und 17.30–20.45 Uhr, So durchgehend. Schwanheim, Wasgaustr. 17, ☎ 06392/1886, www.zumaltennussbaum.de.

Zwölf **Wohnmobilstellplätze** beim Deutschen Schuhmuseum in zentraler, ruhiger Lage mit allen Anschlüssen. 24 Std. 7 €. Auskünfte bei der Touristeninformation (s. o.).

🥾 GPS-Wanderung 9: Von Hauenstein zur Dicken Eiche und zum Winterkirchel

Die abwechslungsreiche, 9 km lange Runde beginnt am **Schuhmuseum in Hauenstein** ❶ und führt zunächst die Turnstraße bergan bis zum Waldrand. Von dort geht es rechter Hand an einer alten Schuhfabrik entlang auf dem Panoramaweg bis zum **Freibad** ❷ und dann auf dem Weg Nr. 11 weiter durchs Tal. An dessen Ende folgt der steile Aufstieg zum Kurzen Dümpfel. Vorbei an eindrucksvollen Felsen erreicht man in gut 15 Min. das **Wanderheim Dicke Eiche** ❸. Weiter geht es auf dem Weg Nr. 11 an den traurigen Resten der Di-

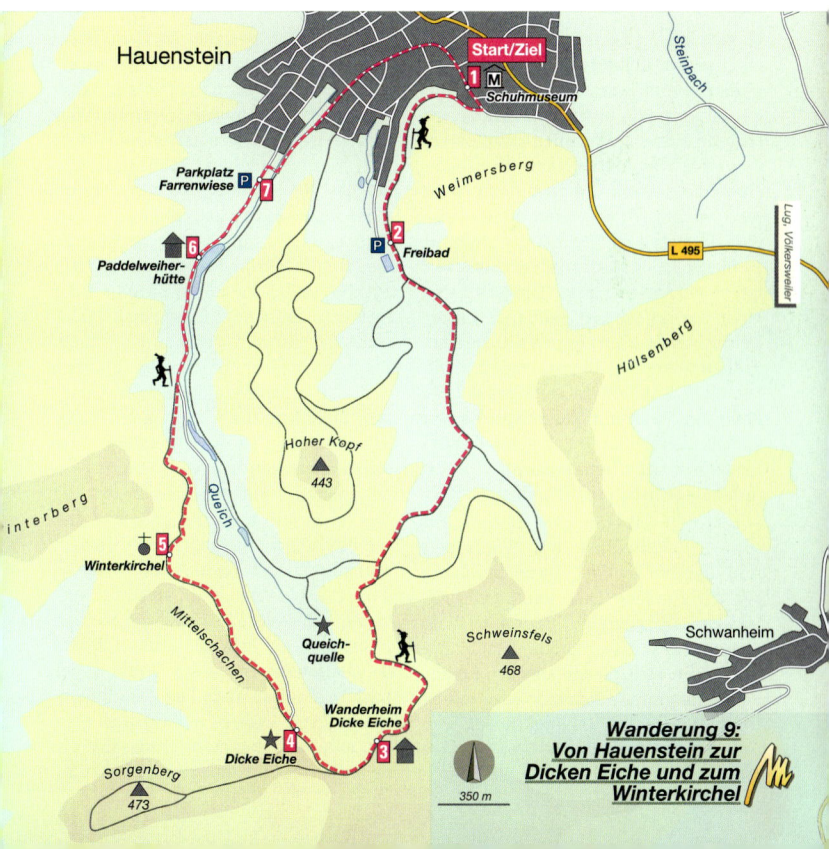

cken **Eiche** 4 vorbei bis zum **Winterkir-chel** 5. Hier kreuzt der alte Schuharbei-terweg zwischen Erfweiler und Hauen-stein, den die Arbeiter einst täglich auf dem Weg zur Arbeit gingen. An der höchsten Stelle steht die kleine Kapelle, deren Vorgängerin nach dem Dreißig-jährigen Krieg als Dank für den hier ge-legenen Unterschlupf errichtet wurde.

Weiter geht es über den Weg Nr. 10 berg-ab ins Queichtal und zum **Paddelwei-her** 6 und dann weiter über den Fahrweg bis zum **Parkplatz Farrenwiese** 7. Der Rückweg zum Schuhmuseum erfolgt entlang der Queich durch Hauenstein.

■ Einkehr möglich im **Wanderheim Dicke Eiche** und in der **Paddelweiherhütte**, Be-schreibung → S. 215.

Pirmasens

Pirmasens war einst die ruhmreiche Schuhmetropole Deutsch-lands. In den vergangenen Jahren wurde vieles getan, um sich gegen den wirtschaftlichen Abstieg zu wehren. Reizvoll auf vielen Hügeln an der Grenze zwischen dem Pfälzerwald und dem land-schaftlich offenen Westrich gelegen, hält Pirmasens Ausschau nach neuen Perspektiven.

In den letzten Jahren hat es die Stadt zu einer zweifelhaften Berühmtheit ge-bracht: Wenn Journalisten auf der Su-che sind nach einer westdeutschen Gegend mit strukturellen Problemen, dann fällt sehr oft der Name Pirmasens. Dass die Region Probleme hat sieht man tatsächlich an vielen Stellen, und eine pittoresk zu nennende Stadt ist Pirmasens sicher nicht. Besuchenswert ist es jedoch trotzdem. Umgeben von einer der schönsten Waldlandschaften Deutschlands bietet es mit seinen alten Industriebauten und den steilen, dicht bebauten Straßen ein ganz besonderes Stadtbild. Neue Impulse erfährt der Ort zudem durch tolle Projekte wie das Er-lebnismuseum Dynamikum und die großzügige neue Jugendherberge.

Bis 1736 lebten seine damals nur rund 200 Einwohner von Waldarbeit und Landwirtschaft. Dann beschloss der exzentrische Landgraf Ludwig IX. von Hessen-Darmstadt mitten im Wald eine Garnison zu errichten. 7000 Solda-ten ließen sich nieder, um zur Freude des Landgrafen Paraden abzuhalten. Nach seinem Tod fehlte den Soldaten und ihren Familien der Sold, und so entstand die Idee, aus Uniformresten

Schuhe zu fertigen und sie in der Um-gebung zu verkaufen. Dies war so er-folgreich, dass binnen weniger Jahr-zehnte Hunderte von Schuhfabriken entstanden und Pirmasens zum Inbe-griff der deutschen Schuhindustrie wurde. Der gewaltige Boom führte zu einer wirtschaftlichen Monostruktur. Und so traf es die 30.000 Arbeiter in den Schuhfabriken hart, als in den 1960er- und 70er-Jahren aufgrund der internationalen Konkurrenz eine Fabrik nach der anderen geschlossen wurde. Bis heute jedoch prägen die Branche und das entsprechende Schuh-Know-how Stadt und Umgebung. Auch einige Schuhfabriken haben überlebt oder sich inzwischen wieder in der Region angesiedelt. Häufig werden die Schuhe hier aber nur noch designt, während die Produktion zumindest teilweise im lohngünstigeren Ausland stattfindet. In den letzten Jahren wird verstärkt ver-sucht, schuhbegeisterte Shopper nach Pirmasens zu locken: 2018 eröffnete beispielsweise mit dem Werk 1 der schicke Fabrikverkauf der Traditions-marke Peter Kaiser (→ 220) und 2021 soll mit der „Schuhstadt Pirmasens" ein neues Marketingkonzept am Start sein.

Aus der Blüte der Stadt sind prächtige Sandsteinfassaden der Gründerzeit v. a. im Umfeld der ehemaligen Fabrik Rheinberger erhalten. Dominant sind die Schlosstreppe in der Innenstadt mit ihrer Stierplastik von Gernot Rumpf sowie die oberhalb gelegene Pirminiuskirche, das Alte Rathaus und der charakteristische Exerzierplatz. Schön ist das zu Füßen des Dynamikums gelegene Strecktal. Lange war das Tal durch Industriebrachen und Ödnis gekennzeichnet, heute befindet sich hier ein vielseitiger Park, der von den Bürgern gerne besucht wird.

Sehenswertes

Dynamikum: Das 2008 eröffnete Dynamikum hat sich binnen weniger Jahre zu einer weit über die Grenzen der Stadt hinaus bekannten Institution entwickelt. Nicht ohne Grund kamen seitdem über 800.000 Besucher in das eindrucksvoll sanierte Gebäude der ehemaligen Schuhfabrik Rheinberger. In den 1920er- und 1930er-Jahren arbeiteten hier bis zu 2300 Menschen in der Schuhproduktion, Rheinberger galt damals als die größte Schuhfabrik Europas. Nach dem Niedergang der Pfälzer Schuhindustrie stand das imposante am Hang errichtete siebenstöckige Gebäude größtenteils leer. Ab 2002 schließlich begann die Sanierung, Rheinberger wurde zum Impulsprojekt des Stadtumbaus. Heute können große und kleine Besucher auf zwei Etagen und auf über 4000 m² Fläche die Physik des Alltags erkunden. Spannend ist beispielsweise der Vergleich einer steilen und einer flachen Rutsche. Die verschiedenen Experimente rund um das Thema „Bewegung" sind fast ausnahmslos gut in Schuss, fachkundiges Personal erklärt die anschaulichen Phänomene aus Natur und Technik. 2018 wurden einige neue Exponate in die Ausstellung integriert, die Neukonzeption bezieht die Besucher nun auch über Smartphone-Anwendungen ein.

Zu Füßen des Dynamikums, im Strecktal, gibt es eine **Discgolf-Anlage,** die zum Spielen nötigen Scheiben können im Dynamikum entliehen werden. Hier erhält man auch genauere Spielanweisungen.

■ Mo–Fr 9–18 Uhr, Sa/So und feiertags 10–18 Uhr, Erw. 11 €, Kinder ab 6 J. 9,50 €. Discgolf kostenfrei, Mietgebühr für die Scheiben je 3 €. Im Rheinberger, Fröhnstr. 8, ☏ 06331/239430, www.dynamikum.de.

Westwall-Museum im Festungswerk Gerstfeldhöhe: 1938 wurde mit dem Bau des Festungswerks Gerstfeldhöhe begonnen, das mit insgesamt 14 km Hohlgängen für Maschinenhallen, Lazarett, Schmalspurbahnhöfe, Munitionsdepots und eine Kaserne für 800 Mann die größte unterirdische Anlage im Rahmen des Westwall-Bauprogramms werden sollte. Als die Arbeiten im Sommer 1940 eingestellt wurden, waren allerdings erst rund 5 km Hohlgänge geschaffen. Der 1 km lange Rundgang durch die Stollen ist ein bedrückendes, aber auch faszinierendes Erlebnis.

■ Sa/So 13–17 Uhr, im Winter geschlossen. Eintritt 6 €, ermäßigt 4 €. Aufgrund der niedrigen Temperaturen von ca. 8 °C im Museum wird warme Kleidung für den Besuch empfohlen. Kontakt über den Verein HGS Gerstfeldhöhe e. V. in Niedersimten, In der Litzelbach 2, ☏ 06331/46147, www.westwall-museum.de.

Praktische Infos

Information **Touristinformation im Rheinberger,** Fröhnstr. 8, 66954 Pirmasens, ☏ 06331/2394321, www.pirmasens.de. Mo–Do 8.30–17.30 Uhr, Fr bis 12.30 Uhr.

Verkehrsverein Südwestpfalz e. V., Unterer Sommerwaldweg 40–42, 66953 Pirmasens, ☏ 06331/809126, www.suedwestpfalz-touristik.de. Mo–Fr 8–12 Uhr, Mo–Mi auch 14–16 und Do 14–17 Uhr, i. d. R. kein Publikumsverkehr.

Baden *mein Tipp* **PLUB.** Das schöne Hallenbad ist großzügig und kinderfreundlich. Durch seine unterschiedlichen Becken lädt es sowohl zum sportlichen Schwimmen als auch zum gemütlichen Planschen ein. Von Mai bis Sept. ist das Freibad mit großer Liegewiese geöffnet. Tageskarte Schwimmbad ab 5 €, für Kinder ab 6 J.

Im Pfälzerwald → Karte S. 191

3 €. Mo öffnet das Hallenbad um 12 Uhr, sonst um 9 Uhr. Abends kann man bis 21 Uhr schwimmen, sonntags bis 20 Uhr. Lemberger-str. 41, ☎ 06331/72500, www.plub.de.

Einkaufen Wochenmarkt jeden Di, Do und Sa 6–13 Uhr auf dem Exerzierplatz. Der Markt ist nicht groß, bietet aber ein umfangreiches Sortiment an Obst und Gemüse sowie Käse, Fleisch, Backwaren und Wein. Die Händler kommen aus der Pfalz und dem nahen Frankreich.

Wawi-Schokoladenfabrik. Fabrikverkauf und gläserne Produktion mit kleiner Cafeteria. Mo–Fr 8–18 Uhr, Sa 9–13 Uhr. Unterer Sommerwaldweg 19–20, ☎ 06331/239990, www.wawi-schokolade.de.

Werk 1 – Werksverkauf Peter Kaiser. In sehr schönem Ambiente werden vorwiegend elegante Damen- und einige Herrenschuhe, aber auch Lurchi-Kinderschuhe verkauft. Ein stilvolles Café bietet leckere Kleinigkeiten. Mo–Fr 9.30–18 Uhr und Sa 9.30–16 Uhr, Lemberger Str. 74a, ☎ 06331/41025, www.peter-kaiser.de.

Fahrradfahren Um die Fahrten über die zahlreichen Hügel etwas zu vereinfachen, können in der Touristinformation im Rheinberger Pedelecs ausgeliehen werden (Mai bis Okt., 19 € pro Tag). Der neue, nach Südwesten führende Dynamikum-Rundweg ist knapp 25 km lang.

Parken Zentrumsnah sind die Parkplätze im engen Pirmasens knapp. Zum kostenfreien Parken empfiehlt sich der große Parkplatz an der Messe (Zeppelinstraße). Hier befinden sich auch **Stellplätze für Wohnmobile,** eine Entsorgungsstation ist vorhanden (5 €/Tag).

Taxi Taxi-Lang, ☎ 06331/13315.

Übernachten/Essen CityStar Jugendherberge Pirmasens. Aus dem leerstehenden Klotz, der einst ein riesiges Postamt war, wurde eine der größten und modernsten Jugendherbergen Deutschlands. Innenarchitektonisch an einigen Stellen etwas überladen, ist es dennoch eine wunderbare, sehr preiswerte Unterkunft. Das neue Angebot lockt viele Besucher in die Stadt – da das Umland zahlreiche Ausflugsmöglichkeiten bietet, funktioniert Pirmasens prima als Basislager! DZ 62 €, Schützenstr. 12–14, ☎ 06331/808180, www.diejugendherbergen.de.

Hotel Martz. Familiär geführtes Hotel mit kühlem Look in zentraler Lage mit freundlichem Personal. DZ ab 84 €. Blumenstr. 8, ☎ 06331/508813,, www.hotel-martz.de.

Café Grieve, modern-gemütliches Café mit leckerem Frühstück und vielfältigem Mittagstisch. Außerdem locken frische Crepês und gut belegte Focaccia. Mo–Fr 8.30–18 Uhr, Sa 9–14 Uhr. Dr.-Robert-Schep-Platz 1, ☎ 06331/6989907, www.cafe-grieve.de.

Mein Tipp ******S Hotel-Restaurant Kunz.** Im unscheinbaren Vorort Winzeln steht das familiengeführte, schicke Haus, dessen feine Küche ein gutes Preis-Leistungs-Verhältnis bietet. Das Verwöhnwochenende mit 5- und 6-Gänge-Menü gibt es ab 210 €/Pers. DZ ab 95 €. Mo–Do, So 12–14 und 18–22 Uhr, Fr/Sa nur 18–22 Uhr. Winzeln, Bottenbacher Str. 74, ☎ 06331/8750, www.hotel-kunz.de.

Umgebung von Pirmasens

Nahe der französischen Grenze liegt der gemütliche Ort **Eppenbrunn.** In den Wäldern der Umgebung erstrecken sich zahlreiche Wanderwege. Am südlich von Eppenbrunn gelegenen Parkplatz „Am Spießweiher" startet eine 6 km lange Wanderung zu den **Altschlossfelsen** (Weg Nr. 3 und weißes Kreuz), die auf einer Strecke von über 1,5 km bis zu 35 m über den sandigen Grund ragen. Im hellen Sonnenlicht leuchten die im Buntsandstein gebildeten, gebänderten Türme in einem intensiven Rot.

Im Südosten von Pirmasens liegt das ausufernde **Lemberg.** Oberhalb des Ortes thront auf dem 458 m hohen Schlossberg die **Burgruine Lemberg.** Bereits Kelten und Römer siedelten hier, bevor Graf Heinrich I. von Pfalz-Zweibrücken vom Kloster Hornbach 1198 das Recht zum Burgbau erwarb.

Im 17. Jh. wurde das Anwesen zerstört. Das schön gestaltete **Burgeninformationszentrum** (Sa und So 11–18 Uhr, Eintritt frei, www.burg-lemberg.de) informiert über die Geschichte der Burg. Ein begehbarer historischer Brunnenstollen gewährt ungewöhnliche Einblicke. Alle zwei Jahre wird an Pfingsten ein großes Burgfest gefeiert.

🍴 Übernachten/Essen **Gasthaus Neupert**. Traditionsreiches Restaurant unterhalb der Burgruine Lemberg, 7 km südöstlich von Pirmasens. Hauptgerichte 8–21 €. Mo Ruhetag, sonst 12–14 und 18–22 Uhr. Auch einige gut ausgestattete Zimmer. DZ ab 72 €. Lemberg, Hauptstr. 2, ☎ 06331/69860, www.landgasthausneupert.de.

Die Restaurantauswahl wird größer, wenn man das mit dem Auto nicht weit entfernt liegende Rodalben (→ S. 228) mitberücksichtigt.

🥾 **GPS-Wanderung 10:**
Zum Maiblumenfels und zur
Ruine Ruppertstein

Die rund 10 km lange Tour beginnt am **Wanderparkplatz 1** unterhalb der Ruine Lemberg und verläuft entlang der mit einem gelben Punkt markierten Strecke bis zum Maiblumenfels, von dem sich an klaren Tagen ein beeindruckender Blick bis weit in die nördlichen Vogesen bietet. Auf dem Weg lohnen Abstecher zum im Wald gelegenen **Rabenfels 2** (links dem schmalen Weg Nr. 2 folgen) und zur eindrucksvollen **Langmühler Aussicht 3** über dem Buchbachtal (an der Schutzhütte den Weg Nr. 4 nehmen). Vom **Maiblumenfels 4** führt der Weg (grünes Dreieck) zunächst 2 km bergab und anschließend steil bergauf zu den spärlichen Resten der wohl im 12. Jh. entstandenen **Burg Ruppertstein 5**. Entlang dem Kamm des Hummelbergs folgt man schließlich dem mit einem roten Dreieck markierten Weg zur **Ruine Lemberg 6** zurück. In umgekehrter Richtung ist die Route mit leichten Abweichungen als Graf-Heinrich-Weg ausgeschildert (Markierung: blaues Gespenst).

▪ Einkehr möglich im **Gasthaus Neupert** unterhalb der Burgruine Lemberg, Beschreibung siehe oben.

Wanderung 10: Zum Maiblumenfels und zur Ruine Ruppertstein

Zweibrücken und Hornbach

Kurz vor der Grenze zum Saarland, nach dem Übergang vom Pfälzerwald in den weiten Westrich, liegen die Rosen- und Pferdestadt Zweibrücken und das alte Kloster Hornbach.

Die weite Landschaft ist von welligen Feldern und unscheinbaren Dörfern durchsetzt. Die in den tief eingeschnittenen Tälern liegenden Orte sind bis heute landwirtschaftlich geprägt. Die grüne Stadt Zweibrücken, im 18. Jh. kulturelles Zentrum der Pfalz, muss um Aufmerksamkeit kämpfen. Seit einigen Jahren lockt vor ihren Toren das größte Outletcenter Deutschlands. Wenige Kilometer südlich befindet sich mit der kleinen Stadt Hornbach das Zentrum des Pirminiuslandes, in dem der weit gereiste Missionar Pirmin um 740 sein Kloster gründete.

Zweibrücken

Weitläufige Anlagen, das ausgedehnte Landgestüt und der romantische Rosengarten prägen die grüne und großzügig wirkende Stadt am Rande der Pfalz.

Zwischen 1477 und 1793 war Zweibrücken die Hauptstadt des Herzogtums Pfalz-Zweibrücken. In dieser Zeit entstanden prächtige Bauten, die der Stadt ihren beinahe herrschaftlichen Charakter geben. Das 1725 fertiggestellte Residenzschloss und die zwischen 1762 und 1772 erbaute barocke Herzogvorstadt stehen für die Zeit wirtschaftlicher Prosperität und politischer Bedeutung. In den meisten Repräsentativbauten sind heute Behörden und Verwaltungen untergebracht. Imposant ist der weitläufige Herzogplatz, der als Schnittstelle zwischen der Hauptstraße mit ihren Geschäften und dem in Richtung Landgestüt weisenden, baumbestandenen Goetheplatz fungiert. An den Goetheplatz schließt sich die Gestütsallee an, die parallel zum Schwarzbach und an den großflächigen Kop-peln der Pferderennbahn vorbei bis zum romantischen Rosengarten führt.

Mit der Ansiedlung der 2001 eröffneten **style outlets Zweibrücken** im Osten der Stadt war der Wunsch verknüpft, Zweibrücken und die gesamte Region wirtschaftlich und touristisch zu fördern. Angesichts der großen Beliebtheit des bereits mehrfach erweiterten Einkaufsparadieses – das Center wird jährlich von mehr als 3 Mio. Menschen besucht – scheint dieser Wunsch zumindest teilweise in Erfüllung gegangen zu sein. Und so kann Zweibrücken, auch wenn es an sein glanzvolles 18. Jh. so schnell nicht wieder anknüpfen wird, einer steigenden Zahl von Besuchern die Pracht vergangener Tage zeigen. Der Einzelhandel im Zentrum der Stadt hat von den neuen Besuchern allerdings kaum profitiert.

Wild und romantisch: der Wildrosengarten und die Fasanerie

Im Pfälzerwald → Karte S. 191

Sehenswertes

Europas Rosengarten: Die Anfänge des Wahrzeichens Zweibrückens liegen im Jahr 1914, als der Verein „Pfälzer Rosenfreunde" hier eine Freiland-Rosenschau präsentierte. Damals blühten auf einer Fläche von 26.400 m2 über 42.000 Rosen, bis heute wurde die Parkanlage auf 50.000 m2 erweitert. Über 60.000 Rosen (gut 2000 Sorten und Arten) sind hier zu sehen. Schön ist der 2,5 km lange Spaziergang außerhalb des Gartengeländes am Schwarzbach entlang ins Naherholungsgebiet Fasanerie, wo der Wildrosengarten weitere Rosensorten zeigt. Etwas verwilderte Wildrosen sowie alte, ungefüllte Sorten, die als Zuchtbasis für moderne Rosenarten dienen, sind hier in verschwenderischer Fülle zu sehen. Im Juni wird während der Zweibrücker Rosentage alljährlich die Rosenkönigin gekrönt.

■ April und Okt. 9–18 Uhr, Mai/Sept. 9–19 Uhr, Juni bis Aug. bis 20 Uhr. Mo immer erst ab 11 Uhr. Eintritt 4,50 €, ermäßigt 2,50 €, Kinder und Jugendliche 1,50 €. Im Winter kostenloser Zugang über den Nebeneingang am Hotel Rosengarten. ✆ 06332/479330, www.europas-rosengarten.de.

Fasanerie: Am Standort des Hotels Fasanerie stand früher ein Lustschloss. Es wurde ab 1714 vom polnischen König Stanislaus Leszczynski erbaut, dem hier von Karl XII., König von Schweden und Herzog von Zweibrücken, Asyl gewährt wurde. Stanislaus gab dem Schloss im verspielten türkischen Stil den Namen „Tschifflick" (Landhaus). Charakteristisch war der nach Plänen von Jonas Erikson Sundahl gestaltete Garten mit großen Becken und Wasserspielen. Diese sehenswerte barocke Gartenanlage wurde 2007 rekonstruiert und ist frei zugänglich. Schön sind die spielerisch-erholsamen Elemente wie Kneippbecken, Schaukel und versteckte Bänke.

Landgestüt Zweibrücken: Weitläufige Koppeln und Reitanlagen, Wiesen und ausgedehnte Stallungen markieren das zwischen Innenstadt und Rosengarten gelegene Landgestüt. Nach einer Reise durch England Mitte des 18. Jh. war der Herzog von Pfalz-Zweibrücken so fasziniert von den dortigen Zuchtpferden, dass er kurz entschlossen Gestüte in seiner Heimat errichten und mit edlen britischen Pferden ausstatten ließ.

Auch Napoleon war von den hier gezüchteten Zweibrücker Pferden begeistert und schenkte der Zucht 1806 seinen türkisch-arabischen Hengst Fayoum. Bis heute haben die Zweibrücker als leistungsfähige und freundliche Pferde einen guten Namen; die einst als Jagd- und Kurierpferde eingesetzten Tiere sind auch im Pferderennsport erfolgreich. Mehrmals im Jahr wird eine Pferdegala gezeigt, auch bei anderen Veranstaltungen kann man einen Einblick in das Gestüt bekommen.

■ Gutenbergstr. 16, ✆ 06332/17556, www.land gestuet-zweibruecken.de.

Stadtmuseum: In der Dauerausstellung wird die Geschichte der Stadt übersichtlich dargestellt. Sehenswert ist v. a. das Zweibrücker Porzellan, von dem es weltweit nur noch rund 230 Teile gibt. Hin und wieder zeigt das Museum auch interessante Sonderausstellungen.

■ Di 10–18 Uhr, Mi–So ab 14 Uhr. Eintritt 3 €, ermäßigt 1,50 €. Herzogstr. 9/11, ✆ 06332/871380, www.zweibruecken.de.

Praktische Infos

Information Kultur- und Verkehrsamt, Herzogstr. 1, 66482 Zweibrücken, ✆ 06332/871451, www.zweibruecken.de. Mo/Mi 8–12 und 14–16 Uhr, Di/Do 8–18 Uhr, Fr 8–12 Uhr.

Aktivitäten Stadtfest, am letzten Wochenende im Juli steigt in der Innenstadt eine große Party. Mit einer Kirmes, unzähligen Buden und neun Musikbühnen kommt viel Leben in die ansonsten so beschauliche Stadt. Infos über das Kulturamt .

Badeparadies. Schönes Hallenbad mit Wellenbad und großer Rutsche. Vielfältiger und großzügiger Saunabereich. Schwimmbad: Mo 10–21 Uhr, Di–Sa 8–21 Uhr, So und feiertags 8–18 Uhr, Eintritt (3 Std.) 5 €, ermäßigt 3,50 €. Sauna: Mo 13–23 Uhr, Di–Sa 8 bis mind. 21 Uhr, So und feiertags bis 18 Uhr, Eintritt (3 Std., inkl. Bad) 14 €, ermäßigt 12,50 €. Hofenfelsstr. 120, ✆ 06332/874460, www.bade paradies-zw.de.

Freibad Zweibrücken. Klassisches Freibad mit zwei Becken, Spielplatz und Beachvolleyballfeld. Bei gutem Wetter Mai bis Sept. tägl. 8–20 Uhr. Erw. 3 €, Kinder 2 €. Landauerstr. 111, ✆ 06332/41045, www.zweibruecken.de.

Einkaufen Dornröschen 4 Wintergarten mitten im Rosengarten mit schönen Accessoires rund um die Rose. Auch Kaffee und Kuchen. Apr.–Okt. 11–16.30 Uhr, Mai bis Sept. tägl. 10–18 Uhr, Mo ab 11 Uhr. Rosengartenstr. 60, ✆ 06332/9212602.

fashionoutlets Zweibrücken 8 In 120 Shops (Adidas, Bogner, Falke, Levi's, Petit Bateau etc.) wird hochwertige Ware zu reduzierten Preisen angeboten. Das Center ist sehr beliebt und meist entsprechend voll. Die gastronomischen Angebote sind eher teuer. In der Centerinfo sind Informationen über die touristischen Angebote der Region erhältlich. Mo–Sa 10–19 Uhr, manchmal auch So 13–18 Uhr. Gut zu erreichen über die A 8, Abfahrt 34/Flugha-

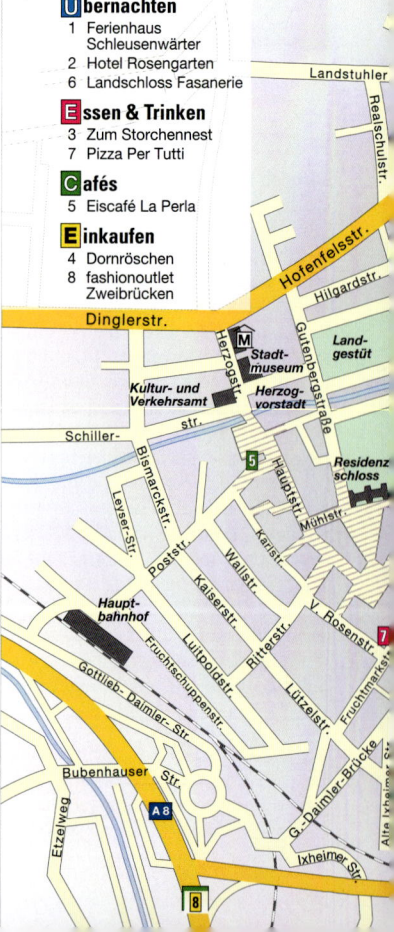

fen. Londoner Bogen 10–90, ☎ 06332/99390, zweibrueckenfashionoutlet.com.

Berghof Einöd. Nur einen kurzen Sprung ins Saarland und man erreicht den sehr engagiert geführten Hof. Auf den im Bliesgau gelegenen Feldern wachsen die Ölsaaten und der Senf für die erstklassigen Produkte heran, im Frühsommer ist die Kulisse entsprechend prächtig. Spezialität des Hofs ist das selten angebotene Leindotteröl. Do–Sa 9–12 und 13–16 Uhr. Homburg-Einöd, Berghof 2, ☎ 06848/7019990, www.berghof-einoed.de.

Parken Günstige Parkmöglichkeiten befinden sich zwischen Innenstadt und Rosengarten an der Saarlandstraße.

Taxi   Funk-Taxen-Vereinigung. ☎ 06332/12345.

Übernachten/Essen   ****S Landschloss Fasanerie 🄖 Gut 2 km südwestlich der Innenstadt liegt das romantische Hotel mit ordentlichen bis modernen Zimmern und zwei Restaurants: das von Südtirol inspirierte Landhaus (Hauptgerichte 15–32 €, Mo–Sa 14–24 Uhr, So ab 11.30 Uhr) und das gehobene, mediterran angehauchte Esslibris (Hauptgerichte 16–46 €, tägl. 12–14 und Mi–Sa auch 18.30–22 Uhr). DZ ohne Frühstück ab 120 €. Fasanerie 1, ☎ 06332/9730, www.landschloss-fasanerie.de.

mein.Tipp **★★★ Hotel Rosengarten** [2] Freundliches Hotel mit neu renovierten, großen Zimmern und einer schöner Terrasse direkt am Rosengarten. DZ ab 120 €. Rosengartenstr. 60, ☎ 06332/9770, www.rosengarten-am-park.com.

Ferienhaus Schleusenwärter [1] Das zentral und schön im Naherholungsgebiet von Zweibrücken gelegene Häuschen wurde topmodern renoviert und bietet bis zu 5 Pers. Platz. Mit Terrasse und kleinem Garten. Ab 88 €. Geschwister-Scholl-Allee 11, ☎ 0175/5800746, www.ferienhaus-zweibruecken.de.

Zum Storchennest [3] Ein Restaurant zum Wohlfühlen: Die Küche ist regional und saisonal orientiert, das Personal engagiert und (kin-der-)freundlich. Hauptgerichte 11–26 €. Di Ruhetag, Sa ab 18 Uhr, sonst 11.30–14 und 18–22 Uhr, So bis 21 Uhr. Landauer Str. 106a (nahe dem Rosengarten), ☎ 06332/49410, www.zumstorchennest.de.

Pizza Per Tutti [7] Unscheinbare Pizzeria mit freundlichem Service und leckerem Essen. Besonders die großen Salatplatten sind lecker und geteilt prima als Vorspeise geeignet! 11.30–14.30 Uhr und 17.30–23 Uhr, So ab 12.30 Uhr durchgehend, Di Ruhetag. Fruchtmarktstr. 8, ☎ 06332/75574.

Eiscafé La Perla [5] Am großzügigen Hallplatz gelegen, punktet dieses Café mit einem tollen Freisitz und vielfältigem Eis. Hallstr. 3, ☎ 06332/478555.

Hornbach

Der kleinen Stadt an der französischen Grenze ist die historische und kulturelle Bedeutung auf den ersten Blick kaum anzusehen. Durch eine eher trostlose Umgebung erreicht man den von stattlichen Steinmauern umgebenen Klosterbezirk.

Als eine spannungsreiche Mischung aus kargen Mauerresten vergangener Epochen, klassizistischen Sakralbauten aus dem 18. Jh. und moderner Hotelarchitektur präsentiert sich heute das von dem missionarisch tätigen Mönch Pirmin gegründete **Kloster Hornbach.** Schon bald nach seiner Gründung 742 entwickelte sich das nach den benediktinischen Regeln geführte Kloster zum bedeutendsten geistigen und kulturellen Mittelpunkt zwischen den Bischofsstädten Speyer, Metz und Trier. Auch in anderen Teilen der Pfalz hatte es zahlreiche Besitzungen, so z. B. die Klostermühle in Münchweiler am Donnersberg.

Wie allen reichen Benediktinerklöstern wurde auch der Abtei Hornbach im 12. Jh. ein Stift angegliedert, dessen als einschiffige Kreuzkirche erbaute Stiftskirche nach dem heiligen Fabian benannt wurde und heute wieder zu besichtigen ist. Bei der Pirminiuskapelle und der Klosterkirche handelt es sich um Neubauten. Letztere wurde erst 1785/86 über Teilen der ehemaligen romanischen Basilika errichtet und überragt heute die gesamte Klosteranlage. Von der danebenliegenden ehemaligen Klosterkirche aus dem 11. Jh. sind nur noch Fragmente erhalten. Diese belegen, dass die dreischiffige Pfeilerbasilika mit einer Länge von 71 m größer war als der Speyerer Dom zu jener Zeit.

Das im Zuge der Restaurierungsarbeiten in der Remise und dem Refektorium entstandene **Hotel Kloster Hornbach** bietet dem Gast feine Speisen und Unterkunft mit viel Atmosphäre. Die Sandsteingebäude sind mit klaren Farben und Formen wunderbar in Szene gesetzt, kein Wunder, dass das Hotel zum Feiern von Hochzeiten außerordentlich beliebt ist. Auch wenn Kaffee und Kuchen in der Klosterschänke nicht günstig sind, lohnen sie sich doch, um das herrliche Ambiente zu genießen. Die schönen Zimmer und der sehr meditative Wellnessbereich bleiben den Hausgästen vorbehalten.

Einen interessanten Einblick in das Klosterleben und in die Arbeit des im Mittelalter hier lebenden Kräuterarztes Hieronymus Bock ermöglicht das **Historama Kloster Hornbach** im Alten Schulhaus, dessen multimediagestützte Ausstellung einen bunten und klingenden Überblick über die jahrhundertelange Blüte Hornbachs gibt.

▪ Di–Fr 10–17 Uhr, Sa/So 11–16 Uhr. Erwachsene 3,50 €, Familien 8 €. ☎ 06338/809153, www.klosterstadt-hornbach.de.

Übernachten/Essen ****** Hotel Kloster Hornbach.** Gourmetrestaurant „Refugium" Do–So 18.30–22 Uhr, 5-Gang-Menü um 80 €. Die einfachere Klosterschänke ist Mo–So 12–22 Uhr geöffnet. Hauptgerichte 11–25 €. DZ ab 139 €. Im Klosterbezirk, ☎ 06338/910100, www.kloster-hornbach.de.

Capito. Gutes Restaurant mit vielseitiger, moderner Küche im Bürgerhaus. Kleiner Biergarten mit Blick auf die Klosterkirche, moderate Preise. Mi–Sa ab 17 Uhr, So ab 12 Uhr. Bahnhofstr. 4, ☎ 06338/99432820, www.restaurant-capito.de.

Großzügiger, beliebter **Wohnmobilstellplatz** mit Anschlüssen, zwei Hütten und Infotafeln. Toiletten und Waschgelegenheiten in der nahen Pirminiushalle. Daneben befinden sich ein Spielplatz und das Restaurant Capito (s. o.). Stellplatz 8 €.

Aktivitäten   Direkt neben den Wohnmobilstellplätzen befindet sich die neue **Sommer-Freizeitanlage:** Minigolf, Tischtennis, Boule – alles ist kostenfrei zu nutzen! Per Anruf erfährt man den Zahlencode für die Box mit der Ausrüstung, auch dank der Videoüberwachung hofft die Gemeinde auf sorgsamen Umgang mit dem Material.

Im Garten des Klosters Hornbach

Im Herzen des Pfälzerwaldes

Neben einigen Burgruinen und einer parkähnlichen Landschaft rund um Heltersberg und Trippstadt gibt es zwischen der einstigen Schuhmetropole Pirmasens und der Westpfälzer Hauptstadt Kaiserslautern vor allem eines: Wald in unzähligen Variationen.

Wer mit Einsamkeit und Abgeschiedenheit nicht viel anzufangen weiß, der sollte sich von den wenigen Straßen und spärlich gesäten touristischen Highlights nicht allzu weit entfernen. Für Puristen dagegen ist die Gegend ein ruhiges Wanderparadies par excellence. Motorradfahrer und Mountainbiker lieben die Strecken rund um den Weiler Johanniskreuz und auch bei Rennradfahrern sind die abgeschiedenen und bergigen Sträßchen beliebt.

Rund um das Gräfensteiner Land

Unzählige Felsen und Steintürme verstecken sich in den weitläufigen Wäldern rund um die Burg Gräfenstein. Eintönigkeit und romantische Einsamkeit liegen hier oft dicht beieinander. Zwischen 1556 und 1794 gehörte die Region zur Markgrafschaft Baden.

Die an einem alten Grenzpunkt der Diözesen Speyer, Worms und Metz gelegene **Burg Gräfenstein** ist ein lohnendes Ziel für historisch Interessierte. Einzigartig in Deutschland ist der fensterlose, siebeneckige Bergfried, dessen Besteigung für Kinder ein tolles Erlebnis ist. Nach der Zerstörung im Bauernkrieg 1525 und dem kurz darauf erfolgten Wiederaufbau wurde die 1237 erstmals urkundlich erwähnte Burg durch einen Brand im Dreißigjährigen Krieg endgültig zur Ruine. Der Grundriss ist weitgehend erhalten, sodass man sich mithilfe der aufgestellten Tafeln gut vorstellen kann, wie das Leben hier einst organisiert war. Schön sind der deutliche Übergang von der Unterburg in die 12 m höher gelegene Oberburg und die dort befindlichen Fensternischen mit Sitzbänken im Wohntrakt zu sehen.

Das von wunderbaren Wäldern umgebene **Rodalben** ist mit 7000 Einwohnern die größte Gemeinde im Gräfensteiner Land. Nahe der Marienkirche aus dem 14. Jh. erinnert eine bronzene „Grünesputschefraa" an jene Frauen, die früher auf Märkten der Umgebung Suppengrün (Grünesputsche) verkauften und zu Rodalber Symbolfiguren wurden.

Etwas weiter im Norden liegt **Waldfischbach-Burgalben.** Die teilweise schöne, teilweise strukturlose Doppelgemeinde ist für das katholische Zentrum Maria Rosenberg bekannt. Gute Einkaufsmöglichkeiten und ein größerer Gasthof machen den am Pfälzer Waldpfad gelegenen Ort für Besucher interessant.

Information Tourist-Information Gräfensteiner Land. Am Rathaus 9, 66976 Rodalben, ☏ 06331/234180, www.rodalben.de. Mo–Fr 8.30–12 Uhr sowie Mo–Mi 14–16 Uhr, Do 14–18 Uhr.

Sehenswertes Maria Rosenberg. Der traditionsreiche Marienwallfahrtsort ist heute ein geistiges Zentrum im Bistum Speyer. Neben Wallfahrten finden hier Gottesdienste und Besinnungstage statt. Waldfischbach-Burgalben, Rosenbergstr. 22, ☏ 06333/923200, www. maria-rosenberg.de.

Wandern Der vom Deutschen Wanderverband als „Qualitätsweg Wanderbares Deutschland" ausgezeichnete, 45 km lange **Rodalber Felsenweg** entfernt sich nie weit von Rodalben, sodass man ihn nach Belieben abkürzen oder auf zwei Tage verteilen kann. Er ist mit einem „F" gut markiert und verbindet 20 Felsmassive, von denen einige auch Höhlen beherbergen (Taschenlampe nicht vergessen!). Die Rodalber **Bärenhöhle** ist die größte natürliche Buntsandsteinhöhle der Pfalz. Bei der Touristinfo ist eine genaue Wegbeschreibung erhältlich. Direkt am Felsenweg gelegen ist das PWV-Wanderheim **Hilschberghaus** mit einfacher Kost und Übernachtungsmöglichkeit (Mo-Sa ab 12 Uhr, So ab 10 Uhr geöffnet, DZ ab 46 €, Matratzenlager ab 11 €, ☏ 06331/18020, www.hilschberghaus.de).

Übernachten/Essen Altes Postamt, um das große Gebäude am Ufer der Rodalb, direkt an den regionalen Radwegen und dem Bahnhof gelegen, ganz in Schuss zu bekommen, ist noch viel Arbeit nötig. Aber ein guter Anfang ist gemacht: Das Essen ist üppig-lecker und preiswert, der Service freundlich und der Biergarten oberhalb des Baches sehr einladend. Mi–Sa ab 16 Uhr, Küche ab 18 Uhr. So 11–14 und 18–21 Uhr. Rodalben, Poststr. 1, ☏06331/804013, www.altes-postamt-rodalben.de.

Café Flory, dem beliebten, außerhalb des Zentrums gelegenen Bäcker ist ein Café angeschlossen. Di–Sa 6–17 Uhr, So ab 7 Uhr. Rodalben, Lohnstr. 39, ☏06331/804013, www.cafeflory.de.

Hotel Restaurant Bold's – Zum Grünen Kranz. Gediegen modern präsentieren sich die beiden neu gestalteten Restaurants, in beiden ist eine feine Küche zu genießen. Die Ausstattung der Zimmer kommt da (noch) nicht ganz mit. Das ganze Team ist freundlich und kompetent. Hauptgerichte im Hauptrestaurant 15–24 €, im Bistro etwas günstiger. DZ ab 75 €. Rodalben, Pirmasenserstr. 2, ☏06331/23170, www.boldskranz.de.

*** Hotel und Restaurant Zum Schwan. Guter, zentral gelegener und von außen unscheinbarer Dorfgasthof. Das deftige Essen ist lecker und wird in üppigen Portionen gereicht. Empfehlenswert ist das Wild. DZ ab 90 €. Waldfischbach-Burgalben, Hauptstr. 119, ☏06333/92420, www.zum-schwan-wfb.de.

Camping Clausensee. Schön an einem von Wald gesäumten Badesee gelegen, bietet der behindertengerechte Campingplatz komfortable Stellplätze und eine kinderfreundliche Atmosphäre. Ganzjährig geöffnet. Stellplatz ab 10 €, Erwachsene 9 €, Kinder 4,30 €. Waldfischbach-Burgalben, ☏06333/5744, www.campingclausensee.de.

Trippstadt und Johanniskreuz

Alle mit einem einfarbigen Kreuz markierten Wanderwege des Pfälzerwalds führen in Johanniskreuz zusammen. Auch für Motorradfahrer ist die lose Siedlung auf 470 m Höhe der Treffpunkt schlechthin. Westlich unterhalb von Johanniskreuz liegt charmant zwischen Wiesen und Wäldern der kleine Ort Trippstadt.

Als schön kann man **Johanniskreuz**, eine von kaum enden wollenden Wäldern umgebene Ansammlung von Häusern, Straßen und Parkplätzen, nicht bezeichnen. Dass es dennoch so viele hierher zieht, liegt an der zentralen Lage und den kurvenreichen Straßen. Für Motorradfahrer ist der Ausflug an sommerlichen Sonntagen eine feste Größe – trotz einiger für sie gesperrter Zufahrtsstraßen. Auch die Touren des Mountainbikeparks Pfälzerwald führen alle über Johanniskreuz. Ein Besuchermagnet ist zudem das **Haus der Nachhaltigkeit** mit seinen Ausstellungen und vielseitigen Veranstaltungen. Der Name der Siedlung geht auf drei Kreuze zurück, die beim ehemaligen Forsthaus am Straßenrand stehen. Das älteste von ihnen soll hier, wo schon zu keltischen Zeiten wichtige Wege kreuzten, im 15. Jh. eine Grenze markiert haben. Bis heute führt eine andere wichtige Grenze durch den Ort: die Wasserscheide zwischen Rhein und Mosel.

Der schön gelegene Luftkurort **Trippstadt** erlangte Bedeutung, nachdem Ludwig Anton Freiherr von Hacke 1727 im nahen Karlstal den Grundstein für die Eisenindustrie gelegt hatte. Die Eisenwerke wurden 1804 von der in der gesamten Pfalz aktiven Familie von Gienanth übernommen und blieben bis 1892 in Betrieb. Das **Eisenhüttenmuseum** in der alten Schmiede, in der auch die Touristinfo untergebracht ist (gleiche Öffnungszeiten, Eintritt frei), gibt mit über hundert Exponaten einen Einblick in die Geschichte der Trippstadter Eisenindustrie. Der im Karlstal angelegte **Eisenhüttenweg** führt in zwölf Stationen an den Resten alter Hütten vorbei. Die größte Sehenswürdigkeit **Trippstadts,** das am Ortsrand gelegene, zweigeschossige Rokokoschlösschen, wurde 1767 gebaut und dient heute als Forschungsanstalt für Waldökologie und Forstwirtschaft. Der 1780 vom Landschaftsarchitekten Friedrich Ludwig von Sckell überarbeitete Schlosspark steht den Besuchern offen, seine einstige Pracht lässt sich aber nur noch anhand der gelungenen Sichtachsen erahnen.

Etwas weiter nördlich liegt tief im Wald versteckt die **Pfälzer Weltachs.**

Im Pfälzerwald → Karte S. 191

Hier wird der Beweis erbracht, dass die Pfalz der Mittelpunkt des Weltgeschehens ist. Damit das so bleibt, wird die Weltachs einmal im Jahr rituell geschmiert. In einem Gedicht des Heimatdichters Paul Münch wird dies beschrieben: „Do werd die Weltachs inngeschmeert – unn uffgebasst, dass nix passeert!" Die Weltachs besteht aus einem Sandstein mit Vermessungsstein - die Kombination lässt die Assoziation einer Achse zu. Erreichbar ist dies heimatkundliche Monument zu Fuß, entweder vom Stüterhof (Markierung: weißer Punkt) oder vom Parkplatz der Kreuzung der K 49 und der B 48 (etwa 10 Min. Fußweg). Nicht weit von hier liegt das unscheinbare **Hochspeyer**, besuchenswert sind das tolle Freibad und die Jugendherberge.

Praktische Infos

Information   Tourist-Information Trippstadt. Hauptstr. 26, 67705 Trippstadt, ☎ 06306/341, www.trippstadt.de. Mo–Fr 8–12 und Mo, Di, Do, Fr auch 14–16 Uhr, April bis Okt. auch Sa 10–12 Uhr. Vor allem für Motorradfahrer sind die Infos auf www.johanniskreuz.de gedacht.

Baden   /meinTipp/ Freibad Hochspeyer. Klein, aber fein! Das solarbeheizte Freibad mit zwei Becken, Sprungbrettern, 45 m langer Rutsche und einem Kleinkindbereich ist liebevoll gestaltet und sehr gut gepflegt. Erwachsene 3 €, Kinder 1,50 €. Im Sommer Mo 12–20 Uhr, Di–So 9–20 Uhr. Hochspeyer, Am Weiherberg 7, ☎ 06305/993826, www.schwimmbad-hochspeyer.eu.

Mountainbiken Alle im Rahmen des **Mountainbikeparks Pfälzerwald** erschlossenen Touren führen über Johanniskreuz. So gelangt man von hier über ausgeschilderte Wege nach Rodalben, Waldfischbach-Burgalben, Schopp, Kaiserslautern, Hochspeyer und Lambrecht. Am nördlichen Ortsausgang von Trippstadt steht ein **Bikepark** mit Sprunganlagen, Technikparcours etc., kostenfrei zu nutzen! Höhenprofile der Trails und mehr unter www.mountainbikepark-pfaelzerwald.de.

Swingolf Oberhalb von Hochspeyer, in schöner, weiter Landschaft liegt der **Geyersberger Hof.** Ein Schläger, ein etwas größerer Ball

und ab geht es über die 10 ha umfassenden Grünanlagen. Als Familie ist man mit den 18 Bahnen einige Stunden beschäftigt. Zur Stärkung gibt es im „Café Loch 19" leckere Kuchen und Snacks. Ebenfalls vorhanden sind schöne Stellplätze für Wohnmobile, einige einfache Zimmer und eine Pferdepension. Golf: Mi–Sa 14–20 Uhr, So 10–20 Uhr, von Nov. bis März geschlossen. Erwachsene 13 €, Kinder 9 €. Café: Mi–So 14–18 Uhr, im Winter nur So 9–12 Uhr (Frühstücksbuffet). Hochspeyer, Geyersbergerhof 10, ☎ 06305/ 9942377, www.geyersbergerhof.de.

Sehenswertes   Haus der Nachhaltigkeit. Das moderne, mit viel Holz errichtete Gebäude bietet eine 500 m² große Dauerausstellung zum Thema „Jeder bewegt was". Für Kinder ist der Besuch mit viel Spaß und Information verbunden. Dazu kommen kleinere Wechselausstellungen oder auf Jahreszeiten bezogene Aktivitäten wie das Sammeln von Pilzen oder die Waldweihnacht im Advent. Der Eintritt ist frei, geöffnet So–Fr 10–17 Uhr. Trippstadt, Johanniskreuz 1a, ☎ 06306/9210130, www.hdn-pfalz.de.

Übernachten/Essen   Zum Schwan. In dem seit 1726 bestehenden Landgasthof kann man gutbürgerlich essen, die Pauschalangebote werden von Radfahrern und Wanderern gerne genutzt. Hauptgerichte 10–25 €. Fr–Mi 12–14 Uhr und Do–Di ab 18 Uhr. Auch einfache DZ ab 88 €. Trippstadt, Kaiserslauterer Str. 2–4, ☎ 06306/92130, www.schwan-trippstadt.de.

/meinTipp/ Jugendherberge   Hochspeyer. Schön im Wald über Hochspeyer gelegen, bietet das komplett modernisierte Haus v. a. schöne Aufenthaltsmöglichkeiten im Freien. Im Umkreis gibt es leider kaum empfehlenswerte Übernachtungsalternativen. DZ 57 €. Hochspeyer, Trippstadterstr. 150, ☎ 06305/336, www.diejugendherbergen.de.

Naturfreundehaus   Finsterbrunnertal. Klassisches Naturfreundehaus, westlich von Trippstadt ruhig in einem Seitental gelegen. Ein uriges Ausflugsziel! Spielplatz vorhanden. Hauptgerichte 5–12 €. Übernachtung mit Frühstück 20 €. Finsterbrunnertal, ☎ 06306/2882, www.naturfreundehaus-finsterbrunnertal.de.

Campingplatz Sägmühle. Der ruhig gelegene, große Platz in Richtung Trippstadt-Neuhof bietet nicht nur viele Stellplätze, sondern auch einen großen See zum Baden und Angeln. Ein Teil der Anlagen ist in die Jahre gekommen, aber die Lage ist traumhaft. Stellplatz ab 7,70 €, Erwachsene ab 7 €, Kinder ab 3,30 €. Anfang Nov. bis Mitte Dez. geschlossen. ℡ 06306/92190, www.saegmuehle.de.

Wandern Der Pfälzerwald-Verein hat am Parkplatz Johanniskreuz eine große Schautafel mit knapp 20 Wandermöglichkeiten zwischen 5 und 21 km Länge aufgestellt, auch die entsprechenden Wegkennzeichnungen sind dargestellt. Der 143 km lange **Pfälzer Waldpfad** führt auch über Johanniskreuz. Die Etappe zurück (12 km) führt zum Naturfreundehaus Finsterbrunnertal, die nächste Etappe (14 km) hat das empfehlenswerte **Naturfreundehaus Heltersberg** (schön am Waldrand gelegen, Mi, Fr, Sa So 11–19 Uhr, DZ ab 41 €, ℡ 06333/64698, www.naturfreunde-heltersberg.de) zum Ziel.

GPS-Wanderung 11: Durch das Karlstal

In Trippstadt beginnt die einfache, 10 km lange Wanderung durch das vielleicht schönste Tal der Pfalz. Idealer Ausgangspunkt ist der **Parkplatz 1** (mit Spielplatz) am Warmfreibad in der Nähe des herrschaftlichen Schlossparks. Von hier führt das grün-gelbe Kreuz am **Rathaus 2** vorbei, kurz durch den Ort und anschließend auf einem schmalen Pfad hinab in das Kottelbachtal mit verschiedenen Campingplätzen und dem zum Baden einladenden **Kottelbachweiher 3**. Nun folgt der Weg Nr. 4 zunächst dem Waldrand, um dann im Wald auf den Großen Rothenberg zu führen. An dessen Südflanke gelangt man in das Tal der Moosalbe (rotes Kreuz). Wer mit dem Kinderwagen unterwegs ist, kann statt dem roten Kreuz auch einfach dem Fahrweg oberhalb folgen. Am **Oberhammer 4** läuft man rund 100 m auf der Straße und steigt anschließend in das romantische Karlstal ab. Im weiteren Verlauf wird immer wieder der Bach auf flachen Holzbrücken überquert, in einem kleinen **Pavillon** kann man Rast machen. Da hier auch der Eisenhüttenweg verläuft, finden sich immer wieder Hinweise auf die montane Vergangenheit

Wanderung 11: Durch das Karlstal

des heute so idyllischen Tals. Nach einem guten Kilometer überquert man bei der **Klug'schen Mühle** 5 die Moosalbe und die Straße und steigt anschließend am gegenüberliegenden Talhang zur heute als Schullandheim genutzten Burgruine Wilenstein und zum **Wilen-** **steinerhof** 6 auf. Von hier aus erfolgt der Rückweg nach Trippstadt durch die offene, parkähnliche Landschaft.

▪ **Klug'sche Mühle.** Günstige gutbürgerliche Küche mit wechselhaftem Service in zuletzt ungepflegtem Ambiente. Mi–So 11.30–19 Uhr. ☎ 06306/312, www.klugsche-muehle.de.

Elmsteiner Tal und Esthal

Das mal mehr und mal weniger enge Elmsteiner Tal stellt die Verbindung zwischen Johanniskreuz und der Weinstraße dar. Von der Weinstraße kommend, ist das Tal über das verschlafene, einst von der Tuchmacherindustrie geprägte Lambrecht oder über die landschaftlich sehr reizvolle Totenkopfstraße schnell erreicht.

Alte Holzindustrie, kleine Siedlungen und Wanderparkplätze säumen den Weg des hier verkehrenden **Kuckucksbähnels** (Infos → Neustadt, S. 131). Während den Aufenthaltszeiten des

Helmbachweiher

Bähnchens ist hier einiges los, danach sagen sich Fuchs und Hase meist schnell wieder Gute Nacht. Auch wenn das Tal von Ruhe beherrscht wird, gibt es einige interessante Ziele: Das in Elmstein mit viel Engagement geführte **Museum Alte Samenklenge** ist schön gestaltet und macht den Besucher mit kaum bekannten Formen und Aspekten der Waldbewirtschaftung bekannt. In den Räumen war einst die staatliche Forstsamendarre beheimatet. Nach der Ernte wurde hier das Saatgut für Waldbäume getrocknet, gereinigt und gelagert.

Südlich von Elmstein, 2 km vom Kuckucksbähnel-Haltepunkt Helmbach entfernt, liegt in einem ruhigen Seitental der grüne, von Stegen gesäumte **Helmbachweiher.** Im Sommer lockt er mit seiner Liegewiese und dem kleinen Kiosk zum Faulenzen und Baden. Wer Bewegung sucht, kann von hier über den schattigen Fahrweg oder den romantischen Wanderweg entlang des Kohlbachs zum gut 2 km entfernten Naturfreundehaus Lambrecht/Im Kohlbachtal wandern. Für Kinder warten hier außer Essen und Getränken ein kleiner Spielplatz und ein auch an heißen Tagen kalter, flacher Bach zum Spielen.

Oberhalb des Elmsteiner Tals liegt auf einer sanft gewellten Kuppe das überraschend große **Esthal.** Das Dorf entstand als Ansiedlung von Pottaschbrennern. Pottasche wurde bis zum ausgehenden 19. Jh. beispielsweise in Glashütten und zur Seifensiederei benötigt. Viele der Häuser wurden aus dem regional anstehenden Sandstein erbaut, so auch die 1934 geweihte katholische Bruder-Konrad-Kirche. Der Ort ist traditionell katholisch geprägt, dazu passt das große Kloster St. Maria am nördlichen Ortsrand. Wer einen ruhigen Aufenthalt mit religiösen Impulsen verbringen möchte, findet hier eine schöne Unterkunft.

Information   Tourist-Information Elmstein. Bahnhofstr. 14, 67471 Elmstein, ✆ 06328/234, www.elmstein.de. Mo–Fr 9–13 Uhr.

Tourist-Information Lambrecht, Sommerbergstr. 3, 67446 Lambrecht, ✆ 06328/181110, www.vg-lambrecht.de. Mo–Fr 8.30–12 Uhr, Mo auch 13.30–18 Uhr, Do bis 16 Uhr.

Museum   Alte Samenklenge. März bis Nov. Mi, Sa, So 14–17 Uhr, Dez. bis Febr. nur auf Anfrage unter ✆ 06328/234. Erwachsene 2 €, ermäßigt 1 €. Elmstein, Hauptstr. 52, www.alte-samenklenge.de.

Wandern   Rund um Esthal führt der **Brunnenwanderweg.** Er gliedert sich in zwei Etappen, 7 km und 8 km lang, der Start ist jeweils an der Bruder-Konrad-Kirche (Wandertafel vorhanden). Beide Etappen können getrennt begangen werden. Besonders schön ist der zweite Teil – auf dem Weg befinden sich der interessant sprudelnde Goldbrunnen, der erfrischende Schelmenteichbrunnen sowie die **Wolfsschluchthütte** (PWV, Mi/Sa 11–19 Uhr,

So ab 10 Uhr, ✆ 06328/1386, www.pwv-esthal.de). Die Wolfsschluchthütte ist auch auf einem einfachen, knapp 4 km langen Weg von Breitenstein im Elmsteiner Tal zu erreichen.

Fahrradverleih und Einkaufen Iggelbacher Mini-Shop. In dem kleinen Dorfladen kann man auch E-Bikes leihen und Tipps für die bevorstehende Tour bekommen. Mo–Fr 9–18 Uhr, Sa bis 13 Uhr. Iggelbach, Schlossgasse 12a. ✆ 06328/902979.

Aktivitäten   Zipline Park   Wer keine Höhenangst und Spaß am Abenteuer hat, ist hier richtig: von Baumplattform zu Baumplattform geht es in rasanter Fahrt mit Hilfe von an Stahlseilen laufenden Seilrollen. Erwachsene ab 32 €, Jugendliche ab 28 €. Nähere Infos und Anmeldung unter www.zipline-elmstein.de. Infos auch unter ✆ 06328/9 849460.

Übernachten/Essen   Naturfreundehaus Elmstein. Großes, beim letzten Check aber etwas ungepflegtes Haus mit riesigem Garten und Spielplatz. Von der Endstation des Kuckucksbähnels durch einen 30-minütigen Spaziergang zu erreichen. DZ ab 35 €. Elmstein-Harzofen, Esthaler Str. 63–67, ✆ 06328/229, www.naturfreundehaus-elmstein.de.

Naturfreundehaus Lambrecht/Im Kohlbachtal. Am Wochenende und an Feiertagen ab 9 Uhr. Günstige Übernachtungsmöglichkeiten in 4-, 7- und 13-Bett-Zimmern, ab 17 €. Elmstein-Helmbach, Im Kohlbachtal, ✆ 06325/980666.

Kloster St. Maria. Vielfältiges Zimmer-, Verpflegungs- und Programmangebot, DZ ab 44 €. Esthal, Klosterstr. 60, ✆ 06328/95420, www.kloster-erleben.eu.

Im Pfälzerwald → Karte S. 191

Kaiserslautern

Das südlich der Innenstadt am Hang thronende Fritz-Walter-Stadion und das hohe Rathaus prägen das Gesicht Kaiserslauterns aus der Ferne. Von Nahem betrachtet, fallen der schöne Kern der Innenstadt zwischen Stiftskirche und St. Martinsplatz sowie die starke Präsenz von US-Amerikanern auf.

Das unumstrittene Zentrum der Westpfalz mit knapp 103.000 Einwohnern ist vom Fußball und vom Militär geprägt. Nach dem Zweiten Weltkrieg entstanden hier, abgeschieden auf halber Strecke zwischen den Ballungsräu-

men Mannheim/Ludwigshafen und Saarbrücken, ausgedehnte Kasernen der Amerikaner. Bis heute prägen diese die gesamte Region. Sie haben der Stadt auch einen eigenen Namen verpasst: **K-Town** ist unter den amerikanischen Bewohnern der gängige Name der Stadt. Teilweise wird er auch im deutschen Sprachgebrauch aufgegriffen, so z. B. von Reinhard Mey in seinem Lied „Alle Soldaten woll'n nach Haus".

Barbarossa-Brunnen

Den Pfälzern am Rhein gilt Kaiserslautern und seine Umgebung als „Hinterpfalz". Dieser Begriff bezieht sich nicht nur auf die geografische Lage. Abgeschiedenheit und Provinzialität wird Lauterern dort gerne nachgesagt. Eine pulsierende Metropole ist die Stadt nicht, aber die 1970 gegründete **Universität** und einige damit verknüpfte Forschungsinstitute, wie z. B. das 2013 eröffnete Max-Planck-Institut für Softwaresysteme, haben der Stadt neue, positive Impulse gegeben. Außer den neuen Bauten und Arbeitsplätzen ist es der Uni zu verdanken, dass die 15.000 Studierenden Kneipen und Cafés und an schönen Tagen auch der Fußgängerzone Leben einhauchen. Auf dem **Betzenberg** treffen sich regelmäßig die Fans des 1. FC Kaiserslautern, der in guten Zeiten die gesamte fußballbegeisterte Pfalz zusammenhielt. Das markante Stadion geht auf den 1920 gegründeten Sportplatz Betzenberg zurück, sein heutiges Gesicht erhielt das

Stadion für die WM 2006. Es fasst nun knapp 50.000 Zuschauer.

Dass Kaiserslautern schon bedeutendere Zeiten gesehen hat, beweist ein kurzer Blick in die Geschichte. Im Mittelalter im Zentrum des staufischen Reiches gelegen, erlebte die Stadt v. a. seit der Regierungszeit von Kurfürst Karl Theodor ihre Blüte. Zahlreiche repräsentative Gebäude entstanden in der Mitte des 19. Jh. Zerstörungen durch die Weltkriege und der Modernitätsglaube der zweiten Hälfte des 20. Jh. bedeuteten für viele der historischen Gebäude das Ende. Und so steht das 84 m hohe **Rathaus,** das bei seiner Eröffnung 1968 als das höchste in ganz Deutschland galt, für die architektonischen Höhepunkte der vergangenen Jahrzehnte. Der prominenteste Bau der letzten Jahre ist das „K in Lautern", ein 2015 eingeweihtes Shoppingcenter mit knapp 21.000 m² Verkaufsfläche in der Stadtmitte.

Sehenswertes

Kaiserbrunnen: Der am Mainzer Tor am Ende der Altstadt gelegene Brunnen erzählt von der Geschichte und Gegenwart der Stadt. Gestaltet wurde das Wasserspiel mit seinen unzähligen figürlichen Darstellungen 1987 durch Gernot Rumpf. Mittel- und Höhepunkt sind die Rücken an Rücken stehenden Statuen von Friedrich Barbarossa und Rudolf von Habsburg. Zeichen der industriellen Prägung der Stadt ist eine Nähmaschine, die an die Firma Pfaff erinnern soll.

Fruchthalle: Einst war das mächtige Gebäude im Zentrum Getreideumschlagplatz, heute ist es der Kaiserslauterer Konzert- und Festsaal. Erbaut wurde die Markthalle von 1843 bis 1846 durch den Architekten August von Voit nach dem Vorbild des Palazzo Medici in Florenz. Historische Bedeutung erlangte das Gebäude 1849 als Sitz der pfälzischen Revolutionsregierung. Besonders prunkvoll ist der Festsaal im Obergeschoss.

Kaiserpfalz: Im Schatten des Rathausturms sind die Überreste der von Kaiser Friedrich Barbarossa ab 1152 errichteten Kaiserpfalz zu sehen. Zur besseren Vorstellung der einstigen Größe und Bedeutung gibt es informative Tafeln. Die erhaltenen Fluchtgänge aus der Stauferzeit können nur bei Stadtführungen besichtigt werden.

Pfalzgalerie: In dem zwischen 1875 und 1880 erbauten Museum, das ursprünglich als Gewerbemuseum gegründet wurde, wird vorwiegend Malerei und Plastik des 19., 20. und 21. Jh. präsentiert. Eine umfangreiche grafische Sammlung ist ebenfalls vorhanden.
▪ Di 11–20 Uhr, Mi–So 10–17 Uhr. Eintritt in die Dauerausstellung 3 € für Erwachsene, Kinder bis 16 J. frei. Museumsplatz 1, ✆ 0631/3647201, www.pfalzgalerie.de.

Japanischer Garten: Der Garten, der erst 1997 in einem seit über 130 Jahren bestehenden Park eröffnet wurde, bietet einen wundervollen Einblick in die japanische Gartengestaltung und Architektur. Beeindruckend sind der 12 m hohe Wasserfall und die in unregelmäßigen Abständen stattfindenden Teezeremonien im Teehaus.

▪ Mitte März bis Ende April sowie Okt. 10–18 Uhr, Mai bis Sept. 10–19 Uhr. Erwachsene 5,50 €, Jugendliche (12–17 J.) 3 €. Lauterstr. 18, ✆ 0631/3706600 (Mo–Fr vormittags), www.japanischergarten.de.

Gartenschau Kaiserslautern: Die seit dem Frühjahr 2000 bestehende Gartenschau ist Kaiserslauterns saisonaler Stadtgarten. Neben Gärten mit verschiedenen Themen beherbergt sie die größte Dinosaurierausstellung Europas. Auf dem Dino-Lehrpfad können über 80 originalgetreu nachgebaute Modelle von Dinosauriern, anderen Reptilien, Fischen und frühen Säugetieren besichtigt werden. Die Modelle sind schön in die Parklandschaft eingebunden. Trotz der Dinos dürften für die meisten Kinder die zahlreichen Spielgeräte das Tollste an der Gartenschau sein. Vom Kleinkind über den Jugendlichen bis hin zum Erwachsenen finden alle hier passende Spielmöglichkeiten. Über einen nicht sehr attraktiven Verbindungsweg gelangt man auf die obere Gartenschau-Etage auf dem Kaiserberg. Wer sich auf den Weg macht, wird v. a. mit einer weiten Aussicht über die Stadt in Richtung Pfälzerwald belohnt.

Im Pfälzerwald → Karte S. 191

Fritz Walter und die Helden von Bern

Fritz Walter ist die Identifikationsfigur des Fußballs in Kaiserslautern. Seit 1985 trägt das Stadion auf dem Betzenberg seinen Namen. Doch er war nicht der einzige „Lauterer", der 1954 in Bern den WM-Titel holte. Auch sein Bruder Ottmar und drei weitere Stammspieler des 1. FCK waren Teil der von Sepp Herberger geführten legendären Mannschaft. Den elf Freunden wird in Form von Fußball spielenden Betonfiguren im Löwenburgkreisel gehuldigt. Deutliches Zeichen für die damalige Stärke des 1. FCK waren auch die Titel als Deutscher Meister 1951 und 1953.

Fritz Walter verfügte nicht nur über eine hohe technische Qualität, sondern war auch ein ausgezeichneter Mannschaftsspieler. Für seine Popularität weit über das Karriereende hinaus war sicherlich von entscheidender Bedeutung, dass er trotz aller Ehrungen ein bescheidener Pfälzer blieb. Sein Grab auf dem Kaiserslauterer Hauptfriedhof wird auch Jahre nach seinem Tod noch von Fußballfans angesteuert.

■ Mitte März bis Anfang Okt. tägl. 9–19 Uhr, Hunde haben keinen Zutritt, Boxen stehen am Kaiserberg zur Verfügung. Erwachsene 7 €, Kinder ab 6 J. 3 €. Turnerstr. 2 (direkt am Bahnhof Kaiserslautern-West), ℘ 0631/7100700, www.gartenschau-kl.de.

Service/Einkaufen

Information   Tourist Information Kaiserslautern. Fruchthallstr. 14, 67657 Kaiserslautern, ℘ 0631/3652317, www.kaiserslautern.de. Mo–Fr 9–17 Uhr, Sa 10–14 Uhr.

Stiftskirche mit Markt

Parken Die Stadt ist bekannt für ihre teuren Parkhäuser. Immerhin sind einige von ihnen gut und einladend erschlossen (z. B. Tiefgarage Pfalztheater, die Stunde bis zu 1,80 € oder im K in Lautern bis 1,50 €) und bestens ausgeschildert. Günstiger ist das Parken auf einem der beiden Parkplätze an der Meuthstraße (Centrum Nord).

Sightseeing Die Touristinfo veranstaltet regelmäßig Führungen mit unterschiedlichen Themenschwerpunkten. Meist finden die Führungen am Fr oder Sa im Sommerhalbjahr statt.

Taxi Funk-Taxi-Zentrale, ℘ 0631/3667770.

Einkaufen Die Fußgängerzone ist verzweigt, die Geschäfte bieten vorwiegend Waren im unteren bis mittleren Preissegment. Viele Shoppingbegeisterte schätzen das **K in Lautern,** es gibt hier auch ein paar „amerikanische" Läden. (Mo–Sa 9.30–20 Uhr, Fackelrondell 1, www.k-in-lautern.de.)

Fahrradladen Con Rad **12** Wenn auf der Radtour irgendein Zubehörteil vermisst wird, bekommt man es hier. Kleine Reparaturen werden nach Möglichkeit sofort erledigt. Mo–Fr 10–19 Uhr, Sa 9–14 Uhr. Glockenstr. 4, ℘ 0631/891489, www.conrad-fahrradladen.de.

MeinTipp **Kaffeerösterei Kaiserslautern** **4** Die hier gerösteten Bohnen kann man mit zu Hause nehmen oder gleich vor Ort, perfekt zubereitet, genießen. Großzügige Einrichtung, praktisch für Kinderwagen und Rollstühle. Mo–Sa 9–18 Uhr. Steinstr. 27, ℘ 0631/67581, www.kaffeeroesterei-kaiserslautern.de.

Sport/Kultur

Baden Strandbad Gelterswoog. Auf dem zwischen Kaiserslautern und Trippstadt gelegenen Badesee mit rotem Sandstrand kann man auch rudern und kanufahren. Mo 12–22 Uhr, Di–So ab 9 Uhr. Erwachsene 4 €, Kinder ab 6 J. 2,50 €. Gelterswoog 1, ℘ 0631/3503599, www.gelterswoog.com.

Freibad Waschmühle. Mit 165 m Länge und einer durchschnittlichen Breite von 45 m hat das historische Freibad im Eselsbachtal das größte nicht überdachte Schwimmbecken Europas. Mai bis Sept. tägl. 8–20 Uhr, Di ab 12 Uhr. Erwachsene 3 €, Kinder ab 6 J. 1,80 €. Waschmühle 1, ℘ 0631/3652313, www.kaiserslautern.de.

monte mare. Wenn das Wetter mal nicht so schön ist, lockt das vielfältige Sport- und Freizeitbad mit einer sehr schönen, toskanisch angehauchten Saunalandschaft. Mo–Fr 10–21 Uhr, Sa/So bis 19 Uhr. Erwachsene im Freizeitbad

ab 8,50 €, Kinder über 1 m Größe 6,50 €, Sauna ab 19 €. Mailänder Str. 6 (PRE-Park), ☎ 0631/30380, www.monte-mare.de.

Fußball Tickets für Heimspiele des **1. FCK** sind unter www.fck-ticketshop.de und im Pop Shop, St.-Martins-Platz 7 erhältlich.

Wandern Von verschiedenen Punkten im südlichen Stadtgebiet kann man zum 36 m hohen **Humbergturm** wandern. Ab dem Sommerhaus (s.u.) erreicht man den Aussichtsturm über einen 3,8 km langen Wanderweg. Infos unter www.humberg-kaiserslautern.de.

Kultur Kammgarn. Traditionsreiches Konzerthaus in den Räumen einer ehemaligen, unter Denkmalschutz stehenden Spinnerei. Nationale und internationale Größen der Sparten Rock, Pop und Blues geben hier Konzerte, auch Kabarettprogramme finden ihr Publikum. Schoenstr. 10, ☎ 0631/950034, www.kammgarn.de.

Pfalztheater. Das Dreispartenhaus ist in der Pfalz die einzige große Bühne mit festem Ensemble. Willy-Brandt-Platz 4+5, ☎ 0631/3675209, www.pfalztheater.de.

Übernachten/Essen und Trinken/Nachtleben   → Karte S. 237

Übernachten ***S Hotel Zollamt 15 Modernes Hotel mit urbanem Flair hinterm Bahnhof in Richtung Uni. Auf Wunsch bekommt man ein Zimmer mit extragroßem Bett. DZ ab 108 €. Buchenlochstr. 1, ☎ 0631/3166600, www.hotelzollamt.de.

B & B Hotel Kaiserslautern 13 Zentral am Bahnhof gelegenes Budget-Hotel mit kleinen, aber schönen und sauberen Zimmern sowie freundlichem Personal. DZ ab 68 €, Frühstück 8,50 € pro Pers. Barbarossastr. 2, ☎ 0631/414610, www.hotelbb.com.

****Arthotel Lauterbach** 6 Inhabergeführtes Hotel mit beeindruckendem Design in zentraler Lage. Helle DZ ab 119 €. Fruchthallstr. 15, ☎ 0631/362400, www.art-hotel-kl.de.

Altstadthotel 2 Das vor über 200 Jahren erbaute Hotel garni stellt durch seine zentrale Lage am Rande der Altstadt einen guten Ausgangspunkt zur Erkundung der Stadt dar. Eher schlichte DZ ab 102 €. Steinstr. 51, ☎ 0631/36430, www.altstadthotel.com.

Essen & Trinken St. Martin 5 In schönster Lage auf dem St. Martinsplatz bei einem großen Brunnen. Im Inneren wirkt die Mischung aus Weinstube und Kaffeehaus einladend. Geboten wird Querbeet-Küche: Salate, Burger, Pasta und Schnitzel. Nicht gerade preiswert, die Atmosphäre des sommerlichen Platzes macht das wieder wett. Tägl. 10–1 Uhr. St. Martinsplatz 4, ☎ 0631/3607490, www.st-martin-kl.de.

🍃**Café Susann** 10 Eine der freundlichsten und leckersten Locations in Kaiserslautern. Neben gutem Kaffee, feinen Kuchen und diversen Frühstücksvarianten gibt es einen vielseitigen Mittagstisch. Die Zutaten sind soweit möglich regional und bio, teilweise auch vegetarisch und vegan. Herausragend ist die charmante At-

mosphäre. Di–Sa 10–18 Uhr, Okt.–April auch So 11–17 Uhr. Osterstr. 7, ☎ 0631/84286771, www.cafesusann.de.

🍃**Restaurant Weinhaus Stepp** 9 In die etwas biederen Räumlichkeiten ist frischer Wind eingezogen: Das nach Slow-Food-Kriterien arbeitende Pächterpaar bietet seinen Gästen eine moderne, kreative Küche mit freundlichem Service. Die Karte ist klein, umfasst aber Fisch und Fleisch sowie vegetarische Gerichte. Gehobenes Preisniveau, dennoch preiswert für das Gebotene! Osterstr. 2a, ☎ 0631/3614121, www.restaurant-weinhaus-stepp.com.

Das Brauhaus an der Gartenschau 1 Schönes Brauhaus mit Biergarten am Haupteingang zur Gartenschau. Die Küche ist brauhaustypisch und gut, der Service ist etwas wechselhaft. Hauptgerichte 8–21 €. So und Mo–Do 11–23 Uhr, Fr/Sa 11–24 Uhr, durchgehende Küche. Forellenstr. 6, ☎ 0631/3709703, www.das-brauhaus-kl.de.

Efendi Kebab 11 Klassisches, freundliches Döner-Restaurant mit großzügigem Sitzplatzangebot, im Sommer auch Tische im ruhigen Fußgängerzonenbereich. Tägl. 9–23 Uhr, Sa und So bis 22 Uhr. Riesenstr. 18, ☎ 0631/60865, www.efendi-kebab.de.

🍃**Restaurant Sommerhaus.** Das alte Wohnhaus des ehemaligen Bürgermeisters Walter Sommer beherbergt im grünen Univiertel ein freundliches, legeres Restaurant mit anspruchsvoller Küche. Die große Wiese und die Spielgeräte machen Kindern Spaß. Hauptgerichte 14–26 €. Mo–Sa 11–24 Uhr, So bis 16 Uhr. Pfaffenbergstr. 114, ☎ 0631/25566, www.restaurant-sommerhaus.de.

Bäckerei Barbarossa. Die aus Kaiserslautern stammende Bäckereikette betreibt in der Stadt mehrere Bäckereien mit Café. Die Filiale am Bahnhof **14** ist schön gestaltet und Mo–Fr 5.30–18 Uhr, Sa 5.30–12 Uhr, So 6.30–17 Uhr geöffnet. Bahnhofstr. 26, ✆ 0631/92264, www.barbarossabaeckerei.de.

Das Premium-Restaurant-Café der Kette heißt **Paneo 8** und bietet bei maßvollen Preisen viel modernes Flair, ansprechende Frühstücksvarianten, Pizzen und mehr. Mo–Sa 9–19 Uhr, So 13–19 Uhr. Am Altenhof 8, ✆ 0631/3619802, www.paneo-brotkultur.de.

Nachtleben 21 – twentyone **3** Restaurant-Bar im obersten Stockwerk des Rathauses. In der modern-kühlen Atmosphäre des Restaurants und auf seiner Terrasse kann man neben der Aussicht auf die Stadt auch eine Vielzahl internationaler Köstlichkeiten genießen. Hauptgerichte 8–25 €. So–Do 17.30–1 Uhr, Fr/Sa bis 2 Uhr. Willy-Brandt-Platz 1, ✆ 0631/3204370, www.21-lounge.de.

Markthalle 7 Seit 20 Jahren zieht die Markthalle Fr und Sa ab 21 Uhr ein bunt gemischtes Publikum in die Innenstadt. Gespielt wird schwerpunktmäßig Black Hip Hop. Marktstr. 9a, ✆ 0631/61316, www.markthalle-kl.de.

Umgebung von Kaiserslautern

Weilerbach

Die alte, um eine Apotheke gruppierte Ortsmitte von Reichenbach, das in luftiger Höhe gelegene Eulenbis mit grandioser Fernsicht und der versteckte, bäuerliche Weiler Pörrbach zählen zu den Höhepunkten im nördlichen Umland von Kaiserslautern. Wer Ruhe und Entspannung, Spazier- und Wandermöglichkeiten in ruhiger, ländlicher Umgebung sucht, ist in den zur Verbandsgemeinde Weilerbach gehörenden Dörfern genau richtig. 1874 entdeckte man in Rodenbach ein stattliches **Fürstengrab der Kelten.** Der hier bestattete Mann muss von großer gesellschaftlicher Bedeutung gewesen sein, die wertvollsten Beigaben waren ein goldener Armreif und ein goldener Fingerring. Die Originalfunde sind im Historischen Museum der Pfalz in Speyer (→ S. 48) zu sehen. Das Grab gilt aufgrund dieser Funde als bedeutendste Entdeckung der La-Tène-Zeit nördlich der Alpen. Während der Sommermonate kann die Grabkammer mit den rekonstruierten Grabbeigaben tagsüber besichtigt werden. Eine Nachbildung des Armreifs und andere Zeugnisse der lokalen Geschichte sind im **Reinhard-Blauth-Museum** in Weilerbach zu sehen.

So 15–17 Uhr, Eintritt frei, Schulstr. 6, ✆ 06374/1697, www.heimatmuseum-weilerbach.de

Information Verbandsgemeindeverwaltung Weilerbach. Rummelstr. 15, 67685 Weilerbach, ✆ 06374/9220, www.weilerbach.de. Infos auch unter www.mackenbach.de und www.eulenbis.de.

Baden Waldfreibad Rodenbach. Schönes Schwimmbad mit drei Becken und einer großen Liegewiese, die einen guten Mix an Sonnen- und Schattenplätzen bietet. Tägl. 9–20 Uhr, jeden Fr im Juli und Aug. bis 23 Uhr Flutlichtschwimmen. Erwachsene 3,50 €, Jugendliche 1,70 €. Rodenbach, Sportstraße, ✆ 06374/5188.

Golf Golfclub Barbarossa. Der schöne 18-Loch-Platz, der sich über 85 ha erstreckt, lockt viele Gäste aus dem Umland, aber auch von weiter weg. Das Clubhaus mit Restaurant (✆ 06374/9924720) und der Pro-Shop sind tägl. geöffnet, Golfkurse werden angeboten. Greenfee 18-Loch-Runde Mo–Fr 75 €, Sa/So 90 €. Mackenbach, Am Hebenhübel, ✆ 06374/994633, www.gcbarbarossa.de.

Wandern Die Dörfer rund um Weilerbach kann man schön über Felder und Wiesen erwandern. Lohnenswert ist ein Abstecher nach **Eulenbis,** das sich dicht unter dem 453 m hohen Eulenkopf an den Hang schmiegt. Der nicht immer geöffnete Turm auf dem Eulenkopf ist das weithin zu sehende, 1914 eingeweihte Wahrzeichen der Gemeinde. Durch Eulenbis führt die 15 km lange **Teufelstour.** Auf

Im Pfälzerwald → Karte S. 191

dem Premium-Wanderweg kann man auf schmalen Pfaden 300 Mio. Jahre Erdgeschichte durchwandern.

Um Weilerbach und Rodenbach führt der 15 km lange **Themenweg zur Vor- und Frühgeschichte.** Start- und Zielpunkt ist der Dorfplatz in Rodenbach, unterwegs kommt man an Gräbern, dem Waldfreibad und dem heimatkundlichen Reinhard-Blauth-Museum (nur jeden 1. So im Monat, 15–17 Uhr) vorbei.

Übernachten/Essen Panorama-Gasthof Stemler. Auf dem Emmerwiesenhof am Ortsrand von Eulenbis ist die Aussicht herrlich: Von der Terrasse des kleinen Hofcafés sieht man den Donnersberg und die Kalmit. Die kinderfreundlichen Ferienwohnungen sowie Zimmer ermöglichen einen längeren Aufenthalt. Hofcafé: Di–Fr 17–22 Uhr, Sa 12–22 Uhr und So 12–20 Uhr. Nov. bis Mitte April nur Sa 17–22 Uhr und So 12–20 Uhr. Ferienwohnungen ab 30 €, DZ 75 €. Eulenbis, Emmerwiesenhof, ✆ 06374/4030, www.fewostemler.de.

Eichwieserhof. Ein solides Blockhaus, ruhig gelegen inmitten von Weiden und Äckern – die rustikale, einfache Gaststätte ist ein preiswertes Ausflugsziel. Hauptgerichte 5–13 €, Fr ab 15 Uhr, Sa ab 11 Uhr, So ab 10 Uhr. Auch Ferienwohnungen ab 45 €. Weilerbach, Eichwieserhof 3, ✆ 06374/992911, www.berndsblockhaus.de.

Mein Tipp **Birnbaumhof.** Schöner Ferienhof mit Ferienwohnungen und Gästezimmern am Ortsrand von Schwedelbach. Die engagierte und sehr freundliche Besitzerin hat Teile des Hofes in ein gepflegtes Feriendomizil verwandelt. Ferienwohnungen ab 63 €, DZ ab 76 €. Preiswerte Wochenendarrangements. Schwedelbach, Mackenbacher Str. 19, ✆ 06374/5611, www.birnbaumhof.de.

Pörrbacher Hof. Pörrbach ist ein kleiner, malerischer Ortsteil von Schwedelbach. Im einzigen Restaurant des Weilers wird in den schönen Räumen einer alten Scheune eine deftige, aber dennoch feine Landküche zu moderaten Preisen serviert. Das Wild stammt aus eigener Jagd. Dicke Holzbalken in Kombination mit glänzenden Kronleuchtern ergeben eine gemütliche, sehr angenehme Atmosphäre. Im Sommer Biergarten unter großen Bäumen vorm Haus. Mi–Sa ab 17 Uhr, So ab 10 Uhr. Schwedelbach-Pörrbach, Talstr. 16, ✆ 06374/70776, www.poerrbacherhof.de.

Otterberg

In den Randbereichen wirkt das Städtchen unspektakulär, aber in seinem Zentrum verbergen sich Kleinode. Das mit Abstand größte ist die 1254 geweihte **Abteikirche.** Die sehr mächtige, lang gestreckte Sandsteinkirche liegt umgeben von kleinen Altstadthäusern. Nach dem Speyerer Dom ist die spätromanische bis frühgotische Kirche die zweitgrößte der Pfalz. Schön gestaltet ist die Fensterrose als Abbild des Kosmos an der Westfassade. 1564 wurde das Kloster infolge der Reformation aufgegeben. Seither wird die Kirche als Simultankirche genutzt, von 1708 bis 1979 mit einer trennenden Zwischenmauer, die aber im Zuge von umfangreichen Renovierungsmaßnahmen und der fortschreitenden Ökumene wieder entfernt wurde.

Der brunnenbestandene Platz vor der Kirche lädt zum Verweilen ein. Es gibt schönes Fachwerk, vielseitige Gastronomie und um die Ecke einen Gemüseladen mit leckeren Quark- und Obstbechern (Obst- und Gemüse Kühn, Mo–Fr 7–18 Uhr, Sa 6–12.30 Uhr, auch leckerer regionaler, 100%iger Schafskäse).

Information Tourist-Information Otterberg. Hauptstr. 27, 67669 Otterberg, ✆ 06301/31504, www.otterberg.de. Mo–Fr 9–13 und 14–17 Uhr, Mi-Nachmittag geschlossen. April bis Okt. auch Sa 9.30–12.30 Uhr.

Wandern Mehlinger Heide. Östlich von Kaiserslautern, in der größten Heidelandschaft Süddeutschlands, lassen sich schöne Spaziergänge unternehmen. Der ehemalige Truppenübungsplatz steht seit 2001 unter Naturschutz. Hauptzugang südlich von Mehlingen, hier gibt es auch einen kleinen Spielplatz.

Übernachten/Essen in der Umgebung * Mühle am Schlossberg.** Ein beliebtes Ziel für Feinschmecker ist die nordwestlich von Otterberg gelegene, idyllische und modern gestaltete Mühle. Das Restaurant Mahlwerk bietet feine Küche in elegant-modernem Ambiente. 5-Gang-Menü 55 €, tägl. 12–14.30 Uhr und 18–23 Uhr. Die Zimmer des Hotels sind mit viel moderner Kunst gestaltet. DZ ab 90 €. Wartenberg, Schlossberg 16, ✆ 06302/92340, www.muehle-schlossberg.de.

Das kleine Städtchen Otterberg beherbergt die zweitgrößte Kirche der Pfalz

Im Nordpfälzer Bergland

Das Nordpfälzer Bergland ist eine vergleichsweise raue Gegend: Kühl weht der Wind über die bewaldeten Bergrücken, in den Tälern liegen abgeschiedene Dörfer zwischen Feldern und Weiden. Eine Draisinenstrecke und einige Radwege laden ein, die Landschaft zu erkunden.

Die höchste Erhebung des Pfälzerwaldes, der Donnersberg, war zu Zeiten der französischen Annektion des Linken Rheinufers (1794–1814) Namensgeber für ein französisches Département. Das Département du Mont-Tonnerre umfasste im Wesentlichen das Gebiet der heutigen Pfalz und Rheinhessens.

Hier, in der weiten Landschaft des Westrich am Übergang zwischen Pfälzerwald und Hunsrück, sind die Städte und Dörfer klein, und auf den Weiden tummeln sich zahlreiche Kühe und Schafe. Die wirtschaftliche Basis der Region war neben dem Bergbau die Landwirtschaft. Wo sie nicht genügend Erträge brachte, zogen die Menschen in ferne Länder: Im 18. und 19. Jh. vertrieben Hungersnöte und Verfolgungen viele Nordpfälzer aus ihrer Heimat. Nicht wenige von ihnen suchten ihr Glück als Wandermusikanten in Übersee.

Bis heute gilt die Region als strukturschwach. Der einst so bedeutende Bergbau ist mittlerweile fast gänzlich zum Erliegen gekommen. Das Kalkbergwerk im Königsberg bei Wolfstein und die Gruben in Imsbach am Donnersberg zeugen von einer Zeit, als in der gesamten Region nach Rohstoffen geschürft wurde. Inzwischen beschränkt sich die Rohstoffgewinnung auf wenige Steinbrüche, markant ist der 50 ha große Steinbruch bei Rammelsbach.

In den letzten Jahren sind auf alten Höfen einige gemütliche Gaststuben und Pensionen entstanden, doch im Vergleich zur Weinstraße sind Touristen noch immer eine seltene Erscheinung.

Touristische Highlights der Gegend sind die Überreste einer großen Keltensiedlung auf dem Plateau des Donnersbergs, der Nachbau eines Keltendorfes in Steinbach und die Burg Lichtenberg mit dem Urweltmuseum Geoskop. Ansonsten erwartet die Besucher neben einigen kleineren Städtchen vor allem eine ruhige und abwechslungsreiche Landschaft.

Was anschauen?

Donnersberg: Der mächtige Berg mit seinem bewaldeten Plateau ist die höchste Erhebung der Pfalz. Von dem hier gelegenen Ludwigsturm hat man den perfekten Rundumblick über die Nordpfalz, den Pfälzerwald und die Rheinebene. Kein Wunder, dass sich schon die Kelten diesen Ort für den Bau einer Stadt ausgesucht haben.
→ S. 251

Kirchheimbolanden: Im Osten der Nordpfalz liegt das Städtchen mit seiner in Teilen erhaltenen Stadtbefestigung. Im 18. Jh. wurde es zur Sommerresidenz des nassauischen Fürsten Karl-August ausgebaut und bis heute sind neben der authentischen Altstadt barocke Schloss- und Gartenanlagen zu bewundern. → S. 258

Burg Lichtenberg: Die Burgruine, eine der größten Deutschlands, liegt bei Kusel und bietet von ihrem Burgfried einen guten Überblick über die hügelige Landschaft. In verschiedenen Museen erfährt man vieles über die Geologie der Pfalz und über die Kultur der Wandermusikanten, die der Region den Namen „Musikantenland" gab. → S. 244

Potzberg: Vom Potzberg aus bietet sich nicht nur ein schöner Blick über das Bergland. In dem hier gelegenen Wildpark gibt es auch Wildschweine und Elche zu bewundern. Besonderes Highlight ist die Greifvogelschau: die passende Thermik vorausgesetzt, drehen Adler und Co. ihre Runden so weit über die Landschaft, dass man sie bisweilen aus den Augen verliert. → S. 247

Wolfstein: In dem kleinen Städtchen im Lautertal wurde bis in die 1970er-Jahre Kalk abgebaut. Das Bergwerk lässt sich bis heute mit einer kleinen Grubenbahn befahren und ist eines von vielen Beispielen für die einst so bedeutsame Bergbautätigkeit in der Region. → S. 248

Was unternehmen?

Radfahren: Durch das Glan- oder Alzenztal geht es auf weitgehend ebenen Radwegen durch herrliche Landschaften. Spannend ist auch die Fahrt über den Fritz-Wunderlich-Weg. Er folgt der alten Bahnstrecke zwischen Kusel und Freisen (Saarland) durch Tunnel und über Brücken.

Wandern: Der dicht bewaldete Donnersberg lässt sich dank eines dichten Netzes an Wegen herrlich er- und umwandern. An seinen Ausläufern bei Imsbach führen Montanwanderwege zu ehemaligen Gruben. Aber auch andernorts in der Nordpfalz gibt es schöne Wege, die selten überlaufen sind.

Was sonst noch?

Das kleine Dorf Falkenstein westlich des Donnersbergs wartet mit einer kuriosen Besonderheit auf: Mit 25 % ist die dortige Dorfstraße die steilste Durchgangsstraße in Deutschland.

Das Kuseler Musikantenland

Schon immer war die Gegend im äußersten Nordwesten der Pfalz vergleichsweise arm. Die Landwirtschaft spielte eine wichtige Rolle, brachte aber aufgrund magerer Böden, schmaler Parzellen und ungünstiger Betriebsstrukturen wenig Ertrag. So zogen im 18. und 19. Jh. Tausende in fremde Länder, um dort ihr Glück zu versuchen.

Unter den Emigranten waren ab 1830 auch Tausende von Musikanten, die durch die ganze Welt reisten, mit ihrer Musik Erfolg hatten und so mit ihrem Einkommen halfen, die Familien in der verarmten Heimat zu ernähren. Einige der Musiker reisten mit Zirkussen, andere spielten in Kurorchestern oder Militärkapellen. Einer der berühmtesten Wandermusikanten war der 1874 in Erdesbach geborene Georg Drumm. Nach Zwischenstationen in Schottland und Irland erreichte er Amerika, wo er am Broadway als Komponist und Kapellmeister arbeitete. Seine bekannteste Komposition, der Marsch „Hail America" wird in den USA seit den 1950er-Jahren bei offiziellen Anlässen wie z. B. der Amtseinführung des Präsidenten gespielt. Inzwischen wird in seiner Heimat aus der einstigen Not eine Tugend gemacht und die Region als Musikantenland vermarktet. Zu nennenswer-

tem Reichtum sind die Dörfer und kleinen Städte aber auch über hundert Jahre nach dem Höhepunkt der Auswanderungswelle nicht gekommen. Wirtschaftliche Probleme und die abgeschiedene Lage verleihen den Tälern teilweise ein tristes Aussehen. Schön sind die Weiden und Felder in den weitläufigen Höhenlagen. Über der Region thront die beeindruckende Burgruine Lichtenberg, in der nicht nur das Musikantenland-Museum an die musizierenden Bauernsöhne erinnert und das Geoskop Einblicke in die Erdgeschichte liefert. Das stattliche Gemäuer erinnert auch an jene Zeiten, in denen von hier aus das sogenannte Remigiusland rund um Kusel verwaltet wurde.

■ Informationen zur Region erteilt die Tourist-Information Pfälzer Bergland, Bahnhofstr. 67, 66869 Kusel, ☎ 06381/424270, www.pfaelzer berglandde. Mo–Fr 7.30–16 Uhr, Sa/So und feiertags 9–14 Uhr.

Burgruine Lichtenberg

Auf einem Sporn liegt mit 425 m Länge eine der größten Burgruinen Deutschlands: die Burgruine Lichtenberg. Neben einer Jugendherberge und einem Restaurant haben hier auch zwei Museen ihren Platz gefunden.

Die Burg wurde um 1200 von den Grafen von Veldenz auf dem Grund des in Reims ansässigen Klosters St. Remy erbaut. Nach dem Aussterben der Grafen

ging sie 1444 an die Herzöge von Pfalz-Zweibrücken über. Im Gegensatz zu den meisten Burgen der Umgebung wurde sie nie von Feinden erobert oder

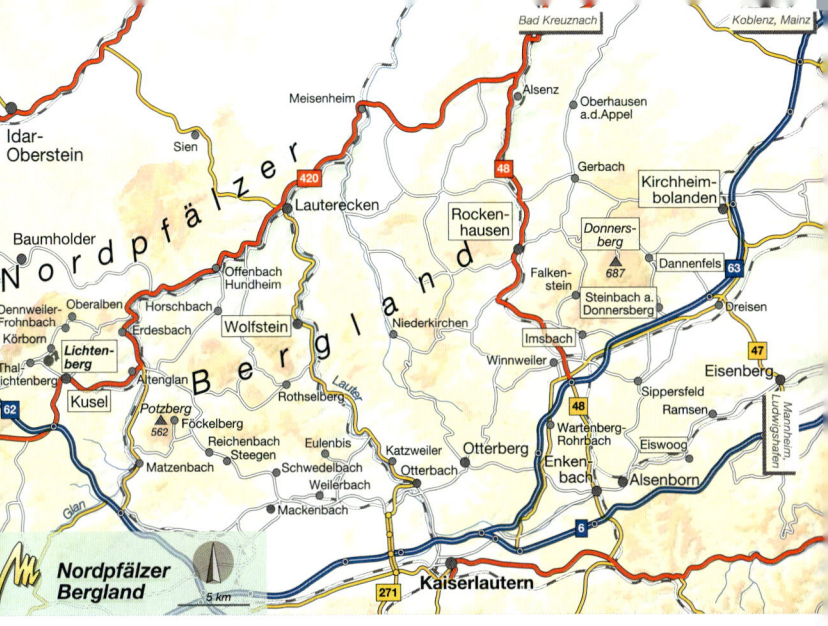

zerstört, ein Großfeuer im Jahr 1799 beschädigte sie allerdings schwer. Vom Parkplatz kommend, betritt man die Burg von der alten Angriffsseite her. Durch zwei nacheinander entstandene Tore erreicht man die Oberburg. Hier sind das **Burgrestaurant** und die **Jugendherberge** harmonisch als Teil der Burgmauer in das Gesamtbild eingefügt. Zahlreiche Spuren der ursprünglichen Bebauung sind noch zu sehen. Der dominierende Bergfried ist jedoch keinesfalls so alt, wie er erscheint, sondern wurde mehrmals wiederaufgebaut. Auf der Spornspitze befindet sich wohl ältester Teil der Anlage, die kaum noch auszumachende Unterburg. Zwischen Ober- und Unterburg stehen die wiedererrichtete Zehntscheune, die heute das Musikantenland-Museum und die sog. Naturschau beherbergt, sowie das 1998 modern erbaute Geoskop. Das etwas angestaubt wirkende **Musikantenland-Museum** vermittelt anhand von lebensgroßen Figuren einen Einblick in das Leben der Wandermusikanten und ihrer Familien. Das **Urweltmuseum Geoskop** und die **Naturschau** sind Zweigstellen des Bad Dürkheimer Pfalzmuseums für Naturkunde, das vom Naturkundeverein Pollichia getragen wird. Während in der Naturschau allerlei präparierte Tiere und einige Tafeln zur Flora und Fauna der Region zu sehen sind, erlaubt das Geoskop einen spannenden und eindrucksvollen Blick in die Erdgeschichte. Gezeigt werden hier z. B. Fossilien und prächtige Mineralien, der Schwerpunkt liegt auf der Zeit des Rotliegenden, dem für die Region prägendsten Erdzeitalter.

Information Burgverwaltung Burg Lichtenberg. in der Zehntscheune, 66871 Thallichtenberg, ☏ 06381/8429, www.burglichtenberg-pfalz.de. April bis Okt. tägl. 10–17 Uhr, Nov. bis März 10–12 und 14–17 Uhr.

Anfahrt Mehrmals tägl. fährt der Burgenbus (Linie 297) ab dem Bahnhof Kusel über Thallichtenberg in 15 Minuten zur Burg.

Museen Musikantenland-Museum und Naturschau. April bis Okt. tägl. 10–17 Uhr, Nov. bis März 10–12 und 14–17 Uhr. Eintritt 2,10 €, ermäßigt 1,50 €, Kinder unter 6 J. frei, Familienkarte (2 Erwachsene mit Kindern) 5,10 €. Musikantenland-Museum ☏ 06381/8429, Naturschau ☏ 06381/993450.

Burgruine Lichtenberg

Urweltmuseum Geoskop. April bis Okt. tägl. 10–17 Uhr. Nov. bis März 10–12 und 14–17 Uhr. Eintritt 2,60 €, ermäßigt 2,10 €, Kinder unter 6 J. frei, Familienkarte 6,10 €. ☎ 06381/993450, www.urweltmuseum-geoskop.de.

Kombikarte für beide Museen 3,60 €, ermäßigt 2,80 €, Familienkarte 9,20 €.

Veranstaltung Mittelalterlicher Weihnachtsmarkt. Neben Kunsthandwerk und teilweise altertümlich anmutenden Speisen gibt es am ersten Adventswochenende Ritter, Burgfräuleins, Gaukler und Feuerspucker zu bewundern. Sa ab 14 Uhr, So ab 10 Uhr. Im Frühsommer findet auch ein ähnlicher Sommermarkt statt. www.burglichtenberg-weihnachtsmarkt.de.

Übernachten Jugendgästehaus Burg Lichtenberg. Die neue und gepflegte Jugendherberge ist bei Schulklassen und Familien sehr beliebt, sodass für Ferienzeiten und lange Wochenenden trotz der 106 Betten eine zeitige Reservierung notwendig ist. DZ 57 €. ☎ 06381/2632, www.diejugendherbergen.de.

Essen & Trinken Burgrestaurant. Im hellen, gemütlichen Burgambiente kann man gut essen oder Kaffee trinken, die Preise sind jedoch höher als unten im Tal. Mo Ruhetag, sonst ab 10 Uhr, warme Küche 11.30–14 und 18–22 Uhr, dazwischen kleine Vesperkarte. ☎ 06381/2633, www.burglichten berg.de.

Kusel und Umgebung

Die 5000 Einwohner zählende Kreisstadt im engen Tal des Kuselbachs könnte mit den an den Hang gebauten Häusern und dem schönen klassizistischen Ensemble am Marktplatz durchaus reizvoll sein. Einige grobe Bausünden, Ladenleerstände und der Eindruck, dass die Stadt schon mal bessere Zeiten gesehen hat, rauben ihr jedoch einiges von diesem Potenzial.

Die Bebauung des etwas erhaben gelegenen Marktplatzes erfolgte nahezu geschlossen und gleichzeitig, da nach einem großen Stadtbrand um 1800 ein großflächiger Wiederaufbau notwendig war. Am Marktplatz entstanden vorwiegend repräsentative Bauten, während sich die Häuser der Handwerker um den etwas weiter südlich gelegenen Weiherplatz gruppieren.

Die Gründung der Stadt geht auf die Franken zurück, die hier auf den Ruinen eines römischen Gutshofes einen Königshof errichteten. Die Grafen von Veldenz, die auch die nahe Burg Lichtenberg (→ S. 244) erbauten, setzten sich später für den Ausbau Kusels ein, um ihre Machtposition zu stärken; 1346 wurden Kusel dann die Stadtrechte verliehen. Die Geschichte Kusels wird im kleinen **Stadt- und Heimatmuseum** gezeigt.

▪ Di–So 14–17 Uhr; Eintritt frei, Marktstr. 27, 3☎ 06381/8222, museum.kusel.de) .

Glantal: Zwischen Kusel und dem Potzberg windet sich der Glan durch den breiten, grünen Talboden. Hier gibt es eine außergewöhnliche Fortbewegungsmöglichkeit: Die 1986 stillgelegte, eingleisige Teilstrecke der Glantalbahn kann von Altenglan über Lauterecken bis nach Staudernheim (Nahe) per Draisine befahren werden. Die mit Pedalen oder Handhebeln angetriebenen Draisinen verkehren von März bis Oktober: an geraden Tagen von Staudernheim und Lauterecken in Richtung Altenglan, an ungeraden Tagen umgekehrt.

▪ Tagesmiete für eine Fahrraddraisine (für max. 5 Pers.) unter der Woche 39 €, am Wochenende 49 €. Die Rückfahrt zum Startpunkt kann mit öffentlichen Verkehrsmitteln oder dem eigenen Fahrrad (Mitnahme auf der Draisine möglich) erfolgen. Di 20 % Rabatt für Familien. Für die 110 € teure Fahrt mit der Handhebeldraisine, die auf der Nebenstrecke zwischen Altenglan und St. Julian pendelt, sind neben dem Draisinenlenker mindestens 8 Pers. nötig. Weitere Infos unter www.draisinentour.de.

Potzberg: Östlich des Glantals erhebt sich der „König des Westrichs" über die Landschaft und bietet den Besuchern ein schönes Panorama. Im 18. und 19. Jh. wurden an den Hängen des 562 m hohen Potzbergs Zinnobererze abgebaut, die für die Quecksilberpro-

duktion benötigt wurden. Heute finden die Besucher neben dem schönen Ausblick und verschiedenen Wandermöglichkeiten ein verlassenes Hotel, das gerne als „Burg" bezeichnet wird, obwohl es weder Burg noch historisch ist, einen Aussichtsturm (zur Zeit der

Einer der vielen Greifvögel vom Wildpark Potzberg

Recherche geschlossen) und einen ansprechenden Wildpark mit einer imposanten und kurzweiligen Greifvogelschau. Auch Elche leben hier fernab ihrer skandinavischen Heimat.

▪ Ganzjährig tägl. 10–18 Uhr, im Winter teils nur bis 17 Uhr. Vor allem im Winter ist es ratsam, die Öffnungszeiten telefonisch zu erfragen. Im Sommerhalbjahr findet tägl. um 15 Uhr die Greifvogel-Flugschau statt. Erwachsene 9 €, Kinder ab 4 J. 6 €. Föckelberg, Auf dem Potzberg, ☎ 06385/6228, www.wildpark. potzberg.de.

Remigiusberg: Gegenüber dem Potzberg liegt am Eingang des Glantals der historisch und geologisch interessante Remigiusberg. Auf der Kuppe ragen zwei kleine Gipfel über dem Glantal auf – einer mit der Kirche St. Remigius und der zweite mit einer kleinen Burgruine. Die *Michelsburg* wurde um 1260 vom Grafen von Veldenz errichtet. Die Zerstörung 1689 und die folgenden Jahrhunderte ließen neben der Schildmauer und der nördlichen Wehrmauer nur die Reste eines Rundturmes übrig. Die heute als Pfarrkirche von Haschbach genutzte Kirche *St. Remigius* trägt den Beinamen Probsteikirche. Doch das dazugehörige Kloster ist schon lange Geschichte. Gegründet wurde dieses 1127 als Filiale der Benediktinerabtei St. Remy (Reims). Mit Einführung der Reformation im Herzogtum Pfalz-Zweibrücken wurde das Kloster 1526 aufgelöst. Erhalten ist ein Großteil der Klosterkirche und die Bezeichnung Remigiusland für den Landstrich um Kusel und Altenglan. Die am großflächigen Remigiusberg befindlichen Steinbrüche sind heute teilweise wieder geschlossen, waren aber einst von großer wirtschaftlicher Bedeutung. Im 19. Jh. eroberte der hier anstehende, sehr harte Kuselit halb Europa: Viele Bahnstecken wurden mit diesem Stein geschottert und in Berlin und Paris flaniert man bis heute auch auf pfälzischem Pflaster.

▪ Zufahrt über Haschbach, am Ortsausgang in Richtung Remigiusberg zweigt nach links ein Feldweg ab, der zu einem jederzeit zugänglichen Aussichtspunkt mit Einblicken in den großflächigen Steinbruch am Remigiusberg führt. Infotafeln geben Einblick in die Geologie sowie die Verwendungsbereiche der gewonnenen Steine.

Praktische Infos

Baden Sport- und Freizeitbad Altenglan. Großes Freibad mit vier Becken. Mai bis Aug. tägl. 9.30–20 Uhr. Eintritt 4 €, ermäßigt 2 €. Altenglan, In der Godersbach, ☏ 06381/2606, www.vg-altenglan.de.

Einkaufen 🥬 Erdesbacher Ziegenkäse. 120 Ziegen liefern die Bioland-Milch für viele verschiedene Käsesorten. Eine Hofführung mit Käseprobe ist nach Anmeldung für Gruppen möglich. Hofladen: Fr 14–18 Uhr, Sa 9–14 Uhr. Erdesbach, Eckweg 2, ☏ 06381/40418, www.erdesbacher-ziegenkaese.de.

Buchhandlung Wolf. Traditionsreiche Buchhandlung im Zentrum von Kusel. Mo–Fr 8.30–18 Uhr, Sa 8.30–13 Uhr. Marktstr. 13–15, ☏ 06381/2207, www.buch-wolf.de.

Radfahren Der 24 km lange **Fritz-Wunderlich-Weg** führt auf der ehemaligen Bahntrasse Kusel–Türkismühle in sanfter Steigung über Thallichtenberg nach Freisen im Saarland (hier Anschluss an den Saarland-Radweg) und passiert dabei Brücken und Tunnel.

Essen & Trinken Deutsches Haus. Die alteingesessene Gaststätte mit stilvoller Einrichtung ist vor allem für ihre großen Schnitzel und Steakgerichte bekannt. Aber auch Vegetarier kommen auf ihre Kosten. Mi–So ab 17.30 Uhr, Mi–Fr und So auch 11–14 Uhr. Kusel, Am Weiherplatz 24, ☏ 06381/2178.

🥬 ***S Waldhotel Felschbachhof.** Das auf den ersten Blick unscheinbare Hotel in ruhiger Lage oberhalb von Ulmet überrascht mit gepflegten Zimmern und einem sehr einladenden Restaurant. Die Speisen werden größtenteils aus biologisch erzeugten Zutaten zubereitet. Interessante Zusatzangebote, z. B. Draisinenfahrt oder Eseltrekking. Hauptgerichte 12–24 €. Restaurant tägl. durchgehend geöffnet, Küche 11.30–14 und 17.30–22 Uhr. DZ ab 98 €. Ulmet, Felschbachhof, ☏ 06387/9110, www.felschbachhof.de.

Wolfstein und das Lautertal

Durch das breite und abwechslungsreiche Lautertal führt von Kaiserslautern aus der 40 km lange **Lautertalradweg** in die Abgeschiedenheit: Beginnend in der Großstadt folgt man ihm gemächlich durch die nördlichen Um-

Kalkbergwerk in Wolfstein

Im Nordpfälzer Bergland ↓ Karte S. 245

landgemeinden und ist spätestens ab Hirschhorn auf dem Land angekommen. Der Streckenverlauf ist gut ausgeschildert und nahezu flach, sodass auch Kinder mitfahren können. Durch die parallel verlaufende Bahnstrecke ist ein Abkürzen problemlos möglich. Nach zwei Dritteln der Strecke ist die Kleinstadt **Wolfstein** erreicht. Das Zentrum bietet rund um den zentralen Rathausplatz einige Anlaufstellen für hungrige Radfahrer, die hoch über dem Ortskern gelegene Jugendherberge eine tolle Aussicht über das Umland. Die Hauptattraktion Wolfsteins aber ist das etwas außerhalb gelegene **Kalkbergwerk** im Königsberg, eines der wenigen Besucherbergwerke in der Pfalz. Mit einem Bähnchen geht es hinein in den kühlen Berg, 50 m unter Tage gewährt ein Rundweg dann Einblicke in die einstige harte Arbeit der Bergleute, die hier in den Gängen über Jahrhunderte nach einer Vielzahl an Bodenschätzen schürften.

Der letzte Besitzer, Otto Kappel, arbeitete die letzten Jahre alleine im Berg, auch das anschließende Brennen und Verkaufen des Kalks erledigte er weitgehend alleine.

In **Lauterecken** empfängt einen die kleine Altstadt mit Resten des Alten Schlosses Veldenz. Über die Lauter führt kurz vor ihrer Mündung in den Glan die Rheingrafenbrücke, eine der schönsten und ältesten Steinbrücken der Pfalz.

Praktische Infos

Information Tourismusbüro der Verbandsgemeinde Lauterecken-Wolfstein. Schulstraße 6a, 67742 Lauterecken, ☎ 06382/791118, www.vg-lw.de. Mo–Fr 8.30–12 Uhr, außer Fr auch 14–16 Uhr.

Baden Freizeitbad Königsberg. Schönes, beheiztes Freibad mit Sprungturm. Mitte Mai bis Mitte Sept. Mo 13–20, sonst 10–20 Uhr. Eintritt 3,50 €, ermäßigt 2 €. Wolfstein, Am Schwimmbad, ☎ 06304/7808.

Kalkbergwerk Ende März bis Anfang Nov. So 13–18 Uhr. Festes Schuhwerk und warme Kleidung empfohlen. Besonders für Kinder ist die Führung ein spannendes Erlebnis. Erwachsene 6 €, Jugendliche 5 €. Infos erteilt die Verbandsgemeindeverwaltung Wolfstein, Bergstr. 2, ☎ 06304/913104, www.kalkbergwerk.com.

Wandern Rund um Wolfstein gibt es attraktive und gut ausgeschilderte Spazier- und Wanderrunden in verschiedenen Längen.

Radfahren Nähere Infos zum **Lautertalradweg** unter www.kaiserslautern-kreis.de → Tourismus.

Übernachten/Essen Brauhaus Lauterecken. Direkt am Bahnhof und somit an der Draisine gelegen. Das günstige Essen ist gut und reichlich, das Veldenzbräu frisch im Haus gebraut. Mo Ruhetag, sonst 11–22 Uhr. ☎ 06382/8588, www.brauhauslauterecken.de.

*** Pfälzer Hof. Engagierte Eigentümer haben das Restaurant, ein Hotel sowie einen kleinen Laden im gemütlichen, hellen Landhausstil herausgeputzt. DZ ab 80 €, Hauptgerichte 15–25 €. Do Ruhetag, sonst 18–23 Uhr, So 12–15

Uhr. Lauterecken, Hauptstr. 12, ☎ 06382/7338, www.pfaelzer-hof.de.

Mein Tipp **Pizzeria Gelateria La Piazzetta.** Direkt am Wolfsteiner Marktplatz lädt das in historischen Gemäuern untergebrachte Restaurant nicht nur zu Pizza und Pasta zu fairen Preisen ein, sondern im Sommer auch zu leckerem Eis. Mo geschlossen, sonst 14.30–22 Uhr, Do/Fr/So ab 11 Uhr. Wolfstein, Rathausplatz, ☎ 06304/9927665.

Jugendherberge Wolfstein. Die am Hang des Königsbergs gelegene Jugendherberge bietet neben einem herrlichen Blick über das Lautertal schöne, renovierte Zimmer (meist 4–6 Betten) und vielfältige Spielgelegenheiten. DZ 48 €. Wolfstein, Rötherweg 24, ☎ 06304/1408, www.diejugenderbergen.de.

Rund um den Donnersberg

Egal, ob man von den höheren Bergen des nördlichen Pfälzerwalds, von der Rheinebene oder von Kaiserslautern kommt, immer ist der fast vollkommen bewaldete Donnersberg mit seiner wuchtigen, ruhigen Erscheinung präsent.

An seiner dominanten Ausstrahlung lag es wohl auch, dass die Kelten auf dem flachen Gipfelplateau eine für damalige Begriffe riesige Stadt errichteten. Zudem waren die natürlichen Rahmenbedingungen, die ihnen der Donnersberg bot, günstig. Aufgrund der besonderen geologischen Situation gab es ausreichende Erzvorkommen, die als Grundlage für die Herstellung von Waffen und Alltagsgegenständen dienten, und die am Fuß des Donnersbergs gelegenen Äcker und Wiesen brachten gute Erträge. Noch heute werden die sanften Hügel südlich und östlich des Donnersbergs intensiv landwirtschaftlich genutzt. Im Frühjahr ergeben die frisch gepflügten, roten Äcker, die intensiv gelben Rapsfelder und die blühenden Hecken und Obstbäume ein farbenprächtiges Mosaik. Nach Einstellung

des Bergbaus konnten sich keine nennenswerten Folgeindustrien entwickeln, sodass die Region bis heute ländlich geprägt ist. Viele Bewohner pendeln in die umliegenden Städte, nicht wenige bis zur BASF nach Ludwigshafen. Davon, dass der Tourismus in den letzten Jahren immer mehr Beachtung erfährt, zeugen z. B. die Neuanlage des Golfplatzes bei Börrstadt und der Aufbau des Keltendorfes in Steinbach. 2013 wurde der **Pfälzer Höhenweg** eröffnet, einer der drei langen Prädikatswanderwege der Pfalz. Er verbindet Winnweiler und Wolfstein in sieben Etappen (zwischen 13 km und 21 km lang) miteinander.

Information Infos zur Region erteilt der **Donnersberg-Touristik-Verband** (DTV), Uhlandstr. 2 (in der Kreisverwaltung), 67292 Kirchheimbolanden, ☎ 06352/1712, www.

donnersberg-touristik.de. Mo–Fr 9–12.30 Uhr sowie Mo–Mi, Fr 14–17 Uhr, Do bis 18 Uhr; Sa 9.30–11.30 Uhr telefonisch erreichbar.

Pfälzer Höhenweg Etappenbeschreibungen und mögliche Unterkünfte unter www.pfaelzer-wanderwege.de.

Der Donnersberg

Das aus mehreren Kuppen bestehende und mit 687 m höchste Bergmassiv der Pfalz ist zwar auch ein Ziel für Wanderer, beliebt ist es aber v. a. bei Bikern mit und ohne PS.

An schönen Sommertagen kommen unzählige Motorradfahrer und konditionsstarke Radfahrer über die gut ausgebaute Asphaltstraße auf das weitläufige, bewaldete Gipfelplateau. Von den großen Parkplätzen dort sind es nur ein paar lohnenswerte Schritte zum Adlerbogen auf dem Moltkefelsen, dem 1864/65 erbauten Ludwigsturm mit seinem tollen Ausblick und den Überresten des spätkeltischen Oppidums. Letzteres war Hauptort der einst in Rheinhessen und in der nördlichen Pfalz siedelnden Kelten und gleichzeitig eine der größten Keltensiedlungen nördlich der Alpen. Um 50 v. Chr. wurde sie ebenso wie andere keltische Höhensiedlungen in der Pfalz geräumt. Die Ausmaße des einstigen Oppidums lassen sich am besten erahnen, wenn man dem 9 km langen Keltenweg (grüner Keltenkopf auf weißem Grund) entlang dem Wall folgt. Dieser führt nicht nur an den Dokumentationsstationen der Grabungen vorbei, sondern auch am **Königsstuhl,** dem höchsten und aussichtsreichsten Punkt des Bergmassivs.

Von weitem zu sehen sind auf dem Donnersberg ein Sendeturm des SWR und ein unförmiges Gestell. Dabei handelt es sich um eine ehemalige Sendeanlage der U.S. Army, die einst vorhandenen Richtfunkantennen sind abgenommen.

Bei schönem Wetter hat man vom fast 27 m hohen, unter Denkmalschutz stehenden Ludwigsturm aus eine grandiose Sicht auf die komplette Nord-

pfalz. Nach dem Erklimmen der über 140 Stufen kann man sich am bunt sortierten Kiosk am Fuße des Turms stär-

Der Königsstuhl auf dem Donnersberg

ken. Dieser wird – ebenso wie der Turm – vom Donnersbergverein ehrenamtlich betrieben. Geöffnet an Wochenenden und Feiertagen.

Essen & Trinken   Keltenhütte. Die zum Hotel Bastenhaus (→ S. 253) und PWV gehörende Wanderhütte bietet sich als einfache und preiswerte Einkehrmöglichkeit an. Sa/So 10.30–18 Uhr. ✆ 06357/975900, www.basten haus.de.

Donnersberger Waldhaus. Im höchstgelegenen Gasthaus der Pfalz wird in gemütlicher Atmosphäre schnörkelloses, aber gutes Essen serviert. Mo Ruhetag, sonst 11–19 Uhr. Dannenfels, Am Donnersberg 1, ✆ 06357/5090691, www.donnersberger-waldhaus.de.

Dannenfels und Steinbach

Dannenfels, am steilen östlichen Abhang des Donnersbergs, liegt auf einer Höhe zwischen 380 m und 420 m inmitten von Obstplantagen. Der ruhige Ort ist das touristische Herz der Donnersbergregion, wobei die Vergangenheit hier ruhmreicher ist als die Gegenwart. Der Ausflugsverkehr setzte aufgrund der klimatisch angenehmen

Blick vom Turm des Keltendorfs auf den Donnersberg

Lage im sonnenreichen Windschatten des Donnersberges in Dannenfels schon früh ein. 1856 gab es fünf Gast-

wirtschaften, noch im 19. Jh. folgte der Bau verschiedener Kurhäuser und Heilstätten. Der 2006 eröffnete Park der Sinne und das neue Ortszentrum am Haus Linn (Haus des Gastes) sind heute die Hauptattraktionen. Ob der Ort in Zukunft durch den Bau einer Sommerrodelbahn wieder vermehrt Besucher anlocken möchte, ist in der Bevölkerung sehr umstritten.

Etwas weiter nördlich liegt das kleine Dorf Steinbach mit seinem 2004 eröffneten, sehr sehenswerten Keltendorf. Die wenigen Fakten, die über die Siedlungs- und Lebensweise der Kelten bekannt sind, werden hier anschaulich dargestellt und erlebbar gemacht. Die Grundrisse der Häuser und der umgebende Zaun entsprechen denen von Grabungen im südpfälzischen Westheim. Die genaue Ausgestaltung der Häuser, ihre Höhe und die Möblierung sind dagegen nur denkbare Möglichkeiten. Eine detailgetreue Rekonstruktion ist schwierig, da die Kelten keine schriftlichen Zeugnisse hinterlassen haben. In manchen Punkten helfen römische und griechische Schriften weiter, so auch bei Fragen zu Kampftechniken und zum Alltag. Die fachkundigen, unterhaltsamen Führungen geben auch Erwachsenen einen Einblick in das keltische Leben. Jede Führung endet in der Taverne, wo man die keltische Kultur in Form von Met oder Apfelsaft auch schmecken kann. Aussichtsreicher Abschluss eines Besuchs ist die Besteigung des Turms, von dem man den Donnersberg in ganzer Breite sehen kann.

Praktische Infos

Information Tourist-Info im Haus Linn.
Oberstr. 14, 67814 Dannenfels, ☎ 06357/1614,
www.dannenfels.de. Di–Fr 14–17.30 Uhr, Sa
10–14 Uhr, Ostern bis Okt. auch So und Feier-
tage 10.30–13.30 Uhr.

Park der Sinne Am westlichen Ortsausgang
von Dannenfels in Richtung Bastenhaus liegt
der Erholungspark. Als Erholung wird hier all
das verstanden, was die Sinne anregt und zum
Abschalten vom Alltag beiträgt. Wer den teils
angenehmen, teils fordernden Barfußpfad hinter sich gebracht hat, kann den Füßen im
Kneippbecken eine Erfrischung bieten und im
Klimapavillon auf Holzliegen entspannen. Für
Kinder sind neben dem Barfußpfad auch die
Spielgeräte von Interesse, die auf verschiedene
physikalische Phänomene aufmerksam machen.

Keltendorf Steinbach Ende März bis Anfang Nov. Sa 11–17 Uhr, So und feiertags 10–
17 Uhr, in den rheinland-pfälzischen Oster-,
Sommer- und Herbstferien zusätzlich Do 15–
19 Uhr. Eintritt ins Keltendorf mit Führung und
Getränk: Erwachsene 4,50 €, für 4- bis 12-jäh-
rige Kinder 2,50 €, Familienkarte 12 €. Eintritt
mit Pfalzcard frei. Für Kinder und Erwachsene
gibt es unter der Woche auch halb- und ganz-
tägige Keltentage bzw. verschiedene Work-
shops. Weitere Infos unter www.keltendorf-
steinbach.de und ☎ 06352/1712.

**Veranstaltungen Historischer Dorf-
markt** Dannenfels in allen ungeraden Jahren
am letzten Augustwochenende.

Wandern Zahlreiche Wanderwege führen
um und auf den Donnersberg. Ein schöner
Wanderparkplatz mit Wandertafel liegt etwas
oberhalb von Dannenfels in der Nähe des
Hotels Kastanienhof.

Golf Golfclub am Donnersberg e. V. Der
ganzjährig geöffnete 18-Loch-Golfplatz 5 km

von Steinbach entfernt verfügt über von Do-
nald Harradine angelegte Bahnen, die sich
schön in die Landschaft einfügen. Greenfee ab
55 €. Börrstadt, Röderhof 3b, ☎ 06357/96094,
www.golfamdonnersberg.de.

Übernachten **★★★★ Bastenhaus.** Das familiengeführte Hotel besticht v. a. durch seine herrliche Lage zwischen Wald und Wiesen. Im Sommer kann man das Panorama
vom Naturbadeteich im Garten aus genießen. Restaurant tägl. 11.30–23 Uhr, So nur
teilweise geöffnet. DZ ab 108 €, Pfalzcard inklusive. Bastenhaus 1, ☎ 06357/975900, www.
bastenhaus.de.

Jugendherberge Steinbach. 104 Betten in
einfachen Zwei- bis Sechsbettzimmern (mit
Waschgelegenheit, teilweise Du/WC), eine Ca-
fébar, Kinderspielecke sowie mehrere Aufent-
halts- und Tagungsräume. DZ 46 €, Pfalzcard
inkl. Brühlstr. 41, ☎ 06357/360, www.diejugend
herbergen.de.

Essen/Einkaufen Café Bistro Geg'nüber.
Gemütliches Café mit nostalgischem Flair im
Haus Linn. Schöner Platz zum Draußensitzen.
Di–Do 10–18 Uhr, Fr bis 20 Uhr. Sa und So
9.30–20 Uhr. Oberstr. 14, ☎ 06357/9898107,
www.hotel-berg.de.

Pfälzerwaldhütte Steinbach. Die Hütte
oberhalb des Keltendorfs bietet einen wunderbaren Ausblick und die Gelegenheit, sich
bei einer Brotzeit oder bei Kaffee und Kuchen
zu stärken. Mi/So 11.30–17 Uhr. ☎ 06357-
8880493.

Manfred Braun Ceramics. Modernes, ei-
genwilliges Keramikdesign, in dessen Mittelpunkt meist das Licht steht. Die Öffnungszeiten
sind flexibel, aber durchs Fenster kann man einen Teil der beeindruckenden Werke immerhin
betrachten. Mittelstr. 21, ☎ 06357/7178, www.
manfredbraun-ceramics.de.

Imsbach

Das idyllisch an die Ausläufer des Donnersbergs geschmiegte Dorf
entstand als Ansiedlung von Bergleuten, die einst in den zahlreichen Gruben Arbeit fanden. Schon die Kelten und Römer schürften
hier nach Erz.

Der mittelalterliche Bergbau begann in
Imsbach vermutlich um 1120. Gegen
Ende des 15. Jh. sollen bis zu 500 Berg-

leute in den Gruben um Imsbach beschäftigt gewesen sein. Der Dreißig-
jährige Krieg brachte den Bergbau zu-

Im Nordpfälzer Bergland → Karte S. 245

nächst zum Erliegen, bevor ihm die Verwendung von Schießpulver zu Beginn des 18. Jh. neuen Aufschwung brachte. Fünfzig Zentner Kupfer und zwölf Pfund Silber sollen damals monatlich aus den Imsbacher Gruben gewonnen worden sein. Ab 1746 waren diese dann nur noch zeitweise in Betrieb und wechselten häufig die Besitzer. Die in der wohl endgültig letzten Bergbauperiode gewonnenen Erze kamen zur Aufbereitung in die zu Beginn des 20. Jh. eigens dafür gebaute Laugerei am östlichen Ortsende von Imsbach. 1923 wurde der Bergbau wegen zu geringer Fördermengen eingestellt. Die 1979 eröffnete Weiße Grube war das erste Besucherbergwerk des Ortes, die Grube Maria folgte 2006. Auch die jedes Jahr am dritten Septemberwochenende in der Gemeindehalle stattfindende Mineralien- und Fossilienbörse mit Tausenden von Besuchern knüpft erfolgreich an die montane Vergangenheit des 900-Seelen-Dorfes an.

Sehenswertes

Unter dem Schlagwort **BergbauErlebnisWelt Imsbach** sind die Sehenswürdigkeiten des Ortes, das Pfälzische Bergbaumuseum, die Besucherbergwerke Weiße Grube und Grube Maria sowie drei Montanwanderwege, zusammengefasst. Im kleinen **Pfälzischen Bergbaumuseum** in einer ehemaligen Schule in der Ortsmitte wird ein Überblick über die in Imsbach und anderen pfälzischen Regionen geförderten Rohstoffe gegeben. Im Obergeschoss werden ab und zu ergänzende Sonderausstellungen gezeigt.

Die im Jahre 1145 erstmals in Betrieb genommene Silber- und Kupfermine **Weiße Grube** ist seit 1979 Besucherbergwerk. Weite Bereiche des Stollensystems wurden in den vergangenen Jahren wieder freigelegt und sind heute zugänglich. Beim Rundgang durch die mehrere hundert Meter begehbaren Stollen sowie großen unter- und über-

tägigen Abbauweitungen kann man die verschiedenen Bergbauepochen beobachten: von sauber mit Schlägel und Eisen bearbeiteten, trapezförmigen Bereichen aus dem Mittelalter bis hin zu den mit Sprengstoff herausgeschossenen, nahezu kreisrunden Partien der letzten Bergbauphase zu Beginn des 20. Jh. Die Arbeiten in der nassen Grube waren hart und unangenehm, ihre Schichten verbrachten die Bergleute im kalten Wasser kniend. Lungenentzündungen und eine Lebenserwartung von nur 35 Jahren waren die Folge.

Die über 250 Jahre alte **Eisenerzgrube Maria** wurde erst 2006 für Besucher geöffnet. Ihre Besonderheit ist, dass man über ihren Hauptstollen und den mit einer Wendeltreppe angebundenen, höher liegenden Stollen den Berg durchqueren kann.

▪ Die **BergbauErlebnisWelt** ist von April bis Ende Okt. So und feiertags 10–17 Uhr und in den rheinland-pfälzischen Sommerferien zusätzlich Di 13–17 Uhr geöffnet. Der Eintritt in das Bergbaumuseum und in ein Besucherbergwerk nach Wahl (mit Führung; festes Schuhwerk und warme Kleidung empfohlen) kostet 4 €, ermäßigt 2 €, Familien zahlen 11 €. Die Eintrittskarten können sowohl im Museum als auch im **Zechenhaus** im Eingangsbereich der beiden Gruben gekauft werden. Im Zechenhaus gibt es auch Getränke und Snacks zu sehr günstigen Preisen. www.bew-imsbach.de.

▪ Die Besucherbergwerke liegen ca. 2 km nordöstlich von Imsbach. Nur 300 m vom Zechenhaus entfernt befindet sich ein großer Waldparkplatz. Wer nach der Grubenführung noch eine kleine **Wanderung** machen möchte, dem sei der an den Bergwerken vorbeiführende, 6 km lange Eisenweg (gekennzeichnet mit einem „E") empfohlen. Unterwegs kann man am PWV-Haus Kronbuchhütte Rast machen (So ab 10 Uhr, Auskunft bei Volker Hofstadt unter ☏ 06302/7203). Die beiden anderen Montanwanderwege beschäftigen sich mit Kupfer und verlaufen weiter westlich.

Praktische Infos

Information www.imsbach.eu.

Wandern Neben den Wanderungen bei den Gruben ist der landschaftlich abwechslungs-

Blick auf das ehemalige Bergbauörtchen Imsbach

reiche, 16 km lange Rundwanderweg Donnersberger Bauernpfad lohnenswert. Er hat einen möglichen Ausgangspunkt am Hotel Klostermühle. Die Informationstafeln bieten einen Überblick über die regionale Landwirtschaft und Geografie.

Übernachten/Essen * Hotel Klostermühle.** Südlich von Imsbach kann man in einer alten Mühle des Klosters Hornbach (→ S. 226) in hellen, großzügigen Zimmern übernachten, im offenen Restaurant speisen (gehobene Preise) und es sich im großen Naturgarten gut gehen lassen. Mi Ruhetag, sonst 18–23 Uhr, So 12–14 Uhr. DZ ab 110 €. Münchweiler, Mühlstr. 19, ℡ 06302/92200, www.klostermuehle.com.

Max. In der Anfang des 20. Jh. gebauten Turn- und Festhalle der kleinen Gemeinde Winnweiler ist heute ein Restaurant untergebracht. Auf der Karte findet sich eine bunte Mischung von kleineren und größeren Leckereien. Mo/Di Ruhetag, sonst ab 17.30 Uhr, So 12–14 Uhr. Winnweiler, Schloßstr. 35, ℡ 06302/609494, www.max-winnweiler.de.

Umgebung von Imsbach

Frühindustriepark Gienanth: Aufgrund der Erzvorkommen am Donnersberg siedelte sich dort im 18. und 19. Jh. Eisen verarbeitende Industrie an. So bau-

te die 1835 geadelte Familie Gienanth ein regionales Eisenimperium auf, von dem noch die Gießerei (Werk Kupferschmelz) in Winnweiler-Hochstein und die Eisenschmelz mit Herrenhof und Arbeiterwohnungen geblieben sind. Mit dazu gehören auch die ehemaligen Meilerplätze in den umgebenden Wäldern, das einstige Hammerwerk in Schweisweiler und die Alsenzbahn. Um die räumlichen und geschichtlichen Zusammenhänge dieser Kulturlandschaft zu verdeutlichen, wurde der Frühindustriepark Gienanth als geografisch-historischer Lehrpfad zum EXPO-2000-Thema „Mensch – Natur – Technik" geschaffen. Er ist 12 km lang und führt durch das südwestliche Donnersberger Vorland.

▪ Empfehlenswert ist es, an der Kupferschmelz in Hochstein Richtung Schweisweiler zu starten. Der Weg ist mit einem blauen „G" markiert. Auf dem (Rück-)Weg liegt dann die Igelborner Hütte des PWV (Mi ab 11.30 Uhr, Sa ab 14 Uhr, So und feiertags ab 10.30 Uhr).

Falkenstein: Das auf 440 m gelegene Dorf unterhalb der Burgruine Falkenstein rühmt sich einer kuriosen Besonderheit: Es hat mit 25 % Steigung die steilste Dorfstraße Deutschlands. Wer die Steigung gemeistert hat, kann vom südlichen Hang des Donnersbergs eine herrliche Aussicht genießen. In den Sommermonaten ist die Freilichtbühne der Burgruine Falkenstein hin und wieder auch Schauplatz stimmungsvoller Theateraufführungen und Open-Air-Kino-Vorführungen.

■ Infos über Veranstaltungstermine beim Donnersberg-Touristik-Verband (DTV), Uhlandstr. 2, 67292 Kirchheimbolanden, ✆ 06352/1712, www.donnersberg-touristik.de.

Erdbebenmessungen am Donnersberg

In der Weißen Grube befindet sich eine von acht Erdbeben-messstationen in Rheinland-Pfalz. Mithilfe der Stationen kann die genaue Lage von Erdbebenherden bestimmt werden. Die Messsta-tion besteht aus einem Seismografen und einem Computer, der Beben ab einer gewissen Stärke automatisch an den Zentralrech-ner im Landesamt für Geologie und Bergbau in Mainz weitermel-det. Geht dort von mindestens drei Stationen ein zur selben Zeit gemessenes Signal ein, wird der Erdbebenherd automatisch lokali-siert und berechnet. Bei weniger als drei Signalen kann man da-von ausgehen, dass es sich um eine lokale Störung, beispielsweise eine Sprengung, handelt. Auch das gewaltige Tsunami-Beben im Indischen Ozean vom 26.12.2004 wurde in Imsbach aufgezeich-net. Das Beben fand um 1:58 Uhr MEZ statt. Bereits 8–10 Min. später wurden die ersten schnellen Erdbebenwellen durch den Seismografen in der Weißen Grube registriert. Um 3 Uhr wurden die Daten zusammen mit denen anderer Messstationen in die Zen-trale nach Mainz übermittelt, wo dann um 3:20 Uhr eine automa-tische Lokalisierung ablief.

Der Standort in der Weißen Grube gehört zu den besten des Lan-des, da er keinerlei Störquellen in der Nähe wie stark befahrene Straßen oder Produktionsanlagen aufweist. Ein weiterer Vorteil liegt in dem sehr kompakten Gestein des Donnersbergs. Dadurch sind schon schwache seismische Wellen gut messbar. Eine weitere Messstation in der Pfalz befindet sich am Hochwasserbehälter Pe-tersbächel im Dahner Felsenland.

Rockenhausen

Mit seiner kleinen Altstadt ist Rockenhausen ein sehr beschauliches Fleckchen. Neben einigen Läden, einem stilvollen Hotel im alten Schloss und schmalen, liebevoll restaurierten Gassen und Häusern locken Museen nicht nur Kunstliebhaber an.

Das heutige Erscheinungsbild der von viel Wald umgebenen und lange Zeit agrarisch geprägten Stadt entstand im frühen 19. Jh. Dicht gedrängt liegen zwischen Schloss- und Speyerstraße bescheidene, überwiegend im Fachwerkbau errichtete Wohn-, Bauern- und Geschäftshäuser. In den letzten Jahren hat man die weitgehend erhaltene barocke Innenstadt aufwendig restauriert. Einen Besuch lohnt besonders der mit Plastiken aufgewertete und von schönen Bürgerhäusern, dem Kahnweilerhaus sowie der barocken evangelischen Kirche von 1784 umgebene **Marktplatz.** Sehenswert ist neben der wuchtigen, erst 1917 entstandenen katholischen Kirche St. Sebastian, die Elemente aus Romanik und Jugendstil miteinander verbindet, auch das geschmackvoll renovierte **Schloss.** Schon im späten Mittelalter stand an seiner Stelle eine erste, von Wasser umgebene Burg, die 1571 durch ein repräsentatives Wohnschloss ersetzt wurde. Nach dessen Zerstörung im Dreißigjährigen und Pfälzer Erbfolgekrieg entstand das heutige Schloss wohl zur Mitte des 18. Jh. Ähnlich wie in Kirchheimbolanden (→ S. 258) verlor es mit den Revolutionskriegen seine Funktion als kurfürstlicher Amtssitz und wurde in den Folgejahren mehrfach versteigert. 1956 kam es in kommunalen Besitz, was zu einer Nutzung als Rathaus, Bücherei und Altentagesstätte führte, auch die Umwandlung des Schlossgartens in den heutigen Stadtpark erfolgte in dieser Zeit. Seit 2001 beherbergt das Schloss ein charmantes, modernes Hotel.

Sehenswertes

Gemessen an der Stadtgröße ist die Auswahl an Museen in Rockenhausen beeindruckend. Im **Nordpfälzer Heimatmuseum** werden umfangreiche Sammlungen zur Vor- und Frühgeschichte, Geologie und Paläontologie des Donnersbergraums und zum Bergbau und zu den Burgen in der Nordpfalz gezeigt. Das Museum wird 2020 neu konzipiert und umgebaut. Eine der größten Turmuhrensammlungen Europas beherbergt das **Pfälzische Turmuhrenmuseum – Museum für Zeit,** das in einem idyllischen ehemaligen Hofgebäude untergebracht ist. Gleich zwei kleine Museen widmen sich der Kunst des 20. Jh. Die im **Museum Pachen** zusammengetragene Sammlung deutscher Kunst des 20. Jh. ist sehr sehenswert, da sie ein unglaublich breites Spektrum abdeckt. Werke von bekannten Künstlern wie Karl Schmidt-Rottluff, Käthe Kollwitz, Max Slevogt, Otto Dix und Otmar Alt sind hier ebenso vertreten wie die weniger bekannter Künstler. Das **Kahnweilerhaus** ist dem 1884 in Mannheim geborenen und von Rockenhausener Vorfahren abstammenden Daniel-Henry Kahnweiler gewidmet. Er war in Paris als Kunsthändler und Verleger tätig und gilt als Entdecker, Förderer und Freund Pablo Picassos. Im 1981 eingerichteten Museum ist neben zwei durch Picasso gefertigten Lithografien Kahnweilers eine Fotodokumentation zur Kahnweiler'schen Biografie zu sehen. Regelmäßig finden auch Sonderausstellungen mit dem Schwerpunkt Malerei statt.

Museum für Zeit – Pfälzisches Turmuhrenmuseum: Di–So 14.30–17.30 Uhr. Schlossstr. 10, ☎ 06361/3430, www.museum-fuer-zeit.de.

Museum Pachen: Di–So 14.30–17.30 Uhr. Speyerstr. 3, ☎ 06361/451213.

Kahnweilerhaus: Do–So 15–17 Uhr. Am Marktplatz 7, ☎ 06361/3440.

■ Der Eintritt ist jeweils frei, Spenden sind willkommen. Weitere Infos unter www.rockenhausen.de.

Praktische Infos

Information Touristinfo Rockenhausen im Rathaus, Bezirksamtsstr. 7, 67806 Rockenhausen, ☎ 06361/451214, www.rockenhausen.de. Mo/Di 8–16 Uhr, Do bis 18 Uhr, Mi/Fr/Sa bis 12 Uhr.

Baden Natur-Erlebnisbad. Schön gestaltete Schwimmteiche ohne Chlor mit Riesenrutsche, Sprungfelsen und einer ausgedehnten Liegewiese bieten von Mai bis Sept. Abwechslung und Abkühlung. Erwachsene 4 €, Kinder 1,50 €, Obermühle, ☎ 06361/993435, www.rockenhausen.de.

Im Nordpfälzer Bergland ↓ Karte S. 245

Einkaufen Bücherhütte. Die Buchhandlung führt eine Vielzahl von Büchern über die Pfalz. Teilweise stammen diese aus dem eigenen Verlag, in dem regionale Literatur und Postkarten erscheinen. Mo/Di/Do/Fr 9–18 Uhr, Mi/Sa bis 13 Uhr. Rognacallee 10 (im Finkenhof), ℡ 06361/21300, www.buecherhuette.de.

Radfahren Der 27 km lange **Alsenztal-Radwanderweg** führt nach Norden entlang der schmalen Alsenz von Münchweiler über Rockenhausen nach Alsenz.

Übernachten/Essen   *** Hotel am Schloss. Alte Bausubstanz und moderne, klare Architektur treffen hier eindrucksvoll aufeinander. Die hellen Zimmer sind mit vielerlei Komfort wie WLAN und DVD-Player ausgestattet. Sehr gutes Restaurant, Hauptgerichte 16–26 €. Mo Ruhetag, sonst 12–14 und 18–22 Uhr. DZ ab 90 €, Schlossstr. 8, ℡ 06361/92920, www.schlosshotel-rockenhausen.de.

Camping Donnersberg. Großer Campingplatz 7 km nordöstlich von Rockenhausen, der von einem Bach durchzogen ist. Stellplatz in der Hauptsaison 9,50 €, Erwachsene 7,50 €, Kinder 4,50 €. Gerbach, Kahlenbergweiher 1, ℡ 06361/8287, www.campingdonnersberg.com.

Kirchheimbolanden

Ein am Hang gelegenes, gemütliches Stadtzentrum mit üppig eingewachsenem Schlosspark, zur Bergseite hin abgeschlossen von einer malerischen Stadtmauer mit begehbarem Wehrgang und als Kontrast zur adretten Innenstadt eine wuchtige Malzfabrik – so präsentiert sich die „Kleine Residenz" Kirchheimbolanden.

Als Sitz der Verwaltung des Donnersbergkreises und zahlreicher Einzelhändler kommt der kleinen, hübschen Stadt Bedeutung bei der Versorgung der umliegenden Gemeinden zu. Rund um den modern gestalteten Marktplatz verlaufen die von viel historischer Bausubstanz geprägten, engen Straßen in alle Richtungen. Wie aus einem Bilderbuch vergangener Zeiten wirken die herausgeputzten bis vernachlässigt wirkenden detailreichen Gebäude. Eindrucksvoll sind die einheitlich strukturierte Amtsstraße mit zahlreichen Freitreppen und die authentisch sanierte Neue Allee, in der Kavaliershäuser in typischen Mansardenstil stehen. Die Repräsentativbauten um das Schloss und die klotzige Paulskirche markieren die einstige Größe der Stadt, die heute trotz vieler einladender Ecken eher verschlafen wirkt.

Seinen Höhepunkt erlebte Kirchheimbolanden unter nassauischer Herrschaft. Fürst Karl August (reg. 1719–1753) ließ es zur Mitte des 18. Jh. zur Sommerresidenz ausbauen und machte es neben Weilburg an der Lahn zum zweiten Mittelpunkt seines zerstückelten Fürstentums. Unter seinem Sohn Karl Christian (reg. 1753–1788) wurde die Stadt schließlich ständiger Regierungssitz und somit Residenz. Während der Regentschaft der beiden entstanden das Schloss mit Schlossgarten, die Hofkirche (heute Paulskirche), das Ballhaus und die schönen Kavaliersbauten in der Neuen Allee und der Amtsstraße. 1778 weilte Mozart in der „Kleinen Residenz" und spielte dabei auch auf der Orgel der Hofkirche. Zur Erinnerung trägt sie seinen Namen. Im Kampf um die Einheit und Freiheit des Vaterlandes gegen die Preußen fanden 1849 17 Freischärler im Kirchheimbolander Schlossgarten den Tod; ihnen wurde 1872 ein Denkmal am Eingang des Friedhofs gesetzt. Bis in das 19. Jh. hinein war die einstige Residenz eine reine Beamtenstadt. Erst spät setzte die Industrialisierung ein, große Ausmaße erreichte sie jedoch nie.

Sehenswertes

Stadtmauer und Türme: Die historische, 8 m hohe Stadtmauer schützte Kirchheimbolanden nach der Ernennung zur Stadt im Jahr 1368. Viele kleine Angriffe konnten dadurch abgewehrt werden, die Schäden infolge der kriegerischen Auseinandersetzungen im 17. Jh. waren jedoch erheblich. Dass große Teile der Stadtmauer an der Süd- und Westseite der Altstadt heute wieder begehbar sind, ist der 1986 begonnenen und viele Jahre andauernden Altstadtsanierung zu verdanken. Am *Grauen Turm* kann man gut erkennen, wie die Stadtmauer durch große, 3 m weite Steinbögen mit einem Wehrgang kombiniert wurde. Hier kann der mittlerweile renovierte Teil des Wehrgangs auch bestiegen und bis zum markanten *Vorstadtturm* verfolgt werden, dessen Aussehen durch die vor 250 Jahren entstandene Barockkuppel geprägt ist. Der *Rote Turm* wäre dagegen vor 100 Jahren beinahe abgerissen worden, als für einen Straßendurchgang einfach ein Loch in die Stadtmauer gehackt wurde und nur eine kleine Mehrheit im Stadtrat verhinderte, dass man den Turm gleich mitbeseitigte. Dieses Gebäude, frisch restauriert und neu gedeckt, ist als 6 m dicker und 12 m hoher Eckpfeiler der Stadtmauer besonders eindrucksvoll.

Schloss: Erst seit im Jahr 2003 beim Bau der „Seniorenresidenz Schloss Kirchheimbolanden" die Umrisse der einst dreiflügligen Schlossanlage aufgegriffen und zumindest der Ostflügel in seinem ursprünglichen Stil gestaltet wurde, erinnert das Gebäude wieder an den früheren fürstlichen Hof. Karl August von Nassau-Weilburg und sein Sohn Karl Christian hatten das von 1738 bis 1740 unter dem Architekten und Baumeister Guillaume d'Hauberat errichtete Schloss als fürstliche Sommerresidenz und Regierungssitz genutzt. Mit dem Einmarsch Napoleons in Mainz verließen sie aber Kirchheimbolanden, und die Eigentümer des Anwesens wechselten binnen weniger Jahrzehnte mehrfach, wodurch es auch zu verschiedenen Um- und Rückbaumaßnahmen kam. Der bayerische Baumeister Leo von Klenze gehörte ebenso zu den neuen Besitzern wie die Familie Brunck, die schließlich auch den Schlosspark anlegen ließ.

Paulskirche in Kirchheimbolanden

Schlosspark: Der sich hinter dem Schloss erstreckende Schlosspark wird von schmiedeeisernen Toren und einer hohen Mauer umschlossen. Auch wenn Kirchheimbolanden keine turbulente Großstadt ist, so ist die Ruhe innerhalb der Mauern doch wohltuend. Die Gartengestaltung, geplant und ausgeführt durch die Gebrüder Siesmayer, die auch den Frankfurter Palmengarten angelegt haben, orientiert sich am englischen Landschaftsgarten des 19. Jh. Die Setzlinge der Atlaszedern und Coloradotannen, die Heinrich Ritter von Brunck pflanzen ließ, sind heute Bäume von stattlicher Größe.

Paulskirche: Die um 1740 erbaute frühere Hofkirche ist sehenswerter Teil des schönen barocken Ensembles aus Mauern und Treppen. Leider ist sie außerhalb der Gottesdienstzeiten geschlossen, sodass man zur richtigen Zeit kommen muss, um auch den schönen Innenraum betrachten zu können. Prunkstück im Inneren ist eine der besterhaltenen Barockorgeln Deutschlands, die um 1745 durch Johann Michael Stumm gebaut wurde. Die Orgeln von Stumm und seinen Nachfahren waren von wesentlicher Bedeutung für den Pfälzer Orgelbau, bis ins 19. Jh. hinein entstanden über 380 der teils großartigen Instrumente. Besondere Berühmtheit erlangte die Orgel der Paulskirche durch ein Gastspiel von Wolfgang Amadeus Mozart. Er konzertierte 1778 auf Einladung der Fürstin Caroline, selbst eine ausgebildete Musikerin, an der Orgel. Deshalb wird das Instrument heute als *Mozartorgel* bezeichnet. Trotz des berühmten Namens und eindrucksvollen, schönen Klanges wären die Pfeifen am Ende des Zweiten Weltkrieges beinahe eingeschmolzen und zu Waffen verarbeitet worden.

Praktische Infos

Information   Donnersberg-Touristik-Verband (DTV), Uhlandstr. 2 (in der Kreisverwaltung), 67292 Kirchheimbolanden, ✆ 06352/1712, www.donnersberg-touristik.de. Mo–Fr 9–12.30 Uhr sowie Mo–Mi, Fr 14–17 Uhr, Do bis 18 Uhr; Sa 9.30–11.30 Uhr telefonisch erreichbar. **Tourismusinformation im Büro Orangerie und Stadthalle.** Dr.-Edeltraud-Sießl-Allee 4, 67292 Kirchheimbolanden, ✆ 06352/7504776, www.kirchheimbolanden.de.

Einkaufen Im Westen der Stadt sind zahlreiche **Einkaufsmärkte** angesiedelt. Meist Mo–Sa 8–21 Uhr.

Das Radhaus. Der hinter dem Schlossgarten gelegene Fahrradladen bietet alles rund ums Rad: Reparaturen, Dachträger, Helme und natürlich jede Menge Fahrräder. Mo/Di/Do/Fr 9.30–12.30 und 13.30–18 Uhr, Mi nur Nachmittag, Sa 9–13 Uhr, Mi teilw. geschlossen. Neumayerstr. 35, ✆ 06352/1894, www.das-radhaus.de.

MeinTipp **Kaffeerösterei Christine Weidmann.** Die kleine Rösterei besticht durch Geschmack und Design. Den ausgezeichneten Kaffee der kleinen Rösterei gibt's bei zahlreichen Pfälzer Gastronomen und in den stilvollen, 2016 eröffneten Räumlichkeiten. Mo–Do 8–13, Fr 8–18, Sa 9–12 Uhr. Mühlstr. 6, ✆ 06352/7896669, www.kaffeeroesterei-weidmann.de.

Veranstaltungen   Residenzfest. Am zweiten Augustwochenende. Der Sonntag ist verkaufsoffen, begleitet wird das Fest von zahlreichen Konzerten und dem Residenzfestlauf am Samstagabend.

Der **Christkindelmarkt** findet am zweiten Adventswochenende statt.

Übernachten/Essen   *** Hotel Braun. Gepflegtes, familiäres Hotel in zentraler Lage unterhalb der Altstadt. Mit 40 kleinen, aber schönen Zimmern. In der gemütlichen Hotelbar werden abends auch kleine Gerichte serviert. Wellnessbereich mit Sauna und Dampfbad. DZ ab 95 €. Uhlandstr. 1, ✆ 06352/40060, www.hotelbraun.de.

*** Parkhotel Schillerhain. In schönem Ambiente wird sehr gute regionale und internationale Küche geboten. Tägl. 18–22 Uhr und Sa/So auch 12–14 Uhr. Nach umfassender Sanierung bietet das Hotel auch geschmackvolle, elegante Zimmer ab 139 €. Schillerhain 1, ✆ 06352/7120, www.schillerhain.de.

Akropolis. Name und Speisekarte des beliebten griechischen Restaurants sind klassisch, das neue Ambiente aufgeräumt modern und dennoch gemütlich. Tägl. außer Mo 11.30–14.30 und 17.30–23 Uhr. Edenbornerstr. 9, ✆ 06352/6393.

Eiscafé Venezia. Das kleine Eiscafé am Vorstadtturm ist seit über 50 Jahren eine Institution. Viele sagen, dass es hier das beste Eis der Stadt gibt. Tägl. 9.30–20 Uhr. Vorstadt 7c, ✆ 06352/8101.

Orangerie. Nachdem die barocke Orangerie südlich des Schlossgartens jahrzehntelang als Wohnhaus diente und zuletzt recht unansehnlich war, wurde das 1776 errichtete Ensemble nun aufwändig restauriert. Neben der Stadthalle beherbergt es das Restaurant mit schönen Sitzgelegenheiten sowohl drinnen als auch auf der Terrasse. Bodenständige Küche und ein günstiger Mittagstisch. So geschlossen, sonst 17.30–22 Uhr, Mo–Fr auch 11.30–14 Uhr. Auch kostenfreie Wohnmobilstellplätze. Dr.-Edeltraut-Sießl-Allee 4, ✆ 06352/7408310, www.orangerie-kirchheim bolanden.de.

Der Eiswoog – Idylle im Nirgendwo

Am südlichen Rand des Donnersbergkreises, zwischen Alsenborn und Ramsen, liegt tief im Stumpfwald versteckt der Eiswoog. Der Stausee des Eisbaches, der von sieben kleinen Quellen gespeist wird und daher selbst im Hochsommer erfrischend kühl ist, stellt besonders an heißen Sommertagen ein beliebtes Ausflugsziel dar.

Seinen Namen verdankt der Eiswoog aber nicht nur den niedrigen Temperaturen, sondern auch der einst damit verbundenen Funktion: Früher wurde hier nämlich noch spät im Winter Eis für Brauereien und Metzgereien der Umgebung gebrochen, was seit Erfindung der Kältemaschine allerdings überflüssig ist. Passend zu seinem Namen bietet sein Ufer dem seltenen Eisvogel Nistmöglichkeiten. Der Woog (= Stausee) bietet nicht nur die Gelegenheit zum Baden und Ruderbootfahren, auch Eisenbahnfreunde kommen hier auf ihre Kosten: Sie werden außer dem deutlich sichtbaren, nicht mehr befahrenen Eistal-Viadukt, der mit 250 m längsten Eisenbahnbrücke der Pfalz, auch die **Stumpfwaldbahn** schätzen. Die allesamt aus der Region stammenden alten Gruben- und Sägewerkloks mit 600 mm Spurweite ziehen ihre offenen Wagen von Ramsen durch den Stumpfwald über den Bahnhof Bockbachtal 4 km weit zum Eiswoog. Im Winter findet eine Fackelfahrt statt, bei der die Strecke komplett mit Fackeln ausgeleuchtet und auf dem Eiswoog ein gigantisches bengalisches Feuer entzündet wird. Der 3 km lange **Naturerlebnispfad** am Ufer ist auch für Rollstuhlfahrer und Kinderwagen zugänglich. Verschiedene umwelt- und naturpädagogische Stationen bringen den Besuchern die Tier- und Pflanzenwelt des Sees und des Ufers nahe.

Anfahrt Per Auto ist der Eiswoog über Ramsen oder Alsenborn zu erreichen, die Abfahrten an der A 6 sind Wattenheim bzw. Enkenbach-Alsenborn.

An Sonn- und Feiertagen ist ab Frankenthal über Freinsheim, Grünstadt, Eisenberg und Ramsen die Anfahrt per Regionalbahn möglich. Die Bahn endet hoch über dem See kurz vor dem Viadukt.

Die Züge der **Stumpfwaldbahn** fahren von Mai bis Anfang Okt. an fast allen Sonn- und Feiertagen. Der genaue Fahrplan ist auf der Homepage des Vereins Stumpfwaldbahn Ramsen e. V. einzusehen. Erwachsene hin und zurück 4,50 €, Kinder bis 3 J. frei, bis 12 J. 3,50 €. ✆ 06356/8035, www.stumpfwaldbahn.de.

Einkaufen **Der Laden.** Schöne Designartikel und leckere Kleinigkeiten bietet der dem Seehaus Forelle (s. u.) angeschlossene kleine Laden. Di–Fr 11.30–16.30, sonst 10–16.30 Uhr.

🐟**Übernachten/Essen Seehaus Forelle Haeckenhaus.** Ob auf der Terrasse oder drinnen – einen schönen Blick über den See hat man von nahezu jedem Tisch aus. Feine (Fisch-)Gerichte aus regionalen, teilweise biologischen Zutaten sind typisch für die Seehaus-Küche. Übernachtungsmöglichkeit in modernen Zimmern mit Seeblick. Hauptgerichte 15–25 €. Mo/Di 12–15 Uhr, Mi–So 12–23 Uhr. DZ ab 90 €. Ramsen, Eiswoog 1, ✆ 06356/60880, www.seehaus-forelle.de.

Im Nordpfälzer Bergland ↓ Karte S. 245

Der Gründer des Speyerer Doms: Konrad II.

Nachlesen

& Nachschlagen

Höchster Punkt der Pfalz: der Donnersberg

Die Landschaften

Der Pfälzerwald mit seinen unzähligen, weithin sichtbaren Gipfeln prägt die Landschaft zwischen der flachen und dicht besiedelten Rheinebene im Osten, dem Elsass im Süden, dem Saarland im Westen und dem Nordpfälzer Bergland im Norden. Unmittelbar am östlichen Rand des Waldes verläuft die Deutsche Weinstraße durch die traditionsreiche Kulturlandschaft der Haardt.

Schon beim bloßen Durchfahren lernt man viel über die Geschichte der Landschaft, die sich im und am Rande des vor rund 40 Mio. Jahren gebildeten Oberrheingrabens entwickelt hat. Im Osten bildet der **Rhein** mit seinen großen Zentren Mannheim, Ludwigshafen und Karlsruhe sowie der einladenden und stimmungsvollen Landschaft der Altrheinarme die Grenze zwischen der Pfalz und Baden. Seit der Rheinbegradigung im 19. Jh. fließt der Rhein schneller und geradliniger seiner Mündung entgegen. Die verbliebenen Schlingen des einst wilden Flusses bieten ein großartiges Revier für Naturliebhaber, Wassersportler und Stechmücken.

Westlich des Rheins folgt das Hochgestade mit seinen fruchtbaren Böden und großflächigen Gemüsekulturen. Radieschen, Spargel, Salate und Kartoffeln wachsen prächtig auf dem feinsandigen Untergrund und bilden seit Langem die Hauptprodukte der hiesigen Landwirtschaft. Der südliche Abschnitt dieser ebenen, als **Vorder- oder Rheinpfalz** bezeichneten Region um die Städte Herxheim und Kandel gilt als eines der größten Tabakanbaugebiete Deutschlands, aber durch den Wegfall von EU-Subventionen für den Tabakanbau ist die Region im Umbruch begriffen. Und etwas weiter im Westen ist an der **Haardt** zwischen Pfälzerwald und Vorderpfalz die wohl bekannteste Sonderkultur der Pfalz zu Hause: der Wein. Überall werden die weitläufigen Weinberge gerne als „Rebenmeer" bezeichnet, an den Hängen des Pfälzerwalds scheint der Begriff aber besonders treffend: dort die steilen Klippen des Pfälzerwalds, hier die Weiten des grünen Meeres. Die 1935 eröffnete **Weinstraße** markiert wie eine lange Schnur den Uferbereich. Aufgereiht an ihr liegen die oft schmucken Orte mit langer Weinbautradition. Viele der Besucher kommen wegen des Weins, der hier auf rund 23.000 ha in sanft gewellten Lagen wächst und die Landschaft und die Dörfer mit ihrer Kultur unverwechselbar prägt. Im Sommer geben Rosenstöcke, die den Winzern frühzeitig den Befall durch Mehltau anzeigen, den Weinbergen einen freundlichen Charakter. Und im Herbst, wenn die klimatische Gunst der Region besonders spürbar wird, wenn Neuer Wein und Zwiebelkuchen locken und die Herbstfarben das Rebenmeer in ein wunderbares Licht tauchen, lohnt der Besuch der Weinstraße besonders.

Wenige Kilometer weiter westlich geht es im **Pfälzerwald** deutlich gemächlicher zu. Zusammen mit den französischen Vogesen bildet er das größte zusammenhängende Waldgebiet Mitteleuropas. Gut ausgeschilderte Wanderwege, endlose Weiten und gastfreundliche Hütten laden Naturliebhaber und Wanderer zu allen Jahreszeiten ein. Im Süden prägen bizarre Felsformationen und landwirtschaftlich genutzte Talauen das Bild, in seinem Zentrum ist er geprägt von kaum enden wollenden Mischwäldern. Nördlich an den Pfälzerwald grenzt schließlich das ländlich geprägte **Nordpfälzer Bergland** an. Mit dem Donnersberg überragt hier die höchste Erhebung der Pfalz die hügelige Landschaft, in der sich kleinere Wälder, Felder und Weiden abwechseln.

Geologie

Die Entstehung von Pfälzerwald und Rheinebene ist untrennbar miteinander verbunden. Im Tertiär vor rund 40 Mio. Jahren begann sich der Rheingraben zu senken, während sich die ihn begleitenden Mittelgebirge gleichzeitig hoben.

Die Rheinebene ist die nahezu flache Mitte des großen Grabenbruchs, dessen Schultern Pfälzerwald und Vogesen im Westen sowie Odenwald und Schwarzwald im Osten bilden. Bis zu 3000 m beträgt die Verwerfung zwischen den Flanken und dem Boden des Grabens. Dass die Höhenunterschiede in der Landschaft heute deutlich geringer sind als früher, liegt daran, dass sich im Laufe des Tertiärs und Quartärs mehrere Kilometer mächtige Sedimentschichten auf dem Boden des Grabens ablagerten. Die tektonischen Verwerfungen erfolgten jedoch nicht nur vertikal, auch in horizontaler Richtung drifteten die Grabenflanken einige Kilometer auseinander. Im Bereich des Pfälzerwalds wurden die älteren Gesteinsschichten aus dem Buntsandstein nach oben gehoben und durch die nachfolgende Erosion freigelegt. Die höchste so entstandene Erhebung ist mit 673 m die Kalmit bei Neustadt. Am Rande des Grabens bahnten sich vulkanische Gesteine ihren Weg durch die dünne Erdkruste (z. B. der Pechsteinkopf bei Forst) und verstärkten das geologische Durcheinander, das durch den Einbruch des Grabens entstanden war. Der Randbereich besteht aus verrutschten Schollen unterschiedlicher Erdzeitalter. Die damit verbundene Vielfalt an Gesteinen und Böden auf kleinstem Raum lässt die Lage zu einem besonderen Kriterium für den Weinanbau werden.

Durch die tektonische Sonderstellung des Oberrheingrabens finden sich schon in geringer Tiefe vergleichsweise hohe Temperaturen. Während der Tem-

Sandsteinfelsen im Dahner Felsenland

peraturanstieg in der Erdoberfläche normalerweise rund 1 °C pro 30 m Tiefe beträgt, braucht man z. B. bei Landau nur 11–15 m, um diese Temperaturzunahme zu erreichen. Seit November 2007 macht sich dies das erste ganzjährig industriell nutzbare Erdwärmekraftwerk Deutschlands zunutze und versorgt 6000 Haushalte mit nachhaltig erzeugter Energie. Aus 3300 m Tiefe wird 160 °C heißes Wasser an die Oberfläche gepumpt und hier zur Stromerzeugung eingesetzt. Seit 1955 wird bei Landau auch Erdöl gewonnen. Jährlich fördern die charakteristischen Pferdekopfpumpen rund um den Stadtteil Nußdorf rund 18.000 t Rohöl an die

Oberfläche. Bei Speyer wird sogar die zehnfache Menge Erdöl gefördert.

Die Sandsteine des Pfälzerwalds sind älter als die Ablagerungen der Rheinebene. Sie entstanden vor rund 250 Mio. Jahren im Zeitalter des **Zechsteins** und **Buntsandsteins** und haben Mächtigkeiten von über 400 m. Damals herrschte in diesem Gebiet ein trockenheißes, wüstenartiges Klima. Starker Wind transportierte feinen Sand und Staub, durch reißende Wasserläufe wurden Sand und Geröll in die Pfalz gebracht. In Senken entstanden abflusslose Seen, auf deren Grund sich Sande und Schluffe ablagerten. Im weiteren Verlauf wurden die Sedimente des Buntsandsteins ihrerseits von mächtigen Schichten überdeckt und wurden so zu festen Sandsteinen. Heute sind die jüngeren Schichten aus Muschelkalk, Keuper und Jura kaum noch enthalten und Verwitterung und Erosion haben aus den durch oxidiertes Eisen zumeist rot gefärbten Buntsandsteinschichten bizarre Landschaftsformen gemacht, die v. a. im Süden des Pfälzerwalds zu sehen sind.

Unterhalb des Buntsandsteins liegen die harten und alten Gesteine des **Variskischen Gebirges,** die jedoch nur an wenigen Stellen zutage treten. Die Gneise im Steinbruch bei Albersweiler gehören ebenso dazu wie der Schiefer bei Burrweiler oder am Schieferkopf bei Hambach.

Anders als der Pfälzerwald stammen die anstehenden Gesteine des **Nordpfälzer Berglands** aus dem oberen Rotliegenden. Während sich vor rund 300 Mio. Jahren die Bereiche nördlich und südlich anhoben, sammelte sich in dem sog. Saar-Nahe-Becken der Schutt aus den umliegenden Hochgebieten. Aber auch Gesteine vulkanischen Ursprungs prägen die Region insbesondere um den Donnersberg und führten hier zur Entstehung von Erzen, die bis in das beginnende 20. Jh. abgebaut wurden.

Naturpark und Biosphärenreservat Pfälzerwald

Der touristischen Bedeutung der natürlichen Landschaft war man sich im Pfälzerwald schon früh bewusst. 1958 wurde der Naturpark als einer der ersten in Deutschland gegründet. Der zu 70 % aus Nadelhölzern bestehende bewaldete Bereich, der von den tiefen Tälern der Queich, des Speyerbachs und der Isenach durchschnitten wird und nur dünn besiedelt ist, gehört ebenso dazu wie Teile der touristisch intensiv genutzten Haardt. Aufgrund seines besonderen Modell- und Vorbildcharakters wurde der gesamte Pfälzerwald 1992 von der UNESCO als Biosphärenreservat anerkannt. Es dient – seit 1998 grenzüberschreitend als Biosphärenreservat Pfälzerwald-Nordvogesen – dem Schutz der Ökosysteme und der Erarbeitung nachhaltiger Wirtschaftsweisen gemeinsam mit den hier lebenden Menschen. Der größte Teil des südlichen Pfälzerwalds gehört zur sog. Pflegezone, in welcher der Erhalt der historisch gewachsenen Kulturlandschaft im Vordergrund steht. In ihr liegt am Rande des kleinen Ortes Fischbach das moderne Biosphärenhaus (→ S. 209), in dem Seminare und Informationsveranstaltungen stattfinden und eine kleine, ansprechend gestaltete Ausstellung über die Natur und deren Nutzung im Pfälzerwald informiert. Weitere Infos unter www.pfaelzerwald.de.

Klima

Das Klima in der Rheinebene ist warm und niederschlagsarm. Zusammen mit einigen Gemeinden im südlichen Oberrheingraben streiten sich die Orte an der Weinstraße regelmäßig um das Prädikat des wärmsten Ortes Deutschlands.

Das langjährige Mittel liegt hier bei über 10 °C, im Sommer werden regelmäßig Höchsttemperaturen von über 30 °C erreicht. Die föhnartig absteigenden Winde am Ostrand des Pfälzerwaldes führen dazu, dass die Weinstraße häufig von Niederschlag verschont bleibt, während es weiter westlich und östlich regnet. Mit 550 bis 700 mm Niederschlag und über 200 Sonnentagen pro Jahr gehört die Weinstraße zu den sonnigsten Regionen Deutschlands. Bis in den Oktober hinein ist das Wetter oft traumhaft schön. Ab November kühlen die Niederungen jedoch rasch aus und Nebelbänke legen sich über die feuchte Rheinebene.

Im **Pfälzerwald** kann man sich selbst im Sommer gut abkühlen. Die Höhe, der dichte Wald und der Wind machen einen Aufenthalt meist angenehm erfrischend. Während der Sommermonate liegt die Temperaturdifferenz zwischen Weinstraße und Berghöhen bei über 4 °C. Im Winter ist sie geringer, dann sind auch die Temperaturen auf den Höhen vergleichsweise hoch, sodass selbst auf den Gipfeln des Pfälzerwalds nur selten Schnee liegt. Im Norden und äußersten Westen der Region, dem Nordpfälzer Bergland und dem Westrich, ist das Klima rauer. Die Temperaturen sind hier sommers wie winters niedriger als an der Weinstraße.

Flora und Fauna

Besonders eindrucksvoll ist die Vegetation an den exponierten Südhängen des Pfälzerwalds.

Auf den nährstoffarmen und sehr trockenen Sandböden dominiert die **Kiefer** *(Pinus sylvestris)*, dazwischen wachsen Heidelbeeren und Heidekraut. Selbst an kühlen Wintertagen entsteht bei Sonnenschein ein würzig-intensiver Duft, der ein bisschen an Sommer am Mittelmeer erinnert. An weniger sonnigen Stellen findet sich meist Mischwald, mal dicht und dunkel, meist aufgelockert und hell. Mit einem Anteil von 35 % ist die **Buche** die inzwischen am häufigsten vorkommende Baumart des Pfälzerwaldes. Die für die Region typische **Esskastanie** *(Castanea sativa)* ist vorwiegend auf den ersten dem Wein folgenden Hügeln zwischen 200 und 400 m Höhe zu finden. Die Römer verhalfen dem Baum zum Durchbruch, da sich sein Holz hervorragend für den heute im Weinbau nicht mehr üblichen Kammertbau und für Weinfässer eignete. Mittlerweile sind v. a. die als stachelige Pakete zu findenden Früchte begehrt. Ab Oktober liefern sich sammelnde Wanderer und hungrige **Wildschweine** einen Wettkampf um die nährstoffreichen „Keschde". Leider sind die Wildschweine im Pfälzerwald auch über 30 Jahre nach dem Reaktorunglück von Tschernobyl noch von dessen Folgen betroffen. Da es am 26. April 1986 in Teilen der Region regnete, ging Radioaktivität auf den Boden nieder. Sie konzentriert sich bis heute in dem für Menschen ungenießbaren Hirschtrüffel, der für Wildschweine aber eine geschätzte Delikatesse darstellt. Geschossene Wildschweine werden deshalb auf Cäsium untersucht – als Wildliebhaber kann man so sicher sein, nur unbelastetes Fleisch serviert zu bekommen.

In der Dämmerung hat man in der Pfalz gute Chancen, auf Mausohren, Abendsegler und Langohren zu treffen. So oder so ähnlich heißen die Fledermäuse, von denen fast 20 Arten in Teilen des Pfälzerwalds und an der Haardt zu Hause sind. Mit bis zu 40 cm Flügelspannweite sausen sie im Zickzackkurs durch die Luft. Tagsüber schlafen sie in Höhlen oder verlassenen Gebäuden. Besonders eindrucksvoll lassen sie sich bei einer nächtlichen Führung über den Baumwipfelpfad bei Fischbach erleben. Äußerst selten zu Gesicht bekommt man dagegen die scheuen Wildkatzen, die sich überwiegend in den ruhigen und wenig genutzten Weiten des Waldes aufhalten. Rund 500 der meist in

Herbststimmung im Pfälzerwald

kleinen Höhlen unterhalb von Felsen lebenden Tiere gibt es in der Pfalz. Der seit weit über 100 Jahren im Pfälzerwald ausgestorbene Luchs wird derzeit wieder angesiedelt. Die bis zu 110 cm großen Katzen mit den charakteristischen Ohrpinseln ernähren sich hauptsächlich von Rehwild. Das Biosphärengebiet Pfälzerwald-Nordvogesen ist durch seine Fläche für die Wiederansiedlung interessant, da ein ausgewachsener männlicher Luchs vermutlich eine – ungeteilte – Reviergröße von bis zu 400 km² benötigt.

Am Übergang zwischen Pfälzerwald und Rheinebene ist der **Wiedehopf** zu Hause. Sein Bestand ist in Europa deutlich zurückgegangen, hier an der warmen und trockenen Haardt fühlt er sich jedoch wohl. Überhaupt sind die abwechslungsreichen, von Mauern und Hecken durchzogenen Weinberge, die von den großflächigen Flurbereinigungen der 1970er- und 1980er-Jahre verschont geblieben sind, ein beliebter Lebensraum. Bis zu 30 wärmeliebende Brutvogelarten sind hier anzutreffen, unter ihnen **Bluthänfling, Girlitz** und **Stieglitz** sowie seltene Vögel wie **Neun-töter, Zaunammer** oder **Steinschmätzer.** Bei einem Spaziergang durch die Weinberge, aber auch entlang der Felsen des Pfälzerwalds fällt vor allem ein weiteres charakteristisches Tier der Pfalz auf: die **Mauereidechse.** Da ein Exemplar dieser wärmeliebenden Reptilien gerade mal 5 m² Fels oder Trockenmauer als Lebensraum beansprucht, kann man sie zwischen Frühsommer und Herbst zuhauf beim Sonnenbaden beobachten.

Am Rhein prägen die urwüchsigen **Auwälder** die Landschaft. An ganz oder teilweise abgetrennten Rheinschlingen wachsen auf feuchtem, hin und wieder überschwemmtem Grund Weiden, Pappeln und andere feuchtigkeitsliebende Pflanzen. Früher war der Bereich der Auwälder größer und wilder, durch die Rheinregulierung wurden sie jedoch stark zurückgedrängt. An einigen Stellen lässt sich die Vergangenheit als „Amazonas vom Oberrhein" aber noch erahnen. Dazu tragen in feuchten Sommern auch die trotz intensiver Bekämpfung zahlreich vorhandenen Stechmücken, lokal als „Schnaken" bezeichnet, bei.

Elwetritsche

Nicht nur Wildschweine und Füchse bevölkern die ausgedehnten Wälder des Pfälzerwalds. Seit Jahrhunderten sind im dichten Unterholz und am Fuße steiler Felsen auch die Elwetritsche zu Hause. So recht beschreiben kann man sie nicht, sind sie doch äußerst scheu und zeigen sich kaum in der Öffentlichkeit. Am ehesten noch haben sie Ähnlichkeit mit Hühnern. Und aus solchen sollen sie auch entstanden sein: Einst verirrten sich Hühner, Enten und Gänse im Wald, paarten sich mit Kobolden und Feen und gründeten ihre eigene bunte und lustige Familie. Wo genau dies geschehen sein soll, darüber streitet man sich bis heute. Fest steht, dass den eigenartigen Fabelwesen nicht nur etliche Denkmäler und Brunnen gewidmet sind (v. a. der 1978 von Gernot Rumpf gestaltete Elwetritschebrunnen in Neustadt), sondern dass die vielerorts angebotene Jagd nach ihnen auch eine äußerst heitere und feuchtfröhliche Sache ist.

Geschichte

Schon die Kelten hinterließen ihre Spuren und errichteten auf dem Donnersberg eine riesige Stadtanlage. An der Weinstraßen sind vor allem die Spuren der Römer prägend: Sie bauten Straßen und Häuser und brachten der Region den Wein. Im Pfälzerwald schließlich zeugen unzählige Burgen von der Bedeutung, die der Region im ehemaligen Kaiserreich zukam.

Die Geschichte der Pfalz ist lang und verworren. Viele Kriege brachen über sie herein und bescherten den Bewohnern neben Elend, Tod und Zerstörung v. a. eines: wechselnde Herrschaften. Die Römer brachten den Wein, die Staufer die Insignien der Macht, der Sonnenkönig und Napoleon verheerende Kämpfe und Verwüstungen. Mit der Angliederung an Bayern verlor die Pfalz schließlich ihre Eigenständigkeit, die sie als Pfalzgrafschaft und Kurpfalz seit dem 12. Jh. zu einer wichtigen machtpolitischen Größe im Alten Reich gemacht hatte.

Von Kelten, Römern und Franken

Die Spuren früher Siedlungen in der Pfalz sind überschaubar. Neben den Resten eines jungsteinzeitlichen Dorfs bei Herxheim in der Südpfalz ist es vor allem der Goldene Hut von Schifferstadt, der Mitte des 19. Jh. für Aufsehen unter Archäologen sorgte: Der 30 cm hohe Hut aus verziertem Goldblech entstand um 1300 v. Chr. und diente vermutlich als Kultobjekt. Ab 800 v. Chr. stießen die Kelten auf das Territorium der heutigen Pfalz vor. Neben

Blick vom römischen Weingut auf Bad Dürkheim

Ringwällen und einstigen Städten, die, wie auf dem Donnersberg oder oberhalb von Bad Dürkheim, noch immer Rätsel aufgeben, zeugen v. a. Scherben, einfache Werkzeuge und alltägliche Gebrauchsgegenstände aus der Zeit bis 50 v. Chr. von der keltischen Kultur.

Deutlich präsenter ist die Besiedlung der Pfalz durch die Römer. Sie betrieben hier Weinbau und kultivierten Äcker. Gut erhaltene und sorgsam restaurierte Fundamente zeugen von der Organisationsform des römischen Lebens. Die aus dem Mittelmeerraum mitgebrachten Weinstöcke gediehen vortrefflich im warmen Klima auf kieseligen und lehmigen Böden. Funde erhalten gebliebener Rebsamen deuten darauf hin, dass neben Wildreben schon damals Frühformen von Riesling-, Traminer- und Burgundertrauben angebaut wurden. Die Produktion mittels Tretkeltern, in denen die Winzer mit den bloßen Füßen den Saft aus den Trauben pressten, mutet allerdings aus heutiger Sicht gewöhnungsbedürftig an. Im 2. Jh. n. Chr. entwickelte sich Tabernae auf der Gemarkung des heutigen Rheinzabern zum bedeutendsten Töpferzentrum nördlich der Alpen. Über eine Million Gefäße sollen hier zur Blüte alljährlich aus flammend roter Feinkeramik entstanden und in weite Teile Europas exportiert worden sein.

Um 400 n. Chr. wurden die Römer durch eindringende Alemannen abgelöst, um 500 kamen dann die Franken an den Rhein und in die ihn begleitenden Berge. Um den Merowingerkönig Dagobert I. (reg. 629–639) und seine Güte ranken sich in der Pfalz sagenhafte Geschichten. Der Tod Karls des Großen im Jahr 814 läutete schließlich auch in der Pfalz das Ende der fränkischen Zeit ein. Die Zeit des Umbruchs war geprägt durch Beutezüge der Normannen und Ungarn, vor denen die Pfälzer auf Fliehburgen Schutz suchten. Deren Überreste bei Hambach oder Deidesheim sind bis heute beliebte Wanderziele.

Salier und Staufer in der Pfalz

Es waren die Salier, die im ehemaligen Ostfrankenreich das Erbe der Karolinger antraten. Heinrich I. gliederte Lothringen 925 in das ostfränkisch-deutsche Reich ein und legte damit die Grundlage für die zentrale historische Bedeutung der Pfalz. 1024 wurde Konrad II. zum König und wenige Jahre später in Rom zum Kaiser gekrönt. Zwei Pfälzer Großbaustellen folgten den Krönungen: Der Legende nach soll er am gleichen Tag den Grundstein zum Ausbau seines Stammsitzes auf der Limburg oberhalb Bad Dürkheims und den des Speyerer Doms gelegt haben. Beides diente der Demonstration seiner Macht und sollte die Bedeutung des Adelsgeschlechts sichern. Doch die Macht der Salier währte nicht einmal mehr hundert Jahre. Nachdem Heinrich IV., der Enkel Konrads II., seine Krone durch den Gang nach Canossa knapp hatte retten können, wurde er 1104 von seinem eigenen machtbesessenen Sohn Heinrich V. abgesetzt.

Nach dessen Tod 1125 übernahmen die Staufer die Herrschaft in der Pfalz. Unter ihnen wurde der Trifels oberhalb Annweilers zu einer der Hauptburgen des großen Reiches. Von 1155 bis 1190 war der Staufer Friedrich I., auch Barbarossa genannt, Kaiser des römisch-deutschen Reiches. Die Bedeutung der Pfalz wuchs weiter, Hofbeamte und Berater des Kaisers stammten aus der Region, ein Großteil der bis heute als Ruinen die Landschaft prägenden Burgen entstand während dieser Zeit. Markward von Annweiler befehligte das Heer, das im Auftrag Heinrichs VI. 1194 Palermo eroberte und den Normannenschatz auf den Trifels brachte. Sein Nachfolger Friedrich II. liebte die Eroberungen im Süden. Die Pfalz war ihm weniger wichtig, und so konnten regionale Fürsten immer mehr Rechte durchsetzen. Sie erhielten Gerichtsbarkeit und Münzrechte und waren in den von ihnen verwalteten Ländereien kaum Kontrollen unterworfen. 1214 belehnte Friedrich II. das bayerische Haus Wittelsbach mit der Pfalzgrafschaft und leitete damit die Bildung des pfälzischen Kurfürstentums ein. Der Habsburger Rudolf I. wurde als einer der letzten mit der Pfalz verbundenen Könige 1291 wie seine Vorgänger im Speyerer Dom bestattet. Sein Bildnis auf der sandsteinernen Grabplatte gilt als das erste im Mittelalter entstandene lebensechte Porträt.

Tausende kamen mit wehenden Fahnen zum Hambacher Fest

Die Kurpfalz

Die Jahrhunderte unter Wittelsbacher Herrschaft brachten der Kurpfalz, zu der auch rechtsrheinische Gebiete gehörten, neben einigen Stadtgründungen v. a. eines: Streit. Streit um die Vormacht in der Herrscherfamilie, in der es 1294 zur Trennung in eine bayerische und eine pfälzische Linie kam; Streit um die Territorien, auf die neben den Kurfürsten auch die Grafen von Leiningen (um Grünstadt) sowie die Bischöfe von Worms und Speyer Ansprüche erhoben; und Streit mit Eroberern von außen und Aufständischen von innen. Das 14. Jh. brachte die Pest, das 15. Jh. Streitigkeiten zwischen den Vettern Schwarzer Ludwig (Pfalzgraf Ludwig von Veldenz) und Pfälzer Fritz (Kurfürst Friedrich I.), das 16. Jh. den Bayerisch-Pfälzischen Erbfolgekrieg sowie den Bauernkrieg und das 17. Jh. schließlich den Dreißigjährigen Krieg. Am schlimmsten aber kam es für die Pfalz, als Erbstreitigkeiten nach dem Tod von Kurfürst Karl II. dazu führten, dass Frankreich unter dem absolutistischen Sonnenkönig Ludwig XIV. auf eine Vereinigung der Territorien bestand. Mit zuvor kaum beobachteter Brutalität wurden die Dörfer, Klöster und Felder im sog. Pfälzischen Erbfolgekrieg (1688–1697) planmäßig und erfolgreich in Schutt und Asche gelegt. „Brûlez le Palatinat!" („Verbrennt die Pfalz!") war die Parole des französischen Kriegsministers François Michel Le Tellier de Louvois, die das Verhältnis zwischen Frankreich und der Pfalz für viele Jahrhunderte empfindlich stören sollte. Das 18. Jh. begann mit dem Spanischen Erbfolgekrieg und der Religionsdeklaration von 1705. Ersterer brachte erneute Zerstörungen, wobei es nicht zuletzt um die Frage der „richtigen" Religion ging, Letztere war ein Zeichen der religiösen Toleranz: Kurfürst Johann Wilhelm garantierte darin die gleichberechtigte Religionsausübung aller christlichen Konfessionen in der Kurpfalz. In allen Orten mit zwei Kirchen sollte die eine den Protestanten, die andere den Katholiken zufallen. Und in Orten mit nur einer Kirche sollte der Chor den Katholiken und das Langhaus den Protestanten zugesprochen werden. Bis heute bestehen entsprechend getrennte Kirchen in einigen Orten.

Von Napoleons Kriegen zur bayerischen Provinz

Die Zeit der französischen Revolutionskriege gegen Ende des 18. Jh. bescherte den Pfälzern wiederum unsagbare Leiden. Verwüstete Weinberge, Brandschatzungen und zerstörte Dörfer waren die Folgen der heftigsten kriegerischen Auseinandersetzungen seit den Erbfolgekriegen. Nach dem Sieg der napoleonischen Truppen wurde das linksrheinische Gebiet der Kurpfalz, also die heutige Pfalz, französisch. Die nicht gerade beliebten Herrscher brachten während weniger Jahre zwischen 1801 und 1814 wichtige Neuerungen. Viele der liberalen Grundrechte und gesicherten Rechtsverhältnisse blieben auch nach der Übergabe der Pfalz an die Bayern 1816 bestehen und trugen zur Bildung eines republikanisch-liberalen Nährbodens bei, der den autoritären bayerischen Herrschern nicht nur Freude bereitete. Mit dem Hambacher Fest fand die Demokratiebewegung auf Pfälzer Boden 1832 ihren Höhepunkt.

Auch in den Weinbergen hinterließ Napoleon seine Spuren. Nach der Geburt seines Sohnes im März 1811 fanden nicht nur landesweite Jubelfeiern statt, es wurde auch verfügt, dass an den Landstraßen und Wirtschaftswegen beschattete Ruhebänke eingerichtet werden sollten. Bis heute noch finden sich solche steinernen Napoleonbänke – teilweise nachgebildet – an vielen Weinbergwegen der Pfalz. Auch die danebenstehenden Lockensteine dienten der Erholung. Denn während die Winzer ihre Lasten mit Schubkarren von und zu ihren Weinbergen beförderten, trugen ihre Frauen die Lasten auf den Köpfen. Zum Ausruhen oder als Hilfe für das Auf- und Abladen kamen die Lockensteine gerade recht, da die schweren Säcke und Körbe bequem in Kopfhöhe abgestellt werden konnten.

Das 20. Jahrhundert

Das 20. Jh. verlief nicht minder verworren als die Jahrhunderte zuvor. Die Pfalz wurde zu einem Land der Gegensätze. Nach der Niederlage des Kaiserreichs im Ersten Weltkrieg und dem Ende der Pfalz als bayerische Rheinpfalz wurde sie – wieder einmal – von französischen Truppen besetzt. Und während die Pfalz im 19. Jh. zum Vorreiter der Demokratiebewegung aufgestiegen war, entwickelte sie sich nun zu einem äußerst fruchtbaren Nährboden für Antidemokraten. 1940 rühmten sich die nationalsozialistischen Machthaber damit, in der Pfalz durch den populistischen und beliebten Gauleiter Bürckel den ersten judenfreien Gau Deutschlands geschaffen zu haben. Jener trinkfeste Gauleiter war es auch, der 1935 die Deutsche Weinstraße einweihte. Auch als 1938 das größte militärische Bauprojekt an der Westgrenze Deutschlands entstand, schien die Begeisterung grenzenlos: Der Westwall, der vom Rhein bei Karlsruhe bis in die Nähe von Zweibrücken führte, entwickelte sich zu einer gigantischen Baustelle. Die 40.000 Arbeiter, die für den Bau in die Pfalz kamen, wollten versorgt und unterhalten werden. Die Reste der Anlage erinnern noch heute an diese Zeit und die Jahre danach, als auch die Pfalz vom Zweiten Weltkrieg stark getroffen wurde, insbesondere die großen Städte am Rhein.

1946 wurde die Pfalz Teil des Bundeslandes Rheinland-Pfalz. Aus einem Zankapfel entwickelte sich eine Region, in der die Europäische Integration eine große Rolle spielte. Und mit dem Fall der Grenzen fallen auch die Vorbehalte in den Köpfen. Pfalz und Elsass, Pfälzerwald und Vogesen rücken immer näher zueinander.

Der Wirtschaftraum Pfalz heute

Ihre Geschichte hält die Pfalz zusammen. Wirtschaftlich dagegen ist die

Pfalz eher von Gegensätzen geprägt: In Ludwigshafen am Rhein, der zweitgrößten Stadt des Bundeslandes Rheinland-Pfalz, werden rund 10 % des Bruttoinlandsprodukts des Landes generiert, die Westpfalz dagegen gilt als eine der strukturschwächsten Regionen.

Während in Ludwigshafen vor allem der weltweit agierende Chemie-Gigant BASF für Wohlstand sorgt, führen im Pfälzerwald die niedergegangenen Schuh- und Bekleidungsindustrien zu hoher Arbeitslosigkeit und niedrigen Einkommen. So landet Pirmasens in Studien zur privaten Verschuldung bundesweit immer wieder auf dem schlechtesten Platz. Das geschichtsträchtige Kaiserslautern im Zentrum der heutigen Pfalz kann dank seiner innovativen technischen Universität sowie einigen sanierten und auch umstrukturierten Unternehmen eine positivere wirtschaftliche Entwicklung vorweisen. Die Region wird zudem stark von den 50.000 hier lebenden Amerikanern geprägt. Ein Großteil von ihnen arbeitet auf dem weltweit größten US-Militär-

stützpunkt außerhalb der USA – in Ramstein.

Prächtig scheint es dagegen um die Pfälzer Landwirtschaft bestellt zu sein: Nicht nur der Wein, der die Region und deren Wahrnehmung von außen entscheidend prägt, hat sich inzwischen endgültig von seinem miesen Ruf der 1980er-Jahre erholt, auch weiter östlich, auf dem Hochgestade des Rheins, wird mit Obst und Gemüse gutes Geld verdient. Das milde Klima und die fruchtbaren Böden sorgen dafür, dass hier fast das ganze Jahr über Gemüse angebaut werden kann. In den vergangenen 20 Jahren hat sich die Fläche dieses größten geschlossenen Gemüseanbaugebiets Deutschlands mehr als verdoppelt. Nicht ohne Stolz wird darauf verwiesen, dass acht von zehn Radieschen, die in Deutschland verkauft werden, aus der Pfalz kommen. Allein vom wichtigsten Großmarkt der Pfalz, dem Pfalzmarkt in Mutterstadt, werden Tag für Tag 250 Lastwagen mit Pfälzer Gemüse auf den Weg zu den Verbrauchern im In- und Ausland gebracht.

Erinnert an glanzvolle Zeiten: der Schusterbrunnen in Pirmasens

Kunst und Kultur

Die Pfalz blickt auf eine lange kulturelle Tradition zurück, auf deren Spuren man allerorten trifft. Aber auch die Gegenwart hat einiges zu bieten. Vielfältige Museen, Theater und Konzerte haben ihren festen Platz im Pfälzer Kulturkalender.

Die Pfälzer sind – so heißt es – offen und direkt. Um auf einem Weinfest ins Gespräch zu kommen, braucht es oft keine großen Mühen. Was die Offenheit der Pfälzer nicht ermöglicht, das besorgt der Wein. Allerdings sollte man sich vorsehen und nicht jedes Wort auf die Goldwaage legen. Denn im Pfälzischen gehört es dazu, geradewegs „loszubabble".

Auch in der Kunst ist es diese Direktheit, welche die Bilder der großen Pfälzer Maler prägt. *Otto Dill* (1884–1957) machte v. a. durch seine dramatische Tiermalerei von sich reden. Daneben sind es seine impressionistischen Heimatbilder, die ihn zu einem der bedeutendsten Maler der Pfalz gemacht haben. Heute ist ihm in Neustadt ein ganzes Museum gewidmet. Nicht minder bedeutend und in den hellen Räumen der Villa Ludwigshöhe oberhalb von Edenkoben sympathisch in Szene gesetzt ist *Max Slevogt* (1868–1932). Seine vom deutschen Impressionismus geprägten Werke transportieren das mediterrane Flair der Pfalz, zeigen die Landschaft und die sie gestaltenden Winzer. Etliche seiner Arbeiten entstanden in dem oberhalb von Leinsweiler gelegenen Schloss Neukastel. Daneben stößt man in der Pfälzer Landschaftsmalerei immer wieder auf den Namen Croissant. *August Croissant* (1870–1941) prägte das Bild der Pfalz mit leuchtenden Ölbildern und Aquarellen. Der aus Edenkoben stammende Maler wurde auch für seine Postkartenmotive bekannt, die er im Auftrag des Pfälzerwald-Vereins anfertigte. Auch sein Sohn Eugen (1898–1976) und sein Neffe *Hermann Croissant* (1897–1963) haben es mit harmonischen Darstellungen ihrer Pfälzer Heimat zu einiger Berühmtheit geschafft. Andere Maler wurden in der Region geboren, arbeiteten jedoch fernab ihrer Heimat, so z. B. *Julius Exter* (1863–1939), *Hans Purrmann* (1880–1966) oder *Anselm Feuerbach* (1829–1880).

Deutlich präsenter als die Werke der meisten Maler sind die des aus Kaiserslautern stammenden Bildhauers *Gernot Rumpf*. Der 1941 geborene Künstler hat eine kaum noch zu überschauende Zahl von Brunnen und Plastiken entworfen, die in über einem Dutzend Pfälzer Städten und Dörfern zu finden sind. Die meisten der von ihm gestalteten Szenen sind amüsant bis spöttisch, sie zeigen Fabelwesen (Elwetritschebrunnen in Neustadt), religiöse (Lutherbrunnen Ludwigshafen) oder historische (Kaiserbrunnen Kaiserslautern) Motive. Ernsthafter und klassischmodern sind dagegen die Werke des 1931 geborenen *Martin Mayer* wie z. B. die Skulpturen des überlebensgroßen Jakobspilgers in Speyer, Martin Luthers in Landau oder des sitzenden Keilers auf dem Kirchheimbolander Römerplatz.

In musikalischer Hinsicht blickt v. a. die Nordwestpfalz auf eine stattliche Geschichte zurück. Lange bevor sich Mannheim durch die Erfolge Xavier Naidoos und der Söhne Mannheims zur Pop-Hauptstadt Deutschlands aufschwang, wurden Wandermusiker aus dem Kuseler Musikantenland im 19. Jh. zum Pfälzer Exportschlager. Der aus Kusel stammende Tenor *Fritz Wunderlich*

(1930–1966) erlangte schließlich Weltruhm in klassischen Gefilden. Heute gibt es einige gut besetzte Konzertreihen. Im Rahmen des „Kultursommers Rheinland-Pfalz" (www.kultursommer.de) finden thematisch und räumlich weit gestreute Veranstaltungen statt. Für Freunde des Jazz und der Weltmusik findet bereits seit 1998 jährlich die Konzertreihe „Palatia Jazz" an malerischen und romantischen Orten statt (www.palatiajazz.de). Der derzeit musikalisch bekannteste Pfälzer ist, auch wenn man es ihm überhaupt nicht anhört, der in Winnweiler aufgewachsene *Mark Forster*. Er gibt in seiner Heimatgemeinde immer mal wieder Konzerte, im nahen Kaiserslautern spielte er auch bei der Eröffnung der Spielsaison 2016/17 des 1. FCK ein Konzert.

Zu den bekanntesten Pfälzer Mundartdichtern gehört die 1862 in Speyer geborene Lina Sommer. In ihrer „Pälzer Hausapothek" hat sie ihre Lieblingsgedichte über Heimat und Zeitgeschehen zusammengestellt. Ein anderer Pfälzer macht vor allem mit politisch unkorrektem Kabarett in (Kur-) Pfälzer Mundart von sich reden: *Christian Habekost*, genannt *Chako*, belebt mit seinen Bühnenprogrammen die Tradition der Mundartdichtung, die im Rahmen von Wettbewerben um die besten Lieder und Gedichte alljährlich, beispielsweise in Bockenheim und Dannstadt, ihre Höhepunkte findet.

Die Pfalz und der Wein

Was wäre die Pfalz ohne ihren Wein? Nicht, dass es außer ihm nichts gäbe, auch Obst- und Gemüsekulturen gedeihen hier prächtig. Doch wer durch die endlosen Weinberge reist und dabei auf ein Weingut oder Weinfest nach dem anderen stößt, wird die Landschaft ganz unweigerlich mit dem Rebensaft verbinden.

Die Römer waren es, die den Wein vor über 2000 Jahren in die Pfalz brachten. Denn auch fernab der Heimat galt dieser als eines der wichtigsten Getränke, auf das man keineswegs verzichten wollte. Der Transport des fertigen Produkts über die Alpen galt als zu aufwendig, und so entschloss man sich zum Anbau in den nördlichen Provinzen. Im klimatisch begünstigten Oberrheingebiet gediehen die importierten Reben auf besonders fruchtbaren Böden. In den folgenden Jahrhunderten wurden Weine v. a. in Klöstern kultiviert und ausgebaut. Erst nach der Eroberung durch Napoleon entwickelten sich private Weingüter in großer Zahl. Für viele Landwirte war der Wein bis nach dem Zweiten Weltkrieg nur ein Anbauprodukt neben anderen. Erst dann setzten die heute weitgehend abgeschlossene Spezialisierung und die anhaltende Intensivierung des Weinbaus ein. In den letzten 30 Jahren hat sich die Zahl der Winzer nahezu halbiert, heute gibt es in der Pfalz 3600 Weinbaubetriebe.

Die Zeiten, in denen Pfälzer Wein einzig als billiges Massenprodukt galt und allenfalls jene überzeugen konnte, die vom Wein und seiner Qualität wenig Ahnung hatten, sind glücklicherweise vorüber. Zu den guten klimatischen Bedingungen und kleinräumig hervorragenden mineralischen Böden kommt seit einigen Jahren ein wachsendes Qualitätsbewusstsein der jungen Winzergeneration. Einst waren es nur wenige traditionsreiche Häuser an der Mittelhaardt, die aus der Masse des

Pfälzer Weins herausragten und dieser Region besonders früh den Ruf eines guten Weinlandes beschieden. Im Süden und Norden dagegen gab es wenig, was echte Weinenthusiasten befriedigen konnte. Hier wie da waren es vor allem die Jungen, die nach Lehrjahren und Ausbildungen fernab der elterlichen Betriebe neuen Wind in die Pfälzer Weinkultur brachten. Mit neuen Rebsorten, zeitgemäßen Ausbaumethoden und einer Senkung des Flächenertrags haben sie inzwischen bewiesen, dass Pfälzer Wein durchaus in der oberen Liga mitmischen kann. In der Pfälzer Abteilung des Verbands Deutscher Prädikats- und Qualitätsweingüter e. V. (VDP, www.vdp-pfalz.de) haben sich die wohl besten Weingüter der Pfalz zusammengeschlossen. Die 26 Betriebe haben sich zu stetiger Qualitätssteigerung, traditionsreichen Sorten und umweltschonendem Anbau verpflichtet. Und entgegen der weit verbreiteten Annahme, dass Winzergenossenschaften schlechte, bestenfalls beliebige Weine produzieren, brauchen sich einige von diesen nicht mit ihrem Angebot zu verstecken. Die Vereinigungen in Bad Dürkheim, Ungstein, Kallstadt und Wachenheim gehören alljährlich zu den Preisträgern der Deutschen Landwirtschafts-Gesellschaft (DLG).

Weinbau im Jahresgang

Auch wenn die Arbeit der Winzer zur Zeit der Weinlese am offensichtlichsten ist, erfordert der Wein doch das ganze Jahr hindurch Aufmerksamkeit. Nach der Lese per Hand oder mit dem Vollernter im September und Oktober folgt im November die Einlagerung des jungen Weins. Im Dezember ist die Zeit der *Eisweinlese* gekommen: Wenn die durch Netze geschützten Trauben bei mindestens -7 °C durchgefroren sind, werden sie geerntet und in gefrorenem Zustand gepresst. Das neue Jahr beginnt mit dem Rebschnitt. Während früher mehrere Fruchtruten am Wein-

stock gelassen wurden, bleibt heute i. d. R. nur noch eine Rute mit wenigen Knospen stehen. Der Ertrag wird da-

Vom Weinberg in den Keller: frisch gelesene Trauben

durch geringer, die Qualität jedoch macht einen deutlichen Sprung. Im Laufe des Februars wird der in Edelstahltanks und Fässern gegorene Wein geklärt und kann nun reifen. Im Weinberg sind die Rebdrähte und Pfosten zu warten, sodass im März die neuen Fruchttriebe angebunden werden können. Ab Mai werden bereits die ersten Weine des neuen Jahrgangs abgefüllt und bald danach den kritischen Zungen der Weinfreunde übergeben. Besonders junge Weine werden in der Tradition des französischen *Beaujolais nouveau* bereits kurz nach ihrer Ernte Ende Oktober verkauft. Vor allem Winzergenossenschaften folgen diesem

Trend. Über den Sommer werden die Reben meist mehrmals beschnitten. Damit lenkt der Rebstock seine Energie in die Frucht statt in das Laub, zudem werden die Trauben von mehr Sonne erreicht. Im August erfolgt die „Grüne Ernte". Noch bevor die Trauben Zucker einlagern, werden sie ausgedünnt und zwischen den Rebzeilen liegen gelassen.

Der Dubbeschoppe

Getrunken wird der Wein traditionell im Pfälzer Schoppen. Einen halben Liter fasst dieses Glas, das bei Festen und beim abendlichen Weinstubenbesuch einst die Runde machte. Passend zur sprichwörtlichen Pfälzer Geselligkeit war es v. a. früher Brauch, sich den Inhalt eines solchen Glases zu teilen. Statt jeder für sich, trank man zusammen einen Schoppen nach dem anderen, bis man letztendlich den Überblick über die abendliche Menge verlor. Die von Hand zu Hand gehenden, zylinderförmigen Gläser glitten den Durstigen auf den Wein- und Schlachtfesten dabei nicht selten aus den Händen. Dürkheimer Metzger erfanden deshalb das Dubbeglas, das sich nicht nur trichterförmig nach unten verjüngt, sondern durch zahlreiche runde Vertiefungen bestens in der Hand liegt.

Rebsorten

Mit rund 23.000 ha Anbaufläche stellt die Pfalz das zweitgrößte Weinanbaugebiet Deutschlands dar. Auch wenn die Anbaufläche für Rotweinsorten in den vergangenen Jahren entsprechend der gestiegenen Nachfrage deutlich zugenommen hat, werden bis heute auf über 60 % der Fläche Weißweinsorten angebaut. Davon könnte die Pfalz in den kommenden Jahren profitieren, schließlich scheint sich der Trend zu roten Weinen seinem Ende zuzuneigen. Die meisten Weingüter der Pfalz verspüren ein neu entdecktes Interesse an guten Weißweinen.

Mit rund 25 % der Anbaufläche führt mit Abstand der *Riesling*. Der „König der Weißweine" stellt hohe Anforderungen an seine Lage und genießt sowohl als junger Schoppen- als auch als lagerfähiger Qualitätswein schon lange große Beliebtheit. Dagegen wird der süffige bis blumige Müller-*Thurgau* oder *Rivaner* inzwischen nur noch auf 8 % der Fläche angebaut. Den zweiten Rang hat ihm der dunkelrote *Dornfelder* abgelaufen. Als beliebtester Rotwein der Pfalz wird dieser, ursprünglich als Deckwein zur farbgebenden Beimischung in helleren Rotweinen gezüchtet, auf rund 12 % der Flächen angebaut. Ob als fruchtiger, junger Rotwein oder als strukturbetonter Barriquewein erfreut er sich einer enormen Nachfrage. Nur der helle, angenehm vollmundige und süffige *Portugieser* (5 %) und der anspruchsvolle *Spätburgunder* (7 %) können flächenmäßig Anschluss finden. Ersterer dominierte einst die Pfälzer Rotweine, Letzterer wird zunehmend qualitätsvoll als kräftig-roter Wein mit wenig Säure im Barrique ausgebaut.

Zu den bedeutenden Weißweinen zählen auch die überaus beliebten, leichten und fruchtigen *Weißen* (6 %) *und Grauen Burgunder* (8 %), die sich – meist trocken ausgebaut – als Sommer- und Menüweine eignen. Letztere gab es edelsüß und gehaltvoll ausgebaut schon lange als *Ruländer* auf den Weinkarten, Ersterer wird zunehmend unter seinem französischen Namen *Pinot Blanc* vermarktet. Der vielseitige *Kerner* (3 %) wird nicht nur in allen Qualitätsstufen vom süffigen Schoppen bis zur trockenen Spätlese angeboten, sondern auch als Sekt. Oft ist der säurebetonte und fruchtige Wein einen Hauch aromatischer als sein Verwandter, der Riesling. Besondere Ansprüche an die Böden stellt der frostempfindliche *Silvaner* (2 %). Der meist jung getrunkene Wein passt hervorragend zum Pfälzer Spargel. Der *Chardonnay* gilt als eine der erfolgreichsten Weinsorten der Welt. Nach anfänglicher Skepsis wird er inzwischen in guten Burgunderlagen wie der Südlichen Weinstraße äußerst erfolgreich produziert (3 %). Im Barriqueausbau kombinieren sich die fruchtigen Aromen mit feinen Holznuancen. Für den ursprünglich aus Frankreich stammenden Sauvignon blanc hat sich die Pfalz inzwischen als bedeutendstes Anbaugebiet in Deutschland etabliert (3 %).

Zu den „kleinen" Weinen, die für die Pfalz trotz nur geringer Anbauflächen von einiger Bedeutung sind, gehört der Gewürztraminer. Bei Rhodt befindet sich der älteste sortenreine Gewürztraminer-Weinberg der Welt. Seit über 400 Jahren werden hier Trauben geerntet und zu aromatisch-würzigen Weinen verarbeitet. Auch die *Huxelrebe* wird ähnlich wie die *Scheurebe* außer in der Pfalz nur in wenigen anderen Weinregionen angebaut. Ihre Anteile sind zuletzt aber nochmals zurückgegangen. Die gehaltvollen Weine mit fruchtigem Bukett eignen sich zum Dessert und als Aperitif. Der *Muskateller*, den angeblich schon Kaiser Friedrich Barbarossa schätzte, wird in klimatischen Gunstlagen rund um den Ort Gleiszellen geerntet und überzeugt durch sein blumiges Bukett. Während dem Riesling die Folgen der klimatischen Veränderungen eher Probleme bereiten, erfreuen sich Sorten wie *Merlot*, *Cabernet Sauvignon* und *Saint Laurent* gerade aufgrund der steigenden Temperaturen zunehmender Beliebtheit.

Ein saisonal reichlich getrunkener Wein ist der *Federweiße*, der auch als *Neuer Wein* bezeichnet wird. Während der Lese wird ein Teil des gekelterten, meist weißen Weins frisch angegoren an nahezu allen Ecken angeboten. Oft wird dazu auch Zwiebelkuchen, der traditionelle Begleiter, verkauft.

Bei konstanter Temperatur lagert der Wein in alten Holzfässern

Der Wein und die Reblaus

Die Kulturgeschichte des Weins ist uralt. Im europäischen Mittelmeerraum, im Nahen Osten und im südlichen Kaukasus entstanden schon vor Tausenden von Jahren die ersten Weinkulturen. Über Griechenland und das Römische Reich schließlich traten die Reben und die daraus gewonnenen Getränke schließlich ihren Siegeszug durch Europa und in die gesamte Neue Welt an. Doch als Folge der im 19. Jh. zunehmenden Austauschbeziehungen zwischen Amerika und Europa gab es herbe Rückschläge für die empfindlichen europäischen Gewächse: Echter und Falscher Mehltau wurden zwischen 1850 und 1880 von Amerika aus nach Europa eingeschleppt und gefährdeten die Bestände. Eine noch größere Bedrohung legte nach ihrer Invasion 1863 den gesamten französischen Weinbau lahm: Die von der Ostküste der USA eingeschleppte Reblaus hätte der europäischen Weinkultur um Haaresbreite ein Ende bereitet. Drei Jahrzehnte lang musste man der raschen Verbreitung des Schädlings, der die Wurzeln der Pflanzen angreift, machtlos zusehen. Erst gegen 1900 schließlich zeichnete sich eine Lösung ab: Die traditionsreichen europäischen Rebsorten wurden auf reblausresistente Unterlagsreben aus den USA gepfropft und waren so nicht mehr anfällig. Bis heute werden die Reben so vor der Reblaus geschützt.

Weinfeste

Beim Blick auf den alljährlich erscheinenden Weinfestkalender fallen einige Häufungen während der Früh- und Spätsommerwochenenden auf, an denen sich die einzelnen Gemeinden gegenseitig überbieten. Neben der Kerwe, die traditionell als Erntedankfest in der gesamten Pfalz gefeiert wird, finden an der Weinstraße inzwischen oftmals noch weitere Weinfeste in Form von Weinwanderungen, Hoffesten oder Bauernmärkten statt. Der Festrahmen ist meist ähnlich: Lokale Winzer und die gastronomischen Betriebe bieten Weine und Speisen in unterschiedlicher, meist jedoch durchgängig guter Qualität an. Die Zunahme der Feiern in den vergangenen Jahren hat dazu geführt, dass die Konkurrenz um Weinfestbesucher stetig steigt, worunter auch die Restaurantbesitzer zu leiden

haben. Für die Einheimischen gehören v. a. die traditionsreichen Feste am Ort zu einer festen gesellschaftlichen Größe. In einigen Städten existieren gar feste Nachmittage, an denen sich die Geschäftswelt zum Feiern trifft und die Läden geschlossen bleiben. Der alljährlich am zweiten und dritten Septemberwochenende stattfindende **Wurstmarkt** in Bad Dürkheim ist nicht nur das bekannteste Weinfest der Pfalz, sondern angeblich auch das größte der Welt. Auf dem Ende September/Anfang Oktober in Neustadt stattfindenden **Deutschen Weinlesefest** wird neben der Pfälzischen auch die Deutsche Weinkönigin gekürt.

Gemütlicher als auf den großen Kerwen und Weinfesten geht es auf den kleinen Festen der Weingüter zu. Einmal im Jahr rufen diese ihre Kunden zur gemeinsamen Feier und können in den meisten Fällen auf regen Zuspruch bauen. Zu gutseigenem Wein und je nach Anspruch des Weinguts mehr oder minder einfachen Speisen versammeln sich die Besucher in den Gärten, in Festzelten oder in den Hallen der Winzerbetriebe. Die oft viel zu laute Unterhaltungsmusik ist Geschmackssache, kommt bei den meisten Gästen jedoch gut an und sorgt für eine ausgelassene, heitere Stimmung. Zunehmend gehen auch die Weingüter dazu über, den Standard ihrer Weinfeste zu erhöhen: Ausgefallene und hochwertige Speisen gehören ebenso dazu wie namhafte Musiker. Neben den Festlichkeiten bieten die meisten Weingüter rund ums Jahr **Weinproben** an. Am schönsten ist der Besuch der urigen Probierstuben in Gruppen.

■ Jedes Jahr erscheint ein zentraler Weinfestkalender für die gesamte Deutsche Weinstraße. Dieser liegt in vielen Geschäften und allen Touristinformationen aus und kann bei Pfalzwein e. V. (Martin-Luther-Str. 69, 67433 Neustadt, ☎ 06321/39160, www.pfalz.de) angefordert werden. Über die Weinfeste bei den Winzern informieren Zeitungen und Touristinformationen vor Ort sowie Hinweistafeln und Plakate. Donnerstags erscheint die Tages-

Einfache Weinkeller weichen zunehmend edlen Vinotheken

zeitung „Die Rheinpfalz" mit dem Freizeitmagazin „Leo", in dem viele interessante Tipps zu den jeweils bevorstehenden Festen gegeben werden.

Essen in der Pfalz

In den letzten Jahren konnte nicht nur die Qualität der Pfälzer Weine deutlich gesteigert werden. Quasi nebenbei entwickelte sich die Region rings um die Weinstraße zu einer Art Feinschmeckerlandschaft.

Die Fülle an mediterranen Zutaten, hervorragende Weine und die Nähe zum Elsass waren dabei die wohl wichtigsten Faktoren. Und so kommen immer mehr Leute in die Pfalz, um neben Trank auch Speis zu versuchen. Dass sich traditionelle Hausmannskost und Sterneküche dabei nicht ausschließen, wird schnell deutlich. Am augenscheinlichsten vielleicht im Weinort Deidesheim, in dem der Altkanzler Helmut Kohl seine Gäste gerne mit erstklassigen Pfälzer Gerichten verwöhnen ließ.

Für ihr Essen ist die Pfalz schon lange bekannt. So beschreibt die Mundartdichterin Lina Sommer in ihren Strophen über das „Pälzer Ländsche" die Pfalz als das schöne und liebe Land, „wo mer mit der Gawwel / in sein Pälzer Schnawwel / stoppt die Lewwerknepp mit Koppsalat".

Neben Lewwerknepp (Leberknödel) mit Sauerkraut lassen sich die Pfälzer auch Flääschknepp (Fleischklöße) mit Meerrettichsoße schmecken. Wer es lieber vegetarisch mag, dem seien die tennisballgroßen, in Butter ausgebackenen Dampfnudeln empfohlen. Traditionell gibt es diese in den katholischen Orten freitags mit Wein- oder Vanillesoße. Herzhaft und lieblich passen aber auch bei einer weiteren Spezialität vortrefflich zusammen: Grumbeersupp mit Quetschekuche (Kartoffelsuppe mit Zwetschgenkuchen) wird im Spätsommer und Herbst vielerorts angeboten und überzeugt meist auch Nichtpfälzer.

Nur halb so kurios wie sein Name ist der Saumagen: Tatsächlich wird diese Pfälzer Spezialität im Magen von Schweinen zubereitet, aber die Füllung ist mit Bedacht gewählt. Schweinebauch und -schinken sowie Kartoffeln werden in kleine Würfel geschnitten, mit Eiern, eingeweichten Brötchen und Bratwurstbrät gemischt. Saisonale Abwandlungen, wie z. B. mit Kastanien, sind beliebt. Gut vermengt wird die Füllmasse in zuvor gereinigten Mägen mehrere Stunden im Wasser gegart. Dazu gibt es, wie fast immer und überall in der Pfalz, Sauerkraut. In Landau wird alle zwei Jahre der beste Saumagen der Welt gekürt. Wer sich dafür nicht erwärmen kann, sollte auf Weine aus Kallstadt ausweichen, wo eine Lage den Namen Saumagen trägt. Im Kallstadter Weinhaus Henninger gibt es beides: Weine und das Gericht nach dem Rezept der Großmutter. Und kann man sich auch dazu nicht entschließen, dann sollte man zumindest die groben Pfälzer Bratwürste versuchen.

Zu vielen Gelegenheiten wird in der Pfalz kalt gegessen. Leber- und Griebenwurst nach Hausmacherart gehören ebenso auf einen Vesperteller wie Schwartenmagen und Weißer Käs. Letzterer ist mit Rahm, Zwiebeln, Paprika, Pfeffer und Salz angemachter Quark, der auf vielen Weinfesten und in den Hütten des Pfälzerwald-Vereins großen Absatz findet. Hin und wieder findet man auf den Karten auch aus Sauermilchquark hergestellten Handkäs. Wird er „mit Musik" gereicht, dann ist er mit Zwiebeln, Essig, Öl und Kümmel angemacht. Zu diesem Gericht gibt es auch das passende Fest, das „Loschter Handkeesfescht" in Lustadt.

Zwei weitere Besonderheiten prägen die Pfälzer Küche jahreszeitlich: Im Frühsommer gedeiht der Spargel auf

Handkäse auf dem Handkeesfescht in Lustadt

den Feldern der Vorderpfalz und wird an Ständen entlang der Straßen zum Verkauf angeboten. Im Herbst sind die Keschde (Kastanien) reif und schmecken köstlich zur Martinsgans. Und zu allem gibt es Grumbeeren (Kartoffeln): Als Reiwekuche, Gebredelte, Gequellte oder Gereschde runden sie (fast) jedes Pfälzer Essen ab. Nur beim Zwiebelkuchen, der im Herbst traditionell zum Neuen Wein angeboten wird, verzichtet man auf die sättigende Beilage. In der Südpfalz schlägt sich die Nähe zum Elsass nieder: Im Holzofen gebackene Flammkuchen, klassisch mit Zwiebeln und Speck oder süß mit Apfel und Calvados, gehören hier oft zum geselligen Beisammensein. Als weitere Süßigkeit empfiehlt sich auch der Kerscheplotzer. Sein Name rührt daher, dass man die Kirschen in den Teig plotzen (fallen) lässt. Für viele ist der Genuss dieses Kuchens erst perfekt, wenn man zwischendurch die mitgebackenen Steine entsorgen muss.

Essen gehen

Wer die Spezialitäten aus Küche und Keller auswärts probieren möchte, dem wird die Auswahl nicht gerade leicht gemacht. Nicht nur Restaurants und Gaststätten bieten Pfälzer Gerichte in vernünftiger Qualität, auch Weinstuben und Straußwirtschaften gehören zum ausgezeichneten kulinarischen Angebot der Region.

Gaststätten, Weinstuben und Restaurants: Neben den urigen Hütten des Pfälzerwald-Vereins, in denen schmackhafte Lewwerknepp, Weißer Käs und Bratwürste zum Standardrepertoire gehören, den Dorfgaststätten, die klassische Speisen in zünftiger Atmosphäre servieren, und den Weinstuben mit ihrem großen Angebot an heimischen Weinen und bodenständiger Küche haben sich an der Weinstraße und in der Südpfalz im Laufe des vergangenen Jahrzehnts einige erstklassige Restaurants positionieren können, so z. B. die Krone in Herxheim-Hayna oder der Schwarze Hahn im Deidesheimer Hof. Immerhin sechs mit Michelin-Sternen dekorierte Restaurants finden sich in der Pfalz. Daneben gibt es viele kleine Betriebe, die zu angemessenen Preisen eine innovative und qualitativ hochwertige Küche bieten. Nicht selten setzen sie auf regionale Produkte, von denen die Pfalz ein breites Spektrum aufweist. Wein und Gemüse sowieso, aber auch Fleisch von Partnerbetrieben des Biosphärenreservats oder Fische aus Teichen im Pfälzerwald finden Beachtung.

Straußwirtschaften: In den Sommermonaten und im Herbst gibt es an der Weinstraße eine Alternative zu Weinstuben und Restaurants. In urig-rustikalen Straußwirtschaften bieten die Winzer neben ihren eigenen Weinen auch einfache Gerichte an. In den entsprechend hergerichteten Wirtschaftsgebäuden der Weingüter sitzt man nicht selten dicht gedrängt an Biertischen. Die Straußwirtschaften haben hier eine lange Tradition. Ursprünglich zeigte ein mit bunten Bändern geschmückter Strauß am Eingang, dass drinnen Speis und Trank angeboten wurden. Vor allem in den Monaten vor der Ernte war die Möglichkeit des eigenen Ausschanks für die Winzer eine gute Möglichkeit, restliche Bestände aus Fässern und Keller an den Mann zu bringen. Heute hat sich diese Form des gastronomischen Angebots längst etabliert: In großen Straußwirtschaften werden immer öfter auch kleine kulinarische Highlights kredenzt, und das in aller Regel zu besonders fairen Preisen. Und wer echte Pfälzer Hausmannskost nach Omas schnörkellosen Rezepten sucht, der ist hier sicherlich am besten aufgehoben. Während der Ernte wandelt sich, sofern es die Arbeitssituation zulässt, das Angebot vieler Straußwirtschaften. Ihren Gästen wird dann Neuer Wein und herzhafter Zwiebelkuchen angeboten.

Der Mannheimer Bahnhof: Mittelpunkt der Metropolregion Rhein-Neckar

Reisepraktisches

Anreise und unterwegs vor Ort

Der überwiegende Teil der Pfalz-Besucher reist mit dem Auto an. Nicht nur wegen des Weins, der einigen Platz im Kofferraum verschlingen kann, sondern auch aufgrund der Flexibilität beim Wandern ist das Auto keine schlechte Wahl. Häufig sind Ausgangspunkte für Wanderungen nur mit dem Auto zu erreichen, und auch im nur schlecht mit öffentlichen Verkehrsmitteln erschlossenen Pfälzerwald und in Teilen der Nordpfalz gibt es kaum Alternativen dazu. Dagegen sind die großen Städte am Rhein (Mannheim, Ludwigshafen, Speyer, Karlsruhe), die Orte an der Weinstraße und Kaiserslautern gut mit dem Zug zu erreichen.

Mit dem Auto oder Motorrad: Die meisten Straßen der Region sind gut ausgebaut und mit Ausnahme der Weinstraße oder während des Berufsverkehrs problemlos zu befahren. Die 1935 zur Steigerung des Tourismus eröffnete, 85 km lange Deutsche Weinstraße ist die älteste Touristikroute Deutschlands und verbindet die meisten Weinbaugemeinden an der Haardt. Auch wenn in den vergangenen Jahren in vielen Gemeinden Umgehungsstraßen entstanden sind und v. a. die Autobahn A 65 und die Bundesstraße B 271 wichtige Alternativen zur Reise entlang der Haardt darstellen, sind zwischen Juli und Oktober viele der Weinstraßendörfer überlastet. Liegen nicht wirklich wichtige Gründe vor, dann sollte man entweder die Umgehungen nutzen oder aber sein Auto an den meist ausgeschilderten Parkplätzen abstellen und die Orte zu Fuß erkunden. Viele der kleinen Gassen und urigen Höfe lassen sich ohnehin nur auf diesem Weg kennenlernen. Wer partout nicht auf die Fahrt durch die engen Ortsdurchfahrten verzichten will, dem sei zumindest eine leider nicht immer selbstverständliche defensive Fahrweise empfohlen. Schließlich leiden einige Orte durchaus darunter, dass sich Gäste wie Einwohner als Fußgänger nicht sicher fühlen können. Weitere wichtige Straßen in und durch die Pfalz sind als West-Ost-Verbindungen die A 6 und weiter südlich die A 8 mit den Verbindungsstraßen B 10 und A 65 zwischen Pirmasens und Karlsruhe sowie die B 9 als Nord-Süd-Verbindung am Rhein.

Für Motorradfahrer ist v. a. die mitten im Wald auf 473 m gelegene, kleine Höhensiedlung Johanniskreuz ein wichtiges Ziel. An schönen Sonntagen trifft man hier auf einige Hundert Biker, welche die kurvenreichen Straßen der Umgebung zu schätzen wissen. Die durch das Elmsteiner Tal hierher führende Straße ist allerdings am Wochenende sowie an Feiertagen von April bis Oktober für Motorräder gesperrt. Grund dafür sind die in der Vergangenheit zahlreichen Unfälle mit Motorrädern auf der schmalen, idyllischen Straße. Beliebt bei Bikern ist auch der Donnersberg im Nordpfälzer Bergland.

Mit Bus und Bahn: Zwischen Rhein und Weinstraße sind das gut ausgebaute Netz und die aufeinander abgestimmten Verbindungen im Rahmen des Rheinland-Pfalz-Taktes (www.der-takt.de) durchaus eine Alternative zum Auto. Vom zentralen ICE-Knotenbahnhof Mannheim ist man mit der S-Bahn RheinNeckar (www.s-bahn-rhein neckar.de) zügig in Neustadt (S 1/S 2) und von dort in den Orten entlang der Weinstraße. Die meist halbstündlich verkehrende S-Bahn verbindet auch Neustadt mit Kaiserslautern (S 1/S 2) sowie Mannheim und Ludwigshafen mit Speyer, Germersheim (S 3/S 4) und Karlsruhe (S 4). Wer die Region aus dem Zug heraus kennenlernen möchte, dem seien die Rhein-Haardt-Bahn und der Elsass-Express empfohlen. Während die Rhein-Haardt-Bahn (Straßenbahnlinien 4 und 9) auf ihrer rund 45 Min. langen Fahrt zwischen Mannheim/Ludwigshafen und Bad Dürkheim einen guten Einblick in die Landschaft der Pfälzer Rheinebene bietet, verkehrt der Elsass-Express in den Sommermonaten an Sonn- und Feiertagen zwischen Mainz und Weißenburg (Wissembourg) und passiert dabei die wichtigsten Orte der Weinstraße.

An den Wochenenden werden einige Ausflugsziele von Bussen angefahren. Entsprechende Fahrten wollen allerdings gut geplant sein, weil der Fahrplan zu den Ausgangspunkten der Wanderungen oder auf die Aussichtsberge meist vergleichsweise dünn ausfällt. Der Verkehrsverbund Rhein-Neckar gibt u. a. Informationsbroschüren zu Wanderungen im nördlichen Pfälzerwald und rund um Johanniskreuz heraus. Diese liegen ebenso wie wichtige Streckenpläne an den Bahnhöfen und bei den Touristinformationen in der Region aus.

Tickets   Die gesamte Pfalz und Mannheim liegen im Tarifgebiet des Verkehrsverbundes Rhein-Neckar (VRN). In dieser Region gibt es ein einheitliches Tarifsystem. Neben regulären Fahrkarten wird die **Tages-Karte** für Einzelpersonen und Kleingruppen angeboten. Das bis 3 Uhr des Folgetages gültige Ticket kostet je nach Geltungsbereich 7–19 € für eine Person, bei mehr Personen wird es günstiger. Bis zu drei Kinder unter 6 J. fahren kostenfrei mit. Informationen zu Tarifen und Fahrplänen unter ☎ 01805/8764636 oder www.vrn.de.

Wer neben der Pfalz auch andere Regionen des Bundeslandes Rheinland-Pfalz und des benachbarten Saarlands erkunden will, der kann für 25 € (Einzelperson, jede weitere Person 5 € mehr, beim Kauf im DB-Reisezentrum 2 € Aufschlag) das in allen Nahverkehrszügen gültige **Rheinland-Pfalz-Ticket** lösen. Es gilt werktags von 9 bis 3 Uhr des Folgetages und an Wochenenden ab 0 Uhr im gesamten Bundesland sowie in den Regionalzügen nach Mannheim und Karlsruhe. Infos unter ☎ 01805/8764636, www.vrn.de, www.der-takt.de oder www.bahn.de/rheinland-pfalz.

Ermäßigungen

In einigen Gemeinden der Pfalz wird bei Übernachtung Kurtaxe erhoben. Als

Gegenleistung erhält der Besucher eine **Gästekarte**, die vor Ort Vergünstigungen bringt. In seltenen Fällen (z. B. in Bad Dürkheim) ist die Fahrt mit öffentlichen Verkehrsmitteln darin eingeschlossen. In einigen Unterkünften, unter anderem in allen Jugendherbergen der Region, gibt es die Pfalzcard. Diese beinhaltet nicht nur die freie Fahrt mit Bussen und Bahnen im kompletten VRN-Gebiet, sondern auch zahlreiche Eintritte in Schwimmbäder, Burgen und Museen. (www.pfalz card.de).

Information

Die Orte entlang der Weinstraße verfügen fast ausnahmslos über eine gute touristische Infrastruktur. Auskünfte erteilen die unter der Woche ganztags sowie – zumindest in den größeren Orten während der Saison – am Wochenende stundenweise geöffneten Touristinformationen, die neben ortsspezifischen Angeboten auch Material über die gesamte Weinstraße bereithalten. Ein Großteil der Rheinebene wird durch die Touristinformationen des Kreises Germersheim und der Stadt Speyer abgedeckt. In den weniger erschlossenen Teilen der nördlichen und westlichen Pfalz sind die Touristinformationen teilweise im Rathaus oder in der Kreisverwaltung untergebracht und ihre Öffnungszeiten oft auf eine Tageshälfte begrenzt. Informationsmaterial zur gesamten Pfalz gibt es bei **Pfalz. Touristik e. V.,** Martin-Luther-Str. 69, 67433 Neustadt, ☎ 06321/39160, www. pfalz.de.

Literatur

Das Angebot an Veröffentlichungen über die Pfalz ist in den letzten Jahren stark gewachsen. Heute gibt es nicht nur allerlei Touristisches, sondern auch Landeskundliches und einige Pfalzkrimis.

Landeskundliches: Michael Geiger, „Die Landschaften der Pfalz entdecken: Geo-Touren für Familien" (Verlag Regionalkultur 2018, 34,80 €): Ansprechend gestalteter Geo-Führer mit vielen Hintergrundinformationen zur Geologie und zur Geschichte der Landschaft.

Michael Geiger, „Geographie vor Ort" (Verlag Pfälzische Landeskunde 2013, 34,80 €): In dem vielseitigen Buch werden die Orte der Pfalz und ihre jeweiligen thematischen Schwerpunkte anschaulich und reich bebildert vorgestellt.

Sport und Freizeit: Antje und Gunther Schwab, „Pfälzerwald und Deutsche Weinstraße" (Michael Müller Verlag 2016, 14,90 €): Wanderführer mit 38 sorgfältig beschriebenen Touren zwischen 6 und 22 km im Pfälzerwald, entlang der Deutschen Weinstraße und in der Nordpfalz.

Jens Richter und Sabine Tittel, „Kletterführer Pfalz. Klettern im Buntsandstein des Pfälzer Felsenlandes" (Panico Alpinverlag 2019, 44,80 €): Der bereits in der fünften Auflage erschienene Führer beschreibt auf über 500 Seiten alles Wissenswerte über die Klettergebiete im südlichen Pfälzerwald.

Krimis / Romane: Jürgen Mathäß, „Pechstein" (Pfalz Krimi, emons, 9,90 €): Spannender Krimi mit jeder Menge Lokalkolorit rund um den kleinen Weinstraßenort Forst. Der zweite Band („Kastanienbusch") spielt in Birkweiler, der dritte („Schweigen") im deutsch-französischen Grenzgebiet.

Greifenstein, Gina, „Spectaculum. Paula Sterns erster Fall" (Schardt, 12,90€): In der Südpfalz spielen die Krimis mit Kommissarin Paula Stern. Sie ermittelt forsch in bzw. südlich von Landau.

Tempel, Katrin, „Mandeljahre" (Piper, 9,99 €): Historische Fakten über eine große Bad Dürkheimer Kaffeerösterei verschmelzen mit einer fiktiven Liebesgeschichte und ergeben so einen spannenden Roman mit vielen Details zur Region.

Sport und Freizeit

Baden und Wellness: Während der heißen Sommermonate bieten die Baggerseen am Rhein willkommene Abkühlung. Die Seen im Einzugsgebiet der großen Städte (z. B. Blaue Adria bei Altrip) sind an Wochenenden stark frequentiert, unter der Woche fällt es schon leichter, ein ruhiges Plätzchen zu finden. Der Besuch ist, im Gegensatz zum Parken, meist kostenfrei. Einige Seen sind mit DLRG-Stationen und Kiosken ausgerüstet. Abkühlung im Pfälzerwald versprechen der herrlich gelegene Eiswoog bei Ramsen und der malerische Seehof unterhalb der Burg Berwartstein. Die größeren Orte verfügen über Hallen- und Freibäder. Ein Beispiel für einen exquisiten und entsprechend teuren Wellnessbereich ist das Lindner Hotel & Spa Binshof bei Speyer. Therme, Schwimmbad, verschiedene Saunen, Whirlpools und ein Fitnessbereich garantieren erholsame Stunden. Das Kurzentrum Bad Dürkheim und die Südpfalz-Therme Bad Bergzabern bieten eine breite Palette an Wellnessmöglichkeiten auf weniger schickem Niveau, aber dafür zu deutlich günstigeren Preisen. Einladend und preiswert ist auch das PLUB in Pirmasens.

Golf: In den letzten Jahren ist Golf auch in der Pfalz immer wichtiger geworden. Aufgrund des milden und trockenen Klimas sind viele der Plätze ganzjährig bespielbar. An der Weinstraße gibt es z. B. bei Freinsheim (Golfgarten Deutsche Weinstraße), Neustadt (Golfclub Pfalz) und Landau (Golfanlage Landgut Dreihof) schöne Plätze. Viele Besucher lockt mittlerweile der Golfclub Barbarossa westlich von Kaiserslautern. Vom Südwesten der Pfalz aus gibt es die Möglichkeit, im französischen Bitche in schöner Landschaft 27 Bahnen zu bespielen.

Kanufahren: Die offenen Täler des Pfälzerwalds, das Glantal in der Nordpfalz sowie die Altrheinarme und Baggerseen geben einen prächtigen Rahmen für meist einfache Kanutouren. Bislang hat sich der Kanutourismus in der Pfalz dennoch nicht im großen Stil etablieren können, freie Kanuvermietungen gibt es nur wenige. Informationen über die Gewässer der Pfalz gibt es beim Pfälzischen Kanu-Verband e. V. (www.kanupfalz.de).

Klettern: Vor allem im Dahner Felsenland, aber auch in anderen Teilen des Pfälzerwalds gibt es zahlreiche und gerne genutzte Möglichkeiten zum Klettern an den häufig senkrecht aufragenden Buntsandsteinfelsen. Beliebt sind z. B. der Asselstein bei Annweiler, die Fladensteine oberhalb von Bärenbach und die zahlreichen Felsen rund um den Bärenbrunnerhof. Eine auch für Einsteiger interessante Form der Kletterei sind die neu entstandenen Kletterparks bei Speyer und Kandel.

Klettern in der Südpfalz

■ Auf www.pfaelzer-kletterer.de kann man sich nicht nur über interessante Routen, sondern auch über saisonale Sperrungen, beispielsweise wegen brütender Falken, informieren. Tolle Kurse bietet AdrenalinConceptz unter www.pfalzklettern.com an.

Nordic Walking: Von zahlreichen Parkplätzen starten gut ausgeschilderte Routen mit verschiedenen Längen und Schwierigkeitsgraden. Infos bei den örtlichen Touristinformationen.

Mountainbiker im Pfälzerwald

Radfahren und Mountainbiken: Zahlreiche Radfernwege durchziehen die Pfalz. Besonders in der Rheinebene und am Haardtrand ist ein dichtes Netz gut ausgeschilderter Wege entstanden. Am Rheinhauptdeich führt der Rhein-Radweg entlang. Aber auch viele der in den Rhein fließenden Flüsse bringen – v. a. in der Südpfalz – ihren eigenen Radweg mit, so z. B. den Klingbach- und den Queichtalradweg. Durch die fruchtbare Landschaft der Süd- und Vorderpfalz verläuft der Kraut-und-Rüben-Radweg vorbei an etlichen zur Rast

einladenden landwirtschaftlichen Betrieben. Entlang der Haardt führt der insgesamt 95 km lange Radweg Deutsche Weinstraße durch Weinberge und die dazwischen gelegenen Städte und Dörfer von Bockenheim nach Schweigen. Am Erlebnistag Deutsche Weinstraße Ende August wird die Strecke alljährlich für den Verkehr gesperrt und verwandelt sich dann in ein buntes Band, auf dem Radfahrer die Pfalz erkunden. An ihrem südlichen Ende in Schweigen bietet der Lautertalradweg die Möglichkeit, sich in Richtung Rhein zu orientieren oder aber flussaufwärts in Richtung Wasgau weiterzuradeln. Auch nördlich von Kaiserslautern fließt eine Lauter. Auf dem sie begleitenden Lautertalradweg kann man durch ruhige Flussauen von Kaiserslautern bis nach Lauterecken radeln.

Mountainbiker finden im Pfälzerwald ein interessantes und abwechslungsreiches Terrain vor. Rund 300 km Wege wurden im Zuge der Einrichtung des Mountainbikeparks Pfälzerwald rund um Johanniskreuz geschaffen. Wer lieber mit dem Rennrad unterwegs ist, wird im Pfälzerwald rund um Trippstadt und Heltersberg ebenfalls fündig. Besonders beliebt ist auch die rund 6 km lange Fahrt von Maikammer an der Weinstraße auf die Kalmit, den höchsten Berg des Pfälzerwalds. Am westlichen Ortsausgang von Maikammer kann man sich bei einem „Stoppomat" registrieren und so messen, wie lange man für die rund 450 Höhenmeter braucht. Der unglaubliche Rekord liegt bei knapp 16 Minuten.

Radfahren Tourenplaner und Informationen unter www.suedlicheweinstrasse.de (Südliche Weinstraße e. V., Postfach 2124, 76811 Landau, ☎ 06341/940407) und www.deutsche-weinstrasse.de (Deutsche Weinstraße e. V., Martin-Luther-Str. 69, 67433 Neustadt, ☎ 06321/912333). Wer verschiedene Radtouren plant, dem seien die zwar alten, aber topografisch unübertroffen guten Freizeitkarten „Wandern und Radwandern in der Südpfalz" bzw. „Wandern und Radwandern zwischen Rhein und

Pfälzerwald" im Maßstab 1:50.000 empfohlen (jeweils 8,50 €, www.lvermgeo.rlp.de). Geführte Radtouren werden z. B. von Genussradeln Pfalz angeboten (☎ 06323/6209, www.genuss radeln-pfalz.de).

Mountainbike/Rennrad Umfangreiche Informationen inkl. GPS-Downloads unter www. mountainbikepark-pfaelzerwald.de. Das Landesvermessungsamt Rheinland-Pfalz (www. lvermgeo.rlp.de) bietet für den zentralen Bereich des Pfälzerwalds eine sehr gute Karte mit Mountainbikerouten an (Mountainbikepark Pfälzerwald, 1:50.000, 8,50 €).

Reiten: Die Weiten des Pfälzerwalds und das Nordpfälzer Bergland haben sich in den letzten Jahren zu beliebten Revieren für Wanderreiter entwickelt. Immer wieder trifft man auf kleine Gruppen, die mit Pferd und Gepäck die Pfalz erkunden. Der Verein Die Pfalz zu Pferd e. V. (☎ 06335/7544, www.die pfalzzupferd.de) bietet auf seiner Homepage Tipps zur Planung von Routen und andere Informationen. Aufgelistet sind auch die rund 30 Pfälzer Wanderreitstationen, die Unterkünfte für Pferde und Reiter bereitstellen.

Wandern und Trekking: Wohl kein zweiter Verein ist für die Pfalz gleichermaßen typisch und prägend wie der Pfälzerwald-Verein (PWV). Vor über hundert Jahren wurde er in Ludwigshafen am Rhein gegründet. Heute betreuen die Mitglieder der knapp 230 Ortgruppen 12.000 km Wanderwege und zahlreiche Hütten. Der Gründer des Vereins, *Karl Albrecht von Ritter*, war es auch, der überall im Pfälzerwald große Findlinge mit Inschrift aufstellen ließ, die auf besondere Orte hinweisen. Rund 300 dieser Rittersteine gibt es heute.

Am Haardtrand, im tiefen Pfälzerwald, aber teilweise auch in der Rheinebene betreut der Pfälzerwald-Verein über hundert Hütten, manche nur an Sonntagen, einige auch mittwochs und samstags, andere zumindest während der Sommer- und Herbstferien an jedem Wochentag. Die Grundlagen: eine Hütte an schönen Wanderrouten mit

einfachen Sitzgelegenheiten drinnen und draußen sowie einer Selbstbedienungstheke, an der günstige Getränke und einfache, preiswerte Pfälzer Gerichte angeboten werden. Zusätzlich zu den PWV-Hütten gibt es private Wirts- und bewirtschaftete Forsthäuser sowie Naturfreundehäuser, die, ebenfalls einfach und preiswert, auch Übernachtungsmöglichkeiten bieten.

Für einen Großteil der Wanderwege und ihre Markierungen ist der Pfälzerwald-Verein zuständig. Die meisten der mit farbigen Kreuzen, Balken und Punkten beschilderten Wege führen kreuz und quer durch den Wald. Die einfarbigen Zeichen markieren Mehrtagestouren, von denen sich Teilstücke zu kleineren und größeren Runden kombinieren lassen. So kann man sich beim Blick auf die Karte unendlich viele Routen für jeden Schwierigkeitsgrad zusammenstellen. Und für diejenigen, die mit Karten nicht so recht was anzufangen wissen, sind in vielen Orten Rundwanderwege meist mit schwarzen Zahlen auf weißem Grund markiert (Tipp: Ein Foto mit der Digitalkamera von der Wanderkarte am Parkplatz hilft später im Wald bei der Orientierung).

Seit Herbst 2010 führen drei gut markierte Prädikatswanderwege durch die Pfalz. Der Pfälzer Höhenweg erschließt die eher unbekannte Nordpfalz und führt über insgesamt 112 km von Winnweiler nach Wolfstein. Die Weiten des Pfälzerwaldes kann man auf dem 140 km langen Pfälzer Waldpfad kennenlernen, der von Kaiserslautern aus durch die weiten Wälder und das Dahner Felsenland bis an die Weinstraße nach Schweigen-Rechtenbach führt. Der Pfälzer Weinsteig schließlich verläuft am Ostrand des Pfälzerwaldes und zieht sich auf 150 km von Neuleiningen bis zur französischen Grenze. In den letzten Jahren ist die Auszeichnung „Prädikatswanderweg" beinahe inflationär auch für etliche Tagestouren vergeben worden, nicht alle entsprechen hohen Erwartungen. Infos bei den Touristinformationen oder unter www.wandermenue-pfalz.de.

Wer lieber abseits der viel besuchten Hütten unterwegs ist und das Abenteuer im Zelt sucht, der kann im südlichen Pfälzerwald und in der Nordpfalz auf Trekkingtour gehen. Zwischen der Ruine Guttenberg bei Bad Bergzabern und der Kalmit bei Neustadt liegen zehn Trekking-Zeltplätze versteckt im Wald, die legales Campen in ungestörter Natur ermöglichen. Seit 2013 finden sich fünf weitere Plätze im Nordpfälzer Bergland.

Wandern an der Weinstraße

Information/Karten Das Landesvermessungsamt Rheinland-Pfalz (www.lvermgeo.rlp.de) gibt detailreiche Wanderkarten im Maßstab 1:25.000 für das Gebiet der Naturparks Pfälzerwald (acht Blätter, je 6,90 €) heraus. Auf der Seite des Pfälzerwald-Vereins (www.pwv.de) gibt es einen interaktiven Tourenplaner mit vielen Infos. Für wenige Euro verkauft der Pfälzerwald-Verein (Fröbelstr. 24, 67433 Neustadt, ☎ 06321/33879, www.pwv.de) ein Verzeichnis aller Hütten.

Trekking Kosten je Zelt (für max. 2–3 Pers.) und Nacht 10 €, Informationen zu den Trekking-Plätzen bei der Zentrale für Tourismus Südliche Weinstraße e. V. unter ☎ 06341/940407, der Touristinfo Donnersberger und Lauterer Land unter ☎ 06352/1712 oder unter www.trekking-pfalz.de.

Übernachten

Über 5 Mio. Gäste übernachten jedes Jahr in der Pfalz. Die meisten von ihnen bleiben für zwei oder drei Nächte. Vor allem entlang der Weinstraße ist das Angebot an Unterkünften groß. Vom Wohnmobilstellplatz bis zum luxuriösen Hotel reichen die Möglichkeiten. Die Konkurrenz und anspruchsvolle Gäste haben dazu geführt, dass die Qualität der Unterkünfte oft sehr gut ist. Neben Hotels und Weingütern, die Zimmer anbieten, gibt es eine Vielzahl ansprechender Ferienwohnungen. Im Pfälzerwald und in der Nordpfalz sind die Übernachtungspreise geringer, das Angebot beschränkt sich jedoch auf kleinere Inseln. Außerhalb dieser fällt es schwer, ansprechende Übernachtungsmöglichkeiten zu finden. Hotels gibt es nur wenige, und die privaten Unterkünfte sind teilweise auf dem Stand des Wandertourismus der 1960er-Jahre. Häufig jedoch werden die Defizite durch die Freundlichkeit und Herzlichkeit der Vermieter ausgeglichen.

Die im Buch genannten Übernachtungspreise beziehen sich, wenn nicht anders angegeben, auf ein Doppelzimmer (DZ) mit Frühstück für zwei Personen. Die DZ-Preise bei Jugendherbergen (www.diejugendherbergen.de) sind, falls keine reinen DZ vorhanden sind, als Preise für die Zweibettbelegung zu verstehen und gelten inkl. Frühstück und Bettwäsche.

▪ Die Pfalz.Touristik e. V. gibt alljährlich ein Gastgeberverzeichnis für die gesamte Pfalz heraus, in dem jedoch nur eine Auswahl der Betriebe auftaucht (Bezug über Pfalz.Touristik e. V., Martin-Luther-Str. 69, 67433 Neustadt, ☎ 06321/39160, www.pfalz.de). Ausführlichere Infos über die Ortsgemeinden oder die Homepages der einzelnen Betriebe.

Kartenverzeichnis

Zeichenerklärung für die Karten und Pläne

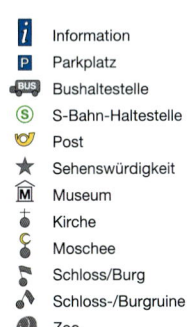

Autobahn

Bundesstraße

Hauptverkehrsstraße

Nebenstraße

Forstweg/Piste

Fußweg

Tour (mit Wegpunkt)

Fahrradtour

Wanderung

▲ Berggipfel

Aussicht

Hütte

○ Brunnen

Höhenstufung

über 600 m

500-600 m

400-500 m

300-400 m

200-300 m

bis 200 m

i Information

P Parkplatz

BUS Bushaltestelle

S S-Bahn-Haltestelle

Post

★ Sehenswürdigkeit

M̂ Museum

Kirche

Moschee

Schloss/Burg

Schloss-/Burgruine

Zoo

Alles im Kasten

Fotonachweis

Alle Fotos : Stefanie und Ansgar Schmitz-Veltin, außer: Deidesheimer Hof S. 123 | Johanna Schmitz-Veltin S. 2 | Stiftung Hambacher Schloss S. 272 | Südliche Weinstraße e.V. S. 179 | Matthias Strauß S. 207

Impressum

Text und Recherche: Stefanie und Ansgar Schmitz-Veltin **Lektorat:** Peter Ritter, D&M Services GmbH: Christine Beil (Überarbeitung) **Redaktion:** Johanna Prediger **Layout:** D&M Services GmbH: Katharina Grimm, Anja Krapat **Karten:** Carlos Borrell, Theresa Flenger, Judit Ladik, Stephan Moskophidis **Fotos:** siehe Fotonachweis **GIS-Consulting:** Rolf Kastner **Covergestaltung:** Karl Serwotka **Covermotiv:** Birkweiler zur Mandelblüte © Dominik Ketz, Bildarchiv Südliche Weinstraße e.V.

ISBN 978-3-95654-739-3

Die in diesem Reisebuch enthaltenen Informationen wurden von den Autoren nach bestem Wissen erstellt und von ihm und dem Verlag mit größtmöglicher Sorgfalt überprüft. Dennoch sind, wie wir im Sinne des Produkthaftungsrechts betonen müssen, inhaltliche Fehler nicht mit letzter Gewissheit auszuschließen. Daher erfolgen die Angaben ohne jegliche Verpflichtung oder Garantie der Autoren bzw. des Verlags. Autoren und Verlag übernehmen keinerlei Verantwortung bzw. Haftung für mögliche Unstimmigkeiten. Wir bitten um Verständnis und sind jederzeit für Anregungen und Verbesserungsvorschläge dankbar.

Aktuelle Infos zu unseren Titeln, Hintergrundgeschichten zu unseren Reisezielen sowie brandneue Tipps erhalten Sie in unserem regelmäßig erscheinenden Newsletter, den Sie im Internet unter **www.michael-mueller-verlag.de** kostenlos abonnieren können.

Register

Was haben Sie entdeckt?

Haben Sie ein besonderes Restaurant, ein neues Museum oder ein nettes Hotel entdeckt? Wenn Sie Ergänzungen, Verbesserungen oder Tipps zum Buch haben, lassen Sie es uns bitte wissen!

Schreiben Sie an: Stefanie und Ansgar Schmitz-Veltin, Stichwort „Pfalz"

c/o Michael Müller Verlag GmbH | Gerberei 19, D – 91054 Erlangen

ansgar.schmitz-veltin@michael-mueller-verlag.de

Der Umwelt zuliebe

Unsere Reiseführer werden klimaneutral gedruckt.

Eine Kooperation des Michael Müller Verlags mit myclimate

Sämtliche Treibhausgase, die bei der Produktion der Bücher entstehen, werden durch Ausgleichszahlungen kompensiert. Unsere Kompensationen fließen in das Projekt »Kommunales Wiederaufforsten in Nicaragua«:

- Wiederaufforstung in Nicaragua
- Speicherung von CO_2
- Wasserspeicherung
- Überschwemmungsminimierung
- klimafreundliche Kochherde
- Verbesserung der sozio-ökonomischen und ökologischen Bedingungen
- Klimaschutzprojekte mit höchsten Qualitätsstandards
- zertifiziert durch Plan Vivo

Plan Vivo
Carbon management and rural livelihoods

Einzelheiten zum Projekt unter myclimate.org/nicaragua.

Michael Müller Reiseführer
So viel Handgepäck muss sein.

myclimate
shape our future

Die Webseite zum Thema:
www.michael-mueller-verlag.de/klima